»In Italien erzählte mir eine junge Frau, dass beim Tauchen ihr gebrochenes Herz geheilt sei.

In England sagte mir ein Ingenieur, er tauche, weil es ihm das Gefühl vermittle, zu fliegen und sich von den Fesseln der Schwerkraft zu lösen.

Auf den Seychellen sagte mir ein ehemaliger Profi-Motorradsportler, der von der Taille abwärts gelähmt war, dass er durch das Tauchen seine Behinderung für einige Zeit vergessen könne.

In Papua-Neuguinea traf ich einen Amerikaner, der sagte, Tauchen sei seine Religion. Was er unter Wasser sehe, sei eine eindeutige Bestätigung für die Gegenwart Gottes auf Erden, und nur hier fände er vollkommenen Trost.«

Folgen Sie Tim Ecott auf eine unvergessliche Reise in die Tiefen der Meere …

*Tim Ecott*, Jahrgang 1963, wuchs in Irland, dem Nahen Osten und in Afrika auf. Er arbeitet als BBC-Sonderkorrespondent für Südafrika und den Indischen Ozean. »Unter Wasser« ist sein erstes Buch.

*Unsere Adresse im Internet: www.fischerverlage.de*

*Tim Ecott*

# Unter Wasser

*Abenteuer in einer anderen Welt*

Aus dem Englischen
von Andrea Stumpf und
Gabriele Werbeck

Fischer
Taschenbuch
Verlag

Veröffentlicht im Fischer Taschenbuch Verlag,
einem Unternehmen der S. Fischer Verlag GmbH,
Frankfurt am Main, März 2004

Lizenzausgabe mit Genehmigung
des Argon Verlages, Berlin
Die englische Originalausgabe erschien 2001 unter dem Titel
›Neutral Buoyancy. Adventures in a Liquid World‹
im Verlag Michael Joseph, London

Druck und Bindung: C.H. Beck, Nördlingen
Printed in Germany
ISBN 3-596-15590-8

# Inhalt

# Einleitung

Vier Tage nach der Beerdigung meiner Mutter ging ich das erste Mal tauchen. Mit der Entschuldigung, arbeiten zu müssen, entfloh ich gemeinsam mit meinem Bruder der Erinnerung an die düstere Atmosphäre des Krematoriums und der Stille in dem leeren Haus und nahm die Recherchen für einen Auftrag für die BBC auf den Seychellen auf. In der Schönheit und Ruhe der Insel fanden wir beide Trost. Unter dem Eindruck des schrecklichen Verlustes ging ich unser Unterwasserabenteuer mit wenig Begeisterung an. Ich fühlte mich eher verpflichtet, meinem Bruder Gesellschaft leisten zu müssen, der anders als ich schon lange den Wunsch gehegt hatte zu tauchen.

Zwischen uns und den anderen Tauchanfängern herrschte eine gewisse Distanz, die mit unserer Trauer zu tun hatte und noch dadurch verstärkt wurde, dass wir nicht mit vollkommen Fremden darüber reden mochten. Für die anderen war der Tauchkurs eine Urlaubsbeschäftigung, der sie allein um des Vergnügens willen nachgingen oder um sich zu Hause mit einem neuen Abzeichen brüsten zu können.

Die meisten Leute empfinden ein Hochgefühl, wenn sie das erste Mal unter Wasser gehen, für sie ist es eine tolle Leistung, ein Sieg über ihre Ängste und Phobien und die Eintrittskarte in die Welt der Unterwasser-Clubs. Für mich wurde diese Erfahrung davon überschattet, dass ich mit dem Verlust eines der wichtigsten Menschen in meinem Leben fertig werden musste. Gleich nach meinem ersten Tauchversuch – er dauerte nicht mehr als 22 Minuten und führte mich in eine Tiefe von elf Metern – verstörte ich meine Tauchlehrerin mit der Erklärung, dass das Ganze, na ja, ganz nett gewesen sei. In Ordnung. Nicht mehr und nicht weniger.

Meine Freude am Schwimmen unter Wasser, an der Begegnung mit Meerestieren und -pflanzen und dem Eintauchen in die blauen Weiten wuchs mit jedem Tauchgang. Die Reise, die mir über den Verlust meiner Mutter hinweghelfen sollte, brachte mich dazu, mich intensiver mit dem Sporttauchen zu beschäftigen. Ich absolvierte eine Reihe von Tauchkursen für Fortgeschrittene und nahm schließlich einen Job als Tauchmeister an, bei dem ich andere Taucher auf Unterwassertouren führte. Tauchen wurde für mich zu einer Leidenschaft, und ich genieße den inneren Frieden, den man unter Wasser erfahren kann.

Wenn ich, besonders nach einem an die körperlichen Grenzen führenden Tauchgang, wieder an die Wasseroberfläche steige, denke ich oft daran, wie seltsam es ist, dass meine Mutter nie wissen wird, welche den Geist reinigende, so viele Empfindungen freisetzende Erfahrung ich dabei mache. Ein ähnliches Bedauern empfinde ich darüber, dass sie nie meine Tochter kennen gelernt hat, die einige Jahre nach ihrem Tod geboren wurde. Es ist eigenartig, dass wir diese wunderbaren Erfahrungen nicht miteinander teilen konnten. Ich frage mich etwa, ob sie das Tauchen gutgeheißen oder sich wegen der Gefahren dieses Sports Sorgen gemacht hätte. Solche Gedanken kommen mir in der Tiefe.

## *Bloody Bay Wall, Westindien*

Bei Sonnenaufgang machte Kapitän Keith Plaskett die Motoryacht *Little Cayman Diver* an ihrer Boje am Rand des Riffs fest. In dem glasklaren, acht Meter tiefen Meer konnten wir einen Korallengarten unter uns ausmachen.

Unsere kleine Tauchgruppe versammelte sich in der großen Kajüte der Yacht, wo uns der Kapitän und seine Crew noch ein paar Sicherheitsanweisungen gaben. »Hier geht es tief runter«, warnte er uns und zog kräftig an der riesigen Havanna, die fast immer zwischen seinen Zähnen klemmte. »Behaltet eure Tiefenmesser im Auge. Der Wall mit seinen Bewohnern ist sehr verlockend, und man ist versucht, immer weiter runterzugehen. Vergesst auf keinen Fall die Sicherheitsgrenze!«

»Käpt'n Keith«, wie wir ihn alle bald nannten, hatte anders als die meisten Tauchleiter nicht viel für den üblichen Schnickschnack an Tauchzubehör übrig. In seinem abgetragenen, ölverschmierten T-Shirt und den ausgebeulten schwarzen Badeshorts erinnerte er mich an die Action-Man-Puppe, die ich als kleiner Junge zu Weihnachten geschenkt bekommen hatte. Abgerundet wurde das Erscheinungsbild des Kapitäns durch ein abgenutztes Messer, das er um eine seiner muskulösen Waden geschnallt hatte, und eine ausgeblichene Schwimmweste der US Navy. Wenn mein Action Man noch unter uns weilen würde und nicht beim Sprung aus dem Fenster meines Zimmers einem schrecklichen Fallschirmunfall zum Opfer gefallen wäre, sähe er genauso abgewetzt aus wie Käp'n Keith. Dieser Mann hatte es nicht mehr nötig, sich unter Wasser zu beweisen. Mit seinen 48 Jahren, fünf Ehen hinter und eine vor sich, setzte er sich lieber abends bei einem Glas Rum mit seinen Gästen zusammen und unterhielt sich über Boote. In Anbetracht seiner Lebensgeschichte ging es in den Gesprächen erstaunlich selten um Frauen, aber einen besseren Charterboot-Kapitän hätte sich selbst Hollywood nicht ausdenken können.

Nur wenige Minuten nachdem wir unsere Anweisungen erhalten hatten, saßen wir schon startbereit auf der Tauchplattform. Einer nach dem anderen ließen wir uns vom Querbalken kopfüber ins warme Wasser fallen und blickten nach unten. Nichts. Das Riff war weg. 30 Meter hinter mir lag der an der Boje vertäute Bug der Yacht, aber die Tauchplattform am Heck hatte sich über den Rand der steil in die unergründliche Tiefe abfallenden Riffwand gedreht. 2000 Meter blauen Wassers. Aus dem Augenwinkel heraus konnte ich die Wand gerade noch ausmachen. Sie wimmelte von Leben, über und über war sie mit Korallen bewachsen, zwischen den Pflanzen tummelten sich Fische, und wer weiß, was sonst noch alles aus den Weiten des Ozeans daran emporschwamm.

Bloody Bay Wall ist einer der schönsten Tauchplätze der Welt. Er liegt nicht einmal 100 Meter vor der Küste von Little Cayman in der westlichen Karibik. Die Wand ist bedeckt mit Schwämmen, Seescheiden, schwarzen Korallen, goldenen Seelilien, Feilenmuscheln und Seefächern. Überall zwischen diesem festen Bewuchs und darum herum patrouillieren Krabben, Langusten, Barsche, Tintenfische, Schildkröten, Adlerrochen, Mantas und Haie und holen sich aus dieser Speisekammer des Meeres die kleineren Lebewesen, die in ihren Nischen und Spalten Zuflucht gesucht haben.

Ich ließ die Luft aus meiner Tarierweste und sank langsam unter die glatte Wasseroberfläche. Wenn ich nach unten blickte, hatte ich das Gefühl, in einen unspezifischen blauen Raum einzutauchen. Auf der einen Seite lag zwar der Wall, an dem ich meine Abstiegsgeschwindigkeit abschätzen konnte, aber über und unter mir waren nur verschiedene Blautöne – nach oben zu ein leuchtendes Blau, das immer mehr in Schwarz überging, je weiter ich nach unten sah. So musste es sein, wenn man mit einem Fallschirm von einem Felsabhang segelte. Zweifellos langsamer, aber mit demselben Gefühl von Freiheit und Schwerelosigkeit.

Ich ließ mich kopfüber in diese unglaublich verlockende Tiefe fallen. An meinem Tiefenmesser konnte ich ablesen, dass ich schon mehr als 30 Meter nach unten gegangen war, und ich verharrte eine Weile reglos schwebend an dieser Stelle, ließ meinen Blick über den Wall wandern und drehte mich dann um, der blauen Weite zu. Die anderen Taucher schwebten über mir oder näher an der Wand. Ihre kleinen Luftblasen zogen eine glitzernde Spur zur Wasseroberfläche und dehnten sich zu silbern schimmernden Halbkuppeln aus, während sie ihrem eigenen Element zustrebten. Ich schwamm näher an den Wall heran.

Die Gewässer um die Caymaninseln gehören zu den klarsten und saubersten auf der Welt, sie werden von tiefen Meeresströmungen durchspült und weder durch Regenwasser noch durch Flusszuläufe aufgewühlt. In keinem anderen Meer habe ich jemals so große Schwämme und Seefächer gesehen wie auf dieser Wand. Die Cayman-Tonnenschwämme gleichen verrosteten Amphoren. Sie werden bis zu zwei Meter hoch und haben Öffnungen länger als ein Arm. Wenn man sie von nahem betrachtet, sieht man, dass ihre Oberfläche den Geweihsprossen eines jungen Hirsches zu Beginn des Herbstes ähnelt, bedeckt mit einer pelzig-samtigen braunen Schicht. Sie sind so riesig, dass sich in jedem von ihnen einer von Ali Babas 40 Räubern hätte verstecken können.

Zur oberen Kante des Walls hin wurden die Farben umso leuchtender, je mehr Licht das Wasser durchließ. Es schimmerte rosa, orange, gelb, grün und rot. Aus der Wand wuchsen violette Vasenschwämme, die mit ihren intensiven Farben und filigranen Mustern an ein fein gewebtes, mittelalterliches Kardinalsgewand erinnerten, und bei einem Blick in ihr Inneres entdeckte ich Seewürmer und Schlangensterne, die ihre Tentakel über den Brokat streckten.

Die Woche, die wir vor Little Cayman kreuzten, verbrachten wir mit Tauchgängen, die von leckeren Mahlzeiten, ständig gereichten Erfrischungen und Plaudereien auf dem Sonnendeck unterbrochen wurden. Nach dem Abendessen legten wir unsere Tauchausrüstung noch einmal an und statteten den scheueren Nachtbewohnern des Riffkamms einen Besuch ab, wobei wir gelegentlich auch einen Blick über den Vorsprung des Walls in die Tiefe wagten. Die vollkommene Dunkelheit wurde nur vom Strahl unserer Lampen durchbrochen, sie umhüllte uns wie ein Kokon, beruhigend und keineswegs bedrohlich, wie ich es mir vorgestellt hatte. Wenn wir auf die Yacht zurückkamen, überraschte uns die Köchin mit einem kleinen Snack, wie sie es nannte. Kokosnusskuchen mit Fruchtstückchen oder Eiscreme mit Schokoladensoße und heißer Tee sorgten für einen angenehmen Schlaf. Hin und wieder zauberte noch jemand eine Flasche Rum hervor. Die Taucher, bis dato Fremde, wurden bald zu Freunden. Es war eine angenehme Gesellschaft, alle kannten sich gleichermaßen mit dem Meer aus und teilten die Begeisterung für seine unendlichen Geheimnisse.

Eines Abends saß ich mit Kapitän Plaskett auf Deck, und er erklärte mir den Sternenhimmel über uns. Irgendwann kurz vor Mitternacht ließ er mich mit dem Kreuz des Südens und dem Großen Bären allein, und ich beschloss, auf Deck zu schlafen. In dieser Nacht wachte ich mehrmals auf und sah zu den Sternen hoch, während die *Little Cayman Diver* sanft in der Bucht schaukelte. Über mir wölbte sich der schützende Nachthimmel, während mich unter dem Schiffsrumpf die Tiefe des Meeres schon wieder erwartete.

# 1 Heilende Wasser

*Ja gewiss, ehrfurchtsvolle Augen sehn*
*Im Flüssigen auch eine Absicht.*
*Wir ahnen es in unserm Flehn,*
*Ganz trocken ist die Zukunft nicht.*
Rupert Brooke, »Heaven«

In Italien erzählte mir eine junge Frau, dass beim Tauchen ihr gebrochenes Herz geheilt sei. Die Managerin einer internationalen Hotelkette in Spanien erklärte, sie tauche, weil man sie unter Wasser nicht anrufen oder irgendwelche Geschäftsentscheidungen von ihr fordern könne. In England sagte mir ein Ingenieur, er tauche, weil es ihm das Gefühl vermittle, zu fliegen und sich von den Fesseln der Schwerkraft zu lösen. Während seiner Ausbildung sei in ihm der Wunsch entstanden, wie ein Vogel durch die Luft fliegen zu können, nach einigem Nachdenken habe er jedoch entschieden, dass es noch besser sei, wie ein Fisch zu schwimmen. Schließlich, so meinte er, könne ein Vogel ja nicht bewegungslos in der Luft verharren. Er kann zwar scheinbar losgelöst von der Schwerkraft in die Höhe steigen und über uns dahingleiten, aber er ist abhängig von den Winden. Ein Fisch dagegen kann selbst in der Strömung auf einer Stelle verweilen, genauso kann er sich aber auch im Raum bewegen. In der Schweiz erklärte mir ein Mann, dass er lieber in Gebirgsseen tauche als in tropischen Gewässern. Er sagte, das Meeresleben in warmen Gewässern lenke ihn zu sehr ab – es gebe dort zu viele Farben, zu vieles, was den Blick auf sich ziehe. Seine Freude am Tauchen beruhte darauf, dass es ihm die Möglichkeit bot, einen Blick in sein Inneres zu werfen. Wollte er sich seiner selbst gewahr werden, brauchte er das kalte, dunkle, tiefe Wasser, in dem Tauchen, das Atmen unter Wasser, reiner Selbstzweck ist. Auf den Seychellen sagte mir ein ehemaliger Profi-Motorradsportler, der von der Taille abwärts gelähmt war, dass er durch das Tauchen seine Behinderung für einige Zeit vergessen könne. In Papua-Neuguinea traf ich einen Amerikaner, der sagte, Tauchen sei seine Religion. Was er unter Wasser sehe, sei eine eindeutige Bestätigung für die Gegenwart Gottes auf Erden, und nur hier fände er vollkommenen Trost. In Kalifornien erklärte mir ein Mann, dass eine Stunde unter Wasser besser sei als jede Sitzung bei einem Psychoanalytiker. Ein Russe erzählte, dass er sich beim besten Willen keine Lebewesen vorstellen könne, die so seltsam seien wie jene, die man unter Wasser entdeckt. Sämtliche Wesen aus Science-Fiction-Romanen und -Filmen waren nur ein schwacher Abglanz der Vielfalt des Lebens, der er im Meer begegnete.

Dass man allein um des Vergnügens willen tauchen geht, ist eine neuere Entwicklung. Erst seit 50 Jahren kann jeder aus purer Freude am Herumschwimmen in der Unterwasserwelt an diesem Spaß teilhaben. Noch nie war es so einfach, billig und sicher wie heute, tauchen zu lernen. Dennoch macht die Vorstellung, ganz im Wasser unterzutauchen, vielen immer noch Angst. Wir befinden uns dort in einem feindlichen Element, in dem uns unser wichtigstes Lebenselixier – die Luft – vorenthalten wird. Damit wir in diesem Element überleben können, müssen wir sie mit uns führen. Es stärkt unseren Lebenswillen, wenn wir uns auf eine Begegnung mit der Wasserwelt einlassen und dann wieder in unser gewohntes Element zurückkehren. In einer Welt, in der die Menschen immer weniger Zeit finden, sich ihren eigenen Raum zu schaffen, können wir dort Freude und Befriedigung erfahren.

Schon immer ging man unter Wasser, weil man dort wertvolle Nahrung und Schmuck sammeln wollte oder wieder zu finden hoffte. Schwämme und Perlmutt, Schalentiere und irgendwelche Gegenstände, die im Hafen über Bord gefallen waren, hatten Männer und Frauen dazu veranlasst, sich in die Fluten zu stürzen. Legenden ranken sich um die Reichtümer des Meeres, und die Geheimnisse der sieben Meere haben die Phantasie angeregt und Ängste geschürt. Seit mehr als 2 000 Jahren tauchen Menschen, um unter Wasser zu arbeiten oder zu kämpfen. Aber erst seit kurzem erkunden Taucher die Meereswelt um des reinen Vergnügens willen, unter Wasser zu sein.

Die Erlebnisse unserer Kindheit begleiten uns unser ganzes Leben. Wir sind geprägt von Orten und Menschen aus unserer Vergangenheit, die uns für immer als unauslöschliche Symbole guter oder schlechter Zeiten gelten. Ich mag mich noch so sehr bemühen, aber ich werde niemals mit angenehmen Empfindungen an Wales denken können. Ohne dass ich es rechtfertigen könnte, wird dieses Land für mich immer der Ort bleiben, an dem ich in die verhasste Schule kam. Bald darauf zog ich mir eine Lungenentzündung zu und war in der Folge ein schwächliches, vor sich hin hustendes Kind, das in dem ständig feuchten Klima immerzu krank war. Man fürchtete, dass meine Lunge auf Dauer geschädigt werden könnte, und gab meinen Eltern den Rat, mich fortzubringen. Da mein Vater der Armee angehörte, konnten wir nach Malaysia ziehen. Dort brachte ich mir selbst das Schwimmen bei, und mit Erlaubnis meiner Mutter vergnügte ich mich mit meiner Schwester jeden Tag stundenlang an einem von zwei Pools.

Wenn ich versuche, mir mein Interesse für das Tauchen zu erklären, komme ich zu dem Schluss, dass jeder auf seine Art Begeisterung für eine Sache finden muss und meine viel mit der Rückkehr in eine Zeit zu tun hat, in der sich mein Leben vollkommen im Gleichgewicht befand.

Wales und Malaysia hätten gegensätzlicher nicht sein können. Es dauerte allein schon sechs Wochen, um von Southampton mit dem Schiff dorthin zu gelangen, eine Zeit verlängerter Ferien, in der jeder Tag wärmeres Wetter und neue Abenteuer verhieß. Wann immer wir in einen Hafen einliefen, geschah etwas Aufregendes. In Le Havre sah ich das erste Mal ein Pissoir, in Lissabon wollte meine Mutter eine Siamkatze kaufen und sie an Bord schmuggeln, und in Gibraltar wurde einer der Passagiere von einem Magot gebissen. Dann schipperten wir langsam in der Hitze durch den Suezkanal und erreichten nach weiteren Tagen auf offener See Ceylon. Dort bekam ich zum ersten Mal einen indischen Elefanten zu Gesicht und war völlig hingerissen. Eines Vormittags sahen wir zwei Wale, und frühmorgens konnte man vom Deck aus oft Delphine im Meer entdecken. Das sind die Eindrücke, auf die sich meine Erinnerung unserer langen Reise verkürzt hat.

In Malaysia angekommen, war ich bald wie verwandelt durch die Wärme des tropischen Klimas und das Leben in der freien Natur. Der Unterricht an der Schule fand nur vormittags statt, sodass ich jeden Nachmittag Gelegenheit hatte, in der Wildnis rund um den Hügel, auf dem unser Haus stand, ein neues Abenteuer zu erleben. Ich sah wenig fern in dieser Zeit, die einzige Sendung, die ich mir regelmäßig einmal in der Woche anschaute, war *Flipper*. Meine Bildung holte ich mir aus Büchern, und manchmal hatte ich nachts Angst einzuschlafen und lag wach, nachdem ich ein paar Seiten von Jim Corbetts *Man Eaters of Kumaon* gelesen hatte. Tagsüber gab es überall riesige Spinnen, Skorpione und Schlangen zu entdecken, und gemeinsam mit meinen Freunden fiel ich, bewaffnet mit einem angespitzten Bambusstab, auf der Jagd nach wilden Schweinen in den Dschungel ein. Von größter Bedeutung aber war, dass ich schwimmen lernte. Ich wurde zum Fisch.

Wir lebten in Taiping, damals ein kleines Dorf, und oben in den Hügeln gab es ein altes Schwimmbecken, das in die Felsen geschlagen war und von einem Bach gespeist wurde. Das Wasser war immer kalt, und ich lernte, nach Münzen zu tauchen, die auf dem Grund des tiefen, dunklen Beckens schimmerten. Der Pool lag im Schatten des ausladenden Dschungels, und spätnachmittags schallten aus den Bäumen die klagenden Rufe der Gibbons zu uns herüber.

Die Jahre in Malaysia waren eine wunderschöne Zeit. Meine Eltern waren jung und konnten viel Zeit mit uns verbringen, unbeschwert von den Anstrengungen der Hausarbeit und den Mühen und Plagen, die das Leben in kälteren Gegenden mit sich brachte. Es waren die 60er, eine vergnügungssüchtige Zeit, wenn man hier auch ohne *Sex, Drugs and Rock 'n' Roll* auskam. Die Pflichten des Haushalts übernahmen die Dienstboten, während sich meine Eltern allabendlich für eine der vielen Dinnerpartys oder ein anderes gesellschaftliches Ereignis in Schale warfen. Mein Vater schlüpfte dann in die Ausgehuniform seines Regiments, mit den schicken roten Streifen an der Hosennaht, und meine Mutter legte wie die anderen Frauen ihre Perlen um und toupierte sich ihre Haare. Sie lebten das glamouröse Leben, das wir aus den Werbespots für Peter-Stuyvesant-Zigaretten im Kino kannten. Alle waren braun gebrannt und hatten strahlend weiße Zähne. Nach einem Jahr ging mein Vater fort, um im Dschungel von Borneo zu kämpfen, und wir bekamen ihn die nächsten sechs Monate nicht zu Gesicht. Ich hatte keine Ahnung von den Schrecken eines Dschungelkrieges, und seine Geschichten von riesigen Schlangen und Tausendfüßern in seinem Zelt hörten sich für die Ohren eines Achtjährigen einfach nur spannend an. Bei seiner Rückkehr trug er einen Bart, unerhört für einen britischen Offizier und nur deshalb verzeihlich, weil sich durch die ständige Feuchtigkeit im Dschungel seine Haut entzündet hatte und er sich nicht rasieren konnte. Ich erinnere mich, welchen Schrecken ich bekam, als wir ihn am Flughafen abholten, und wie überrascht ich war, dass meine Mutter ihn trotz seiner seltsamen Verwandlung küsste.

Manchmal machten wir am Wochenende einen Ausflug zur Küste und fuhren mit dem Boot zu ein paar kleineren Inseln, wo ich im warmen Meer schwimmen konnte. Hier entdeckte ich meinen ersten Igelfisch, den ich gleich fing und in einen Eimer steckte, wo er sich sofort wie ein Ballon aufpumpte. Er war nur noch ein Haufen Stacheln mit einem kleinen runden Maul und zwei Augen am einen Ende, und ich ließ ihn lieber wieder frei. Ein anderes Mal bekam ich eine Angelrute, mit der ich einen großen Pfeilschwanzkrebs fing. Er bot einen Furcht erregenden Anblick, wie ein bewaffneter Panzer, aus dessen Hinterteil ein langer Schwanz ragte. Ich weinte, als ich feststellte, dass ich ihn getötet hatte. Viele meiner Erinnerungen an diese Zeit sind mit wilden

Tieren verbunden, angefangen von Affen und Wildschweinen im Dschungel über Feuerameisen und Schlangen im Haus bis zu Fledermäusen in Höhlen und Fischen im warmen Meerwasser. Alles, was ich in der freien Natur entdeckte, war neu für mich, und ich war erst ins Haus zu bekommen, wenn es dunkel wurde. Eine Weile hielt ich Skorpione in einem Marmeladenglas, bis man mir sagte, ich solle sie aus dem Haus schaffen. In der ersten Nacht, die wir nach einem Umzug in unserem neuen Heim verbrachten, entdeckte meine Mutter eine riesige schwarze Spinne an der Wand über meinem Bett. Sie verpasste ihr eine ordentliche Portion Insektenspray, was ihr selbst einen schlimmen allergischen Anfall bescherte, die Spinne aber in keiner Weise zu beeindrucken schien. Daraufhin holte meine Mutter den Staubsauger, hob ihn an die Wand und drückte auf den Schalter. Erwartungsgemäß verschwand die Spinne in dem Gerät, allerdings fürchtete meine Mutter nun, dass sie sich wieder erholen und irgendwie aus dem Staubsaugerbeutel kriechen könnte. Sie löste das Problem, indem sie den Staubsauger kurzerhand aus dem Fenster warf. Dort entdeckte ihn am nächsten Tag der Gärtner zu seiner Verwunderung auf dem Rasen.

Drei Jahre später kehrten wir nach Europa zurück, genauer gesagt nach Irland, und ich verlor die Lust am Schwimmen. Man wollte mich in die Schwimmmannschaft der Schule aufnehmen, aber die Aussicht, in einem Freibad zu trainieren, lockte mich nicht. Ich gewöhnte mich an die Langeweile der Provinz und das schlechte Wetter, und grau in grau gingen die Jahre dahin. Manchmal scheint es mir, als wären wir nie wieder so sorglos gewesen wie in der Zeit am Äquator. Doch wenn ich tauche, bin ich wieder acht Jahre alt, und alles, was ich unter Wasser sehe, wird zu etwas, das auf seine Entdeckung wartet. Dann sind meine Eltern wieder jung, und mir fliegt alles zu, was das Leben zu bieten hat, ohne dass ich irgendetwas dafür tun muss.

Vielleicht ist es das, wohin ich zurückkehren will, wenn ich unter Wasser tief Luft hole.

# 2 Ringen nach Luft

*Viele Vorschläge wurden schon unterbreitet und Vorrichtungen ersonnen, wie es dem Menschen erlaubt sei, auch unter Wasser seiner Natur gemäß zu verweilen: Und weil sich herausgestellt hat, dass die Zufuhr von frischer Luft mit jedem Atemzug ganz und gar notwendig sei, um das Leben zu bewahren, wurden verschiedene Wege erdacht, um dieses Lebenselixier in die Tiefe zu leiten zu dem Tauchenden, der, ohne auf irgendeine Weise damit versorgt, sehr bald zurückkehren oder zugrunde gehen muss.*

Edmund Halley, »The Art of Living Underwater«, 1716

Bald nachdem der Mensch auf der Suche nach Nahrung zu schwimmen und zu tauchen gelernt hatte, begann er auch schon, davon zu träumen, die Zeit, die er unter Wasser verbrachte, auszudehnen. Bereits im 4. Jahrhundert vor Christus unternahm man Versuche, Schwammtaucher mit Luft zu versorgen. Bei Aristoteles ist zu lesen, dass man *lébés* (Kessel) zu den Tauchern auf den Meeresgrund hinunterließ, aus denen sie Luft schöpfen konnten. Der Taucher schwimmt unter Wasser zu dem Kessel, beziehungsweise der Urne, steckt den Kopf hinein und holt Luft und kann so länger am Stück seine Arbeit ausführen. Immer wieder sollte in den folgenden mehr als 1000 Jahren die Behauptung aufgestellt werden, dass sich auf diese Weise Luft zu einem Menschen auf dem Meeresgrund bringen ließe.

An der Küste von Atacama in Chile hat man mumifizierte menschliche Überreste entdeckt, die 7000 Jahre alt sind. Bei diesen Mumien sind Walknochen und aus Muschelschalen geschnitzte Angelhaken gefunden worden, was darauf schließen lässt, dass diese Küstenbewohner sich die dort herrschende kalte Strömung zunutze machten, die reichlich Meerestiere entlang der südamerikanischen Pazifikküste mit sich führte. Offensichtlich waren diese Menschen Taucher. Man geht davon aus, dass sie zwischen den Meerespflanzen umhertauchten und mit bloßen Händen und mit vom Salzwasser halb blinden Augen nach Muscheln und Napfschnecken suchten. Einen Beleg dafür lieferten ihre Schädelknochen, die man in ihren Stammesgräbern gefunden hat. Viele Schädel wiesen durch Wucherungen verdickte Ohrknöchelchen auf, eine krankhafte Vergrößerung, die schließlich Taubheit zur Folge hat. Diese Knochenauswucherung wird durch längere Aufenthalte in kaltem Wasser verursacht, für gewöhnlich tritt sie jedoch erst auf, wenn man über Jahre hinweg immer wieder taucht. Bei kalifornischen Ärzten ist dieses Phänomen als »Surfer-Ohr« bekannt; sie haben inzwischen eine Operationsmethode zur Entfernung der krankhaft veränderten Knochen entwickelt.

Aus allen Zeiten gibt es Berichte über Menschen, die nackt und mit angehaltenem Atem getaucht sind, aber es ist nicht genau zu datieren, seit wann man mit Erfolg mechanische Geräte einsetzt, um die Taucher mit Luft zu versorgen. Alexander der Große soll während der Belagerung von Tyros im Jahre 332 vor Christus in einer Tonne den Meeresgrund aufgesucht haben. Bis heute wird heftig darüber debattiert, ob man überhaupt mit den damals verfügbaren Materialien ein solches luftdichtes Gefäß bauen konnte. Berichten zufolge, die einige Jahrhunderte nach diesem Ereignis verfasst wurden, soll Alexander dabei ein Meeresungeheuer gesehen haben, so groß, dass es drei Tage brauchte, um an ihm vorbeizuschwimmen – eine Behauptung, unter der seine Reputation als Meeresforscher dann doch etwas leidet.

Größeres Gewicht wird dagegen Aufzeichnungen des Philosophen Roger Bacon aus dem 13. Jahrhundert beigemessen, in denen er ein glockenartiges Gerät erwähnt, mit dessen Hilfe Taucher über einen längeren Zeitraum unter Wasser arbeiten konnten. Obwohl Bacons Beschreibung dieser Glocken recht vage gehalten ist, wird das Prinzip doch klar. In der Glocke ist ein Luftraum eingeschlossen, der es dem in ihr steckenden Menschen erlaubt, auf dem Meeresgrund zu sitzen oder zu stehen. Er kann dann nach unten greifen oder sich hinunterbeugen und an einem Gegenstand, der sich unter der Glocke befindet, ein Seil befestigen. Dieser Gegenstand kann anschließend von einem über dem Taucher schwimmenden Boot aus dem Meer gezogen werden. Auch wenn diese Gerätschaft zur Luftversorgung auf dem Meeresboden nicht bewegt werden konnte, stellte die Glocke einen enormen Fortschritt gegenüber dem Tauchen mit angehaltenem Atem dar.

Drei Jahrhunderte nach Bacon erscheinen Berichte über technisch ausgefeiltere Tauchglocken, die zwar plausibel klingen, aber noch immer recht ungenau gehalten sind. Neben den Beschreibungen der Glocken gibt es verschiedene Abbildungen von Lederanzügen, die erklären, wie der Taucher mit Luft versorgt werden konnte, und zwar entweder durch einen an die Wasseroberfläche führenden Schlauch oder mittels einer mit Luft gefüllten Blase, die er selbst mit sich führte. Frühe Theoretiker haben über solche Gerätschaften geschrieben, ohne sie jemals tatsächlich im Einsatz gesehen zu haben und ohne etwas über die Prinzipien der Atmung oder die Folgen sich verändernder Druckverhältnisse und die Zusammensetzung der Luft zu wissen. Sie wussten auch nichts über die Vorgänge, die zur Verunreinigung eines in sich geschlossenen Luftraums führten, da über Kohlendioxid damals noch nichts bekannt war. Und die wenigsten der Gelehrten, die Tauchgeräte beschrieben und zeichneten, konnten schwimmen. So bezogen sie in ihre Überlegungen auch nicht mit ein, dass ein Mensch, der unter Wasser Luft durch einen Schlauch einzuatmen versucht, nicht nur den atmosphärischen Druck der Luft überwinden muss, sondern auch noch den Wasserdruck, der auf seiner Brust lastet. Wollte der Taucher unter Wasser atmen, müsste er ein dem Volumen der Luft, die er einatmen wollte, entsprechendes Wasservolumen verdrängen. Das ist jedoch wegen des Gewichts des Wassers physisch unmöglich. Man kann nur bis zu einem halben Meter unter Wasser durch einen engen Schlauch atmen, in größeren Tiefen wird es so anstrengend, dass eine Schädigung der Lungen und sogar eine Blutung die Folge sein können.

Seit der Mensch über die Meere fährt, verliert er auch Dinge im Wasser. Seeleuten und Schiffspassagieren fallen Sachen über Bord, Vorratskisten werden versehentlich im Hafen ins Wasser gekippt, und ganze Schiffe sinken. Und bei jeder Seeschlacht galt es, die feindlichen Schiffe zu versenken, bevor einen selbst dieses Schicksal ereilte. Während Alexander der Große aus seiner Tonne heraus das Meeresungeheuer betrachtete, machten die Taucher seines Heeres, die ihren Atem lange genug anhalten konnten, die Kanonen unbrauchbar, die den Hafen von Tyros gegen seine Flotte verteidigten.

Tauchen als Kriegstechnik wurde in der Renaissance zu einer regelrechten Obsession und der verdeckte Unterwasserangriff zur ultimativen Kriegsstrategie, wenn auch nur auf dem Papier. Die ersten Abbildungen eines tauchenden Kriegers erschienen um 1512 in der Erfurter Edition des *De re militaria*, ursprünglich ein Werk des römischen Militärstrategen Flavius Vegetius Renatus aus dem 4. Jahrhundert. Die Holzschnitte zeigen Männer in Leder- oder Leinenanzügen, die offensichtlich unter Wasser herumlaufen und durch einen Luftschlauch mit der Wasseroberfläche verbunden sind. Sie sind gerüstet für den Kampf, und eine der Abbildungen zeigt einen Soldaten, der einen Helm mit Visier trägt.

Im Jahr 1562 berichtet der belgische Gelehrte Jean Taisnier von der Vorführung einer Tauchglocke in Anwesenheit des Königs von Spanien, die 1538 stattfand. Dazu ließ man zwei griechische Taucher in einer Unterwasserglocke in den Fluss Tajo hinunter und holte sie nach einigen Minuten in weitgehend trockenem Zustand wieder nach oben; sogar die Kerzen, die die beiden Taucher bei ihrem Tauchgang mit sich führten, brannten noch. Im Jahr 1551 veröffentlichte der italienische Mathematiker Niccolo Tartaglia den Entwurf eines Holzgestells für eine riesige Sanduhr, in der ein Mann eingeschlossen stehen konnte. Gegen Ende des Jahrhunderts hatte Buonaiuto Lorini, der Verfasser von *Le Fortifica-*

*tione*, einige unbrauchbare Geräte entworfen, darunter eines mit einem festen Sitz, auf dem der Taucher Platz nimmt, wobei sein Kopf in einem bis an die Wasseroberfläche reichenden ledernen Schlauch steckt. Dieses Gerät war genauso wenig funktionstüchtig wie dasjenige, das Leonardo da Vinci 100 Jahre früher gezeichnet hatte. Die Zeichnung zeigt einen Tauchanzug, in dem man angeblich feindliche Schiffe angreifen konnte, ohne entdeckt zu werden. Da Vinci beschreibt einen »Weinschlauch«, der dazu dient, den »Atem zu bewahren«, und der zum Abtauchen zusammengedrückt werden kann und vom Taucher wieder aufgepumpt wird, wenn er aufsteigen will. Er rät dem Taucher, ein scharfes Messer mit sich zu führen, für den Fall, dass er sich in den Netzen des Feindes verfängt. So viel Anerkennung der meisterhafte Erfinder für solche praktischen Ratschläge auch verdient, das Vertrauen in ihn wird doch erschüttert, wenn man liest, dass er dem Unterwasserkrieger rät, als Teil seiner Bewaffnung »das Gift einer Kröte, das heißt das einer Landkröte«, und »den Geifer eines tollwütigen Hundes und den Sud von Hartriegelbeeren« mitzunehmen. Dieses Arsenal wird ergänzt durch Schwefel, Arsen und ein wenig Tarantulaessenz zur Bereitung eines giftigen Gases, mit dem man die Mannschaften feindlicher Schiffe außer Gefecht setzen kann.

Bis schließlich ein funktionstüchtiger Tauchanzug erfunden wurde, sollten zwar noch Jahrhunderte ins Land gehen, aber schon im späten 16. Jahrhundert waren in weiten Teilen Europas Kenntnisse über das Prinzip und die Funktionsweise von Tauchglocken verbreitet, und aus Spanien, Frankreich und Italien wurde von ihrem Einsatz berichtet. Mit der wachsenden Zahl gedruckter Bücher mehrten sich im 17. Jahrhundert auch die Beschreibungen von Tauchgeräten und Darstellungen ihrer Prototypen. Sir Francis Bacon ging in seinem *Novum Organum* auf die Verwendung von Tauchglocken ein und beschrieb einen Kessel, »der aus Metall gefertigt ist und nicht ganz Manneshöhe hat«. Diego Ufanos *Artillerie*, das 1621 in Brüssel erschien, beschreibt eine Tauch-»Haube«, die aus eingefetteter Kuhhaut gefertigt und

*A. Die ersten im Druck veröffentlichten Darstellungen von Tauchern waren Holzschnitte aus dem Jahr 1512, die als Illustrationen für ein Buch des römischen Militärstrategen Vegetius dienten.*

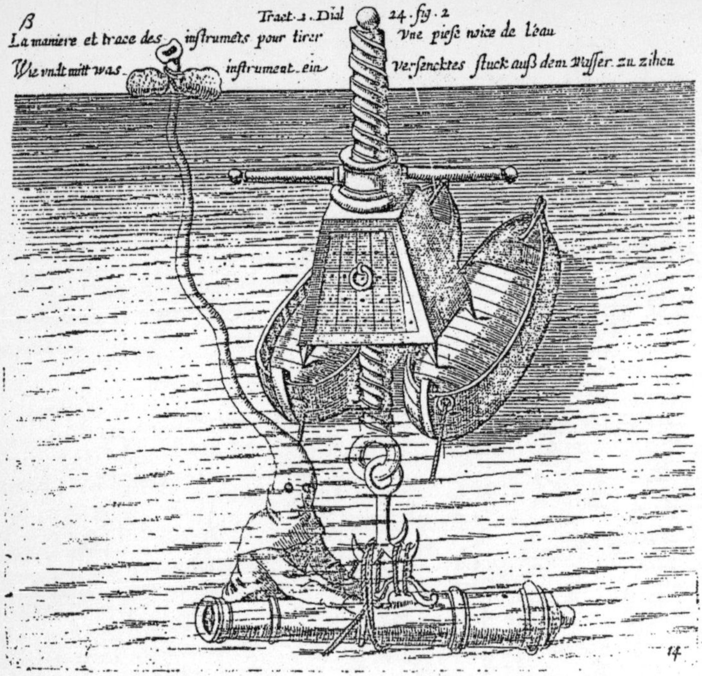


*B. 1612 beschrieb Diego Ufano die Bergung von Gegenständen aus flachen Gewässern mit Hilfe einer »Haube aus gefetteter Kuhhaut, die mit solcher Sorgfalt genäht war, dass kein Wasser einzudringen vermochte«.*

»so sorgfältig genäht [ist], dass kein Wasser durch eine der Nähte dringen kann«. Der vielleicht erfindungsreichste dieser Gelehrten, die in ihren Schreibstuben auf Tauchstation gingen, war der Italiener Alfonso Borelli, dessen Entwürfe unter anderem »Flossen an den Händen und Füßen des Tauchers, mit deren Hilfe er wie ein Frosch schwimmen kann«, beinhalteten. Borelli scheint auch der Erste gewesen zu sein, der eine Art Aqualunge beschrieb, einen Beutel voller Luft, die sich auf geheimnisvolle Weise durch nicht weiter spezifizierte chemische Komponenten erneuert. Seine Untersuchungen über die Bewegungsabläufe bei Tieren in *De motu animalium* von 1680 zogen die Aufmerksamkeit von Robert Hooke von der Royal Society auf sich. Mit seinen eigenen Forschungen, die er in enger Zusammenarbeit mit dem genialen Iren Robert Boyle durchführte, legte Hooke wesentliche Grundlagen für die moderne Tauchforschung.

Erkenntnisse in der modernen angewandten Tauchtechnologie waren oft ein Nebenprodukt anderer wissenschaftlicher Forschungen. Forum eines großen Teils solcher wichtigen Erkenntnisse war nach der Restauration in England die Royal Society. Sie wurde 1662 als Royal Society of London for the Promotion of Natural Knowledge offiziell von Charles II. anerkannt, nachdem sie schon mehrere Jahre als informelle Vereinigung gleichgesinnter wissenschaftlicher Köpfe bestanden hatte. Drei Jahre später brachte die Royal Society die erste Ausgabe der *Philosophical Transactions* heraus, ein in Druck gelegtes Diskussionsforum für die größten Denker der Restaurationszeit, zu denen unter anderen Christopher Wren und Isaac Newton gehörten.

Auf den heutigen Leser machen die frühen Ausgaben der *Philosophical Transactions* den Eindruck, als seien sie ein Produkt der Boulevardpresse, zumindest was die Ausführlichkeit der behandelten menschlichen Schicksale anbelangt. Auf den Seiten des Journals finden sich alle möglichen Themen, von Maulbeerbäumen bis zur Anatomie des Opossums, von der Biolumineszenz bis zu Missgeburten. Ein Schauermärchen über einen Seekadetten und ein Besteckteil bildet den Gegenstand eines »Bericht[s] über eine in den Anus gesteckte Gabel, die durch eine der Hinterbacken wieder herausgezogen wurde«. In ähnlichem Ton gehaltene Aufsätze wie der über »Henry Axford, der den Gebrauch seiner Zunge wiedergewann, nachdem er viele Jahre lang im Gefolge eines Furcht erregenden Traumes stumm gewesen war«, fanden mit ebenso großer Wahrscheinlichkeit einen Platz in den Regalen der Society wie viele bedeutende wissenschaftliche Forschungsarbeiten dieser Zeit. Dazu gehörten so große Themen wie die Auswirkungen der Schwerkraft, das Wesen der Materie, die Gestalt des

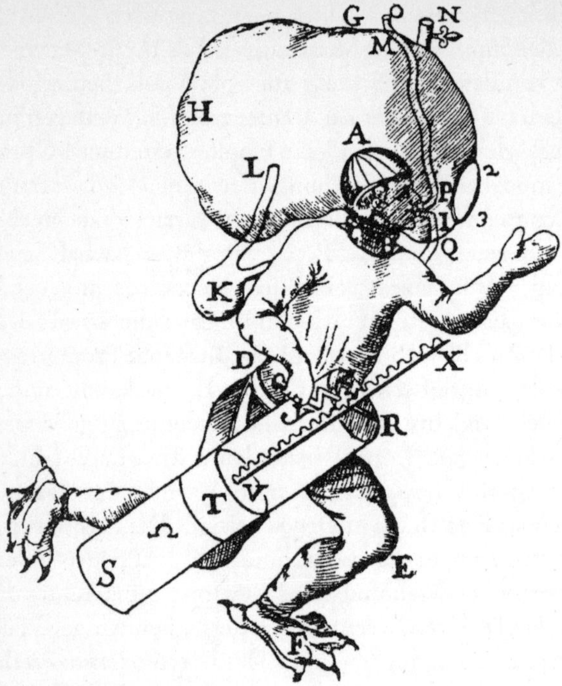


*C. Bereits 250 Jahre vor der ersten Aqualunge trug Alfonso Borellis Taucher klauenähnliche Flossen, einen »Atembeutel« und ein Gewicht, mit dem der Auftrieb unter Wasser ausgeglichen werden sollte.*

Sonnensystems und auch die Grundlagen der Biologie des Menschen – Probleme also, die damals gerade erst Gegenstand strenger empirischer Methoden wurden.

Der bedeutende Naturphilosoph Robert Boyle bereicherte die Seiten des Journals mit seinen Experimenten über das Wesen der Atmung und den Gesetzen über das Verhalten von Gas unter Druck. Er führte mit Hilfe einer von Hooke entworfenen Vakuumkammer eine Reihe von Versuchen durch, die zeigten, dass bei konstanter Raumtemperatur der Druck in der Kammer umgekehrt proportional zum Volumen der zu- oder abgeführten Luft steigt oder fällt. Diese Entdeckung wird als Boyle-Mariotte'sches Gesetz bezeichnet (Mariotte hatte später den theoretischen Beweis für das Gesetz erbracht). Stellen Sie sich einfach einen mit Luft gefüllten Ballon vor. Die Luftmenge in dem Ballon bleibt gleich, sobald er verschlossen ist. Taucht man diesen Ballon nun immer tiefer unter Wasser, presst ihn das Gewicht des Wassers immer stärker zusammen. Obwohl sich die Luftmenge im Ballon nicht ändert, wird sie infolge des Druckanstiegs auf einen kleineren Raum verdichtet, sodass bei zunehmendem Druck das Volumen abnimmt. Da sich die Menge der Luft im Ballon nicht verändert, muss also die Dichte zunehmen. Der wachsende Druck presst die Sauerstoff- und Stickstoffmoleküle in der Luft buchstäblich enger zusammen. Umgekehrt dehnt sich ein Ballon, der auf Meereshöhe gefüllt und geschlossen wird, aus, wenn man ihn auf den Gipfel des Mount Everest bringt. Aufgrund des geringeren atmosphärischen Drucks können sich die Moleküle in der Luftmischung freier bewegen und nehmen mehr Raum ein. Das Boyle-Mariotte'sche Gesetz ist von entscheidender Bedeutung, wenn man verstehen will, was mit dem Luftvorrat eines Tauchers passiert, wenn er in eine größere Wassertiefe absteigt. Blasen aus Sauerstoff und Stickstoff, die in der Tiefe aus einer luftgefüllten Druckluftflasche entweichen, nehmen an Volumen ab und an Dichte zu.

Boyle sperrte verschiedene Tiere in eine Vakuumkammer, setzte sie erhöhtem Druck aus und verminderte ihn dann wieder. Dabei machte er die erstaunliche Beobachtung, dass sich bei einer Viper, die er dieser Prozedur unterzog, ein Bläschen im Auge bildete. Unwissentlich hatte Boyle die Schlange dazu gebracht, die Löslichkeit von Stickstoff unter Druck zu demonstrieren, und beobachtet, wie das Gas aus der Lösung entwich, als sich der Umgebungsdruck auf das Tier rasch verminderte. Der Mechanismus, der zu der Blase im Auge der Schlange führte – nämlich das Atmen unter Druck –, ist derselbe, der zu der von Tauchern gefürchteten Dekompressionskrankheit führt. Für Boyle war jenes Bläschen jedenfalls nicht mehr als ein Kuriosum, und es sollte noch 200 Jahre dauern, bis man etwas über die Behandlungsmethoden der Krankheit wusste, die es zu Boyles Zeiten noch gar nicht gab.

Robert Boyle beschränkte sich bei seinen Experimenten mit Luft nicht auf die Untersuchung des Drucks, sondern dehnte sie auch auf Atmung und Verbrennung und die Übertragung von Tönen aus.

Wissenschaftshistorisch sind Boyles »New Experiments Physico-Mechanicall, Touching the Spring of Air« aus dem Jahr 1660 vermutlich seine bekanntesten Versuche. Seine zehn Jahre später erschienene Schrift »New Pneumatical Experiments about Respiration« sind eine ziemlich schauerliche Lektüre, zumal für all jene, die freiwillig unter Wasser gehen wollen. Mit einer Vakuumpumpe, mit deren Hilfe er die Luft aus einem »Pneumatischen Behälter« zog, beobachtete Boyle den Vorgang des Erstickens bei Vögeln, Schlangen, jungen Katzen, Fischen, Enten und Nagetieren. 1670 veröffentlichte er seine Schrift »A Comparison of the Times Wherein Animals May Be Kill'd by Drowning, or Withdrawing of the Air«.

Boyle beschreibt, wie er einen Grünfinken mit Metallgewichten beschwerte und ihn dann »sanft« in ein mit Wasser gefülltes Glas gleiten ließ. »Nachdem eine halbe Minute vergangen war«, so schreibt er, »schien der Kampf des Vogels ein Ende genommen zu haben, er wurde rasch wieder nach oben gezogen, aber es konnte nur noch sein Tod festgestellt werden.« Selbst ein »kräftiger Sperling« konnte nicht länger als eine halbe Minute unter Wasser überleben, was Boyle dazu veranlasste, sein Glück mit einem Wasservogel zu versuchen, von dem er sich mehr erhoffte. Obwohl Enten im Gegensatz zu Landvögeln von der Natur zum Tauchen im Wasser geschaffen zu sein schienen, vermochte zu seiner Enttäuschung auch »dieser Wasservogel nicht länger als sechs Minuten in kaltem Wasser zu überleben; was den zehnten Teil einer Stunde beträgt«.

Die Wiederbelebungsversuche, die Boyle an einigen seiner Tiere unternahm, lassen ein gewisses Mitgefühl erkennen. Eine neugeborene Katze, die, nachdem man ihr in einem Glasgefäß die Luft entzogen hatte, nur noch ein krampfartig zuckendes Bündel war und schließlich das Bewusstsein verlor, wird wiederbelebt: »Damit sie ihres Glückes auch teilhaftig werden konnte, schickten wir nach einem neuen Kätzchen aus demselben Wurf, welches in denselben Behälter gesetzt wurde und rasch in Zuckungen fiel, nach denen es wie tot dalag.« Auch diesem Kätzchen gewährte man einen Aufschub und brachte es zurück ins Leben, indem man es ein wenig »zwickte«. Dem dritten Kätzchen erging es schlechter, da Boyle, wie er erklärte, nach einigen Sitzungen mit den Tieren »zögerlicher« geworden war. »Als sieben Minuten nach dem Herauspumpen der Luft vergangen waren, ließen wir wieder Luft hinein; woraufhin sich die kleine Kreatur, die zuvor vollkommen tot aussah, wieder zu erholen schien, doch obwohl wir sie aus dem Behälter nahmen und Alkohol in ihr Maul träufelten, starb sie unwiederbringlich in unseren Händen.«

Frösche und Vögel mussten es erleiden, in der Vakuumkammer lebend in teilweise seziertem Zustand und mit offen gelegten Lungen und Herzen aufgehängt zu werden, da Boyle die lebenswichtigen Organe zum Zeitpunkt des Erstickens beobachten wollte. Im Rückblick empfindet man solche frühen Experimente leicht als grotesk, aber zur damaligen Zeit befand man sich mitten in der Entdeckungsphase jener wissenschaftlichen Gesetzmäßigkeiten, die für uns selbstverständlich sind. Erstaunlicherweise war zu der Zeit, als die Gründerväter der modernen Wissenschaften mit ihren Entdeckungen an die Öffentlichkeit gingen, die genaue Zusammensetzung der Luft noch nicht bekannt. Es sollte noch 100 Jahre dauern, bis man den Sauerstoff entdeckte, aber das konnte die Entwicklung der Tauchglocke nicht aufhalten.

Während Boyle und Hooke ihre Versuche über die Auswirkungen einer luftreduzierten Umgebung anstellten, machte sich der um einige Jahre jüngere Edmund Halley gerade daran, den Grundstein für eine eigene, große Laufbahn zu legen. Er arbeitete zusammen mit Newton am Problem der Himmelsbewegungen und hatte sich bereits unsterblichen Ruhm erworben, als er völ-

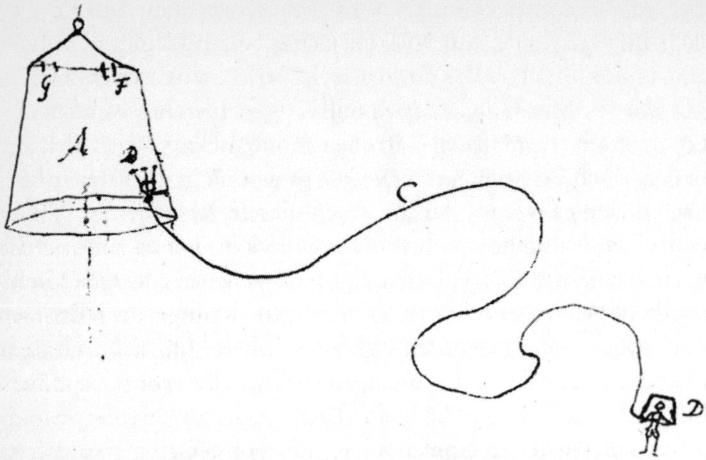


*D. In der Hoffnung, versunkene Schätze zu entdecken, entwarf Edmund Halley einen gebrauchstüchtigen Tauchhelm, den er 1691 heimlich patentieren ließ. Diese Tuschezeichnung stammt aus einem Brief, den er an ein Mitglied der Royal Society schrieb, der auch er angehörte.*

lig zutreffend für 1687 die Wiederkehr eines Kometen vorhergesagt hatte, der 1608 das letzte Mal gesehen worden war. Rückblickend kann man sagen, dass Halleys eigentliches Talent in seiner Fähigkeit bestand, riesige Mengen wissenschaftlicher Daten in eine sinnvolle Ordnung zu bringen. 1691 beantragte er das Patent auf eine von ihm weiterentwickelte Tauchglocke, über deren Einzelheiten er der Öffentlichkeit nichts bekannt gab, bis er einen Aufsatz für eine Ausgabe der *Philosophical Transactions* im Jahr 1716 verfasste.

In seinem Aufsatz »The Art of Living Underwater« legt Halley die Probleme der zu dieser Zeit gebauten Glocken dar. Man setzte damals in ganz Europa in flachen Gewässern Tauchglocken ein und hatte in den letzten Jahren einige bemerkenswerte Bergungen vollbracht. So konnte man 1664 mit Hilfe von Tauchglocken Kanonen aus dem großen schwedischen Flaggschiff *Vasa* bergen, das auf spektakuläre Weise bei seinem Stapellauf im Jahr 1628 untergegangen war. Diese Glocken waren klein und schwer und boten dem Taucher kaum genug Platz zum Arbeiten. Halley lag viel an der Verbesserung des bisherigen Systems, welches unter anderem erforderte, den Taucher zum Auffüllen des Behälters mit Luft mitsamt seiner Glocke den ganzen Weg zur Wasseroberfläche hochzuziehen. Er schlug ein Verfahren vor, bei dem Fässer mit frischer Luft zur Glocke hinuntergelassen wurden und die Luft über einen Schlauch in deren Inneres geleitet werden konnte. Die verbrauchte Luft sollte über einen Absperrhahn oben in der Glocke abgelassen werden. Halley erklärte, die Luft in einem geschlossenen Raum verlöre ihren »belebenden Geist«, und fügte klugerweise hinzu, dass er nicht näher auf die genauen physiologischen Ursachen eingehen wolle, sondern dies einem »wissensdurstigen Anatomen« überlasse, »welchem der Bau der Lungen verständlicher ist«. Halley war jedoch klar, dass die zeitgenössischen Tauchglocken nur eine kleine Menge Luft aufnehmen konnten und die Umsetzung des bereits erfolgten Vorschlags, frische Luft von der Oberfläche hineinzupumpen, daran gescheitert war, dass die zu jener Zeit verfügbaren Pumpen nicht stark genug waren, um den Wasserdruck in einer Tiefe von mehr als fünf Metern zu überwinden. Je tiefer eine Glocke tauchte, desto kleiner wurde der Luftraum, in dem es sich atmen ließ, da der Wasserdruck die Luft in der Glocke verdichtete.

Die Glocke von Edmund Halley war größer und stabiler als diejenigen seiner Zeitgenossen. Darüber hinaus schlug er vor, der Taucher solle eine kleine Glocke auf seinem Kopf tragen, die es ihm erlauben würde, sich von der eigentlichen Glocke zu entfernen. Dabei hatte er im Grunde eine Art primitiven Tauchhelm im Sinn, der über einen Lederschlauch mit der Tauchglocke verbunden war; allerdings offenbarte er auch 1716 noch keine näheren Einzelheiten zu diesem Gerät.

Im Gegensatz zu den anderen wissenschaftlichen Geistesgrößen dieser Zeit unternahm Halley selbst einen Testlauf mit seiner verbesserten Glocke und tauchte im Sommer 1691 im Hafenbecken von Pagham in Sussex. Seinem Bericht zufolge saß er dabei auf einer Bank, die im unteren Teil der Tauchglocke zwischen den Wänden montiert war, und blieb, abgesehen von seinen Schuhen, trocken. Beim Sinken der Glocke spürte er die Wirkung des zunehmenden Luftdrucks, und in seiner späteren Beschreibung der Empfindungen in den eustachischen Röhren während des Tauchgangs heißt es:

> Die einzige Unannehmlichkeit, die den Abstieg begleitet, ist in den Ohren zu bemerken, in welchen kleine Vertiefungen vorhanden sind, die nur nach außen geöffnet sind, und Poren, die so klein sind, dass sie nicht einmal der Luft Einlass gewähren, es sei denn, sie würden durch eine gehörige Kraft ausgeweitet und gedehnt. Aus diesem Grund stellt sich ein Druck auf jedem Ohr ein, welcher immer schmerzhafter wird, ganz so, als würde ein Federkiel gewaltsam in die Öffnung des Ohres gestoßen; bis schließlich das Hemmnis überwunden ist, welches jene Poren veranlasst, dem Druck zu widerstehen, und indem etwas verdichtete Luft Einlass findet, worauf sich unmittelbare Erleichterung einstellt.

Man weiß, dass Halley mit seiner Glocke eine Reihe von Tauchgängen unternahm, und er berichtet, er habe einen »eisernen Stift« mit sich geführt, um sich Bemerkungen auf einer Bleiplatte zu machen, außerdem eine Kerze, um zu sehen, was er tat, obwohl an klaren Tagen ein Glasfenster oben in der Glocke genügend Licht zum Lesen und Arbeiten ins Innere ließ. Er beschreibt auch den Einfluss der Tiefe auf das Farbspektrum und führt als Beispiel das seltsame Phänomen an, dass das aus einem Schnitt im Finger austretende Blut ab einer bestimmten Tauchtiefe eher grün als rot erscheint. Da das Luftvolumen in seiner Glocke in zehn Meter Tiefe um die Hälfte abgenommen hatte, war Edmund Halley auch klar, dass der atmosphärische Druck in dieser Tiefe doppelt so hoch ist wie an der Oberfläche. Alle zehn Meter nimmt der Druck um eine weitere Atmosphäre zu, sodass der Taucher in 20 Meter Tiefe drei Atmosphären ausgesetzt ist und in 30 Meter Tiefe vier.

Halleys Entwurf wurde 1691 patentiert, aber er wartete noch 25 Jahre, bevor er ihn schließlich in den *Philosophical Transactions* darlegte. In seinem Patentantrag beschrieb er seine Erfindung als »eine gewisse neuartige Maschine oder Gerätschaft, die bislang gänzlich unbekannt und nicht zur Verwendung gekommen ist«, was allerdings, wie wir wissen, nicht zutraf. Möglicherweise hatte Halley auf seinen Seereisen im Südatlantik, auf denen er astronomische Beobachtungen durchführte, die Möglichkeiten der Unterwasserbergung kennen gelernt. Halley war natürlich nicht der Erste, der über Tauchglocken schrieb, aber seine Glocke entsprach dem damals neuesten Stand der Wissenschaft, und er schlug vor, sie ebenso für bauliche Aufgaben, wie das Legen von Fundamenten unter Wasser, einzusetzen wie für kommerzielle Zwecke, zum Beispiel beim Schwamm- oder Perlentauchen. Seltsamerweise erwähnt er nicht die Möglichkeit der Schatzsuche.

Die Bergung von Schätzen und wertvollen Schiffsteilen aus Wracks war ein lukratives Geschäft, und es ist wahrscheinlich, dass damals viele solcher Unternehmungen im Geheimen ausgeführt wurden. Man weiß, dass Halley bei seinem Tauchgang im Hafen von Pagham versuchte, die Ladung eines Handelsschiffes zu bergen, und sein Patent für die Tauchglocke erwirkte er zusammen mit drei reichen Partnern, die ihn in seiner Arbeit finanziell unterstützten. Höchstwahrscheinlich wurde Halley wie viele Männer seiner Zeit durch die bemerkenswerten Abenteuer von Kapitän William Phips dazu angeregt, sich ins Tauchgeschäft zu begeben. Phips' Geschichte ist ein phantastisches Abenteuer, eine Schatzsuche, wie sie im Buche steht, die die feine Gesellschaft mit der Aussicht auf unbekannte, auf dem Meeresgrund ihrer Bergung harrende Reichtümer in Begeisterung versetzte.

Die *Nuestra Señora de la Pura y Limpia Concepción*, ein spanisches Schatzschiff, lief 1641 zusammen mit einer ganzen Flotte von Havanna aus, beladen mit Gold und Silber aus den südamerikanischen Kolonien. Einige Schiffe der Flotte waren schon auf der Passage von Veracruz verunglückt, und dann lief die *Nuestra Señora* vor der Insel Hispaniola (heute die Dominikanische Republik und Haiti) auf einem flachen Riff auf Grund und sank; dabei gingen 500 Passagiere und Mannschaftsmitglieder und alle Silber- und Goldbarren in den Fluten unter. William Phips, ein Abenteurer aus Neuengland, rüstete 1685 eine Expedition zur Bergung des Schatzes aus. Es kursierten Gerüchte, dass mit Gold und Silber beladene Schiffe in dem Gebiet, das als Ambergris Bank bekannt war, untergegangen waren, und es hatte sich schon eine Reihe von Schiffskapitänen mit finanzieller Unterstützung aus London auf die Suche nach dem Schatz begeben. Sie blieben jedoch erfolglos. Phips fehlten zwar die gesellschaftlichen Beziehungen, aber er war ein überzeugender Redner und erhielt trotz der schlechten Aussichten finanzielle Unterstützung und ein Schiff von Charles II. Er machte sich auf den Weg nach Hispaniola und schlug in Puerto de la Plata, dem größten Hafen, sein Domizil auf. Dann ließ er überall auf der Insel verbreiten, dass er bereit sei, für zuverlässige Informationen zu zahlen. Und tatsächlich trieb Phips auf diese Weise einen alten spanischen Seemann auf, der das Schiffsunglück überlebt hatte. Der alte Mann beschrieb Phips so genau, wie es seine Erinnerung zuließ, an welcher Stelle das Schiff gesunken war, und bekam sein Geld.

Aber Phips konnte 1685 weder die *Nuestra Señora* noch ihren Schatz entdecken und kehrte nach London zurück, in der Hoffnung, noch mehr Mittel aufzutreiben. In der Zwischenzeit war Charles II. verstorben, und Phips war gezwungen, erneut Klinken zu putzen, bis er schließlich bei Samuel Pepys, der zu dieser Zeit Sekretär der Admiralität war, mit seinem Vorhaben auf offene Ohren stieß. Vom Herzog von Albemarle mit finanziellen Mitteln ausgestattet und mit Unterstützung des von seinen Fähigkeiten überzeugten Pepys, vermochte Phips, den neuen König, James II., zu überreden, ihm zwei Schiffe zur Verfügung zu stellen, deren Ausrüstung zum Teil durch den Verkauf der Ladung auf den Karibischen Inseln auf dem Weg nach Hispaniola bezahlt werden sollte.

Phips und seine Männer schlugen wieder in Puerto de la Plata ihr Quartier auf, wo sie Piraguas bauten, mit denen sie die goldhaltigen Gewässer nach dem gesunkenen Schiff mit seinem Schatz absuchen wollten. Im Februar 1687, nachdem schon fast ein Monat vergangen war, habe ein Mann aus Phips' Mannschaft, so heißt es, eine besonders hübsche »Meeresfeder« entdeckt (wahrscheinlich eine Fächerkoralle) und schickte einen der Eingeborenentaucher los, um sie zu holen. Der Taucher berichtete, die Koralle sei an einem seltsam geformten Riffstück festgewachsen, das sich nach seiner Bergung als ein Berg Silbermünzen entpuppte. Ein Zeitgenosse von Phips, der Schriftsteller Cotton Mather, beschrieb die Größe dieses Schatzes:

> Nach weiteren Tauchgängen holte der Indianer einen ersten von vielen Barren, wie sie es nannten, oder einen Silberblock hoch, der vielleicht zwei- oder dreihundert Pfund wert war ... und diese neue Art der Fischerei war so einträglich, dass sie binnen kurzer Zeit und ohne den Verlust eines einzigen Menschenlebens 32 Tonnen Silber anlandeten; denn inzwischen hatte man begonnen, das Silber in Tonnen zu messen.

Große Teile des Silberschatzes waren von Korallen überwuchert, und unter diesen Korallen verbargen sich neben dem Silber auch Gold, Edelsteine und Perlen. Nahezu zwei Monate lang durchstöberten Phips und die von ihm angeheuerten einheimischen Taucher das Wrack. Im Juni des Jahres 1687 kehrte Phips mit einem sagenhaften, 32 Tonnen schweren Schatz nach London zurück. Die Geldgeber, die als Beteiligung am Unternehmen des Herzogs von Albemarle jeweils 100 Pfund investiert hatten, konnten sich über ihren Anteil an der Ladung freuen, deren Wert sich insgesamt auf eine Viertelmillion Pfund belief.

Für William Phips aber, eines von 26 Kindern einer armen Familie aus Neuengland, bedeutete der Schatz mehr als ein Lotteriegewinn. Sein ganzes Leben änderte sich fortan, er wurde in den

Adelsstand erhoben und erhielt zunächst das Amt des Sheriffs und dann des Gouverneurs von Neuengland, denn auch König James hatte seinen Anteil am Schatz erhalten und zeigte sich entsprechend dankbar.

Die Entdeckung des Schatzes des Herzogs von Albemarle, wie er genannt werden sollte, hatte enorme Auswirkungen auf das Geschäft des Tauchens. Phips hatte zwar einheimische Taucher eingesetzt, die mit angehaltenem Atem tauchten und den Schatz mit Hilfe von Stricken, die sie um die Korallenbrocken banden, geborgen hatten, aber nichtsdestoweniger begann man nun, mit fieberhaftem Eifer an der Vervollkommnung der Tauchglocken zu arbeiten.

Es setzte eine regelrechte Schatzsuchemanie ein, und jeder, der es sich leisten konnte, investierte in Schatzexpeditionen, besonders nachdem bekannt geworden war, dass Phips einen Teil des Goldes zurückgelassen hatte, weil er zu schwer war, um in die Holzkanus gehievt zu werden. Als Phips selber zur Ambergris Bank zurückkehrte, musste er feststellen, dass sich die Kunde inzwischen verbreitet hatte und die Gegend von Goldsuchern nur so wimmelte.

1695 tauchte in London ein Pamphlet auf, das die anhaltende Geschäftemacherei mit Investitionen in Erfindungen, die der Schatzsuche dienen sollten, aufs Korn nahm. Der Verfasser, laut Aussage der Verleger ein »ehrenwerter Mann«, blieb anonym und überschrieb sein Pamphlet mit »Angliae Tutamen: Or, the Safety of England«. Der Verfasser spottet über die verschiedenen, damals allerorten angepriesenen Projekte, die einen schnellen Reichtum verhießen, insbesondere aber über die »Tauchermaschinen verschiedenster Art, die seit der Hebung des Albemarles-Schatzes überall hervorkriechen«. Der Verfasser zählt jene Maschinen auf, die unter Wasser angeblich zum Erfolg führen sollen:

> Einige bevorzugen eine Glocke, andere ein Fass, manche raten zu einer ganzen Rüstung aus Kupfer, mit Leder zwischen den Gelenken und einem Schlauch zur Beförderung

der Luft sowie einem Zyklopenauge an der Stirn für das Licht.

»Angliae Tutamen« warnt davor, Gelder an solche Projekte zu verschwenden, die der ehrenwerte Verfasser als gefährliche Vergeudung nationalen Vermögens betrachtet. Mit dem Hinweis, die Taucher von Phips seien »nackt« und nicht mit irgendwelchen komplizierten mechanischen Apparaturen ausgestattet gewesen, warnt er davor, dass die meisten dieser phantastischen Erfindungen untauglich seien und allein dem Zwecke dienten, den Investoren das Geld aus der Tasche zu ziehen:

> Diese ausgezeichneten Taucher-Maschinen lehnen an den Wänden, als ob sie sich ausruhen, und nach meinem Geschmack brauchten sie die Welt mit ihrem Getue und Getöse nicht weiter zu belästigen. Seltsam ist's, wenn man es recht bedenkt, welch eine unglaubliche Menge von Menschen sich haben verführen lassen … allein um der Hoffnung willen, durch diese Dinger ungeheure Reichtümer zu erwerben.

Auch wenn es befremdlich erscheint, die Zahl der Tauchermaschinen und derjenigen, die bereit waren, in sie hineinzuklettern, war so groß wie nie zuvor. Im 18. Jahrhundert, als der Seehandel ständig zunahm, wurden Nutzen und Wert eines guten Tauchers nicht länger bezweifelt.

Neben der Glocke sollte das achtzehnte Jahrhundert auch die Erfindung des so genannten »Tauchfasses« erleben. Das waren wasserdichte Fässer aus Holz oder Kupfer, in die ein unerschrockener Mann eingeschlossen und in horizontaler Lage auf den Meeresboden hinabgelassen wurde. Der Taucher steckte seine Arme durch Löcher, die durch kurze Ledermanschetten abgedichtet wurden, und auf diese Weise konnte er Gegenstände vom Meeresboden heben, bis ihm die Atemluft ausging. Der Haken an der Sache war, dass jedes Leck im Fass den raschen Tod des Tauchers bedeutete. Aber mindestens zwei Engländer hatten Glück und vollbrachten in diesen Fässern regelrechte Heldentaten. John Lethbridge aus Newton Abbot konnte sicherlich die größten Erfolge für sich verbuchen.

Lethbridge hatte seinen Versuch im Jahr 1715 genau zu der Zeit angesetzt, als in Devon eine Sonnenfinsternis stattfand. Er ließ sich für eine halbe Stunde in einem 234 Liter fassenden luftdichten Fass einschließen, um zu beweisen, dass er mit dieser Luftmenge überleben konnte. Davon ausgehend, entwarf er ein Holzfass, in dem er auf dem Bauch lag und seine Arme durch enge Ledermanschetten steckte und dabei durch ein kleines Bullauge auf den Meeresboden sehen konnte. Diese Konstruktion war ein durchschlagender Erfolg, und Lethbridge tauchte damit in den Jahren von 1715 bis 1743 nach Wracks vor Frankreich, Holland, Südafrika, den Britischen sowie den Kapverdischen Inseln.

Lethbridges Holzfass war nur einen Meter achtzig hoch und hatte einen Durchmesser von 75 Zentimetern am oberen und 45 Zentimetern am unteren Ende. Das Fass wurde mit einem Seil von einem Schiff aus ins Meer hinabgelassen, und in Reichweite des Tauchers befand sich ein weiteres Seil, mit dem er Signale an die Oberfläche geben konnte. Man weiß, dass Lethbridge gelegentlich bis zu sechs Stunden in dem Fass geblieben war und eine maximale Tiefe von etwa 21 Metern erreicht hatte. Er ging mit Jacob Rowe, einem anderen erfolgreichen Fasstaucher, eine Partnerschaft ein, und im Jahr 1720 bargen die beiden Männer für die Ostindische Kompanie aus einem Wrack im schottischen Firth of Forth 27 Truhen mit Silber. Die folgenden lukrativen Tauchgänge in den tückischen Gewässern vor den Kapverdischen Inseln in Westafrika festigten Lethbridges und Rowes Ruf. Laut einer Familienchronik arbeitete Lethbridge in den 1730er und 1740er Jahren an der Table Bay am Kap der Guten Hoffnung für die holländische Ostindische Kompanie und barg während seiner langen Laufbahn mindestens 16 große Schiffswracks. Trotz der Gefahren, die sein Beruf mit sich brachte, wurde Lethbridge 83 Jahre alt, und angeblich soll er insgesamt Güter im Wert von über

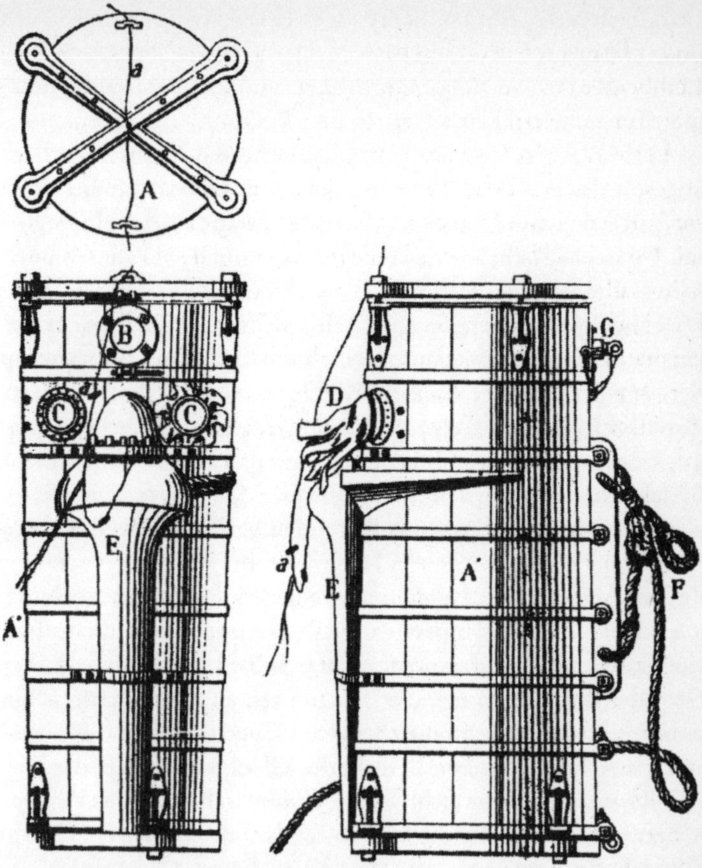


*E. 1715 ließ sich John Lethbridge aus Devon in ein mit Eisenbändern verstärktes »Tauchfass« einschließen. Ein Glasbullauge (B) und zwei Löcher für die Arme (C) ermöglichten es ihm, so lange unter Wasser zu arbeiten, wie sich Luft im Fass befand.*

100 000 Pfund geborgen haben (was heute knapp 13 Millionen Euro entspricht).

Für die meisten Bergungsprojekte wurden allerdings weiterhin Tauchglocken eingesetzt. In den *Philosophical Transactions* deckte Halley das Geheimnis seines erweiterten Atemschlauchgeräts auf, das er schon 1716 erwähnt hatte. Es bestand aus einer Konstruktion von Leitungen, die den Luftraum in der Hauptglocke mit dem »Bleihelm« des Tauchers verband. Da es damals noch keinen Gummi gab, wollte er Schläuche aus Messingdrahtspulen verwenden, die mit feinem, in heißes Öl und Bienenwachs getauchtem Handschuhleder umhüllt werden sollten. Zur weiteren Versiegelung wurden »einige Windungen von Schafsdärmen« über die Röhren gezogen und angestrichen, und darüber kam dann noch eine letzte Hülle aus Leder, damit die Röhren nicht verschlissen. Der Schwede Martin Triewald, der über Jahre mit einer Tauchglocke arbeitete, nahm einige Verbesserungen an dem ursprünglichen Entwurf von Halley vor. Im Jahr 1732 beschreibt Triewald ein System, bei dem man einen »gewundenen Schlauch aus Kupfer« um das Innere einer Glocke legte und ein elfenbeinernes Mundstück daran anbrachte. Sobald der Taucher in der Glocke merkte, dass sich die Luft um seinen Kopf unangenehm erwärmte, konnte er an dem Schlauch saugen und auf diese Weise Luft aus dem unteren Bereich der Glocke einatmen, die hoffentlich weniger verbraucht war. Ein schottischer Taucher namens Charles Spalding hatte die Idee, unter dem Boden der Glocke ein Gewicht zu montieren, das als Ballast diente. Über einen Flaschenzug konnte der Taucher in der Glocke das Gewicht heben und senken und damit den Auftrieb den jeweiligen Erfordernissen anpassen. Nach fast zehnjähriger erfolgreicher Tätigkeit als Berger von Schiffswracks kamen Spalding und sein Sohn 1783 bei den Arbeiten an einem irischen Wrack um – ihnen war buchstäblich die Luft ausgegangen.

Das grundlegende Prinzip der Tauchglocke wurde beibehalten. Die ständigen Verbesserungen an der Konstruktion der einfachen Glocke gipfelten schließlich in der zweiten Hälfte des Jahrhunderts in den Entwürfen von John Smeaton, einem anderen treuen Mitglied der Royal Society und Begründer der Society of Civil Engineers. Er verband eine eckige Glocke mit einer soliden Pumpe, wodurch sich Sicherheit und Effizienz des Geräts erhöhten. Während der Bauarbeiten am Hafen von Ramsgate setzte Smeaton seine verbesserte Halley'sche Tauchglocke ein, um schwere Gesteinsblöcke zu bewegen. Das Geniale an Smeatons Erfindung bestand darin, dass die Luftröhre mit einem Einwegventil versehen war, mit dem verhindert wurde, dass sich die Glocke mit Wasser füllte, wenn die Luftversorgung versagte. Mit dem Bau seiner eckigen Glocke hatte er im Grunde einen Caisson geschaffen, einen trockenen Arbeitsraum also, der es möglich machte, in einer Druckluftumgebung zu arbeiten. Leider waren die Luftpumpen, die Smeaton zur Verfügung standen, nicht sehr stark, sodass der Glocken-Caisson nur in einer Tiefe von ein paar wenigen Metern eingesetzt werden konnte.

Noch zu Beginn des 20. Jahrhunderts war die Tauchglocke in ständig weiterentwickelten Versionen in Gebrauch, doch die verhältnismäßig geringe Beweglichkeit der Glocke stellte einen großen Nachteil bei der Arbeit der Taucher dar. Darüber hinaus war sie schwer, es bedurfte vieler Leute, um sie zu bedienen, und sie war nicht für größere Tiefen geeignet. Das neue Jahrhundert sollte diese Einschränkungen mit dem Aufkommen des Tauchhelms zum Teil aufheben, da der Mensch, der über einen Luftschlauch mit der Oberfläche verbunden war, jetzt unter Wasser umhergehen konnte.

Selbst Leuten, die nicht schwimmen können, ist es heutzutage möglich, einen Eindruck vom Leben unter Wasser zu gewinnen, indem sie ihren Kopf in eine Art Miniaturglocke stecken, in die über einen Schlauch von der Wasseroberfläche Luft gepumpt wird. Dieser spezielle Helm ruht wie ein großes Glas auf den Schultern des Tauchers, während die überschüssige Luft unter dem Rand hervorblubbert, und hält Kopf und Hals des Trägers vollkommen trocken. In einigen Zentren des Tauchtourismus werden »Riff-Spaziergänge« angeboten, die den Teilnehmern mit Hilfe solcher Geräte einen Einblick in die Unterwasserwelt bieten. Auf den Seychellen gab es einige Jahre lang ein Unternehmen, das sich »Jules Vernes Unterwasser-Spaziergang« nannte; die Kunden standen bei einem solchen Spaziergang an einer nicht besonders tiefen sandbedeckten Stelle in einer geschlossenen Bucht und beobachteten die Rifffische, von denen manche durch eine Hand voll Brotkrumen zum »Taucher« gelockt werden konnten. Mit diesem System lassen sich die mit dem Einatmen von Druckluft verbundenen Gefahren vermeiden, und es ist dafür auch kein spezielles Training nötig – es genügt, wenn man aufrecht stehen und über den Sand gehen kann.

Durch eine ähnliche Touristenattraktion haben im thailändischen Phuket die Korallenriffe Schäden genommen. Riff-»Spaziergänger«, die diese blubbernden Helme aufsetzen und Bleigürtel umlegen, damit sie aufrecht stehen bleiben, können ihren Auftrieb nicht kontrollieren. In Phuket durften sie über die Korallen laufen, und so stolperten sie an einigen Stellen über die zarten Verästelungen, deretwegen sie überhaupt hierher gekommen waren, und brachen sie ab. Das ist so, als würden die Besucher eines Gartens in Nagelschuhen über die Blumenbeete trampeln, um die Blüten aus der Nähe zu betrachten. Mit gleicher Rücksichtslosigkeit, aber in weitaus größerem Umfang behandeln wir die Korallen und die Korallenriffe dieser Welt.

Ich habe grüne Korallen gesehen, die leuchteten, als hielte man ein hauchdünnes Stück eines geschnitzten Jades gegen das Licht. Ich habe Korallen gesehen so rot wie eine Kolibrifeder oder zart rosa angehaucht wie die Blütenblätter einer Nelke, die man sich ins Knopfloch steckt. Es gibt Korallen mit dem sanften Goldton einer Inkamaske und solche, die genau die Farbe getrockneten Lavendels zeigen. Sie bilden Platten, Röhren, scharfe Hörner oder pilzartige Köpfe und drängen sich auf dem Riff zusammen. Jede Art ist ein Kolonie bildender Organismus, der je nach Standort, Tiefe und Zustand des umgebenden Wassers sein Erscheinungsbild ändert. Korallen wachsen als kompakte Stöcke oder Säulen, sind blattartig oder bilden Krusten und Verästelungen. Einige Arten verhalten sich ihren Nachbarn gegenüber aggressiv und strecken ihre Tentakel aus, um andere Kolonien zu stechen, oder sie breiten sich einfach über die anderen Korallen aus und begraben sie unter sich. Langsam wachsende, massive Korallen können Stürmen und räubernden Fischen und Schildkröten widerstehen, während die schnell wachsenden, zarteren Kolonien Unterwasserpalisaden bilden und besonders gut gedeihen, wenn sie von den Wellen, die ein Sturm über sie hinwegjagt, von Zeit zu Zeit ausgedünnt werden. Korallen sind die sinnlich wahrnehmbare Ansammlung einzelner Lebewesen, kleiner Polypen, die mit ihren Ausscheidungen ein schützendes Kalkgehäuse bilden. Die harten, ausgebleichten Korallen, die in Souvenirläden verkauft werden, sind die Skelette der lebenden Kolonie. Zum Fressen tauchen die Polypen aus ihrem Bau auf und machen sich über die im Meer treibenden Nährstoffe, unter anderem Bakterien, her. Einige Korallen fangen mit Nesselkapseln Würmer und selbst kleine Fische, während viele andere Arten auf Algen (*zooxanthellae*) angewiesen sind, die in den Polypen leben und Photosynthese betreiben, das heißt, mit Hilfe des Sonnenlichts Kohlendioxid und Wasser zu Kohlenhydraten synthetisieren, von denen sich die Korallen ernähren. Erwärmt sich das Meer so stark, dass die Zooxanthellen sterben, stößt die Koralle die Algen aus und verliert ihre Farbe (das so genannte *coral bleaching*). Verbessern sich die Bedingungen nicht, stirbt schließlich die Koralle selbst, bleich wie ein Knochen in der Wüste und bedeckt von einem schmutzig braunen Teppich von Algen, der dem Bewuchs rund um die Mündung eines Abwasserrohrs ähnelt.

Die meisten dieser empfindlichen tropischen Riffe liegen zwischen dem 30. nördlichen und dem 30. südlichen Breitengrad und bedecken weniger als zwei Prozent des Meeresbodens. Und doch lebt auf den Riffen ein Viertel aller Arten der Meeresbewohner. In einem erschreckend hohen Tempo verursacht die weltweite Wasserverschmutzung, wie die Einleitung von Schadstoffen und Abwasser, Schäden an den Korallenriffen; man geht davon aus, dass die Hälfte der Riffe innerhalb der nächsten 20 Jahre ernsthaft gefährdet sein wird.

Ich habe einmal beobachtet, wie eine Kokosnusspalme, die ins Meer gefallen war, von der hereinkommenden Flut auf ein flaches Riff gespült wurde. Die Palme wurde mit der Wucht eines Rammbocks gegen das Riff getrieben und stieß, mahlte und bohrte innerhalb von Minuten einen Graben durch die Koralle. Im Indischen Ozean konnte ich des Öfteren Familien der riesigen Büffelkopf-Papageienfische (*Bolbometopon muricatum*) beobachten, die wie eine Herde grasender Bisons über ein Riff zogen. Diese über einen Meter langen Fische mit den Höckern auf der Stirn haben Furcht erregende, einem Papageienschnabel ähnliche Zähne, mit denen sie ganze Stücke von den Korallen abbeißen können. Beim Vorbeischwimmen hinterlassen sie eine Spur zerkleinerter Korallen, von denen nichts als ein feiner Sandregen übrig bleibt, nachdem sie zwischen die mahlenden Kieferplatten der Fische geraten sind. Diese Vorgänge natürlicher Zerstörung gehören zum Lebenszyklus einer Koralle und richten auf die Dauer genauso wenig Schaden an wie ein Elefant, der im afrikanischen Busch die Blätterkrone eines Baumes ausputzt.

Das Sammeln von Korallen als Andenken, das gedankenlose Berühren und das Herumtrampeln unter Wasser gehören dagegen zu den Zerstörungen, die der Mensch auf den Riffen verursacht. Eines Tages beobachtete ich auf einem Tauchgang im Indischen Ozean, wie der Anker einer Yacht auf einen Hirschhornkorallenstock fiel. An der Stelle, wo der Anker auf die Koralle traf, riss er ein kreisrundes Loch mit vielleicht einem Meter Durchmesser, einen fein säuberlich gebohrten Tunnel im Wald der Korallenäste. Während das Boot sanft schaukelte und die Passagiere sich auf Deck sonnten, nahm der Wind ein wenig zu. Ich sah, wie sich die Ankerkette abwechselnd spannte und lockerte, als das Boot langsam abdriftete. Das Loch um den Anker herum begann, sich zu vergrößern, und knisternd und krachend brachen die zarten Äste der Koralle ab. Innerhalb weniger Minuten war ein knapp ein Meter breiter und 30 Meter langer Graben durch die Koralle gezogen, eine Bahn der Verwüstung, von den Passagieren des Bootes oben unbemerkt. Dann verhakte sich der Anker in einer Hirnkoralle, einer riesigen runden Kugel mit einem feinen Linienmuster, das der Oberfläche des menschlichen Gehirns ähnelt. Dieses Hindernis, vielleicht vier Meter hoch und von doppelt so großem Durchmesser, konnte der kleine Anker nicht wegreißen. Er wurde über die Hirnkoralle hinweggezogen und hinterließ da, wo sich seine Stahlkrallen hineingruben wie ein Pflug in den Acker, einen breiten Riss. Endlich holten die Leute auf der Yacht den Anker ein, und ich sah zu, wie er an der Kette nach oben geschraubt wurde. Eine Wolke von Korallenstücken breitete sich im Wasser aus. Die Hirschhornkoralle würde vermutlich 20 Jahre brauchen, um sich von dieser Zerstörung zu erholen. Später sagte mir eine Meeresbiologin, die Hirnkoralle sei ihrer Meinung nach mindestens 1000 Jahre alt.

Seit Jules Verne Kapitän Nemo ins Leben gerufen hat, waren es immer wieder erfundene Abenteurer, die uns mit der Idee des Tauchhelms vertraut gemacht haben. Der Taucher, dessen Kopf in einem umgedrehten kupfernen »Goldfischglas« steckt, während sein Körper in einen unförmigen Stoffanzug gehüllt ist, blickt durch ein kleines gläsernes Bullauge auf die Außenwelt. Die Bleischuhe an seinen Füßen geben ihm Gewicht, und hinter ihm windet sich der lebenswichtige Luftschlauch an die Wasseroberfläche. Auf Deck des Bootes steht ein muskelbepackter Seemann am Rad der Pumpe, die den Taucher mit frischer Luft versorgt. Der Tiefseetaucher bewegt sich in dem fremden Element so langsam wie ein Astronaut auf der Oberfläche des Mondes, seine Bewegungen haben etwas Übertriebenes und Plumpes. Dieses Bild geistert seit mehr als 100 Jahren in unseren Köpfen herum und hält sich nach wie vor, auch wenn es weltweit nur noch eine Hand voll Kupferhelm-Taucher gibt.

Charles Dickens beschreibt in *The Uncommercial Traveller* die Arbeit von Tiefseetauchern »in grotesker Aufmachung«, die er 1859 bei Anglesey, wo das Wrack der *Royal Charter* lag, gesehen hatte. Die Geschichte enthielt sämtliche Momente für ein Melodrama über den Verlust von 500 Menschenleben in einem grimmigen Wintersturm und die anschließende Bergung eines Goldschatzes aus dem Schiffswrack durch mutige Taucher. Das Londoner Theatre Royal brachte 1897 das Stück *The White Heather* auf die Bühne, in dem ein Unterwasserduell zwischen dem Helden, Dick Beach, und seinem Gegenspieler, Lord Angus Cameron, vorkommt. Das Stück wurde wegen seines großen Erfolgs beim Publikum fast 100 Mal aufgeführt und schon im folgenden Jahr wieder aufgenommen. Gebannt erlebten die Theaterbesucher mit, wie Cameron, der wie Dick Beach in einer Tiefsee-Tauchausrüstung steckte, den Tod findet, als sein Luftschlauch von dem Tauchmesser des Helden zerfetzt wird. Damals war die viktorianische Öffentlichkeit schon mit den Leistungen von wirklichen Helden wie Alexander Lambert vertraut, der den größten Teil der Goldladung aus der 1885 vor den Kanaren gesunkenen *Alphonso XII.* geborgen hatte. Lambert galt als mutigster Taucher seiner Zeit; er war ein Bulle von Mann, der schon die ganze Welt bereist hatte und auch Bergungsaufträge annahm, die andere Männer schon abgelehnt hatten. Man erzählte sich, er habe im Indischen Ozean einen Tigerhai gefangen, und 1880 soll er ein paar 100 Meter durch den gefluteten Schacht des Severn-Tunnels gekrochen sein, um ein klemmendes Schleusentor zu schließen. In der Zwischenzeit versetzte die populäre viktorianische Zeitschrift *The Illustrated London News* ihre Leser mit den schauerlichen Geschichten über Taucher in Erstaunen, die nach einem Eislaufunfall im Regents's Park die Leichen unter dem Eis hervorholten, und von der wundersamen Bergung gestohlener Uhren, die eine Diebin von der Blackfrairs-Brücke geworfen hatte, um die Beweise für ihr Verbrechen verschwinden zu lassen. Geschichten über behelmte Taucher, die trübe Gewässer bezwangen, verkauften sich gut und lieferten den Illustratoren der Zeitschriften reichlich Stoff.

Der Erfolg des Helmtauchers als dramatischem Helden hielt lange an. 50 Jahre nachdem das viktorianische Publikum Dick

Beach bestaunt hatte, schlüpfte Tin Tin, die Cartoonfigur von Hergé, auf der Jagd nach dem Schatz von Red Rackham in einen Taucheranzug. Eine Zeit lang brachte es die Filmindustrie fertig, sämtliche männlichen Schauspieler von John Wayne bis Bob Hope unter einen Tauchhelm zu stecken, was teils tragische, teils komische Effekte und ganz unterschiedlichen Erfolg hatte. Der Taucher in seinem Helm war wie ein Ritter in Rüstung, der den Kampf mit dem Meer und allen darin vorkommenden Arten von Monstern aufnahm. Die dramatischen Möglichkeiten schienen grenzenlos. Kaum war der Taucher auf dem Meeresgrund angelangt, streckte auch schon ein fürchterlicher Oktopus seine gigantischen Tentakel aus und packte ihn, woraufhin dieser Tentakel üblicherweise mit Hilfe eines großen Messers, dem nützlichsten Werkzeug des Tauchers, abgehackt wurde. Daraufhin schlossen Riesenmuscheln ihre Schalen um die Stiefel des unvorsichtigen Tauchers und hielten ihn am Meeresboden fest, während im Hintergrund schon ein hungriger Hai seine Kreise zog. Und wenn die Bedrohung einmal nicht aus der Natur kam, dann verwickelte sich der Luftschlauch und sorgte für den dramatischen Effekt. Oder das Publikum musste zusehen, wie dem Mann, der den ahnungslosen Taucher mit Luft versorgte, etwas zustieß – sei es ein Kampf an Deck oder ein Angriff auf das Boot – und er gezwungen war, seinen Platz an der Pumpe zu verlassen.

Wenn wir den Begriff »Tiefseetaucher« hören, dann denken wir an Helmtaucher. Noch heute findet der Helm Verwendung, auch wenn die modernen Ausführungen sehr viel leichter sind und die Anziehungskraft der glänzenden Kupferkuppeln eingebüßt haben, die die Einbildungskraft der viktorianischen Schriftsteller und später die der Hollywoodregisseure so sehr beflügelt hat. Bevor die Astronauten im Weltall zu neuen Grenzen vorstießen, galt der Tiefseetaucher als Archetyp des modernen Helden.

Wie nahezu jede Entwicklung in der modernen Tauchtechnologie war auch die Frage, wer Anspruch auf die Erfindung des

*F. Im Jahr 1897 strömten die Zuschauer in das Theatre Royal, um* The White Heather *zu sehen, ein Melodram über Tiefentaucher. Sie verkörperten zu diesem Zeitpunkt bereits das Ideal des viktorianischen Abenteurers.*

Helms erheben konnte, Gegenstand heftiger Streitereien. Prozesse wurde angestrengt und Patente eingetragen, um das geistige Eigentum an den verschiedenen Systemen zu belegen, die dem Menschen das Atmen unter Wasser ermöglichen sollten. Edmund Halley ließ seine Tauchglocke lange vor der Veröffentlichung des Entwurfs patentieren, und von John Lethbridge und Jacob Rowe heißt es, sie seien eine Partnerschaft eingegangen, weil sie so die gerichtliche Auseinandersetzung um die Tauchfässer vermeiden konnten.

Wer als Erster eine Glocke, ein Fass oder einen Helm gebaut und erfolgreich eingesetzt hat, wird sich wohl niemals mit Gewissheit feststellen lassen. Es mag auch kaum von Bedeutung sein, da die Geschichte eher als die Erfinder einer neuen Technologie ihre Anwender anerkennt, vor allem wenn diese der Erfindung damit zu kommerziellem Erfolg verhelfen. Mit der Verbesserung des Tauchhelmsystems verhielt es sich nicht anders.

Die ersten Helme waren einfach Miniatur-Tauchglocken, die über den Kopf des Tauchers gestülpt wurden und auf seinen Schultern ruhten. Mit dem Tauchhelm löste man das Problem, durch einen zwischen die Zähne geklemmten Schlauch atmen und die Luft von der Oberfläche ansaugen zu müssen. Wenn der Kopf des Tauchers in einen eigenen Luftraum eingeschlossen ist (einen stabilen Helm also), hat der Druck des umgebenden Wassers keinen Effekt auf die Luft im Inneren des Helms. Durch einen Schlauch kann Luft in den Helm gepumpt werden, und solange dieser Schlauch dicht ist, muss beim Pumpen nur genug Kraft aufgebracht werden, um den umgebenden Wasserdruck zu überwinden. Mit dem Glasfenster und der Luftversorgung über einen Blasebalg hatte man im Grunde nur das alte Verfahren aufgegriffen, bei dem zu einem frei schwimmenden Taucher auf dem Meeresgrund eine Urne hinuntergelassen wurde, aus der der Taucher dann Luft schöpfen konnte. Wie die Urne und die Tauchglocke waren auch die ersten Tauchhelme am Hals offen, sodass überschüssige Luft unter dem Rand in einem Strom von Blasen entweichen konnte. Um zu verhindern, dass der Wasserpegel im

Helm stieg, wenn der Taucher tiefer ging, musste der Druck der von der Wasseroberfläche hinuntergepumpten Luft erhöht werden. Der Nachteil dieser offenen Konstruktion war, dass die Luft aus dem Helm entweichen konnte, wenn der Taucher sich nach vorne beugte (oder vornüberstürzte), und damit die Gefahr des Ertrinkens bestand.

Schon im Jahr 1774 fand in Anwesenheit des schwedischen Königs die Demonstration eines Tauchhelms statt, mit dessen Hilfe ein Mensch sich frei unter Wasser bewegen konnte. Es sind nur wenige Einzelheiten darüber bekannt, wie dieser Helm funktionierte, aber wahrscheinlich bestand er aus einer wasserdichten Lederhülle und wurde mit einem ebenfalls ledernen Schlauch von der Oberfläche aus mit Luft versorgt. Diese Schläuche waren wie jene 100 Jahre zuvor von Halley beschriebenen konstruiert, geölte Lederschläuche also, die durch eine Messingspule im Inneren gespreizt wurden. Eine ähnliche Konstruktion verwendete man auch bei anderen frühen Helmmodellen, für die man eine Kopfbedeckung aus wasserdichtem Leder formte. Fréminet hatte um 1775 in Paris eine Maschine erfunden, die er als »hydrostatergatische Maschine« bezeichnete und mit der man unter Wasser laufen konnte. Auch sie bestand aus einer Lederweste mit integrierter Kapuze, die über einen Metallrahmen gezogen wurde. Der deutsche Taucher Peter Kreeft verwendete im Jahr 1800 ein auf dem gleichen Prinzip beruhendes Gerät für seine Demonstration an der Ostseeküste von Mecklenburg. Erneut war der schwedische König Zeuge der neuesten Taucherfindung, die, wie ein Freund von Kreeft erklärte, »nicht zu jenen Luftschlössern gehörte, welche manche Erfinder sich zu errichten befleißigen«. Kreefts Helm und Lederjacke waren zusammengenäht und schützten den Taucher auf diese Weise vor dem kalten Wasser der Ostsee.

Die Aufsehen erregende Tauchermaschine eines anderen Deutschen, Karl Heinrich Klingert, wurde 1797 in der Oder getestet. Klingert behauptete sogar, der Taucher könne einen Lufttank mit sich führen, sodass er zum Teil unabhängig von der Luftzufuhr durch die schon immer verdächtig anmutenden Lederschläuche

*G. Bereits im Jahr 1800 ging Peter Kreeft an der Ostseeküste vor Barth in einem ledernen Tauchanzug unter Wasser; über einen handbetriebenen Blasebalg wurde der Taucher mit Luft versorgt.*

war. Bei Klingerts Gerät wurde der Oberkörper des Tauchers durch einen Harnisch aus verzinntem Eisenblech geschützt, wobei Arme und Beine frei beweglich blieben. Der Haken an dieser Maschine war natürlich, dass jene Teile des Körpers, die nicht in der luftgefüllten Rüstung steckten, dem Wasserdruck ausgesetzt waren. Die Differenz zwischen dem Druck, der innerhalb des Helms herrschte, und dem, der auf den übrigen Körper ausgeübt wurde, führte zu »einem unangenehmen Druckgefühl« und hielt den Taucher davon ab, tiefer als 15 Meter zu gehen. Dieselben Druckverhältnisse stellten auch für die in hölzernen Fässern steckenden Taucher ein Problem dar; ihre Arme, die sich außerhalb des Fasses befanden, wurden durch den hydrostatischen Druck schmerzhaft zusammengepresst, was bedeutete, dass die Taucher nur bis in eine bestimmte Tiefe absteigen konnten. Dieses Problem lässt sich nur lösen, indem man den Druck der Luft, die in den Helm des Tauchers gepumpt wird, erhöht, sodass er sich dem Druck, den das Wasser auf den Körper ausübt, angleicht und diesen kompensiert.

Zwischen 1770 und 1820 wurden immer neue Varianten von Tauchermaschinen erfunden. Fréminet in Paris, Klingert, Schultes und Kreeft in Deutschland und Tonkin und James in England stellten Apparate her, die in flachen Gewässern alle ähnlich arbeiteten. In Amerika wird schon 1819 von der Demonstration eines Gerätes in Philadelphia berichtet, das einen vierzigminütigen Tauchgang erlaubte. Man versuchte es mit allem Möglichen – mit Kupferhüllen für den Körper, messingverstärkten Reifen, Lederwesten und Eisenhelmen. Der Franzose Frédéric de Drieberg entwickelte einen Apparat, der eine überraschende Ähnlichkeit mit der modernen Ausrüstung zum Sporttauchen aufweist und zu dem unter anderem ein metallener Luftzylinder gehörte, den man auf dem Rücken trug. Des Weiteren führte der Taucher einen ebenfalls auf den Rücken geschnallten Blasebalg mit sich, mit dem er Luft in den Zylinder pumpen konnte. Der Blasebalg war über eine Stange mit einer Metallkrone verbunden, sodass er durch heftiges Nicken des Kopfs in Gang gesetzt werden konnte und

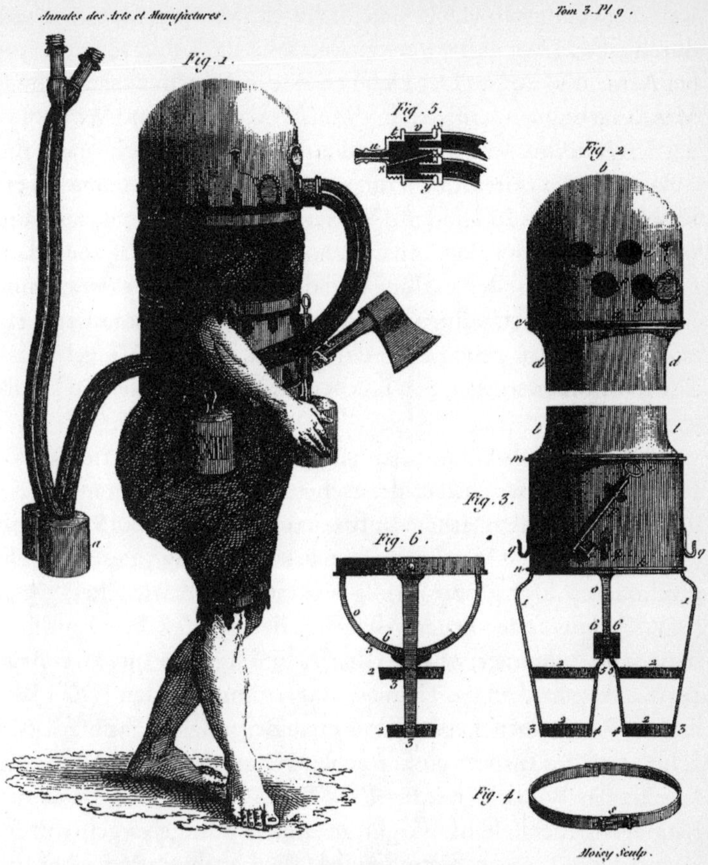


*H. 1797 führte Klingert in der Oder einen Tauchanzug aus wasserdichtem Leder und einem Metallhelm vor, dem von der Wasseroberfläche Luft zugeführt wurde.*

über einen Schlauch, der zur Wasseroberfläche führte, Luft ansaugte. Dieses unter dem Namen Wassermolch bekannte Gerät hat möglicherweise sogar funktioniert, machte es aber nötig, dass der Taucher konstante und ermüdende Nickbewegungen vollführte, die denen pickender Hühner nicht unähnlich waren.

Wollte man nun einen Tauchhelm für kommerzielle Zwecke produzieren, war ein zweckmäßigeres Gerät mit verbesserter Technik unabdingbar. Der Helm musste mit einem wasserdichten Anzug verbunden sein, der den Taucher vor Kälte und Verletzungen schützte. Außerdem bestand auf diese Weise nicht mehr die Gefahr, die der offene Helm mit sich bringt, der sich schon bei einer Neigung von 20 Grad mit Wasser füllt. Die Luftschläuche, die den Taucher versorgten, mussten so widerstandsfähig sein, dass sie einer gröberen Behandlung und dem hohen Druck der hineingepumpten Luft standhielten. Die Luftpumpen selbst mussten effizient und stark genug sein, damit der steigende Umgebungsdruck beim Tiefergehen des Tauchers überwunden werden konnte.

Erst im 19. Jahrhundert, als sich infolge der industriellen Revolution die technischen und maschinellen Möglichkeiten verbesserten, konnte man stärkere Luftpumpen, wasserdichte Stoffe und einen brauchbaren Metallhelm, der sich am Anzug befestigen ließ, produzieren. Der größte Erfolg war ein neu entwickelter, gegen Rauch schützender Feuerwehrhelm, der für den Einsatz unter Wasser übernommen wurde. Charles und John Deane, zwei Brüder aus Deptford on the Thames, unternahmen, in den 1820er Jahren mit Prototypen dieses Helms erste Bergungstauchgänge. 1829 zahlte sich der Einsatz eines solchen Helms das erste Mal richtig aus, als das Wrack der *Carn Brea Castle*, die mit einer Ladung Kupfer vor der Isle of Wright gesunken war, geborgen wurde. Durch diese Unternehmung wurde die berühmte Versicherung Lloyd's auf die beiden Brüder aufmerksam, und es folgten Jahre der profitablen Zusammenarbeit. Charles Deane, der eigentliche Erfinder des Feuerwehrhelms, hatte das Patent dafür an seinen Arbeitgeber Edward Barnard verkauft, und gemeinsam hatten sie versucht, die Admiralität für den Entwurf zu interessieren. Doch diese erkannte den Nutzen der Erfindung nicht, und die Pläne verschwanden für einige Zeit in der Versenkung, obwohl der Londoner Waffenschmied Augustus Siebe einige Tauchhelme für die Deanes anfertigte. Nach einigen erfolgreich absolvierten kom-

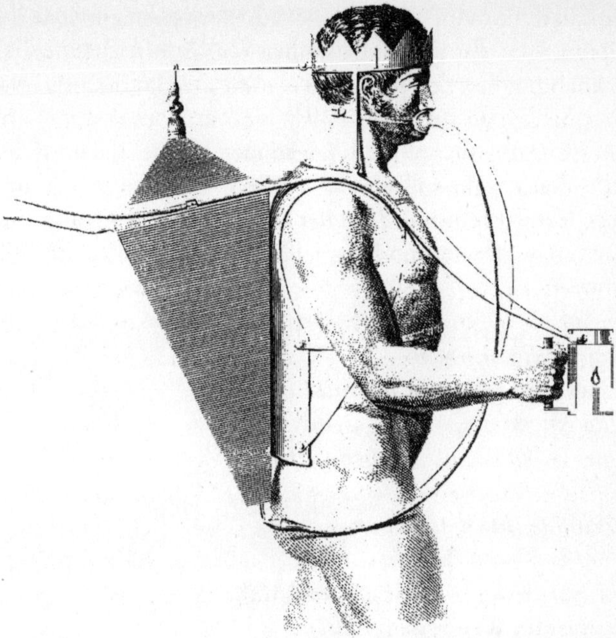

*I. Bei Frédéric de Driebergs »Triton« pumpte der Taucher Luft von der Wasseroberfläche in seinen Tank, indem er mit dem Kopf nickte und so einen Blasebalg in Gang setzte, der mit der Metallkrone auf seinem Kopf verbunden war.*

merziellen Bergungstauchgängen konnte Charles Deane schließlich einen Vertrag über die Bergung des Wracks der *Royal George* abschließen, das eine ständige Gefahr für den Schiffsverkehr im Meeresarm von Spithead vor Portsmouth darstellte.

Die *Royal George* war wie die berühmte *Vasa* in Stockholm im Jahr 1628 ein Verlust, den die Marine in Friedenszeiten zu verzeichnen hatte – sie kenterte 1782, als ein kleines Leck repariert wurde. Das Schiff war Admiral Kempenfeldts Flaggschiff und während des Krieges einige Male gegen die Franzosen eingesetzt worden. Bei dem Unglück kamen 1000 Menschen ums Leben, darunter auch viele Frauen und Kinder, die das Schiff im Hafen besichtigt hatten, und so wurde diese Katastrophe zu einer der schlimmsten Tragödien in der britischen Seefahrtsgeschichte. Der Verlust der *Royal George* erschütterte die ganze Nation und war ein herber Schlag für die Royal Navy. Sie war eines von nur drei Schiffen der Flotte, die, mit je 100 Kanonen bestückt, demnächst nach Gibraltar segeln sollten, das unter spanischer Belagerung stand. Die Katastrophe wurde in der zeitgenössischen Kunst und Literatur verewigt, wie zum Beispiel in diesem Gedicht von William Cowper:

*Tribut für die Mutigen –*
*Die Mutigen! Die nicht mehr sind;*
*Sie alle gingen hin, ach so geschwind,*
*In den Wellen vor heimischen Gefilden.*

*Ein Wind blähte die Wanten*
*Und da war's mit ihr aus;*
*Die Royal George und Mann und Maus*
*versanken im Wasser, dem kalten.*

Abgesehen von dem Verlust des Schiffes und der vielen Menschenleben, stellte das Wrack der *Royal George* eine große Gefahr für den bedeutenden Marinestützpunkt in Spithead, der Basis der britischen Flotte, dar. Es saß in einer Tiefe von 20 Metern fest, die Ankerketten verfingen sich darin, und jedes Schiffsmanöver im Hafen wurde zu einer äußerst gefährlichen Angelegenheit. Weder mit Hilfe von Sprengstoff noch mit Enterhaken war das Wrack aus dem Hafen zu entfernen. Bis schließlich im Sommer 1832 Charles Deane mit einer verbesserten, von der Firma Siebe gefertigten Tauchermaschine zur *Royal George* hinuntertauchte. Im Verlauf von mehreren Sommern vermochte Deane, 30 der wertvollen Kanonen zu bergen.

Mittlerweile hatte man dank einer patentierten Erfindung von Charles Macintosh den Tauchanzug entscheidend verbessern können, und zwar mittels wasserdichten Leinengewebes. Diese

Erfindung war das Ergebnis einer Zufallsentdeckung des schottischen Medizinstudenten James Syme, der 1818 einen Bericht über eine »wertvolle Substanz, die aus Kohlenteer gewonnen werden kann«, verfasst hatte. Die Substanz, Naphta, ergab, vermischt mit geschmolzenem indischen Kautschuk, eine Flüssigkeit, die man auf den Stoff auftragen konnte. Verwendete man diese Gummilösung nun als Schicht zwischen zwei Lagen von Leinenstoff, ließ sich daraus ein wasserdichter Tauchanzug herstellen – oder eben auch der berühmte Macintosh-Regenmantel. Jahre später bemerkte Syme, dass ihm seine Entdeckung »wenig Lob und keinen Profit außer dem Selbstvertrauen, das aus der Lösung eines Problems erwächst«, eingebracht hatte. Das Macintosh-Verfahren zum Imprägnieren erwies sich als ausgesprochen erfolgreich und war Vorläufer der wesentlich vielseitigeren Vulkanisierung. Im Jahr 1857 stellte Macintosh einen Teil seiner nautischen Kollektion aus vulkanisiertem Gummi vor, zu der auch ein Tauchanzug gehörte, der dem heutigen Modell erstaunlich ähnlich war. Andere mit dem neuen Gummi hergestellte Produkte waren aufblasbare Bootsmäntel, Rettungsreifen und alle möglichen Arten von Schlechtwetterausrüstung.

Der aus Macintoshs patentiertem Material gefertigte Leinenanzug ließ sich mit Hilfe eines Korsetts an einem Tauchhelm befestigen. In die Löcher im Halsteil des Tauchanzugs steckte man auf das Korsett montierte Bolzen oder Stifte, dann setzte man einen Flansch aus Kupfer auf die Stifte und schob den Anzugstoff dazwischen. Zwischen das Metallkorsett und den Helm legte man eine zunächst aus Leder gefertigte Dichtungsscheibe, dann wurde der Helm selbst auf die Stifte des Korsetts geschraubt. Um für Stabilität unter Wasser zu sorgen, hängte man vorne und hinten zwei 20 Kilogramm schwere Bleigewichte über das Korsett. Diese Konstruktion ergab einen geschlossenen Tauchanzug, dessen Produktion dem Betrieb von Augustus Siebe zufiel, dem bereits erwähnten, nach England immigrierten sächsischen Ingenieur und Schmied. Siebe ergänzte den Originalentwurf von Deane noch um Gummimanschetten, die den Tauchanzug wasserdicht verschlossen und es dem Taucher ermöglichten, jede beliebige Position unter Wasser einzunehmen.

Die Arbeit am Wrack der *Royal George* regte zu weiteren Entwicklungen an. Die Aufgabe, die letzten Kanonen und das Holz vom Meeresboden zu heben, wurde Colonel Charles Pasley anvertraut. Pasley war Ingenieur bei den Royal Sappers and Miners. Die Admiralität war ihrer zivilen Vertragspartner mittlerweile überdrüssig, die zu wenige ihrer Versprechungen einhielten, und übergab deshalb das Kommando zur Säuberung des Meeresbodens an Pasley. Pasley stellte eine Mannschaft von Soldaten anstelle von Seeleuten auf, die sich 1839 daranmachte, das Wrack systematisch zu zerlegen; die Arbeiten sollten bis 1845 dauern. Während der ganzen Zeit kam nicht ein Taucher zu Tode, wenn auch einige so schwere Verletzungen davontrugen, dass sie nicht mehr unter Wasser gehen konnten. Pasley führte einige wesentliche Sicherheitsvorkehrungen ein, zum Beispiel durften die Taucher nur in Paaren arbeiten, und es wurde ein mit Hilfe von Tauen funktionierendes, präzises Signalsystem festgelegt. Diese Maßnahmen führten schließlich zur Einrichtung der ersten Marinetauchschule.

In den dazwischen liegenden Jahren wurde Deanes Originalentwurf für Tauchhelme systematisch verbessert, und da sich ihre Zweckmäßigkeit bei den Arbeiten an der *Royal George* bewiesen hatte, erteilte die Admiralität schließlich dem Unternehmen von Augustus Siebe den Auftrag zu ihrer serienmäßigen Produktion. Siebe, später Siebe-Gorman, wurde auf diesem Wege der weltweit größte Hersteller von Taucherausrüstungen. Zeugnisse von Schatzsuchern und Bergungstauchern schmücken die ersten Kataloge, in denen Siebe als »Vater der Tauchhelme und Tauchanzüge« beschrieben und die Stellung des Unternehmens als alleiniger Vertragspartner der britischen Admiralität für Tauchapparate hervorgehoben wurden. An der Wende zum 20. Jahrhundert belieferte Siebe nicht nur die britische Marine mit Taucherausrüstungen, sondern auch die Seestreitkräfte von Russland, Japan, Portugal, Spanien und Italien.

Anderthalb Jahrhunderte lang sollten dieser Firma immer wieder bemerkenswerte Neuerungen im Bereich des Tauchens gelingen: Von Gummikathetern, in die der voll angekleidete Taucher urinieren konnte, bis hin zu Unterwasserlampen und -telefonen – Siebe konnte es liefern. Genauso stand das Unternehmen in der Tauchforschung während des Ersten und Zweiten Weltkriegs an vorderster Front. Tauchen, U-Boot-Kriegsführung, Bergbau und die Luftfahrt gehörten zu den Expansionsbereichen, in denen die Firma ihr fachmännisches Können unter Beweis stellte. Das Motto der Firma lautete:

*Sicherheit wird bei uns groß geschrieben,*
*Ob beim Tauchen oder Fliegen,*
*Ob auf See oder auf dem Land,*
*Siebe bietet alles, was Gefahren bannt.*

*J. Die Bergungsarbeiten an der* »Royal George« *in Spithead waren ein Experimentierfeld für die modernen Tauchanzüge.*

Infolge der allmählichen Vervollkommnung des geschlossenen Tauchhelms war der Mensch nun auch für die Tiefe gerüstet. Der Taucher konnte mittels immer effizienterer Pumpen und zuverlässigerer Schläuche mit frischer Luft versorgt werden und war in der Lage, frei auf dem Meeresboden herumzulaufen und die Umgebung durch die Fenster in seinem Helm zu erkunden. Damit er seine aufrechte Position beibehielt und um die Auftriebskraft des luftgefüllten Anzugs zu überwinden, trug er um die 100 Kilogramm an Bleigewichten um seinen Hals und an seinen Füßen. Unter dem wasserdichten Leinen steckte er in dicker Wollwäsche und war dadurch bestens gegen die Kälte des Wassers geschützt.

Es schien so, als seien nun alle Hindernisse, die dem Tieftauchen entgegenstanden, aus dem Weg geräumt worden, aber die eigentliche Entdeckungsreise begann erst jetzt. Noch war das Meer nicht bezwungen, denn schließlich musste man erst noch begreifen, welche wesentlichen physikalischen Gesetze den menschlichen Körper unter erhöhtem Druck beherrschten.

## *Fidschi, Südpazifik*

In der Straße von Somosomo zwischen Taveuni und Vanua Levu sah ich eine Seeschlange, die wie ein lebender, gewundener Schnorchel zur Wasseroberfläche schwamm, um nach Luft zu schnappen. Die starke Strömung, für die die Straße von Somosomo berüchtigt ist, schien ihr nichts anzuhaben, und sie setzte ihre Erkundung des Riffs unter mir fort, während ich mich unter das Dach eines überhängenden Gesimses sinken ließ, das mit weichen Korallen bedeckt war. Nicht weit entfernt steckte gerade ein anderes röhrenförmiges Geschöpf den Kopf aus seinem Unterschlupf im Sand, eine leuchtend blaue Geistermuräne (*Rhinomuraena quaesita*). Die grellgelben Kiefer und die Augen stachen deutlich hervor, und vorne an der Schnauze wehten zwei kleine

Lappen wie Fähnchen in der Strömung. Ich beugte mich zu dem Fisch hinunter, und er kam langsam aus seinem Versteck hervor wie die Mine eines Drehbleistifts. Schließlich hatte er sich mehrere Zentimeter herausgewagt; ein kleines, dünnes Wesen, und hielt auf der Suche nach Fressbarem seinen weit aufgerissenen Kiefer in die Strömung. Er ließ sich nicht stören, solange ich mich still verhielt, bei meiner ersten Bewegung aber verschwand er blitzartig in seinem Loch.

Die Riffe auf der Straße von Somosomo, das in der Landessprache so viel wie klares Wasser bedeutet, gehören zum Reich von Tui Cakau, dem Oberhaupt von Somosomo. Er hat das Recht, Taucher und Fischer aus seinem Herrschaftsgebiet auszuweisen. Dieses Privileg übt er allerdings selten aus, da beide Gruppen entweder mit Geld oder in Naturalien dafür bezahlen, sich hier aufhalten zu dürfen. Die Taucher kommen hierher, um das durch die nährstoffreichen Strömungen üppige Wachstum der weichen Korallenarten und die Massen hier lebender Rifffische zu bestaunen.

Wir waren frühmorgens von Taveuni aufgebrochen und hatten gerade den 180. Längengrad überquert, der mitten durch die Insel und das Meer verläuft. Unser Kapitän Tyrone machte einen Witz über das morgige Tauchen am heutigen Tag und sagte, dass wir gestern zur Küste zurückkehren würden. Ich saß vorne im Ruderhaus des Tauchboots, als er nach Steuerbord auf die ferne lang gestreckte Silhouette von Vanua Levu deutete, nach Backbord lagen die grün bewaldeten Hänge von Taveuni. Das Meer war spiegelglatt, aber Tyrone erklärte, wir hätten bald Vollmond, und dann seien die Strömungen ganz besonders stark. Auf unserer Fahrt zum Riff sprachen wir über die hiesigen Tauchplätze, und er erzählte, dass er ein Buch über die Geschichte Fidschis schreibe. Er war stolz auf die kriegerische Vergangenheit der Inselbewohner und verabscheute die fremdländischen Namen, die die Tauchtouristen den Riffen gaben. »Einmal kam eine amerikanische Journalistin hierher«, klagte er. »Sie nannte einen unserer Tauchplätze ›Regenbogenriff‹, weil es dort so viele farbige Korallen gibt, und jetzt wollen alle Leute nur noch das Regenbogenriff sehen.« Tyrone hatte ein Lieblingsriff, das die Einheimischen Uto ni Niu nennen, »Herz der Kokosnuss«. Dort gäbe es, erklärte er mir, einen natürlichen Strudel, in den manchmal eine schwimmende Kokosnuss gerate. Die Nuss könne dem Strudel nur entkommen, wenn aus ihr schnell ein Trieb sprießen würde, groß genug, um wie ein Segel den Wind einzufangen.

Tyrone hatte Recht, was die Strömung anbelangte, und als ich mit zwei anderen Tauchern ins Wasser ging, wurden wir rasch vom Boot weggetragen. Das Wasser wurde erst ruhiger, als wir zur windgeschützten Seite des Riffs schwammen. Über uns standen Tausende von Fischen kopfüber in der Strömung und schnappten sich ihr Fressen aus der fließenden Speisekammer. Das Riff war wie eine Brüstung, die uns vor der Gewalt der Strömung schützte, sobald wir aber zum flachen Rand schwammen, wurden wir fortgerissen wie ein Blatt im Wind.

Eines Nachmittags saß ich auf dem Weg von Taveuni nach Savusavu in einem kleinen Flugzeug. Beim Fliegen hat man manchmal das Gefühl, wenn man in die endlose Weite des sonnenbeschienenen Himmels blickt, man könne sich in dieses unermessliche Blau einhüllen. Ähnlich kann es einem ergehen, wenn man im blauen Wasser taucht. Auf jenem Flug über das Koro-Meer bei Fidschi flog ich direkt in diesen vollkommenen Himmel hinein. Ich presste meine Stirn fest gegen das Plexiglas des Fensters in der Kabine, bis es ganz warm und feucht war, und blickte auf das Meer hinunter. Aus dieser Höhe erschienen die Wellen vollkommen flach, und die Wasserstraße war eine gigantische blaue und braune, grüne und graue Decke, in die in langen Streifen weiße Schaumkronen hineingewebt waren. Selbst auf der scheinbar glatten Oberfläche konnte ich die verräterischen Linien ausmachen, die auf die Strömung schließen ließen. Als die Insel in Sicht kam, entdeckte ich am östlichen Rand von Vanua Levu den Saum des Riffs, der das Meer mit gleichmäßigen bogenförmigen Brechern schmückte, wie Quasten an einer Decke. Aus dieser Höhe waren keine Fische zu sehen, aber ich wusste, dass sie da waren.

Nicht einmal eine Stunde nach der Landung in Savusavu bin

ich schon wieder unter Wasser. Ich bin von dem winzigen Flughafen zum Yachthafen gefahren und habe mich von einem schnellen Boot zu dem Riff bringen lassen, das ich eben noch aus der Luft betrachtet hatte. Dann bin ich hinunter zu der Unterwasserschlucht geschwommen, die sich zwischen den massiven Stöcken der Plattenkoralle unter Lesiatheva Point entlangzieht, und habe hoch zum Himmel geblickt. Jetzt befinde ich mich auf der anderen Seite des blauen Spiegels. In meinem Kopf schwirrt es: Gedanken über lauter Doppelungen, Verkehrungen – über das Darunter und Darüber, das vom Meridian geteilte Gestern und Heute, das Nasse und das Trockene, Luft und Meer, Fliegen und Tauchen. Für einen Moment drehe ich mich um und schwimme auf dem Rücken und kehre so meine auf den Kopf gestellte Welt nochmals um.

Nur schwach dringt das nachmittägliche Licht bis in die Tiefe vor, und eine Wolke aus Plankton, jenen wuchernden mikroskopisch kleinen Lebewesen, dämpft zusätzlich die Sicht. Ich erhasche einen Hammerhai, der über die Korallenwand streift, und sehe, wie eines seiner Augen in der Augenhöhle zuckt, die sich weiß von der grauen Haut seines flachen Kopfes abhebt. Dann schwimmen Langflossen-Fledermausfische (*Platax teira*) über mich hinweg, 50 oder mehr dieser spatenförmigen Silberscheiben, die ihre Körper in der Strömung winden. Es ist nicht leicht, einen einzelnen Fisch aus dieser dunklen Ansammlung im Auge zu behalten, während sie einen Moment lang im Licht aufblitzt und dann wieder verschwindet. Sie erinnern mich an die Ziermünzen an den Perlenvorhängen, die in den Tropen oft in den Türöffnungen von Läden hängen. Zu dieser Tageszeit scheinen alle Meeresbewohner unter Spannung zu stehen. Die untergehende Sonne ist das Signal für einen Wachwechsel unter Wasser, bald werden die nachtaktiven Tiere aus den Tiefen emporsteigen und das Riff durchstreifen. Ein Zittern geht durch meinen Körper, und ich signalisiere Jack, meinem Tauchpartner, dass ich zum Boot zurückkehren will.

Spät an diesem Abend laufe ich durch Savusavu und finde mich plötzlich allein auf der staubigen Straße wieder, die an der Küste entlang aus der Stadt herausführt. In der Dunkelheit ist die Straße kaum zu erkennen, und ich muss langsam gehen, damit ich den Weg nach Hause finde. Kein Horizont scheidet mehr Nachthimmel und Meer voneinander, und weit unten schimmern winzige Lichtpunkte, so als berührten die Sterne das Wasser. Als ich weitergehe und mich von den Geräuschen von Savusavu Town entferne, höre ich von der anderen Seite der Bucht Stimmen und Gelächter. Die winzigen Lichter sind keine Sterne, sondern Laternen, die von den Männern und Frauen in den 100 kleinen Fischerbooten und Kanus in die Höhe gehalten werden. Es ist Makrelensaison, und die Einwohner von Fidschi locken die Fische mit den Lichtern in ihre Netze, verwirren sie mit vorgetäuschtem Mondlicht.

# 3 Organisches Gold

*Da lief einer und füllte einen Schwamm mit Essig, und steckte ihn auf einen Stab, und tränkte ihn und sprach: Halt, lasst sehen, ob Elia komme und ihn herabnehme. Aber Jesus schrie laut, und verschied.*

Markus 15, 36–7

Seit Anbeginn der Zeiten gehört der Schwamm zum Leben des Menschen und wird wegen seiner natürlichen Saugfähigkeit, seiner Weichheit und Textur geschätzt. Ein Badeschwamm von guter Qualität kann das Achtfache seines Volumens und das Fünfundzwanzigfache seines Gewichts an Wasser aufsaugen und alles wieder von sich geben, wenn man ihn zusammendrückt. Beim Töpfern verwendet man ihn noch heute zum Glätten des nassen Tons und in der Kosmetik zum Auftragen von Make-up, während Innenarchitekten den Schwamm für bestimmte Farbeffekte beim Streichen empfehlen.

Man weiß, dass schon die ersten Taucher auf die Suche nach Schwämmen gingen. Homer berichtet von den Haushaltsdiensten, die dieses Lebewesen im Mittelmeerraum zu verrichten hatte; in der *Ilias* beschreibt er, wie Hephaistos mit einem Schwamm den Schweiß von seinem Körper wischt, und in der *Odyssee*, wie Penelopes Mägde mit Schwämmen die Tische für die Freier säubern. Und die römischen Soldaten quälten nicht nur Christus am Kreuz mit dem in Essig getränkten Schwamm, sie steckten auch Schwämme unter ihre Metallhelme, damit diese sie nicht wund rieben. Im Mittelalter banden sich Räuber Schwämme an die Füße, damit sie sich lautlos an ihre Opfer heranschleichen konnten.

Als in den 1850er Jahren der moderne Tauchhelm in die serienmäßige Produktion ging, setzten ihn auch die Schwammtaucher des Mittelmeers ein, was katastrophale Folgen hatte. Weit mehr noch als die Bergungstaucher der Marine oder die viktorianischen Ingenieure wurden diese Taucher vom Streben nach Profit getrieben, und es ging ihnen darum, so tief und so lange wie nur möglich zu tauchen, um ihre goldene Ernte einzubringen. Auf den griechischen Inseln und in der Levante starben Hunderte von Tauchern an den Folgen der Dekompressionskrankheit, und Tausende wurden verkrüppelt. Sie hatten keine Kenntnis von den neuesten wissenschaftlichen Theorien über die Ursachen dieser Krankheit und griffen auf Mittel der Magie und des Aberglaubens zurück, die sie unter Wasser schützen sollten. So war es den Tauchern auf einigen Inseln verboten, vor einem Tauchgang Käse zu essen, während andere überzeugt waren, dass sie von der Krankheit verschont blieben, wenn sie den ganzen Tag über gar nichts äßen. Man war in Griechenland so sehr an den Anblick eines erkrankten Tauchers gewöhnt, dass Volkstänze entstanden, bei denen die Tänzer die grauenvollen Symptome der Dekompressionskrankheit nachahmten, ihre Beine nachzogen und sich auf den Leib schlugen.

Mit der Erfindung und Vervollkommnung der Tauchhelme brach eine neue Ära in der Schwammgewinnung an. In einem Bericht der US-amerikanischen Fischereibehörde aus dem Jahr 1897 heißt es, es gebe »kaum ein zivilisiertes Heim im Land, in dem der Schwamm nicht täglich im Gebrauch ist. Abgesehen von seinem sehr verbreiteten Einsatz in der Körperpflege, findet er überall in der Kunst, im Handel und Geschäftsleben und im Haushalt Verwendung.«

Die Versorgung mit Schwämmen wurde zu Beginn des 20. Jahrhunderts für so wichtig gehalten, dass die amerikanische Regierung viele Jahre lang in Sorge war, die Schwammvorkommen könnten erschöpfen und der landesweite Bedarf nicht mehr gedeckt werden. Mit Ausbruch des Zweiten Weltkriegs stieg der Bedarf an Schwämmen in Amerika noch weiter, und gleichzeitig nahmen die natürlichen Vorräte ab, sodass der Verkauf ausschließlich auf den militärischen und industriellen Bereich beschränkt wurde. Die Versorgung mit Naturschwämmen war von so entscheidender Bedeutung, dass einige Länder mit der Kultivierung künstlicher Schwammbeete experimentierten, wie etwa Japan, das die Gewässer vor den eroberten Pazifikinseln als Versuchsfelder benutzte. Für die Kultivierung werden kleine Stücke von lebenden Schwämmen an einem Strick oder Draht befestigt und mit Hilfe eines Gewichts am Meeresgrund festgehalten. In Lagunen mit einem nährstoffreichen Gezeitenstrom lässt sich das Wachstum der Schwämme beschleunigen, und auch die Ernte der ausgewachsenen Schwämme ist dort leichter, als wenn man nach wilden Exemplaren suchen muss, die sich irgendwo fortgepflanzt haben.

In friedlicheren Zeiten reiste der bescheidene Schwamm aus den ärmsten griechischen Fischerdörfern in die prachtvollsten Badezimmer in Paris, London und New York. Er war aber auch bei den Dienstboten willkommen, die ihn zum Beispiel zum Wischen der Böden verwendeten, oder in den Krankenhäusern, wo man bei Operationen das überschüssige Blut damit aufsaugte. Bis zum Aufkommen synthetischer Materialien im 20. Jahrhundert gab es ganz einfach keinen angemessenen Ersatz für den Naturschwamm. Viele Leute verwechseln den eigentlichen Naturschwamm noch immer mit jenem anderen getrockneten Badezimmerutensil, dem Luffaschwamm. Während der echte Schwamm ein Tier ist, wird der Luffaschwamm aus einer Kürbisart hergestellt und ist getrocknetes Pflanzenmaterial.

Der Badezimmerschwamm ist gelb, weich und flauschig, wenn er trocken ist. Sein Erscheinungsbild hat nichts mehr mit seinem ursprünglichen Aussehen zu tun: Man hat ihn getötet, seiner Haut entledigt, ihn gereinigt, gebleicht, gefärbt, zurechtgeschnitten und getrocknet. Holt man ihn frisch aus dem Meer, hat er die Konsistenz von roher Leber. Wir verwenden eigentlich nur das Skelett des Tieres. In seinem natürlichen Zustand unter Wasser kann der Schwamm hart oder weich sein, und er kann nahezu jede Schattierung von Braun, Blau, Grün, Rot oder Gelb aufweisen. Manche Schwämme sind auch kohlrabenschwarz. Einige Arten sollte man lieber nicht berühren, da sie giftig sind, und viele tragen Bakterien und Parasiten in sich, die sie für Fische ungenießbar machen. Sie lassen riesige Mengen Wassers durch ihre Körper fließen und filtern dabei viel Dreck aus dem Meer, selbst menschliche Hinterlassenschaften. Winzige peitschenartige Geißeln treiben Wasser durch Myriaden von Poren des Schwamms und filtern die Bestandteile des Wassers, die durch sie dringen, und halten alles zurück, was sie selbst als Nahrung brauchen; dazu gehören 90 Prozent der Bakterien, die sich im Wasser befinden. Der Schwamm hat aber noch ein weiteres Talent, das im Tierreich einzigartig ist. Wenn man ihn durch ein Sieb passiert oder gar in der Küchenmaschine püriert und dann in Salzwasser legt, kann er sich regenerieren und wieder in ein lebensfähiges Tier zurückverwandeln.

Meinen ersten großen Tonnenschwamm sah ich auf einer steil abfallenden Wand in der Karibik. Nachdem ich den flachen Riffkamm erkundet hatte, war ich durch einen schmalen Kamin geschwommen, der mich zu der Wand führte. Am Ende der Rinne sah ich den Schwamm wie einen riesigen braunen Kochtopf auf einem kleinen Sims stehen, er war so groß wie ein Mensch und hatte eine so breite Öffnung, dass ich ohne weiteres darin hätte verschwinden können.

Wie die meisten Taucher hatte ich bis dahin schon oft kleinere Schwämme gesehen, fleischige Klumpen aus einem gummiartigen Material, die höchstens dann von Interesse waren, wenn sie eine kleine bunte Krabbe oder Garnele beherbergten. Ich wusste, dass sie wie Korallen lebende Organismen sind, die bereits durch die bloße Berührung mit der Hand Schaden nehmen können, aber im Allgemeinen wirkten sie so überaus träge und leblos, dass ich sie mir erst gar nicht genauer ansah. Die Schwämme, die ich bisher gesehen hatte, waren meist wie unregelmäßige Kugeln oder in die Länge gezogene Röhren geformt. Manche bildeten auch Kegel mit schlanken Sockeln, und wie sie da so auf dem pelzartigen Bewuchs am Rande eines Riffs standen, sahen sie aus wie ein Hörrohr, das aus dem behaarten Ohr eines alten Mannes ragt. Oft wachsen Schwämme verschiedener Arten an derselben Stelle und bilden ein regelrechtes Knäuel, bei dem die zarten roten Finger des einen Schwammes sich in einen anderen bohren, der an ein mottenzerfressenes gelbgrünes Kissen erinnert. Im hellen Licht der Lampe beginnen die Farben zu leben und übertreffen in ihrer Leuchtkraft oft sogar Korallen und Fische. Aber das eigentliche Leben der Schwämme war mir immer ein Rätsel. Wenn ich einheimische Tauchleiter irgendetwas über einen Schwamm fragte, bekam ich meist dieselbe Antwort: »Das ist ein Schwamm. Gucken Sie doch mal rein, vielleicht lebt eine Korallengarnele darin.« Ich vermute, wenn man sich bei einem Taucher nach Schwämmen erkundigt, ist das so, wie wenn man einen Ornithologen zu Bäumen befragt. Bäume sind die Dinger, auf denen Vögel sitzen, ansonsten aber vollkommen uninteressant.

Dieser große Tonnenschwamm war anders. Schon seine große Gestalt war beeindruckend, aber auch seine Textur war faszinierend, und sein enormer Umfang verschlug mir schier den Atem. Er war ungefähr einen Meter achtzig hoch, und wenn ich dicht neben ihm auf der Stelle schwamm, reichte mein Arm kaum von der einen Seite zur anderen. Ich konnte der Versuchung nicht widerstehen, ich wollte wissen, wie sich dieser kugelige braune Körper anfühlte. Also warf ich all meine Prinzipien über Bord und berührte den Schwamm sanft mit den Fingerspitzen. Die Oberfläche fühlte sich glatt und samtig und doch fest an. Wie ein unter der Haut liegender Knorpel.

Auf jedem der folgenden Tauchgänge hielt ich Ausschau nach diesen gigantischen Tonnenschwämmen, hatte praktisch keinen Blick mehr für die Fische um mich herum und war nur zufrieden, wenn ich über einem meiner Schwämme schwimmen, in seinen Schlund spähen und ihn vergleichshalber mit dem Arm abmessen konnte. Und immer stellte ich nach einem solchen Tauchgang den anderen Tauchern die gleiche Frage: Hast du gesehen, wie groß dieser Schwamm war? Aber niemand schien meine Faszination zu teilen. Ich konnte das nicht verstehen, ich war blind für die vermeintliche Reizlosigkeit der Schwämme. Sie hatten mir ganz einfach den Kopf verdreht.

Während eines Tauchgangs entdeckte ich eine Schildkröte, die am Rand eines Tonnenschwamms knabberte. Schildkröten mit ihren unschuldigen großen Augen haben im Herzen fast jedes Tauchers einen festen Platz, und dennoch interessierte ich mich nur für den Schwamm. Welchen Schaden würde das Reptil dem offensichtlich wehrlosen Tonnenschwamm zufügen? Wie lange hatte es gedauert, bis der Schwamm jenes Stückchen, das die Schildkröte eben von seinem Rand abknabberte, gebildet hatte? Fühlte der Schwamm etwas? Mein Entschluss stand fest, ich musste mehr über diese Lebewesen herausfinden.

Als ich nach Hause zurückgekehrt war, las ich alles, was ich in meinen Fischbüchern über Schwämme entdecken konnte. Ihr biologischer Name ist *Porifera*, was einfach »Poren bildend« bedeutet, und genau diese Poren auf der Oberfläche des Schwamms haben ihn berühmt gemacht. Das fleischige Äußere des Schwamms ist mit Poren übersät, Kanälen, durch die das Tier Wasser ansaugt und wieder ausstößt. Zellen in den Wänden der Poren filtern alles Verzehrbare aus dem Wasser heraus, und dieses feine Kanalsystem und die weiche Textur des getrockneten Gewebes machen einige Schwammarten in den Badezimmern so nützlich. Der Schwamm ist im Grunde eine Kolonie verschiedener winziger Zellen, von denen einige der Nahrungsaufnahme dienen, andere der Wasserzufuhr, die meisten Zellen können jedoch ganz nach Bedarf jede Körperfunktion übernehmen. Noch geheimnisvoller ist das Geschlechtsleben des Schwamms: Er kann sich sowohl geschlechtlich wie auch ungeschlechtlich fortpflanzen, indem er Wolken von Spermien oder Eizellen in das Meer abgibt. Eine Schwammart kann an einem Tag Spermien abgeben und am nächsten Tag Eizellen. Andere Arten produzieren Knospen auf ihrer Haut, die sich dann vom Stammtier absetzen und an anderer Stelle zu eigenen Schwämmen fortentwickeln.

Ich fand heraus, dass die gigantischen Tonnenschwämme *Ve-*

*rongula gigantae* heißen und klares Wasser mit einer nicht sehr starken Strömung bevorzugen. Offensichtlich wachsen sie sehr langsam, kaum mehr als einen halben Zentimeter pro Jahr. Demnach mussten die Schwämme, die ich in der Karibik gesehen hatte, mindestens 300 Jahre alt gewesen sein.

Ich besuchte das Natural History Museum in London und stellte fest, dass in den Schaukästen fast keine Schwämme ausgestellt waren. Man hielt sie offensichtlich in der schönen neuen Welt der interaktiven Museumsausstellungen für nicht attraktiv genug. Enttäuscht zog ich weitere Erkundigungen ein, und man teilte mir mit, dass ich einen Termin mit einer Mitarbeiterin der Zoologieabteilung vereinbaren könnte. Die Person, nach der ich suchte, war Clare Valentine, zuständig für die *Porifera*. Sie ist verantwortlich für die größte Schwammsammlung der Welt.

In den Tiefen des Natural History Museum verbirgt sich ein Labyrinth von Gängen und Lagerräumen, und wie bei einem Eisberg ist der Teil des Museums, den man nicht zu Gesicht bekommt, größer als der darüber liegende sichtbare. Hier unten ist nichts mehr von der Pracht der Architektur von Robert Fowkes' und Alfred Waterhouse zu sehen, mit ihren wunderbaren blauen Ziegeln und den erlesenen Terrakotta-Reliefs von Tieren und Pflanzen. Es erinnert eher an das Kellergeschoss eines Krankenhauses aus der viktorianischen Zeit, in dessen Ecken und Nischen alle möglichen Gegenstände aufbewahrt werden, die man für zu schäbig hält, um sie weiterhin dem Blick der Öffentlichkeit auszusetzen. In einem großen Raum stand ein Dutzend alter Holzschränke, die von verstaubten Exponaten überquollen. Da waren Elefantenfische und Haie, Stachelrochen und Schildkröten. An einer Wand hing ein Stör, jener Fisch, der wegen seiner schmackhaften Eier, des Kaviars, gejagt wird. Im lebenden Zustand ist er ein elegantes Tier, das infolge der Verschmutzung und des Überfischens seiner heimatlichen Gewässer vor Russland ernsthaft bedroht ist. Dieses getrocknete Exemplar hatte Risse an seinem spitzen Maul, und die charakteristische Schwanzflosse hing traurig herab. Gleich darunter standen Seite an Seite zwei riesige Schildkröten, entfernte Verwandte aus Galapagos und Aldabra; sie sahen verlassen und lädiert aus, Hautfetzen und Füllmaterial hingen an ihnen herunter wie bei einem abgenutzten Teddybären. Oben auf einem großen Schrank entdeckte ich einen Quastenflosser, den so genannten Fossilfisch, von dem man lange geglaubt hatte, er sei ausgestorben, bis man ihn in den 1930er Jahren im Indischen Ozean wieder entdeckte, und der heute als eine der ältesten lebenden Arten auf Erden gilt. Eine Zeit lang bestand eine so große Nachfrage nach Quastenflossern, dass die Museen Fischern auf den Komoren Belohnungen in Höhe von mehreren tausend Dollar für ein getrocknetes Exemplar versprachen. Dieser stand jetzt als Staubfänger da oben auf dem Schrank, wo er sich, abseits des kunterbunten Durcheinanders in dem Raum, wenigstens einen Rest von Würde bewahren konnte.

Clare Valentine führte mich durch das Labyrinth der Gänge zu den Räumen, in denen sich die Schwammsammlung befand. Reihen von Pappkartons stapelten sich hier bis fast unter die Decke. Das war die Trockensammlung, ganze Schwämme, die im Laufe von 150 Jahren auf zoologischen Expeditionen gesammelt worden waren. Ein Papieretikett, beschriftet in einer schönen, gestochen scharfen Handschrift, baumelte am Griff einer der Schachteln. Die Aufschrift lautete: »Crawshay's West Indian Sponges«. Ich fragte, ob ich einen Blick in die Schachtel werfen dürfte. Es befanden sich acht oder neun Schwämme darin, die alle recht klein waren und eine schmutzig graue Färbung aufwiesen. Sie sahen nicht besonders ansprechend aus, leere Hüllen jener Wesen, die ich unter Wasser gesehen hatte. Bar ihrer Haut und ohne für den Verkauf gebleicht und zurechtgeschnitten worden zu sein, sahen sie so fade aus wie ein Paar alter grauer Socken. In einem anderen Raum zeigte mir Clare die, wie sie sagte, nasse Sammlung. Hunderte und Aberhunderte mit Formaldehyd gefüllter alter Glasbehälter, in denen sich Stücke von Schwämmen befanden. Schwimmende Fetzen. Und dann waren da noch die Objektträger, auf denen Tausende von Schwammstückchen zwischen Glasplatten gepresst darauf warteten, unter dem Mikroskop untersucht zu werden.

»Wir wissen nicht genau, wie viele Exemplare wir insgesamt haben, es müssen wohl zwischen 150 000 und einer Viertelmillion sein«, erklärte Clare. »Einige dieser Glasbehältnisse stammen noch von der *Challenger*.«

Für die meisten Wissenschaftler beginnt die moderne Ozeanographie mit der Weltumseglung der HMS *Challenger*, einer drei Jahre währenden Reise, die 1873 ihren Anfang nahm und bei der fast 70 000 Seemeilen zurückgelegt wurden. Das ganze Schiff war im Grunde genommen ein schwimmendes Laboratorium, und die Wissenschaftler an Bord sammelten während der Fahrt durch den Atlantik, den Pazifik und die Antarktis Exemplare von über 13 000 Tier- und Pflanzenarten. Die Sammlung war so riesig, dass es 20 Jahre dauerte, bis man den offiziellen Bericht abgeschlossen hatte. Noch heute werden viele der Exemplare, zu denen auch die Schwämme gehörten, von der Wissenschaft genutzt, und neu entdeckte Organismen werden zur exakten Bestimmung einfach mit den vorhandenen Exemplaren im Museum verglichen.

Weitab von der gewaltigen Sammlung trockener und nasser Schwämme liegt das Büro der Kuratorin, in dem sich auch eine kleine Bibliothek mit Literatur zum Thema Schwämme befindet. Ich las, so viel ich konnte, und kehrte mehr als einmal ins Museum zurück, um mit Clare Valentine zu sprechen. Im Laufe der Zeit erfuhr ich, dass lebende Schwämme weich und glitschig sein können und dass manche nach Fleisch riechen, wenn man sie aus dem Meer holt. Einige sind faltig, andere glatt und wieder andere haarig. Sie können unförmige, von Beulen, Lappen oder Fingern bedeckte Klumpen bilden. Manche ähneln einer fleischigen Masse, die wie ausgegossener Zement über einen Korallenstock kriecht, andere langen Stängeln, die wie schlanke Bäume aus der Koralle ragen. Es gibt Schwämme, die sich in die Korallen bohren und dann rasch im Kalkskelett des Riffs festsetzen. Eine bestimmte Krabbenart zupft kleine Stückchen von Schwämmen und klebt sie auf ihren Panzer, wo sie einen lebendigen Tarnanzug bilden. Ich fand massenweise Informationen darüber, wie verschiedenartig und interessant diese Tiere sind, und über eines waren sich alle Experten einig: Die einzelnen Schwämme sind äußerst schwer zu identifizieren.

Das Interesse der Menschen für den Schwamm endete nicht beim Badezimmergebrauch. In den 1950er Jahren wurde mit Schwammextrakten Leukämie behandelt, und heute erforscht man intensiv die Wirkstoffe einiger Spezies, die im Kampf gegen andere Krebserkrankungen eingesetzt werden könnten. Wissenschaftler sagen, dass die Familie der Schwämme von allen maritimen Ordnungen die größte Vielfalt biologisch aktiver Bestandteile aufweist, und die Pharmaunternehmen nehmen Schwämme schon seit einigen Jahren als mögliche Grundlage neuer Medikamente genau unter die Lupe.

Einem Bericht im *British Medical Journal* aus dem Jahr 1932 zufolge »zeigt der Schwamm, wie Wasserratten und die weibliche Gemeine Scholle, keine Alterung«. Könnte es sein, dass der Schwamm, der seit Jahrhunderten zum Abschrubben schöner Frauenrücken verwendet wird, das Geheimnis ewiger Jugend in sich trägt?

Ein deutscher Forscher aus dem 19. Jahrhundert zitierte die Beschreibung Aristoteles', wonach ein Schwamm über die Fähigkeit verfügt, aus dem Stumpf heraus nachzuwachsen, den der Taucher zurücklässt, wenn er ihn vom Meeresboden schneidet. Die Griechen galten von jeher als Experten, was Schwämme und den Handel mit ihnen betrifft. Und doch stieß ich bei meiner Lektüre in Zusammenhang mit dem modernen Schwammhandel immer wieder auf den Namen einer kleinen Stadt in Amerika. Tarpon Springs an der Golfküste von Florida ist laut Aussage vieler Fachleute das Zentrum des internationalen Schwammgeschäfts. In einem Bericht war sogar zu lesen, dass viele der Schwämme, die in Griechenland an Touristen verkauft werden, Importe aus Amerika sind und dass man Mittelmeerschwämme nach Tarpon Springs bringt, um sie dort zurichten und verpacken zu lassen. Dann verschifft man sie wieder an griechische Großhändler in Athen, die sie an die Souvenirläden auf den Inseln weiterverkaufen. Das übertrifft noch das buchstäbliche »Eulen-nach-Athen-Tragen«. Man sollte diesem Tarpon Springs einen Besuch abstatten.

Die ältesten Fossilien entstammen den Meeren. 300 Millionen Jahre bevor die Dinosaurier die Erde besiedelten, gab es bereits Schwämme im Meer. Vor 200 Jahren klassifizierten Naturforscher Schwämme als Pflanzen, weil sie glaubten, dass sie sich nicht bewegen. Aber manche bewegen sich. Ein Schwamm hat kein Maul, keinen Verdauungstrakt und keinen Anus. Nicht einmal ein Nervensystem und bestimmt kein Hirn, und doch ist er ein Tier. Die meisten Schwämme rühren sich im Allgemeinen nicht von der Stelle, dafür sind sie alle Mehrzeller, und die verschiedenen Zellen sind Teil eines integrierten Systems. Entscheidend für die Klassifikation ist, dass Zellen und Gewebe wie bei allen anderen Tieren durch Kollagen zusammengehalten werden, ein komplexes Protein, das weder in Pflanzen noch in Pilzen vorkommt, die dafür Pektin verwenden. Es ist noch immer ein Geheimnis, wie viele Schwammarten es heute weltweit gibt, neueste Untersuchungen deuten auf mindestens 20 000 Varietäten hin, vier Mal so viel, wie früher geschätzt. Sie leben in allen Meeren, und man findet sie in Süßwasser genauso wie in Salzwasser. Der Handel mit Schwämmen beläuft sich weltweit jährlich auf 50 Millionen Dollar und wird zum größten Teil von einigen wenigen griechischen Geschäftsleuten kontrolliert, ein paar Großhändlern, die die rohen Naturschwämme von Produzenten im Mittelmeerraum, in der Karibik und dem Golf von Mexiko kaufen.

Noch immer riskieren Menschen beim Schwammtauchen ihr Leben, sei es in den tiefen Gewässern vor Libyen und Tunesien in Nordafrika, im Dodekanes vor Griechenland oder in den flachen Riffen vor den Bahamas und Kuba. Im Golf von Mexiko und in den Florida Keys kann es für eine arme Einwandererfamilie aus Haiti oder der Dominikanischen Republik immer noch einträglich sein, Schwämme von einem kleinen Boot aus mit einem Haken nach oben zu holen. Sie setzen damit eine Tradition fort, die in Griechenland schon in der Zeit vor der offiziellen Geschichtsschreibung ihren Anfang nahm.

Die griechischen Schwammbeete sind überall in der Ägäis, auf den Kykladen, den Sporaden und vor dem Dodekanes zu finden. Traditionell stachen die Schwammboote, einfache Holzschaluppen mit fünf oder sechs Leuten an Bord, zwei Mal im Jahr in See, und während sie sich im Winter nicht sehr weit von ihren Heimathäfen entfernten, segelten sie im Sommer auf der Suche nach den besten Schwämmen bis nach Tanger.

Von alters her sammelte man Schwämme auf die gleiche Weise – am Bug eines Bootes stand ein Mann mit einem hölzernen Sichtgerät, beispielsweise einem alten Kübel mit Glasboden, und suchte den Meeresboden ab. Wenn er eine viel versprechende Stelle entdeckt hatte, ging das Boot vor Anker, und der Taucher machte sich für seine Arbeit bereit. Nachdem er sich ausgezogen hatte, nahm er einen schweren, flachen Stein aus Schiefer oder Marmor, der auf einer Seite abgerundet war und ein Loch in der Mitte hatte. Durch das Loch war ein Seil gezogen und fest um den Stein gebunden, während das andere Ende des Seils lose aufgerollt an Deck lag und sich abwickelte, wenn der Taucher ins Wasser ging. Mit einem Gebet bereitete sich dieser auf den Tauchgang vor und sprang dann von Deck. Dabei hielt er den Stein wie ein Schwimmbrett vor sich und konnte durch die abgerundete Kante so die Richtung beim Abtauchen korrigieren, um so nahe wie möglich bei den Schwämmen auf dem Meeresboden anzukommen. Mit einem scharfen Messer oder einem Speer mit Haken trennte er dann den Schwamm von dem Felsen oder der Koralle, auf denen er wuchs, ab und steckte ihn gegebenenfalls in eine kleine Netztasche, um noch weitere Exemplare zu ernten, bevor er an die Oberfläche zurückkehrte. Den Stein ließ er auf dem Meeresboden zurück, ihn holten später die Männer an Deck ein; er selbst zog sich an dem gespannten Seil zum Boot hoch. Oft erreichten die nackten Taucher eine Tiefe von 30 Metern, manchmal sogar mehr.

Diese Methode des Tauchens wurde im Mittelmeerraum bis ins 20. Jahrhundert angewandt, sogar dann noch, als der Tauchhelm bereits in Gebrauch war. Die meisten Taucher konnten sich einen solchen Apparat nicht leisten, und sie konnten auch ohne ihn ihren Lebensunterhalt verdienen. Viele der Taucher waren taub, da ihr Trommelfell ständig hohem Wasserdruck ausgesetzt war, wenn sie von den schweren Steinen zum Meeresboden gezogen wurden. Es wäre Zeitverschwendung gewesen, hätten sie den Druck auf die Ohren ausgeglichen, indem sie sich die Nase zuhielten und gegen die eustachischen Röhren bliesen, wie es Sporttaucher lernen; und abgesehen davon hätten sie dann auch mit einer Hand den Stein loslassen müssen.

## *Tarpon Springs, Florida*

Es heißt, man muss kein Grieche sein, um im Schwammgeschäft Erfolg zu haben. Aber es ist zweifellos nützlich.

Tony Lerios war Bootsbauer auf der winzigen griechischen Insel Kálimnos. 1913 folgte er seinem Vater Theophillis und mehreren hundert anderen Männern vom Dodekanes und wanderte nach Amerika aus. Die Männer hatten sich vor nicht langer Zeit in der kleinen Stadt Tarpon Springs an der Golfküste niedergelassen. Bald holten sie ihre Frauen, Geschwister, Cousins, Cousinen und Freunde nach, und es entstand ein eigenes Viertel, das die Einwohner Greek Town nannten. Die meisten Neuankömmlinge stammten von Kálimnos und Halki, sie kamen aber auch von Hydra, Spetse, Symi und Ägina, alles arme Inseln, auf denen das Leben zu Beginn des 20. Jahrhunderts völlig vom Meer und dem, was es an Nahrung und Waren bot, abhing. Die Insulaner kamen in die Neue Welt, weil sie einen Neuanfang wagen wollten, aber sie brachten ihre althergebrachte Kultur mit und eine Fertigkeit, die Tarpon Springs bald reich machen sollte. Sie waren Schwammtaucher, und sie kamen, um die Schwammbeete in den warmen Gewässern des Golfs von Mexiko abzuernten.

Tony Lerios starb 1992 im Alter von 100 Jahren, aber seine Werkstatt am Anclote, einem engen Meeresarm vom Golf, steht dort immer noch in praktisch unverändertem Zustand. Es ist ein einfaches Holzhaus, das sich in den Schatten der Brücke schmiegt; und von hier aus blickt man auf die Anlagestelle der Krabbenboote auf der gegenüberliegenden Seite der Docks. Die Werkstatt ist voll von alten Werkzeugen und all dem, was sich im Laufe eines Lebens ansammelt, das mit dem Reparieren von Booten und der Herstellung der Ausrüstung für die Schwammtaucher von Tarpon Springs ausgefüllt war. An einem heißen Nachmittag im Sommer betrat ich diese Werkstatt zum ersten Mal. Ich war mit Tonys Enkel, Nick Toth, verabredet, der die Familientradition weiterführt und handgefertigte Tauchhelme herstellt. Ich hatte ihn von London aus angerufen, nachdem ich eine Anzeige für seine Tauchhelme im Internet gesehen hatte, und war nach Tarpon Springs gereist, um mich mit ihm zu treffen. Er war meine einzige Kontaktperson in der verschworenen griechischen Gemeinde, und ich hoffte, dass er mich mit den Männern, die die Schwammindustrie kontrollieren, zusammenbringen würde.

Es ist immer spannend, jemanden zu treffen, mit dem man bis dahin nur telefoniert hat. Nick war jünger, als ich erwartet hatte, ein kräftig gebauter Mann mit dichtem Haar und einem gepflegten Bart und bereits auf eine Weise ergraut, wie es bei sehr dunkelhaarigen Männern in jungen Jahren häufiger vorkommt. Er sprach langsam und mit Bescheidenheit, als er mir bis ins kleinste Detail seine Arbeit erklärte; vielleicht dachte er, ich hätte keine Ahnung von diesen Gerätschaften. Später erfuhr ich, dass er lokalen Fernseh- und Radiostationen schon mehrmals Interviews gegeben hatte und geübt darin war, Besuchern die Herstellung von Tauchhelmen nahe zu bringen.

In der Werkstatt roch es nach Maschinenöl. Jede ebene Fläche war übersät von Metallspänen und ölverschmierten Lumpen, von Nieten, Ösen und Ventilen. Zusammengesetzt und sorgsam poliert, ergaben sie einen Teil eines traditionellen Tauchhelms.

Nur die leichte Brise, die vom Fluss her durch die Tür wehte, verschaffte Nick während seiner Arbeit eine gewisse Kühlung. Mit einem kurzen Holzhammer klopfte er Kupferplatten auf einem gusseisernen Dorn in Form. Für eine Brustplatte musste Nick, der die Unterarme eines Schmieds hatte, zwei Stunden lang kräftig hämmern. Oben auf die Brustplatte, die später auf den Schultern des Tauchers sitzt, schweißt er einen kupfernen Halsring, auf den der Kupferhelm, den er als »Topf« bezeichnet, geschraubt wird. Der Halsring wird auf einer über 80 Jahre alten Drehbank angefertigt, an der Nick bei Tony Lerios gelernt hat, als er noch ein Schuljunge war. Entlang den Kanten der Brustplatte befinden sich die Riemen, mit denen der Leinentauchanzug befestigt und gehalten wird. Vier gläserne Bullaugen oder Sichtfenster ermöglichen es dem Taucher, nach vorne, rechts und links zu sehen sowie nach oben zum Boot, das ihn über Pumpen mit Luft versorgt.

Es dauert 140 Stunden, bis in penibelster Handarbeit ein voll funktionstüchtiger Tauchhelm fertig gestellt ist. Seit Nicks Großvater vor 100 Jahren mit der Herstellung begann, hat sich an der Konstruktion wenig geändert. Heutzutage werden die Helme von Sammlern gekauft, es sind Zeugnisse besten Handwerks, die zu Ausstellungszwecken dienen und die im Vergleich zu den meisten modernen Ausrüstungen viel zu aufwendig in der Produktion sind. Aber sie sind keine Repliken: Nick Toth' Helme erfüllen unter Wasser ihren Zweck genauso wie die vielen anderen, die in der Blütezeit des Tauchgeschäfts in Tarpon Springs in Gebrauch waren.

»Ich weiß nicht, ob das, was ich mache, Kunst ist oder Handwerk oder einfach nur Maschinenbau«, sagt Nick schlicht. »Jedenfalls ist es ein gutes Gefühl, mit denselben Werkzeugen und an demselben Ort zu arbeiten wie mein Großvater in all den vielen Jahren. Er hatte seinen Platz in der Gemeinschaft, und ich kann auf diese Weise einen Beitrag dazu leisten, dass die Gemeinschaft am Leben bleibt.«

Die Griechen waren nach Tarpon Springs gekommen, weil man sie darum gebeten hatte. In den 1870er Jahren war Tarpon Springs ein Ferienort für Wintergäste aus den Nordstaaten, wohlhabende Familien, die ihr Vermögen in den großen Industriestädten wie New York, Chicago und Philadelphia gemacht hatten. Mit diesem Geld bauten sie hier nun große Holzhäuser um den zentral gelegenen See, ein natürliches Gewässer, das den Namen Spring Bayou trägt und vom Anclote gespeist wird. Mit den Trauerweiden am Seeufer und den hohen moosbewachsenen Bäumen entlang den Wohnstraßen war das der ideale Ort, wenn man dem harten Winter an der Ostküste entkommen wollte. Und nicht zu vergessen – Tarpon Springs war an das Schienennetz angeschlossen. Viele der imposanten Häuser stehen noch heute, und die eindrucksvollsten davon säumen die Straßen, die unmittelbar an Greek Town angrenzen.

Nick gab mir eine Führung durch die Stadt, und wir kurvten in seinem auf Hochglanz polierten alten Buick mit den breiten Sitzbänken durch die gepflegten Straßen. Auf seinen Rat hin nahm ich mir ein Zimmer im Spring Bayou Inn, einem beeindruckenden, 1905 errichteten Gebäude, dessen Baustil typisch für die Gegend war. Unter dem steilen, schindelgedeckten Dach mit dem verschalten Dachgesims besaß es noch die ursprünglichen Schiebefenster, und an der Vorderseite erhob sich ein runder Erker über der großen Veranda. Makellose Holzfußböden und auf Hochglanz polierte Treppengeländer, porzellanene Türgriffe und geschliffene Glaseinsätze in den Türen im Innern des Hauses vervollkommneten das Bild aus viktorianischen Zeiten. Hier konnte man sich leicht das Leben der feinen Gesellschaft der Jahrhundertwende vorstellen.

Es war John King Cheyney gewesen, erklärte mir Nick während der Fahrt, ein reicher Quäker und Geschäftsmann aus Philadelphia, der als Erster erkannt hatte, dass in den Gewässern vor der Küste von Tarpon Springs ein Vermögen wartete. Cheyney wusste, dass der Golf von Mexiko reich an natürlichen Schwämmen war und dass man mit den althergebrachten Fangmethoden die wahren Schätze an erstklassigen Schwämmen, die in den tieferen Gewässern vor der Küste wuchsen, nicht erreichen würde.

Amerikanische Fischer hatten seit den 1840er Jahren aus den seichten Gewässern vor Floridas Küsten Schwämme geholt. Üblicherweise setzten sie dafür die so genannte Hakenmethode ein, und so arbeiteten auch die Schwammsucher weiter südlich in den Florida Keys und auf den Bahamas. Dabei spießte der Fischer den Schwamm mit der eisernen Spitze einer langen Stange auf, zog ihn an die Oberfläche und warf ihn ins Boot. Diese Methode konnte man nur in seichten Gewässern anwenden, und die Zahl der auf diese Weise gesammelten Schwämme war gering. Cheyney wusste auch, dass die Vereinigten Staaten der weltweit größte Abnehmer von Naturschwämmen waren und dass weniger als die Hälfte des einheimischen Bedarfs über die eigene Produktion gedeckt wurde.

Um die Jahrhundertwende konnte man in den USA einen enormen Anstieg der allgemeinen industriellen Produktion verzeichnen, der zum Teil auf die expandierende Autoindustrie zurückging und einen entsprechenden Preisanstieg für Schwämme mit sich brachte. Allein die großen Automobilfabriken in Chicago benötigten viele hundert Tonnen Schwämme zum Reinigen und Polieren der Unmengen an neuen Wagen, die von den Fließbändern rollten. Nur wenn man Naturschwämme zum Waschen und Lederlappen zum Trocknen und Nachpolieren verwendete, erzielte man ein zufrieden stellendes Ergebnis. In einer Zeit wie der heutigen, in der nahezu jeder Bedarf mit synthetischen Materialien gedeckt werden kann, kann man sich nur schwer vorstellen, in welchem Maße frühere Generationen auf Naturprodukte angewiesen waren. Es heißt, dass für über 1000 industrielle Arbeitsgänge natürliche Schwämme gebraucht wurden, und kein anderes Material konnte in Bezug auf ihre Saugfähigkeit und Haltbarkeit mit ihnen konkurrieren, bis schließlich nach dem Zweiten Weltkrieg synthetische Ersatzstoffe in Produktion gingen.

Im Jahr 1891 gründete John Cheyney die Anclote and Rock Island Sponge Company, die ihren Hauptsitz in Philadelphia hatte.

Schon länger hatte die griechische Gemeinde von New York in der amerikanischen Schwammindustrie ihre Finger im Spiel. John Cocoris, ein ehrgeiziger junger Einkäufer aus New York, der allerdings über kein eigenes Kapital verfügte, erklärte Cheyney, man könne Schwämme auch aus tiefen Gewässern holen, wenn die Taucher Taucheranzüge trügen. Dazu brauche es Männer, die sich mit den entsprechenden Gerätschaften auskennen würden, gleichzeitig aber auch Erfahrung mit Schwämmen hätten. Was er also brauche, seien griechische Taucher.

1905 ließ Cocoris eine Truppe von fünf Männern aus Ägina kommen, mit denen er beweisen wollte, dass er Recht hatte. Innerhalb eines Jahres hatte sich die Nachricht über alle griechischen Schwamminseln verbreitet, und 500 Männer hatten sich auf den Weg gemacht, um im amerikanischen Schwammgeschäft zu arbeiten. Die Schwammtaucher aus dem Dodekanes waren nicht nur sehr erfahren, sie hatten auch eine uralte Beziehung zum Schwammgewerbe, das bis zu den Ursprüngen der Zivilisation im Mittelmeerraum zurückverfolgt werden kann. Das Gesicht des verschlafenen viktorianischen Ferienorts sollte sich damit für immer verändern. Tarpon Springs wurde das weltgrößte Handelszentrum für Schwämme. Schon bald war John Cheyney nur noch einer von mehreren Lieferanten, die Schwämme im Wert von über einer Million Dollar aus den Lagerhäusern von Tarpon Springs verschifften. Greek Town bildete das Zentrum dieser Industrie, und seine Hauptstraße wurde Dodecanese Boulevard genannt.

Früh am nächsten Morgen ging ich zu Fuß vom Bayou zurück nach Greek Town. Nicht alle erfolgreichen Geschäftsleute der Stadt waren Griechen, aber doch eine ganze Reihe, und die historische Gesellschaft der Stadt ist stolz auf ihre Archive, in denen genauestens dokumentiert ist, was sich wo in wessen Besitz befand. Bewaffnet mit einem Stadtplan des Kulturzentrums von Tarpon Springs, fiel es mir leicht, das Alissandratos-Haus und das Faklis-Warenhaus zu finden. Ich spürte auch das Heim der Cretekos auf, die nach Aussage der Einheimischen eng mit der Familie von Maria Callas verwandt sind. Die junge Diva reiste im Winter regelmäßig aus New York an, und ältere Einwohner können sich daran erinnern, wie sie noch früher auf der Wiese vor dem Haus spielte, allerdings war nichts darüber zu erfahren, ob sie mit ihrem Gesang die Nachbarn nervte.

Im Allgemeinen besaßen die griechischen Familien nicht gerade die prachtvollsten Häuser in der Stadt, sondern wohnten unweit der Schwammdocks in einfacheren einstöckigen Häusern. Tafeln an den Mauern weisen auf den Beginn der Hauptfangzeit hin, und eine Fülle von Andenkenläden warten auf die Tagesausflügler, die sich anschauen wollen, was von dem alten Greek Town übrig geblieben ist. Schilder wie »Katzaras – Muscheln« und »Bouzouki – Geschenke« zeigen, dass man sich dem Dodecanese Boulevard nähert.

Obwohl es noch früh am Tag war, wanderte auf dem Boulevard schon ein steter Strom von Familien und älteren Touristen mit Schirmmützen auf dem Kopf auf und ab. Sie schlenderten zu den Docks, immer den Wegweisern folgend, die sie zur St.-Nicholas-Schwammboottour führten, und blieben gelegentlich kurz stehen, um sich die Auslage in einem Andenkenladen anzusehen, der griechische Töpferwaren und Tischsets mit Bildern der Akropolis anbot. Die Speisekarte im Fenster von Costa's Restaurant warb für original griechische Küche wie bei Mama. In den Schaufenstern der Konditoreien an der Straße wurden noch mehr griechische Spezialitäten angeboten, süße Backwaren und Brot, Baklava und Kataifi oder die süßen Milchbrötchen, die Ghalaktoboureko heißen. In jedem zweiten Geschäft hingen leuchtend gelbe Schwämme in der Tür, und am Ende der Hauptstraße lag die Schwammbörse, ein Marktplatz, auf dem die Bootsleute nach einer Fahrt ihre Ladung feuchter Schwämme für die öffentliche Auktion abluden. Ursprünglich bewahrten die Händler hier ihre Schwämme auf, bis sie in richtige Lagerhäuser gebracht werden konnten. Sie lagerten sie in Kammern, die in die Mauern des Marktplatzes eingelassen waren. Diese Kammern sehen wie Gefängniszellen aus, einfache quadratische Räume mit einem verschließbaren Metallgitter statt einer Tür, sodass für eine ständige Luftzufuhr gesorgt war. Die meisten dieser Lagerräume sind in Souvenirläden umgewandelt worden, und heute werden dort nicht nur Schwämme verkauft, sondern die ganze Bandbreite des an der Küste üblichen Touristenkitsches. Man kann ganze Tüten voll Muscheln und Seesternen erstehen, versteinerte Seepferdchen aus Indonesien und Seeigel aus dem Pazifik – eine deprimierende Anhäufung maritimen Nippes.

Gegenüber der Börse lag eines der alten hölzernen Schwammtauchboote, ein Kutter namens *St. Nicholas*. Für nur fünf Dollar konnte man flussaufwärts fahren und einem Helmtaucher in voller Montur dabei zusehen, wie er in den Anclote sprang, um nach Schwämmen zu suchen. Ich zahlte und ging an Bord. Die *St. Nicholas* tuckerte einige Minuten lang flussaufwärts, weg von den Docks, und der Bootsführer erklärte in Grundzügen, wie die Tauchausrüstung funktionierte und wie viele Jahre es dauerte, bis ein Bootskapitän ein Schwammboot richtig führen konnte. Ich ging zum Heck des Bootes und blickte zur Schiffsschraube hinunter, die in einem Drahtkäfig steckte. Durch diese Vorsichtsmaßnahme sollte verhindert werden, dass der Luftschlauch des Tauchers zerschnitten wird, wenn dieser aus Versehen unter das Heck gerät. Dann wurde den Passagieren ein junger Taucher vorgestellt, der in einem orangefarbenen Leinenanzug und schweren Bleischuhen steckte. Er hieß John Michael Stellianos und erzählte den Ausflüglern, sein Großvater sei Taucher in Griechenland gewesen. Er selbst habe bis vor kurzem für IBM in Cincinnati gearbeitet, aber jetzt sei er wieder zu seinen Wurzeln zurückgekehrt und wolle es mit einem Leben als Schwammtaucher versuchen.

Kaum hatte er seinen Kopf in den Kupferhelm gesteckt und sich mit einem Schwammhaken bewaffnet, der einem Dreizack mit kurzem Griff und gebogenen Zinken ähnelte, war der junge Stellianos auch schon die Eisenleiter hinuntergeklettert und ließ sich ins Wasser fallen. Wir verfolgten seinen Weg mit Hilfe des Stroms von Luftblasen, der an die Wasseroberfläche stieg, während er auf dem Grund entlangging. Fünf Minuten später tauchte er wieder auf und kletterte zurück an Deck. An der Spitze seines Dreizacks war ein glitschiger brauner Klumpen aufgespießt – ein Naturschwamm.

Unweit des Schwammdocks entdeckte ich ein kleines Museum, das den unwiderstehlichen Namen Spongeorama – Schwammschau – trug. Hier wurde die Geschichte des griechischen Schwammtauchens in einer Reihe verstaubter Schaukästen dargestellt. Hinter dem Glas befanden sich Dioramen mit Gipsmodellen von Fischern und Männern in Helmen beim Schwammtauchen. Wie es auf der Informationstafel hieß, war früher mehr als ein Dutzend verschiedener natürlicher Schwämme für den häuslichen und den industriellen Gebrauch gesammelt worden. Jede Art wurde anhand getrockneter Exemplare und Fotos erklärt. Einige dieser Schwammarten hatten sinnfällige Namen, wie der Krusten- und der Stachelschwamm, der Gelbe und der Fingerschwamm, andere aber hatten geheimnisvolle, wohlklingende Bezeichnungen wie Klethra's Kaktusschwamm und Zimmokkaschwamm. In manchen ließ sich ohne weiteres der weiche, runde Badezimmerschwamm erkennen, während andere gröber waren, drahtige Finger aus einem Material, das Frühstücksflocken ähnelte. Der Elefantenohr-Schwamm war flach und sah irgendwie seltsam aus, eher wie ein Blumenkohlohr und nicht so sehr wie etwas, das zu einem Dickhäuter gehörte. Der Levantiner entlehnt seinen Namen der Gegend, aus der er stammt; lange Zeit wurde er von Chirurgen bei Operationen als Tupfer verwendet. Offenbar können sie größere Mengen Blut aufnehmen, ohne brüchig zu werden und kleine Schwammstückchen in der Wunde zu hinterlassen. Der beste Schwamm aber, so hieß es, ist der Schafwollschwamm, weich und äußerst saugfähig und unverwüstlich; wenn man ihn nach jedem Gebrauch gut auswäscht, kann er vier, fünf Jahre halten.

Ich verließ das Museum und die Schwammdocks und ging am Fluss entlang zurück zu Nick Toth' Werkstatt.

»Na, wie war's im Spongeorama?«, fragte er mich mit einem freundlichen Lächeln. Ich gestand, dass ich mittlerweile genug von dem hellenistischen Krimskrams hatte, der von den Ladenbesitzern in Tarpon Springs angeboten wird. Ich hatte zwar am Kai ein paar kleine Boote mit frisch eingeholten Schwämmen gesehen, aber in dieser Stadt ließ sich eindeutig mehr Geld mit dem Verkauf von Souvenirs und Gyros machen als mit der Arbeit auf den Schwammdocks. Ich wollte mehr über das eigentliche Schwammgeschäft erfahren.

»Kommen Sie«, sagte er. »Wir gehen Mittag essen.«

Wir liefen den Dodecanese Boulevard ein Stück zurück und bogen in eine der Nebenstraßen ein. Kaum hatten wir uns ein kleines Stück von der Touristenmeile entfernt, änderte sich schlagartig die ganze Atmosphäre. An der Ecke Maragos und Athens Street kamen wir an der Taverne Diogenis vorbei, die selbst jetzt zur Mittagszeit geschlossen war und verlassen dalag. Direkt neben der Taverne war ein einfaches Lokal mit schäbigem Linoleumfußboden. Kein Schild wies darauf hin, keine Tafel, die die herumwandernden Touristen hätte anlocken können. Unweit der Tür befand sich an einer Seite des Raums eine kleine Bar. Im Lokal herrschte ziemlicher Betrieb, und von den Tischen war das Gemurmel männlicher Stimmen zu hören. Es war keine einzige Frau zu sehen, und die Gespräche wurden immer wieder vom Klappern von Steinen auf Spielbrettern unterbrochen, die auf allen Tischen standen. Wie mir Nick erklärte, befanden wir uns im Lokal von John Klonaris. Die Männer kamen hierher, um unter sich zu sein, ohne ihre Frauen. Jeder kannte jeden, und ich war mir nicht sicher, ob ich mich ohne meinen einheimischen Führer hineingewagt hätte. Die Gesichter trugen alle griechische Züge, die Männer waren dunkelhäutig und hatten dicke schwarze Schnurrbärte, wie man sie häufig in den Ländern des Mittelmeerraums sieht. Die Männer, die Nick begrüßte, waren ausnahmslos nach Heiligen benannt – Tony, Michael und George. Mir wurde klar, dass unter der kitschigen Fassade des Dodecanese Boulevards eine echte Gemeinschaft mit einer starken griechischen Identität überdauert hatte, die immer noch von ihrem kulturellen Erbe geprägt war.

Nick bestellte zwei Bier, und wir setzten uns an einen der einfachen Resopaltische. Um uns herum saßen fast nur ältere Männer, die vollkommen in ihr Spiel vertieft waren.

»Sehen Sie den Mann, der da drüben spielt?«

Ich drehte meinen Kopf und sah einen großen Mann mit einem Kranz schlohweißer Haare um den ansonsten fast kahlen Schädel. Seine Glatze und sein Gesicht mit den vielen Lachfältchen waren von der Sonne gleichmäßig gebräunt.

»Das ist Mr. Billiris«, sagte Nick und nahm einen Schluck von seinem Bier. »Wenn Sie etwas über Schwämme erfahren wollen, müssen Sie sich an ihn wenden.«

Am nächsten Tag brach ich früh auf, bevor es zu heiß wurde, und ging am Rande des Bayou entlang. Nach alter Tradition tauchen die griechischen Jungen am Dreikönigstag in diesem See nach einem Goldkreuz. Die ganze Stadt versammelt sich, um zuzusehen, wie der griechische Bischof ein kleines Kreuz in den See wirft und alle heranwachsenden Jungen danach tauchen und der glückliche Sieger den Segen des Bischofs für das kommende Jahr empfängt. Heute aber lag der See verlassen da, und das Wasser war kalt, wie ich feststellte, als ich meine Hand hineinsteckte. Mit den im fahlen Licht über der Wasseroberfläche hängenden Weidenästen sah das Ganze aus wie an einem Sommermorgen in England. Ich lief weiter und sah mir die großen Häuser an, dabei entfernte ich mich immer weiter vom wohlhabenden Teil der Stadt.

Nach kaum einer halben Stunde war die Temperatur schon merklich gestiegen, und ich hatte einen weniger idyllischen Ort erreicht, eine Ansammlung alter Häuser, die sich dicht ans Flussufer drängten und vor denen verbeulte Kleinlaster im Schatten der Bäume abgestellt waren. An der Straßenecke stand ein Wellblechgebäude mit einem silberglänzenden Dach, und drinnen sah ich fünf oder sechs Männer, die auf Metallstühlen im Kreis saßen. Sie schienen sich zu streiten, was ich allerdings nur aus ihrem Tonfall schließen konnte, da sie griechisch miteinander sprachen. Die großen schwarzen Buchstaben auf der Seitenwand des Gebäudes verkündeten schlicht SCHWÄMME, und auf der Ladefläche eines der Laster war ein Berg von Schwämmen zu sehen, die von einem Netz zusammengehalten wurden. Ich trat näher an das Gebäude heran, und das lautstarke Gespräch brach ab, als die Männer mich bemerkten. Ich winkte und rief »Guten Morgen«, dann hielt ich demonstrativ meine Kamera hoch und fotografierte das Haus. Einer der Männer hob die Hand zur Begrüßung, und schon nahmen sie ihren Streit wieder auf. Ich ging weiter und machte kurz am Flussufer Rast, wo ein verwahrlostes kleines Motorboot wie ein räudiger Hund mit einem blauen Nylonseil am Kai angebunden war. Der hier herrschende Eindruck des Verfalls und die brütende Hitze machten mir plötzlich bewusst, dass ich mich tief im Süden der Vereinigten Staaten befand. Ich sah auf meine Uhr. Nick Toth hatte sein Versprechen gehalten und mir eine Verabredung mit Mr. Billiris verschafft, aber nun würde ich mich verspäten, da mein Spaziergang länger als geplant gedauert hatte.

An der Vorderfront des alten geschindelten Lagerhauses hing ein bemaltes Holzschild. Die Schrift war unter der starken Sonne verblasst, aber man konnte noch die Worte *George Billiris, Sponge Merchant International* erkennen. Direkt von der Straße führte eine schmale Tür in das Gebäude, und ich trat ein. Als sich meine Augen an das Dämmerlicht gewöhnt hatten, sah ich, dass sich getrocknete Schwämme bis an die Decke stapelten. Ein enger Gang führte mitten durch den Raum, beidseitig von Holzverschlägen flankiert, vor die ein feinmaschiges Drahtgeflecht gespannt war. Jeder Verschlag war auf Augenhöhe in eine obere und eine untere Etage unterteilt und mit leuchtend gelben Badeschwämmen in jeder erdenklichen Größe und Form gefüllt. Während ich noch unentschlossen dastand, öffnete sich in der Holzwand links von mir eine Tür, und ein zwergenhafter Mann mit einem Stoß Papier in der Hand trat in den Gang.

»Entschuldigung«, sagte ich. »Ich suche Mr. Billiris.«

»George?«, grummelte der Zwerg und schlug die Tür zu dem Büro mit einem lauten Knall hinter sich zu.

»Ja, ich glaube.«

Der Mann schob eine Nickelbrille von seiner Glatze auf die Nase und musterte mich von Kopf bis Fuß, als müsse er mich erst einschätzen, bevor er mir Auskunft gab.

»Nick Toth hat für mich eine Verabredung mit ihm vereinbart, und ich bin leider etwas spät dran.« Keine Reaktion. »Ich komme aus England«, bot ich etwas lahm als eine Art Rechtfertigung für meinen Besuch an.

»Da drüben«, brummte er schließlich und deutete mit dem Kinn nach hinten, dann eilte er geschäftig den Gang zwischen den Schwammverschlägen hinunter. Ich klopfte an und öffnete die Tür einen Spaltbreit. Ein Stapel Kartons versperrte mir die Sicht, und ich trat ganz ein, um zu sehen, ob jemand da war.

Die Hälfte des kleinen Raums nahm ein mächtiger alter Metallschreibtisch ein, und dahinter saß der Mann, den ich tags zuvor im Café gesehen hatte. Er hielt einen Telefonhörer gegen das Ohr gepresst, während er in einem Stapel von Papieren blätterte, der vor ihm auf dem Schreibtisch lag. Er winkte mich herein und bot mir wortlos einen Platz auf dem alten Drehstuhl vor seinem Schreibtisch an. Ein paar Minuten lang sprach er noch in den Hörer, während ich mich in dem Büro umsah und mit halbem Ohr das Gespräch verfolgte, in dem es um Liefertermine und Preise ging. Ich nahm nicht an, dass das Gespräch vertraulich war, sonst wäre ich wohl nicht hereingebeten worden. Gelegentlich fiel Mr. Billiris ins Französische, und dann rutschte ihm wieder ein griechischer Satz heraus, aber die meiste Zeit sprach er englisch. Auf den an der Wand aufgestapelten Kartons neben der Tür stand in großen Buchstaben GIFT und darunter SALZSÄURE. Abgesehen von dem Metallschreibtisch und meinem Stuhl, die beide mindestens 30 Jahre alt sein mussten, war das Büro nur spärlich ausgestattet. In einer Ecke hinter dem Schreibtisch stand ein großer hölzerner Aktenschrank, und die Wände schmückten ein paar verblasste Poster von Griechenland. Über den Jalousien hing aufgereiht auf einer Schnur ein Dutzend kleiner Schwämme, die in verschiedenen Tönen von Grün, Blau, Rosa und Rot gefärbt waren. Nirgendwo war ein Computer zu entdecken, und abgesehen davon, dass auf der anderen Seite des Schreibtischs offensichtlich ein Telefonat mit dem Ausland geführt wurde, gab es keinen Hinweis darauf, dass ich hier im Zentrum des internationalen Schwammhandels gelandet war. Schließlich kam das Telefongespräch zu einem Ende, und George Billiris erhob sich von seinem Stuhl und streckte mir seine große Hand zur Begrüßung entgegen. Die gleichmäßige Bräune verlieh seinem Gesicht etwas Jugendliches, und seine Augen leuchteten in einem hellen Blau.

»Tut mir Leid, dass Sie warten mussten«, sagte er. »Aber einer meiner Großhändler hat ein Problem, er ist neu im Geschäft, und ich möchte ihm bei einem Abschluss helfen. Nehmen Sie doch bitte wieder Platz, und sagen Sie mir, was ich für Sie tun kann.«

Nachdem wir ein bisschen geplaudert hatten, erklärte ich ihm, dass ich etwas über das Schwammgeschäft erfahren wollte und dass man mir geraten hatte, mich an ihn zu wenden.

Zwei Stunden lang klärte mich George Billiris über die Einzelheiten des internationalen Schwammhandels auf. Er erzählte mir von der Geschichte des Schwammtauchens in Tarpon Springs und wie sein Großvater John Billiris von Kálimnos nach Amerika gekommen war. Johns Sohn Michael hatte das Geschäft übernommen, und jetzt führte George die Firma in der dritten Generation weiter. Er selbst, mittlerweile 70 Jahre alt, hatte keine Kinder, denen er das Geschäft übergeben könnte.

»Ich habe erst mit 50 geheiratet«, sagte er. »Ich hab mich einfach zu gerne auf den Schwammbooten herumgetrieben. Nichts reicht an die Arbeit auf dem Wasser heran, und es ist wunderbar, mitten auf dem Meer aufzuwachen. Wir haben uns ständig Wettkämpfe geliefert, genau wie zu den alten Zeiten in Griechenland, als jede Insel die beste sein wollte. Mein Vater hat immer zu mir gesagt: ›Komm schon, George, du willst dich doch wohl nicht von dem Kerl da drüben schlagen lassen?‹ Ich war gerade mal 14 Jahre alt, und schon damals hat er mich immer angetrieben, dass ich mehr Schwämme hochbringe als die anderen.«

Ich fragte ihn, ob er glaube, dass die Stadt noch lange als griechische Attraktion überleben könnte. George legte seine braunen

Hände vor sich auf den Tisch und dachte eine Weile nach. »Die griechischen Bräuche gehen hier immer mehr verloren«, sagte er müde. »Früher sind die Touristen hierher gekommen, weil sie die Schwammdocks sehen wollten, und das war's. Schwämme und Griechen gehören zusammen. Das war schon immer so. Das hier ist der einzige Ort auf der ganzen Welt, wo noch der traditionelle Schwammhandel betrieben wird, und ich will nicht, dass das hier so eine Art Freiluftmuseum wird. Die jungen Leute haben heute eine bessere Ausbildung, und sie haben mit dem Leben auf See nichts am Hut. Sie haben keine Lust, ihr Leben aufs Spiel zu setzen und ihre Frauen und Kinder wochenlang nicht zu Gesicht zu bekommen. Aber wir können als echte Gemeinschaft nur dann überleben, wenn wir weiterhin mit Schwämmen handeln. Nur will das noch nicht mal allen Griechen in die Köpfe. Neulich erst hat die Besitzerin eines dieser Touristenläden meinen Leuten gesagt, sie sollen die nassen Schwämme nicht so nah bei ihrem Geschäft abladen, weil die so stinken würden – das muss man sich mal vorstellen! Ich habe ihr gesagt, sie soll doch nur mal einen Moment darüber nachdenken, was sie da eben von sich gegeben hat – wenn es die Schwämme nicht gäbe, käme doch kein Mensch zu ihr! Aber sie hat mich nicht verstanden. Sie hat mich einfach nicht verstanden.«

George Billiris macht sich Sorgen, dass Tarpon Springs seinen besonderen Charakter verliert, wenn es den Schwammhandel aufgibt, und er tut alles, was in seiner Macht steht, um das Interesse an diesem Geschäft wach zu halten. Er erklärt, dass es weltweit nur ein paar tausend Hersteller von Naturschwämmen gibt und nur eine Hand voll Händler wie ihn. Er und einige andere Großeinkäufer verschiffen von Tarpon Springs aus die fertigen Schwämme nach Paris, London, Frankfurt und Athen, und er bestätigte, was ich schon in London gelesen hatte, dass nämlich viele der Schwämme, die in Griechenland an Touristen verkauft werden, aus dem Golf von Mexiko stammen.

Im Lager zeigte mir George Billiris, wie die Naturschwämme für das Verpacken und den Export fertig gemacht werden. Dazu brauchte man unter anderem die giftige Säure, die ich in seinem Büro gesehen hatte. Wenn die Schwämme im Lager ankommen, sind sie normalerweise schon von Sonne und Wind getrocknet, da sie unterwegs an einem Seil auf dem Bootsdeck aufgehängt werden. Die Leute auf dem Boot haben auch schon die gummiartige Haut der Schwämme weich geklopft und abgezogen, sodass das darunter liegende weiche Gewebe, das Spongin, freigelegt wird. Im Hafen muss der Schwamm dann nochmals gereinigt und geklopft werden, um sämtliche Rückstände aus dem Inneren zu entfernen. Anschließend wird er gewässert und erneut getrocknet, und die übel riechenden Hautfetzen, die noch daran hängen, werden entfernt. Zu guter Letzt schneidet man ihn in Form und färbt ihn mit einer geheim gehaltenen Säuremischung, um ihn für den Einzelhandel verkaufsfertig zu machen.

Während unseres Gesprächs führte mich George Billiris in die Tiefen des Lagerhauses, und wir liefen zwischen den Maschendrahtverschlägen umher, in denen Tausende von Schwämmen lagen, sortiert nach Größe und Art. Der Schafwollschwamm hat die beste Qualität, er ist, wie ich im Spongeorama gelernt hatte, sehr haltbar und trotzdem weich und wächst nur in einem kleinen Gebiet im Golf von Mexiko. Wir drückten uns an dem Mann vorbei, mit dem ich vor Georges Büro gesprochen hatte. Er hatte sich die Brille auf die Nasenspitze geschoben und notierte mit einem Bleistift Angaben über die fertigen Schwämme in seinem Hauptbuch.

»Das ist Manny«, sagte George.

Gelegentlich nahm Manny einen Schwamm und hielt ihn prüfend an ein Holzbrett, in das verschieden große runde Löcher gesägt waren. »Damit messen wir die Schwämme«, erklärte George. »Unsere Käufer arbeiten mit Inch, und wir wissen, dass die Käufer in Chicago zehneinhalb Inch große Schwämme wollen. In Cleveland sind es achteinhalb und in Kalifornien nur sieben Inch. Das hat vermutlich nur was mit Gewohnheit zu tun. Grundsätzlich ist ein Schwamm umso mehr wert, je größer er ist.«

»Das ist ja nicht gerade ein Hightech-Betrieb«, witzelte ich und erntete dafür einen bösen Blick von Manny, der kurz von seinem Hauptbuch aufsah.

»Sehen Sie, Manny ist 85 Jahre alt«, erwiderte George. »Und diese Arbeit lässt sich einfach nicht beschleunigen. Man kann einen Schwamm nur beurteilen, wenn man ihn sich genau ansieht. Und es dauert sehr lange, bis man einen Schwamm mit einem Blick einschätzen kann.«

Durch die kleinen Fenster im Dach fiel Sonnenlicht in den Raum, und die Ventilatoren, die für die Luft zwischen den Stapeln von Schwämmen sorgten, brummten gleichmäßig vor sich hin. Die in der Mitte des alten Gebäudes einander gegenüberliegenden Doppeltüren waren weit aufgerissen worden, um frische Luft hereinzulassen – immer noch die beste Art, Schwämme zu trocknen, ohne sie in der Sonne zu stark zu bleichen. Genau zwischen den beiden Türen saßen drei alte Männer. In den durch das Dach einfallenden Sonnenstrahlen tanzten Staubwölkchen und tauchten die drei in ein sanftes Licht. Vor den Männern stand eine große Plastikwanne voller getrockneter Schwämmen die genauso grau und stumpf aussahen wie diejenigen, die ich im Natural History Museum in London gesehen hatte. Keiner der drei Männer blickte von seiner Arbeit auf, als wir uns näherten. Mit einer Hand nahmen sie einen Schwamm aus der Wanne und hielten ihn gegen das Licht. Dann fingen sie an, ihn mit Metallscheren in Form zu schneiden. Sie benutzten handgeschmiedete Schafsscheren, die seit Jahrhunderten in unveränderter Form in Sheffield angefertigt werden. Durch das Zurechtstutzen sahen die Schwämme einheitlicher und gefälliger aus, und sie lagen besser in der Hand.

»Schwämme sind wie Frauen, entweder hübsch oder hässlich«, sagte George. »Aber verschönern kann man sie allemal.«

Er nahm einen großen Schwamm aus einem der Regale und winkte mich zu einer kleinen Bandsäge, die an eine Werkbank montiert war. Auf einem hohen Stuhl sitzend, betrachtete er den Schwamm eine halbe Minute lang, dann warf er die Säge an und führte den Schwamm an das kreischende Sägeblatt.

Ich musste mich zu ihm hinbeugen, um seine Worte über den Lärm der Säge verstehen zu können. »Das ist ein großer Wollschwamm«, rief er. »Er hat mich auf dem Markt 20 Dollar gekostet, aber ich kann ihn in vier, vielleicht sogar fünf handelsübliche Schwämme schneiden, von denen jeder das Doppelte wert ist. Sehen Sie die Stelle da? Das Innere ist verfault. Ich schneide es aus und versuche, möglichst viel von der dicken Schicht drum herum zu erhalten.«

Der alte Mann beschnitt den Wollschwamm mit den sicheren und schnellen Bewegungen eines Menschen, der lebenslange Erfahrung darin hat. Wie ein Diamantschleifer, der überlegt, in welchem Winkel er ansetzen muss, um das meiste Feuer aus einem Stein herauszuholen, hielt er immer wieder inne, beugte sich über den Gewebeklumpen und zog im Kopf die Linien, an denen entlang er mit der Bandsäge schneiden würde. Konzentriert saß er da, als habe er ein dreidimensionales Puzzle vor sich. Als er fertig war, wanderte der Schwamm in die Wanne, und einer der drei Männer gab ihm mit seiner Schere den letzten Schliff. Dann wurde er noch gebleicht und hellgelb gefärbt. George stellte die Bandsäge ab. »Schwämme sind von Natur aus grau«, sagte er. »Sie sehen schmutzig aus, und das mögen die Leute nicht. Unter dem Bleichen und Färben leidet die Qualität, und sie halten nicht mehr so lange. Aber so ist nun mal das Geschäft.«

George Billiris sagte, er würde jetzt zum Mittagessen gehen, ich könne aber im Lager bleiben, so lange ich Lust hätte. Die drei Männer, die die Schwämme beschnitten, waren nur allzu gern zu einem Schwätzchen bereit, und ich holte mir einen Stuhl und setzte mich zu ihnen. »Curly« Spaniolos und »Piggy« Loutakos waren beide Mitte 70, während der dritte Mann, Mike Boulafentis, schon weit über 80 war. Unser Gespräch wurde von dem ununterbrochenen Schnippeln ihrer Scheren untermalt. Sie berichteten von den guten alten Zeiten, als es in Tarpon Springs 200 Schwammboote gab, und von den schlechten Zeiten in den 1940er Jahren, als eine Epidemie die Schwammbeete für mehr als zehn Jahre vernichtete.

»Damals hat es angefangen, dass sich die Leute eine andere Arbeit suchten«, erinnerte sich Curly.

Die drei Männer trugen weiße T-Shirts, und während wir uns unterhielten, griff immer wieder einer von ihnen nach einem Gummihammer und klopfte auf einem Schwamm herum, bevor er ihn trimmte. Dann sprühte jedes Mal ein zarter Regen aus Sand, Korallenstückchen und Muschelschalen aus den Schwämmen und beschmutzte das weiße T-Shirt, und darüber legte sich noch eine Schicht abgeschnittener Schwammschnipsel. Curly hatte die tiefste Stimme, die ich jemals gehört hatte, und seine Oberarme waren über und über mit Tätowierungen bedeckt, die aus seiner Zeit bei der Navy stammten. »Die meisten jungen Kerle aus Tarpon gingen zur Armee«, brummte er. »Damit haben wir allen gezeigt, dass wir hundertprozentige Amerikaner sind.«

»Stimmt«, fiel Piggy ein. »Damals blieb man in Tarpon Springs, heiratete ein griechisches Mädchen, und damit hatte es sich. Aber nach dem Krieg sah man alles nicht mehr so streng, und heute ist es egal, woher das Mädchen kommt, das man heiratet, und ob die Kinder griechisch sprechen.«

So vergingen die Stunden, und langsam ließ die Mittagshitze im Lagerhaus nach. Ich saß inmitten der Schwammschnipsel und sah zu, wie die kräftigen braunen Finger die Schwämme mit ihren Scheren so geschickt stutzten wie ein Frisör die Nasenhaare eines Kunden, während ich mir die Geschichten über die Blütezeit von Tarpon Springs anhörte. Alle erinnerten sich an den Tag, an dem Hollywood nach Tarpon Springs kam. *Höllenriff* war einer der ersten Filme in Cinemascope und verschaffte dem jungen Robert Wagner eine seiner ersten Hauptrollen. Während der Dreharbeiten 1953 hatten die Filmcrew und die Schauspieler von Twentieth Century Fox die Stadt praktisch übernommen. Den Hintergrund für die Liebesgeschichte zwischen Wagner und der Schauspielerin Terry Moore lieferte die alte Feindschaft zwischen den Griechen und den einheimischen Schwammfischern. Ein großer Teil des dramatischen Geschehens dreht sich um Wagner, der sich als Tony Petrakis in ein Mädchen verliebt, das nicht griechischer Herkunft ist, und um die Handelskonkurrenz zwischen den Schwammtauchern und ihren »amerikanischen« Gegenspielern von der Garnelen-Flotte. Das und die spannenden Unterwasserszenen und Tauchsequenzen haben den Film zu einer Art Klassiker gemacht, zumindest hier in der Gegend, und er trug ganz sicher zur Entwicklung des hiesigen Tourismus bei.

Das wirkliche Leben auf den Schwammtauchbooten war manchmal jedoch noch dramatischer, als Hollywood es darzustellen vermochte. Piggy Loutakos erinnerte sich an einen Freund, der auf einer Schwammfahrt einen schlimmen Dekompressionsunfall erlitten hatte. »Sie haben ihn die ganze Nacht bearbeitet, setzten sich auf seine Arme und Beine, rieben seine Brust und seinen Bauch und versuchten, die Schmerzen wegzumassieren. Er war erst 18 Jahre alt, aber sein Gesicht blieb bis zu dem Tag, an dem er starb, auf einer Seite gelähmt. Er sah immer aus, als würde er lächeln.«

»Man musste immer auf den Luftschlauch achten«, fügte Curly hinzu. »Ein Freund von mir ertrank, weil die Schiffsschraube den Luftschlauch durchschnitten hatte. Solche Unfälle kommen noch heute vor. Es gibt jetzt zwar die neue leichte Tauchausrüstung, aber die Taucher werden nach wie vor von der Oberfläche mit Luft versorgt, und manchmal bleiben sie einfach zu lange unten und kriegen einen ›Anfall‹.«

Die griechischen Taucher entwickelten ihre eigenen Methoden, um sich vor der Dekompressionskrankheit zu schützen. Die Erfahrung hatte sie gelehrt, dass nicht jeder gleichermaßen anfällig dafür war, und ein gesunder, schlanker Taucher, der viel Erfahrung hatte, konnte ohne Probleme von einem Tauchgang in einer Tiefe zurückkehren, in der andere Männer schon einen Schwächeanfall erlitten hätten. Sie wussten, dass ein müder Mann leichter erkrankte als ein ausgeruhter und dass auch die Anstrengung, die mit dem Schwimmen gegen eine starke Strömung verbunden war, anfälliger machte. An Bord des Schwammboots war der Taucher König. Er wurde gehätschelt und gehütet, er bekam vor allen anderen Mannschaftsmitgliedern zu essen und zu trinken, und er erhielt denselben Anteil am Verkaufserlös der Ladung wie der Kapitän. Ohne den Taucher verdiente schließlich keiner etwas.

Ein guter Schwammtaucher kann zwischen 50 000 und 100 000 Dollar im Jahr verdienen. Die beste Methode ist noch immer, in den küstennahen Gewässern aufrecht über den Meeresboden zu gehen, während man von der Oberfläche mit Luft versorgt wird. Heute sind elektrische Kompressoren an die Stelle der schweren Pumpen getreten, die in der Mitte der alten Schwammboote standen und von zwei Männern bedient werden mussten, und statt des Kupferhelms trägt der Taucher eine moderne Maske und einen Atemregler, an dem der Luftschlauch befestigt ist. Die von Sporttauchern verwendete Ausrüstung ist für das Schwammsuchen eher ungeeignet, weil der Taucher schnell vom Boot getrennt und aus dem Blickfeld der Crew getrieben werden kann, abgesehen davon, ist es sehr viel weniger effizient, horizontal gegen die Strömung anzuschwimmen, als aufrecht und über ein Tau mit dem Boot verbunden zu gehen.

Laut George Billiris leistet die Schwammindustrie einen Beitrag zum Erhalt der Schwämme. »Wir machen das schon seit 2 000 Jahren, und es gibt immer noch Schwämme da draußen!«, sagte er lachend. »Mit dem alten Verfahren sorgen wir dafür, dass immer neue Schwämme nachwachsen. Die Schwämme werden auf dem Boot gesäubert und beschnitten, und dann wirft man die Abfälle zurück ins Wasser. Die breiten sich auf dem Meeresboden aus, und innerhalb eines Jahres wachsen neue Schwämme heran. Man darf auch nicht vergessen, dass der Taucher immer einen Teil des Schwamms auf dem Fels stehen lässt, von dem er ihn abschneidet. Und daraus wächst ein neuer Schwamm, und wenn man nach einem Jahr wieder an die Stelle kommt, findet man dort einen Schwamm, der vielleicht um ein Fünftel größer ist als derjenige, den man abgeschnitten hat.«

George sagt, er hat keine Probleme, die Schwämme, die ihm die Taucher bringen, zu verkaufen. »Das Schöne an einem getrockneten Schwamm ist, dass er nicht verdirbt und nicht gefüttert und getränkt werden muss wie irgendetwas Lebendiges.

Wenn der Preis fällt, hält man die Ware einfach zurück. Die Schwämme liegen im Lager und warten geduldig, bis sich der Markt wieder erholt.«

In den letzten Jahren ist die Zahl der Fischer und Taucher stark zurückgegangen. Der Naturschwamm ist noch immer ein wertvolles Produkt, aber nur wenige Männer wollen die Risiken und Unsicherheiten eines Geschäfts auf sich nehmen, das vom Wetter abhängig ist und wenig Sicherheiten oder Garantien bietet, wenn einmal etwas schief geht.

Die Umweltverschmutzung und das Überfischen stellen in manchen Gebieten eine ernste Bedrohung für den Schwammhandel dar. In den 1940er Jahren wurde erst das ganze Mittelmeer bakteriell verseucht, dann die Karibik und schließlich der Golf von Mexiko, und damit war der Schwammhandel praktisch ausgelöscht. Die meisten Schwammfischer in Tarpon Springs gaben auf. Nur ein paar wenige Familien verließen sich darauf, dass die Restaurants, Andenkenläden und die griechische Atmosphäre, die Touristen in die Stadt lockten, sie über Wasser halten würden.

Die Schwammbeete haben sich mittlerweile wieder erholt, und die Nachfrage nach qualitativ hochwertigen Naturschwämmen ist weltweit größer als das Angebot, was damit zu tun hat, dass diese Tiere nur schwer in größeren Mengen aus dem Meer zu gewinnen sind. Der Schwamm hat bislang allen Versuchen widerstanden, ihn unter künstlichen Bedingungen in größerer Menge zu kultivieren, deshalb wird sich auch in absehbarer Zeit nichts an dem Nachfrage-Angebot-Verhältnis ändern. Hinzu kommt, dass man fieberhaft versucht, nützliche pharmazeutische Wirkstoffe in natürlichen Organismen zu identifizieren und zu isolieren, und es sieht ganz danach aus, als würde die Nachfrage nach dem bescheidenen Schwamm dadurch noch wachsen, insbesondere wenn seine antikarzinogene Wirkung nutzbar gemacht werden kann. Heute arbeiten in Tarpon Springs nicht einmal mehr 100 Männer hauptberuflich auf den Schwammbooten. Die Menschen auf den griechischen Inseln Halki und Kálimnos suchen sich Jobs in der Tourismusbranche, und auch in der Karibik wollen immer weniger Männer nach Schwämmen tauchen. Die Bosse im Schwammhandel sind mittlerweile alt geworden, und die Gefahr besteht, dass die Geheimnisse des Schwammtauchens bald in Vergessenheit geraten.

## *Desroches Island, Amirantes*

Ich schwamm auf dem Rücken, die Arme weit ausgestreckt, als hinge ich am Kreuz, aber sosehr ich mich auch bemühte, es gelang mir nicht, die Spannweite des über mir schwimmenden Wesens zu erreichen. Dessen weiße Unterseite war nur ein paar Zentimeter von meinem Gesicht entfernt, und ich blickte wie hypnotisiert auf eine Reihe sanft pulsierender Kiemenspalten. Sein helles Fleisch erzitterte, wenn es Wasser durch die Öffnungen an seiner Unterseite pumpte, und ich konnte einen kurzen Moment durch die Spalten in das geheimnisvolle Innere des Tieres sehen. Ich wagte kaum zu atmen, in der Angst, dass die dabei produzierten Luftblasen das Tier, das mich so nahe an sich heranließ, erschrecken könnten. Schon bald gab ich den Versuch auf, mich der Geschwindigkeit des Mantas anzupassen, und ließ mich zurückfallen. Ohne Eile entfernte sich der Manta, kehrte dann aber wieder zurück und umkreiste unsere kleine Gruppe von Tauchern mehr als zehn Minuten lang. Wir beobachteten ihn, wie er uns beobachtete, verzaubert von dem sanften Schlagen der weichen schwarzen Flügel, die wie der Umhang eines Reiters im Wind wehten. Wie er so seine Kreise um uns zog, zu uns herblickte und sich unmerklich näherte, kam es mir so vor, als wolle er Kontakt mit uns aufnehmen. Keiner von uns rührte sich, wir hielten uns in der Schwebe, die Arme über der Brust gekreuzt, und warteten und sahen der tanzenden Gestalt zu. Schließlich war er zwischen uns, und alle Augen richteten sich auf ihn, das übrige Riff würdigten wir schon längst keines Blickes mehr. Und dann gab einer der Versuchung nach und streckte seine Hand nach dem lebenden Umhang aus. Damit hatte unsere Gemeinschaft ein schnelles Ende gefunden, und mit einem Flügelschlag war der Manta außer Reichweite. Nach wenigen Sekunden konnten wir ihn schon nicht mehr deutlich erkennen und sahen nur noch einen schemenhaften Umriss, der langsam mit dem Blau des Meeres verschwamm.

# 4 Unter Druck

*Im schlimmsten Fall erlitt der Taucher einige Minuten nach seiner Rückkehr an die Oberfläche einen Schwächeanfall, bald darauf verlor er das Bewusstsein, und sein Puls verschwand; und innerhalb weniger Minuten war er tot.*

J. S. Haldane, *Respiration*

In einem Bulletin der französischen Akademie der Medizin aus dem Jahr 1869 beschreibt der Autor, Dr. Gent, eine Reihe von Symptomen, die seiner Ansicht nach bei denjenigen, die sie aufweisen, gegen eine Beschäftigung als Taucher sprechen. Zu den Betroffenen zählen:

Männer mit kurzen Hälsen und stark durchblutetem, rotem Gesicht.
Männer, die an Kopfschmerzen leiden, leicht taub sind oder kürzlich ein laufendes Ohr hatten.
Männer, die schon einmal Blut gespuckt oder gehustet haben oder die unter erhöhtem Puls leiden.
Männer, die sehr blass sind, deren Lippen eher blau als rot sind, die unter kalten Händen und Füßen leiden und einen, wie man gemeinhin sagt, schwachen Kreislauf haben.
Männer mit blutunterlaufenen Augen und roten Wangen, die ein feines, aber deutliches Netz von Äderchen zeigen.

> Männer, die starke Trinker sind und sich wiederholt eine Geschlechtskrankheit zugezogen haben oder die unter Rheuma oder einem Hitzschlag litten.

Modernen Tauchern kommen die Krankheiten, bei denen die beschriebenen Symptome auftreten können, erstaunlich bekannt vor. Herz-Kreislauf-Erkrankungen, Asthma, Lungenschäden und Alkoholismus gelten noch immer als Gegenanzeigen für das Tauchen, und jeder, der tauchen lernen will, muss einen medizinischen Fragebogen beantworten, der Aufschluss über seine Krankengeschichte oder eine Veranlagung für Probleme der genannten Art geben soll. Die Ohren, die Lungen und der Blutkreislauf sind am stärksten von den Druckveränderungen während des Tauchens betroffen. Wenn jemand schon Probleme in diesen Bereichen hat, muss er damit rechnen, dass sie sich infolge des erhöhten Drucks beim Abtauchen und des anschließenden Druckabfalls beim Aufstieg noch verschlimmern. Über Geschlechtskrankheiten muss der Taucher in spe heute allerdings keine Auskunft mehr geben.

Das Aufkommen effizienter Luftpumpen ermöglichte es den Helmtauchern, in größere Tiefen vorzudringen als jemals zuvor, die Grenzen werden jedoch nicht allein durch die Luftversorgung bestimmt, sondern auch dadurch, was mit der Luft selbst geschieht und mit jenen Teilen des Körpers, in denen sich Luft befindet. Mit dem vermehrten Einsatz von Druckluft bei Bergungsarbeiten und Bauprojekten unter Wasser tauchte eine neue, geheimnisvolle Krankheit auf. Auch unter dem Namen »Bends« bekannt, gilt die Dekompressionskrankheit als die erste moderne Krankheit, da sie eine unmittelbare Folge des technologischen Fortschritts ist, den die industrielle Revolution mit sich brachte. Zu den ersten Opfern gehörten nicht nur Taucher, sondern auch Ingenieure und Tunnelarbeiter, die bei ihrer Arbeit Druckluft ausgesetzt waren.

Die Dekompressionskrankheit ist selbst vielen Nichttauchern ein Begriff, und sie wird im Zusammenhang mit den Gefahren des Tauchens meistens als Erstes genannt. Sie hat einen so unheilvollen und finsteren Ruf wie der Menschen fressende Hai. Die Dekompressionskrankheit ist eine ernsthafte Bedrohung für das Leben des Tauchers, auf jeden Fall aber für seine Gliedmaßen, und das sollte selbst jenen, die nur selten unter Wasser gehen, stets bewusst sein. Auch wenn die Ursachen mittlerweile wissenschaftlich genau beschrieben worden sind, bleibt die Krankheit noch immer ein unvorhersehbares, rätselhaftes Ereignis. Während das Risiko eines Angriffs durch einen Hai so gut wie zu vernachlässigen ist und normalerweise vermieden werden kann, lässt sich das Risiko eines Dekompressionsunfalls nur ausschließen, indem man nicht taucht.

Da man die Dekompressionskrankheit zuerst an Arbeitern beobachtete, die während des Baus von Brücken, Tunneln und tiefen Fundamenten über eine gewisse Zeit erhöhtem Luftdruck ausgesetzt waren, wurde sie anfänglich »Caissonkrankheit« genannt. Um das Wasser von den Stellen, an denen gerade gegraben wurde, fern zu halten, ließ man Caissons, also geschlossene Metallkästen, hinunter und pumpte Luft hinein, sodass die Arbeiter trocken blieben. Das Prinzip der Caissons ähnelte dem von John Smeatons Tauchglocke, die zu Beginn des 19. Jahrhunderts beim Hafenbau in Gebrauch war, und sie kamen im Laufe des Jahrhunderts häufig zum Einsatz, als man begann, die großen Flüsse in den Ballungsräumen mit Brücken zu überbauen. Der Mediziner Hugh Snell, der die Caissonkrankheit erforschte, schrieb: »Wann immer in hohem Maße Druckluft eingesetzt wird, sollte in nächster Nähe ein kleines Krankenhaus zuhanden sein.«

Die ersten modernen Ingenieure konnten sich auf Berechnungen stützen, denen zufolge Druck, dem wir auf Meereshöhe ausgesetzt sind, einem »Luftgewicht« von 1,033 $kp/cm^2$ entspricht. Edmund Halley wusste, dass der atmosphärische Druck auf Meereshöhe (also das Gewicht der Luft über uns) nahezu dem Druck entspricht, der in einer Tiefe von zehn Metern unter Wasser herrscht. Wenn man sich in einer Wassertiefe von zehn Metern aufhält, ist man demnach einem doppelt so hohen Druck ausgesetzt wie an der Wasseroberfläche, also etwas 2 $kp/cm^2$. Bei

20 Metern kommt eine weitere Atmosphäre hinzu, was dann drei Atmosphären ergibt, und so weiter. Der Druck steigt also alle zehn Meter, die man tiefer steigt, um jeweils eine Atmosphäre. Wenn man einen Caisson im Meer versenkt, muss der Luftdruck in seinem Innern dem atmosphärischen Druck in der anvisierten Tiefe entsprechen, sonst kann man ihn nicht trocken halten. Bei Arbeiten im Schacht eines Bergwerks oder an den Fundamenten für einen Tunnel hängt der erforderliche Luftdruck vom Grundwasserspiegel ab. In der zweiten Hälfte des 19. Jahrhunderts litten nicht so sehr Taucher an der Dekompressionskrankheit, sondern vor allem Erdarbeiter und Ingenieure. Es gab damals nur eine geringere Zahl von Tauchern, die meist auch nicht in besonders großen Tiefen tauchten, und so war es eher Zufall als Absicht, dass die Erkrankung bei ihnen selten auftrat.

Caissons waren im Grunde gigantische Luftschleusen aus Stahl. Im Dach dieser Metallschächte befand sich eine Luke, durch die die Tunnelarbeiter hineinkletterten und die sie hinter sich schlossen, bevor sie in die Tiefe gelassen wurden. Mit dem Aufkommen der Dampfmaschine konnten die Luftpumpen an der Oberfläche, die vormals nichts anderes als Blasebälge waren, wesentlich verbessert werden. Nun ließen sich die Caissons durch die verbesserte Luftzufuhr unter einem ausreichend hohen Druck halten, um das Eindringen von Grund- oder Flusswasser zu verhindern. Viele Arbeiter klagten über Glieder- und Gelenkschmerzen, nachdem sie einige Stunden unter dem erhöhten atmosphärischen Druck gearbeitet hatten. Doch diese Symptome schrieb man damals Rheumatismus oder Arthritis zu, in einigen Fällen machten Ärzte auch die nervöse Veranlagung eines Arbeiters für seine Anfälligkeit verantwortlich. Charles-Jean Triger, ein französischer Ingenieur, berichtete in den 1840er Jahren von Erkrankungen, die nach Arbeiten in Caissons in den Kohlerevieren nahe Lyon aufgetreten waren; aber erst als unter amerikanischen Brückenbauern eine regelrechte Epidemie ausbrach, begann man sich für die Ursachen und die Behandlung dieser Krankheit, die oft irreparable Schäden hinterließ, zu interessieren.

Der industrielle Aufschwung in den Vereinigten Staaten stellte viele der Tiefbauprojekte, die man im 19. Jahrhundert in Europa durchführte, in den Schatten. Der Bau einer neuen Brücke über den Mississippi im Jahr 1868 und kurz darauf der Baubeginn der Brooklyn Bridge über den East River in New York erforderte die Konstruktion von Caissons für größere Tiefen als jemals zuvor. In Mississippi reichten die Caissons in eine Tiefe von 30 Metern, in Brooklyn von über 25 Metern. Während der Bauarbeiten kamen jeweils einige Männer zu Tode, und Dutzende blieben als Krüppel zurück. Ein anderes riesiges Bauprojekt in New York, die Untertunnelung des Hudson an mehreren Stellen, führte zu fast 4 000 Fällen der Krankheit. In Amerika wurde die Krankheit, im Französischen schlicht *mal de caisson* genannt, zu *the bends*, in Anlehnung an die Bezeichnung »Grecian Bend« (»griechische Pose«) für die leicht vorgebeugte Körperhaltung der modebewussten Frau dieser Zeit, mit der die amerikanischen Tunnelarbeiter die schmerzhaft verzerrte Haltung der Erkrankten verglichen.

Die Männer, die an der Dekompressionskrankheit litten, klagten über eine Vielzahl von Symptomen: Hautjucken, einen roten Ausschlag, starke Kopfschmerzen und Beeinträchtigung der Sehkraft. Ihre Gelenke taten so weh, dass sie vor Schmerzen schrien, und häufig verloren sie jedes Gefühl in den Beinen. Viele behielten eine ständige Schwäche in den Gliedmaßen oder sogar Lähmungen zurück. Nach der Arbeit unter Tage litten die Männer abends häufig unter Atemnot und Herzrasen. In schweren Fällen verloren sie bald, nachdem sie sich ins Bett gelegt hatten, das Bewusstsein und starben. Für viele der Erkrankten begann mit der ersten Attacke ein langer Leidensweg. Infolge der Lähmungen blieben sie bettlägerig, durch das Liegen bildeten sich Druckstellen, die sich entzündeten und zu eitern begannen, und da es zu dieser Zeit noch keine Antibiotika gab, starben die Männer schließlich an Blutvergiftung oder Wundbrand eines qualvollen Todes. Den Ärzten gab die Krankheit Rätsel auf. Einige Männer konnten über viele Stunden in den Caissons arbeiten und hatten keine Probleme, während andere unter denselben Bedingungen schon nach kurzer Zeit zusammenbrachen. Noch seltsamer war es, dass die Opfer der Caissonkrankheit die Symptome erst entwickelten, wenn sie die Caissons verlassen hatten, und nicht, während sie noch in ihnen arbeiteten. Im Laufe der Zeit erkannten Ärzte und Ingenieure jedoch, dass weniger Erkrankungen auftraten, wenn die Männer die Caissons nicht so schnell verließen und der Druck, unter dem sie arbeiteten, vor ihrer Rückkehr an die Oberfläche allmählich vermindert wurde. Einige Ärzte vermuteten zwar, dass sich das Arbeiten in einer Druckluftumgebung auf den Blutkreislauf der Caissonarbeiter auswirkte, aber die genaue Ursache der Dekompressionskrankheit blieb noch ein Geheimnis. Die Caissonarbeiter erlitten das Gleiche wie 200 Jahre zuvor die Viper in Robert Boyles »pneumatischem Behälter«. Schuld waren Stickstoffbläschen.

Die genauen Vorgänge, die zu den Symptomen der Dekompressionskrankheit führten, wurden schließlich von Paul Bert entdeckt, einem französischen Arzt, der sich für Luftfahrtmedizin interessierte. So wie die Wassertiefe den Druck auf den menschlichen Körper erhöht, setzt ihn der Aufstieg in zunehmende Höhe einem niedrigeren atmosphärischen Druck aus. Die Auswirkungen des Drucks auf den menschlichen Körper waren nicht nur im Hinblick auf das Tauchen für die Wissenschaft von Interesse, sondern auch für diejenigen, die sich ins Hochgebirge und mit Ballons in den Himmel wagten.

Bert war fasziniert von den, wie er sagte, »bemerkenswerten Einflüssen, die Änderungen des barometrischen Drucks auf Lebewesen ausüben können«, und dachte darüber nach, warum Menschen im Himalaja oder in den Anden leben können, also in Höhen, in denen die meisten Menschen, die auf Meereshöhe leben, das Bewusstsein verlieren würden. Er wies in *La Pression Barometrique*, seinem zukunftsweisenden Werk aus dem Jahre 1878, nach, dass der barometrische Druck durch die Abnahme des Sauerstoffpartialdrucks in der Luft auf den Menschen einwirkt, was beispielsweise dazu führte, dass Bergsteiger und Ballonfahrer in großen Höhen ohnmächtig wurden. Dies ließ sich, wie Bert nachwies, vermeiden, wenn sie mit zusätzlichem Sauerstoff versorgt wurden. Die Höhenkrankheit hat zwar nicht genau dieselben Ursachen wie die Dekompressionskrankheit, aber zumindest wurde zum ersten Mal die Beziehung zwischen Physiologie und Gasaustausch unter verschiedenen atmosphärischen Druckverhältnissen klar beschrieben. Bert zeigte auf, dass der Stickstoff in der Luft, die wir atmen, bei normalem Druck harmlos ist, dass er aber unter erhöhtem Druck, wie beim Tauchen oder Arbeiten in einem Caisson, über den Blutstrom ins Körpergewebe gelangt und sich dort löst. Durch einen plötzlichen Druckabfall wird der im Gewebe gelöste Stickstoff zu schnell wieder freigesetzt, mit den beschriebenen verhängnisvollen Folgen.

Stickstoff ist ein reaktionsträges Gas, das der menschliche Stoffwechsel nicht verarbeitet. Im Gegensatz zu Sauerstoff atmen wir den Stickstoff, den wir mit der uns umgebenden Luft einatmen, vollständig wieder aus; er ist also nicht an dem Gasaustausch beteiligt, der in den Lungen und im Blut stattfindet. Dabei macht Stickstoff den größten Teil der Luft aus, die wir normalerweise atmen, nämlich insgesamt 78 Prozent. Bei erhöhtem atmosphärischen Druck, sei es unter Wasser oder in einer Druckluftumgebung wie in einem Caisson, steigt die Dichte des Stickstoffs und des Sauerstoffs in einem gegebenen Luftvolumen an. Einfach gesagt, bei steigendem Druck drängen sich mehr Sauerstoff- und Stickstoffmoleküle auf demselben Raum. Dabei dringt überschüssiger Stickstoff in gelöster Form in den Blutkreislauf und den Körper, vor allem in das Fettgewebe. Paul Bert schlüsselte diesen Vorgang noch nicht im Einzelnen auf, aber immerhin machte er den Schuldigen ausfindig, als er die Rolle untersuchte, die der Stickstoff bei einem Dekompressionsunfall spielte.

An sich richtet der Stickstoff im Gewebe keinen Schaden an und ist auch nicht spürbar, aber wenn der Druck nachlässt, löst er sich in Form von Bläschen. Diesen Vorgang kann man auch an einer Flasche mit kohlensäurehaltigem Wasser beobachten: Dreht man den Verschluss auf, blubbert das Gas an die Oberfläche. Bei einem zu schnellen Nachlassen des Drucks werden im menschlichen Körper relativ große Bläschen gelöst, und wenn diese ins zentrale Nervensystem gelangen, verursachen sie Schädigungen der Nerven und des Gewebes, die zu den beschriebenen Symptomen der Dekompressionskrankheit führen. Die Blasen in den Gelenken sind besonders schmerzhaft, während diejenigen im Rückenmark und im Gehirn Lähmungserscheinungen oder sogar einen tödlichen Schlaganfall hervorrufen können. Wird der Druck dagegen allmählich gesenkt, so wies Bert nach, sind die Bläschen aus dem Körpergewebe nur sehr klein und dringen so langsam in den Blutkreislauf, dass der Körper sie ohne Probleme wieder in die Lungen transportieren kann. Von dort verlässt der Stickstoff den Körper in der üblichen Weise über die Atmung.

In den 1870er Jahren entwickelten mehrere Ärzte, die sich um die Behandlung erkrankter Bauarbeiter kümmerten, Druckkammern und konnten damit die Symptombildung der Dekompressionskrankheit in einigen Fällen aufhalten oder diese sogar heilen, allerdings erfolgte die Behandlung nicht systematisch und ohne genaue Vorgaben. Aus bitterer Erfahrung wussten die Bauarbeiter, dass sie sich zeitweilig eine Linderung der Schmerzen verschaffen konnten, wenn sie erneut unter Wasser gingen, wobei sich die Beschwerden nach der Rückkehr an die Oberfläche dann allerdings häufig noch verschlimmerten. Es sollte noch 20 Jahre dauern, bis man ein sicheres Dekompressionsverfahren entwickelt hatte. Bis dahin erkrankten viele Caissonarbeiter und Taucher, ohne dass Aussicht auf eine wirksame Behandlung bestand. Ein Zeitgenosse Paul Berts gab den schlichten Rat: »Als Palliativ kann man es mit Einreiben, Massagen und heißen Bädern versuchen und zur Linderung starker Schmerzen mit der Injektion einer kleinen Menge Morphium.«

Um 1905 beschäftigte sich auch die britische Marine eingehend mit den Problemen, die die Arbeit von Helmtauchern mit sich brachte. Die Sicherheit des Empire hing schließlich von der Sicherheit der Flotte ab, und für die Instandhaltung der Schiffe waren Taucher mittlerweile unentbehrlich geworden. Sie führten unter Wasser Reparaturen durch, inspizierten Ankerplätze und hielten die Hafenanlagen instand. Zu dieser Zeit waren weltweit mindestens 10 000 Kupferhelm-Tauchanzüge in Gebrauch, von denen die meisten von der Siebe Company oder ihrem größten Konkurrenten Heinke hergestellt worden waren. Ein großer Teil dieser Tauchanzüge war an die Royal Navy geliefert worden. Aber noch immer konnten die Taucher nicht tiefer als 30 Meter gehen, die Sicherheitsgrenze für die damals verwendete Ausrüstung.

Einstmals galten Unterseeboote als unbrauchbar und der Royal Navy unwürdig, mittlerweile aber waren sie aus der modernen Kriegsführung nicht mehr wegzudenken. Ende des 19. Jahrhunderts war die Möglichkeit, dass der Feind von U-Booten aus Torpedos auf britische Schiffe abfeuerte, zu einer neuen Bedrohung geworden. Verbesserungen in der Unterseeboot-Technologie hatten dann schließlich im Jahr 1901 zum Aufbau einer britischen U-Boot-Flotte geführt, was ebenfalls dazu beitrug, die Forschungen über das Tiefentauchen voranzutreiben.

Der Verlust eines Unterseeboots im März 1904 nahe der Isle of Wight in weniger als 20 Meter Tiefe und der Umstand, dass die Marine weder imstande war, die Mannschaft zu retten, noch, das Wrack vom Meeresboden zu bergen, versetzte die betreffenden Stellen in Alarm. Die A-1 war das erste ausschließlich in Großbritannien entwickelte und gebaute Unterseeboot, und ihr Verlust mit allen elf Mannschaftsmitgliedern brachte die Admiralität in eine äußerst peinliche Lage. Im Sommer 1905 sank vor Plymouth ein zweites Unterseeboot desselben Typs, die A-8, wobei weitere 14 Seeleute zu Tode kamen. Wenn Taucher für irgendwelche als realistisch einzuschätzende Rettungsmaßnahmen eingesetzt werden sollten, dann mussten sie in größeren Tiefen arbeiten und ohne die Gefahr von Dekompressionsunfällen wieder zurück an die Oberfläche geholt werden können. 1905 wurde das Admiralty Committee on Deep Diving gebildet, und John Scott Haldane, ein bekannter Physiologe aus Oxford und Mitglied der Royal Society, wurde zum Forschungsleiter ernannt. Zu diesem Zeitpunkt genoss Haldane schon große Anerkennung als Mediziner und richtete seine Bemühungen auf die Verbesserung der Arbeitsbedingungen des einfachen Volks. Darüber hinaus besaß er gute politische Verbindungen, nicht zuletzt über seinen älteren Bruder Richard, der seit 20 Jahren für die Liberale Partei im Unterhaus saß und 1905 zum Kriegsminister ernannt wurde.

J. S. Haldanes ursprüngliches Interesse galt der Zusammensetzung der Luft und den genauen Ursachen, warum Bergwerks- und Fabrikarbeiter starben, wenn sie kontaminierter Luft ausgesetzt waren. Bei einer unterirdischen Explosion in einem walisischen Kohlebergwerk im Jahre 1896 starben 57 Männer, aber nur vier von ihnen unmittelbar durch die Explosion selbst, wie Haldane bei einer genaueren Untersuchung feststellte; die anderen waren einer Kohlenmonoxidvergiftung erlegen. Er machte sich an die Untersuchung des tödlichen Gases, und es ist weitgehend auf die Ergebnisse seiner Arbeit zurückzuführen, dass die Arbeiter fortan Käfige mit Mäusen mit unter die Erde nahmen, die sie vor den tödlichen Dämpfen warnten. Haldanes Arbeit umfasste sämtliche mit der Atmung verbundenen physiologischen Vorgänge, und er schreckte auch nicht davor zurück, selbst Versuchskaninchen zu spielen. Haldane ist die grundlegende Entdeckung zu verdanken, dass die Atmung durch das Ansteigen der Kohlendioxidmenge im Blutkreislauf stimuliert wird. Aufgrund seiner Kenntnisse über Atemgase und die menschliche Atmung war er in den Augen der Admiralität dafür prädestiniert, sich des Problems der Stickstoffabsorption im menschlichen Körpergewebe anzunehmen, jener Ursache für die Dekompressionskrankheit, die Paul Bert 30 Jahre zuvor bestimmt hatte.

Während andere Männer auf dem Papier Theorien zur Vermeidung der Dekompressionskrankheit entwarfen, nutzte Haldane die Arbeit von Bert als Grundlage für ein striktes Versuchsprogramm, mit dem er die genauen Auswirkungen eines erhöhten atmosphärischen Drucks auf die menschliche Physiologie erforschte. Er verwarf den von Bert verwendeten Begriff »Caissonkrankheit« und erklärte, er sei »irreführend, die Bezeichnung ›Druckluftkrankheit‹ wäre sehr viel angemessener«.

Haldane baute im Lister-Institut in London eine Dekompressionskammer aus Stahl, in der er Ziegen, Schweine, Ratten und Mäuse erhöhtem atmosphärischen Druck aussetzte. Indem er die Tiere einer raschen Dekompression unterzog, simulierte er den Vorgang, der abläuft, wenn ein Taucher unter Wasser Druckluft einatmet und dann an die Oberfläche steigt. Mit anderen Worten, er löste bei Tieren die Dekompressionskrankheit aus. Haldanes Untersuchung der Tierkadaver ergab nicht nur, dass sich in den Nervensystemen der Tiere Stickstoffbläschen gebildet hatten, sondern auch, dass die größte Konzentration von Bläschen im Fettgewebe zu finden war. Am ehesten starben die Tiere, die einen größeren Anteil an Fettgewebe hatten – Bereiche im Körper, die, wie Haldane wusste, weniger gut durchblutet waren. Damit löste sich auch ein weiteres Rätsel: Ingenieure hatten berichtet, dass im Verhältnis mehr dicke Männer an der Dekompressionskrankheit starben, nachdem sie in den Caissons gearbeitet hatten. Insgesamt schienen ältere, übergewichtige Männer anfälliger für die Krankheit zu sein, und Haldane bemerkte sarkastisch, zunehmende Berufserfahrung koinzidiere »mit einer Zunahme des Taillenumfangs, die in den mittleren Lebensjahren einsetzt«. Kurz gesagt, »die Körperfülle in der Lebensmitte« war für Taucher unter Umständen tödlich. Haldane fand heraus, dass das Fettgewebe nicht nur mehr Stickstoff aufnahm als anderes Gewebe, sondern ihn auch langsamer wieder abgab.

Davon ausgehend, kam Haldane zu dem Schluss, dass die unter Druck verbrachte Zeit ebenfalls Einfluss auf die Schwere der Dekompressionskrankheit hatte und dass die Bläschenbildung davon abhing, wie stark das Körpergewebe von Stickstoff »gesättigt« war. Je länger ein Mensch in der Tiefe blieb, desto länger dauerte es, bis sein Gewebe den Stickstoff wieder abgegeben hatte. Haldane stellte fest, dass das Körpergewebe, das am leichtesten Stickstoff einlagerte, wenig durchblutetes Fett also, die Möglichkeit haben musste, die Hälfte der eingelagerten Stickstoffmenge abzugeben, bevor der Druck beim Aufsteigen in geringere Tiefen weiter abfiel. Dadurch, so erklärte er, könnte die Bildung großer Bläschen verhindert werden, die für die Dekompressionskrankheit verantwortlich war. Ein Taucher, der in eine Tiefe von 30 Metern getaucht sei, könne ohne Probleme bis auf 15 Meter aufsteigen, dort müsse er so lange verharren, bis genügend Stickstoff aus dem Gewebe entwichen sei, und könne dann auf sieben Meter gehen, und so fort. Wie viel Zeit ein »sicherer« Aufstieg beanspruche, müsse genauestens berechnet werden. Bisher war man davon ausgegangen, dass sich die Dekompressionskrankheit am besten durch einen langsamen Abstieg und eine langsame Rückkehr an die Wasseroberfläche vermeiden ließ, aber wie Haldane erklärte, war »ein sehr langsames Vorgehen wegen der Gezeiten- und Wetterwechsel nicht praktikabel. Der gesamte physiologische Aspekt der Druckluftkrankheit muss daher noch einmal überdacht werden.«

Bei der Entwicklung seiner Theorie der stufenweisen Dekompression hat John Scott Haldane zwei wichtige Gesetze der Physik, die beide im 18. Jahrhundert aufgestellt worden waren, auf das Problem der Dekompressionskrankheit angewandt. Das Dalton'sche Gesetz besagt, dass der Gesamtdruck in einem gegebenen Luftvolumen gleich der Summe der Partialdrücke der einzelnen Gase ist. Mit anderen Worten, der Druck einer Atmosphäre Luft entspricht der Gesamtmenge des Drucks von Sauerstoff, Stickstoff und allen anderen Gasen, die sich in der Luft befinden. Jedes Gas steuert seinen Anteil am Gesamtdruck bei. Henrys Gesetz wiederum besagt, dass die Menge des Gases, die sich in einer Flüssigkeit lösen kann, proportional zum Druck dieses Gases ist. Wenn sich der Druck beim Tauchen erhöht, löst sich daher mehr Gas im Blut und findet von dort aus seinen Weg ins Gewebe.

Nachdem Haldane im August 1906 die Experimente mit menschlichen Probanden in seiner Kompressionskammer abgeschlossen hatte, war er so weit, Versuche mit voll ausgerüsteten Tauchern im offenen Wasser zu unternehmen. Die Tauchgänge sollten in den kalten Gewässern von Loch Striven und Loch Ridden an der Westküste von Schottland stattfinden, und aus Haldanes Versuchsmannschaft meldeten sich zwei Freiwillige für die Operation – der junge Marineleutnant Guybon Damant, ein gebildeter Mann mit wenig Taucherfahrung, und Andrew Catto, ein älterer Maat, der schon seit einigen Jahren unter Wasser arbeitete. Soweit bekannt, war bis zu diesem Zeitpunkt noch kein Helmtaucher tiefer als 58 Meter gegangen, und diese Tiefe war auch nur für eine sehr begrenzte Zeit und unter besonderen Bedingungen erreicht worden. An mehreren aufeinander folgenden Tagen schickte Haldane Damant und Catto in den schottischen Seen immer weiter in die Tiefe. Zunächst 42 Meter, dann 48 Meter. Am zweiten Tag erreichten die Taucher eine Tiefe von 46 Metern und gingen anschließend immer weiter nach unten, bis sie schließlich bei 55 Metern angelangt waren. Beide Männer wussten, was von ihnen erwartet wurde: ein langsamer Aufstieg mit mehreren Pausen entlang dem Seil, dem sie hinunter in die Tiefe gefolgt waren. Haldane ließ Catto und Damant darüber hinaus unter Wasser schwere Arbeiten verrichten, um die gleichen Bedingungen zu schaffen, unter denen Taucher üblicherweise arbeiteten; zu diesem Zweck mussten sie Seile ziehen, an denen schwere Gewichte befestigt waren. Während des Tauchgangs entnahmen die Männer auf Anweisung Haldanes Proben der Luft in ihren Helmen, damit er die Qualität der Luft, die sie atmeten, analysieren konnte. Die Untersuchungen ergaben unter anderem, dass die Luftpumpen der Royal Navy weder so effizient noch so gut gewartet waren, wie sie sein sollten.

Leutnant Damant stieß auf seinem letzten Tiefentauchgang in Haldanes Versuchsreihe in eine Tiefe von 64 Metern vor beziehungsweise, nach dem damals üblichen Maß, 35 Faden. In dieser Tiefe konnte ein Taucher noch problemlos mittels der von der Marine eingesetzten handbetriebenen Luftpumpen versorgt werden. Auf dem Weg zurück zur Wasseroberfläche legte Damant bei 35 Metern, 15 Metern und acht Metern jeweils eine Rast von einigen Minuten ein; die letzte Pause machte er drei Meter unter der Wasseroberfläche. Damit hatte er einen Rekord für einen sicheren Helmtauchgang mit Druckluft aufgestellt und Haldanes Theorie über die phasenweise Dekompression bewiesen. Rekord hin oder her, der Eintrag in Damants Tagebuch über den Moment, in dem er auf dem Grund von Loch Striven ankam, hat jedenfalls nichts Feierliches: »Alles pechschwarz – Hände vor Kälte nahezu gefühllos, konnte nichts Festes auf dem Grund ertasten, nur Schlamm.«

Haldanes Verdienst bestand nicht nur darin, dass er die Gasgesetze auf das Problem der Dekompressionskrankheit anwandte, er entwickelte auch einen Satz mathematischer Tabellen, mit deren Hilfe Taucher errechnen konnten, wie lange sie für einen Aufstieg aus praktisch jeder Tiefe brauchten und wie viele Pausen sie einlegen mussten. Das Prinzip der »Dekompressionsstufen« setzte sich durch; das heißt, die Taucher steigen an einem mit Gewichten beschwerten Seil entlang bis zu einer vorgeschriebenen Tiefe auf, warten dort einfach so lange, bis ihr Körper eine ausreichende Menge Stickstoff aus dem Gewebe freigesetzt hat, und steigen dann weiter auf. Noch heute gehen Taucher, die Druckluft verwenden, nach diesem Prinzip vor, allerdings planen Sporttaucher ihre Tauchgänge meist so, dass sie die Zwangspausen zur Dekompression vermeiden und damit das Risiko eines Dekompressionsunfalls noch weiter verringern können.

Haldanes Dekompressionstabellen gaben genaue Dekompressionszeiten für Tauchgänge bis zu einer maximalen Tiefe von 62 Metern (34 Faden) vor; sie kamen im Jahre 1907 zum Preis von sechs Pence auf den Markt. Mit einem Sixpencestück für die Dekompressionstabelle war es allerdings noch lange nicht getan. Allein die Tauchausrüstung war sehr teuer, vor allem aber wurde zur Unterstützung eines Tauchers unter Wasser ein großes Team aus Helfern und Bootsleuten gebraucht, die unter anderem die Luftpumpen bedienen mussten. Nach Berichten der Royal Navy war für einen Tauchgang in 30 Faden Tiefe – wie er allerdings nur selten vorkam – ein Team von 18 Männern nötig, um die großen Räder zu drehen, mit denen Luft durch die Schläuche zum Helm des Tauchers hinuntergepumpt wurde. Eine tragbare dampfbetriebene Pumpe hätte die Sache leichter gemacht, die Handpumpen boten jedoch den Vorteil, dass sie unter nahezu allen Bedingungen eingesetzt werden konnten. Abgesehen davon, war die körperliche Anstrengung, die mit der Arbeit in einer solchen Tiefe verbunden war, so groß, dass die meisten Taucher nur ein paar Minuten unter Wasser arbeiten konnten. Doch wie dem auch sei – wenn es nötig war, sorgten die Dekompressionstabellen von Haldane beim Tauchen in große Tiefen für Sicherheit und nahmen den Tauchern weitgehend die Angst vor der schrecklichen Krankheit. Haldane konnte es sich als sein Verdienst anrechnen, dass 25 Jahre nach der Veröffentlichung seiner Tauchtabellen zumindest in der Royal Navy »die Druckluftkrankheit praktisch nicht mehr vorkommt, außer in vereinzelten Fällen, bei denen aus dem einen oder anderen Grund die Vorschriften nicht eingehalten worden sind«.

Männer, die unter Wasser arbeiteten, mussten sich nicht länger auf ihr Glück oder ihre körperliche Konstitution verlassen, um sich vor den verheerenden Folgen der Taucherkrankheit zu schützen. Haldanes Tabellen wurden zum Standard für alle Taucher der Royal Navy, und auch wenn man sie im Lauf der Jahre überarbeitet und verbessert hat, so bildete seine Arbeit doch die Grundlage für alle später aufgestellten Tauchtabellen.

## *County Down Coast, Irische See*

Viele Jahre, bevor ich tauchen lernte, lebte ich an der irischen Küste, von wo aus ich an klaren Tagen über das Meer bis nach Schottland sehen konnte. Man musste nur auf schnurgeradem Wege die Irische See überqueren, dann landete man dort, wo Damant und Catto ihre rekordbrechenden Tauchgänge unternommen hatten, von denen ich damals allerdings noch nichts wusste. Unser Garten stieß auf der einen Seite an einen mit Stechginster bewachsenen Abhang, der steil zu einer felsigen Küste ohne nennenswerten Strand abfiel. Zwischen den Felsen hatten sich Tümpel und Wasserrinnen gebildet. Riementang ließ die Grenze zwischen Stein und Wasser verschwimmen, und bei Ebbe sah man Purpurrosen wie nässende Warzen auf dem schwarzen Granit sitzen. Bei zurückweichender See schien selbst der hilflose, glitschige Tang zum Leben zu erwachen und sich über die Felsen zu schlängeln. In den flacheren Tümpeln wuchsen Speiserotalgen, die man trocknete und in den umliegenden Dörfern als kleine Zwischenmahlzeit verkaufte, und bei einsetzender Ebbe konnte man das leise Ploppen der Luftblasen in dem gelbbraunen Blasentang hören, der sich wie mit Perlen geschmücktes Haar oben am Strand ausbreitete. Im Sommer war das Wasser zwischen den Felsen durchaus verlockend, und an den wenigen windstillen Tagen, an denen keine Strömung den Sand aufwühlte, konnte es so durchsichtig sein wie Glas.

An einem dieser warmen Sommertage fuhr ich mit ein paar Freunden an der Küste entlang zu einem Platz zwischen den Felsen, wo man gut schwimmen konnte. Der Felsvorsprung, der aus einem Granitblock ragte, diente wunderbar als natürliches Sprungbrett. Auf den Felsen, die sich vom Strand wie Finger ins Meer streckten, konnten wir zum tieferen Wasser laufen, ohne durch den glitschigen Tang in den seichten Tümpeln waten zu müssen. Die Rinnen zwischen den Felsen waren bei Flut mit genug Wasser gefüllt, dass man gut in ihnen schwimmen konnte, nur war dieses Wasser selbst im Sommer eiskalt, und niemand wollte als Erster hineinspringen. Nur mich zog es unwiderstehlich an. Ich stand auf dem Felsvorsprung und war fest entschlossen, alle in dieses im hellen Sonnenschein kristallklar schimmernde Wasser zu locken. Ich versuchte, ihnen klarzumachen, wie selten man bis auf den sandigen Grund hinabsehen konnte und sich die ganze Unterwasserlandschaft dem Blick offenbarte. An diesem Tag lauerten keine dunklen Schatten im Wasser unter uns, wir würden in der grauen Tiefe keine Schreckgespenster ausmachen können. Wir hatten weder Masken noch Taucherbrillen, nur unsere Badehosen und Handtücher zum Abtrocknen.

Ich stieß mich von dem hohen Felsvorsprung ab und tauchte tief in die kalte Rinne ein. Wie üblich hatte ich vergessen, meine Brille festzuhalten, und die Wucht des Aufpralls riss sie mir von der Nase. Als ich wieder an die Wasseroberfläche kam, paddelte ich da, wo meine Brille auf den Grund gesunken sein musste, auf der Stelle, froh, dass unter mir sauberer Sand war. Allerdings konnte keiner meiner Freunde tief genug tauchen, um sie wieder hochzuholen. Ohne Brille konnte ich uns nicht nach Hause fahren, und von den anderen hatte keiner einen Führerschein. Wir waren Kilometer vom nächsten Dorf oder einem Telefonhäuschen entfernt. Ich hatte bald Prüfungen an der Uni, und ohne meine Brille konnte ich weder schreiben noch lesen, und eine neue konnte ich mir nicht leisten. Immer wieder tauchte ich auf den Grund hinunter und hoffte, mich nicht zu weit weg von der Stelle zu befinden, an der ich die Brille vermutete, aber ich sah einfach zu wenig, um sie zu finden. Wir saßen in der Klemme.

Während ich meinen Freunden eine Predigt über ihre mangelnden Schwimmkünste hielt und sie mir eine über meine Dummheit, tauchte ein paar Meter von uns entfernt ein einsamer Mann in einem Gummianzug und mit einem Atemgerät auf. Er starrte uns einen Moment lang an und traf dann Anstalten, aufs offene Meer hinauszuschwimmen. Eilig rief ich ihm zu, er möge warten, und er drehte sich um und steckte den Kopf aus dem Wasser. Kaum hatte ich ihm erklärt, was passiert war, verschwand er auch schon unter mir und tauchte gleich darauf mit meiner Brille in der Hand wieder auf. Er hob kurz seine Hand zum Gruß und verschwand, wie Neptun, der sich herabgelassen hatte, die Luftwelt zu besuchen, um seine tägliche gute Tat zu vollbringen. In all den Jahren, die ich an diesem Küstenstück spazieren gegangen war, hatte ich noch nie einen Taucher gesehen, noch nicht einmal jemanden, der wie ich hier schwamm.

☆ ☆ ☆

Tauchen kann enttäuschend sein. Die Leute reisen zu ganz bestimmten Tauchzielen, weil sie etwas ganz Bestimmtes sehen wollen: neue Fische, größere Fische, Haie, Mantas oder Korallenwände. Manche wollen sichere und leichte Tauchgänge unternehmen, andere suchen Herausforderungen wie eine besonders starke Strömung, die sie mit Höchstgeschwindigkeit durch unterseeische Canyons spült. Nun gibt es allerdings keine Garantie, dass sich eine bestimmte Spezies genau zum gleichen Zeitpunkt wie man selbst an einem Tauchplatz aufhält; und ein Taucher muss viele Tauchgänge an ein und demselben Tauchplatz unternehmen, um ihn wirklich kennen zu lernen. Ich habe im Lauf der Jahre mehr als 50 Mal ein kleines Riff auf den Seychellen abgetaucht. Ich kannte einzelne Fische, die dort lebten, und sah es sofort, wenn neue Schäden an den Korallen entstanden waren. Wie oft habe ich einen Taucher sagen hören, er wolle nicht zweimal in einer Woche denselben Tauchplatz besuchen. »Da waren wir doch schon«, heißt es dann. Das ist ungefähr so, als würde man sagen, man habe an einem bestimmten Strand den Sonnenuntergang schon gesehen und müsse ihn nicht noch einmal von dort aus betrachten. Schließlich hält man sich immer nur kurze Zeit unter Wasser auf, meistens nicht einmal eine Stunde am Stück, und es ist unsinnig zu erwarten, dass man in so kurzer Zeit alles Interessante zu Gesicht bekommt. Stellen Sie sich vor, Sie stehen in einem Wald und beobachten die Vögel, die in einer Stunde an einem Tag eines Jahres einen Baum aufsuchen – könnten Sie behaupten, Sie kennen den Baum?

Genauso wenig muss das Tauchen in tropischen Gewässern schöner sein als im Ärmelkanal. Viele tropische Tauchressorts haben dazu beigetragen, dass sich Sedimente und Schmutz auf den Korallenriffen an den Küsten ablagerten, sodass die einstmals für ihren Fischreichtum berühmten Ziele jetzt nur noch einen traurigen Abglanz ihrer ursprünglichen Pracht bieten. Da sind kühlere Gewässer manchmal reizvoller.

Die Briten sind an feinste Unterschiede in den Lichtverhältnissen gewöhnt. Uns fallen Abstufungen im Licht auf, die es in den Tropen überhaupt nicht gibt, und es hat Einfluss auf unsere Stimmung, wie viel Licht wir zu den verschiedenen Jahreszeiten bekommen. Das Meer an der britischen Küste ist äußerst launisch. Selbst im Hochsommer kommt es selten einmal vor, dass es ruhig und gleichzeitig klar ist. Wenn ich im Ausland im klaren blauen Wasser tauchen gehe, kann ich nicht aufhören, mich darüber zu wundern, dass ein Meer so nackt daliegen kann, und muss es immerzu anstarren. Und wenn ich dann hineinspringe, bin ich wieder im Gleichgewicht.

Viele britische Taucher haben mir erzählt, dass sie die heimischen Gewässer vermissen, wenn sie in einem warmen, klaren Meer tauchen, in dem überall bunte tropische Fische herumschwimmen. Das Tauchen in den Tropen stellt für sie eine schöne Abwechslung dar, aber ihr eigentliches Vergnügen finden sie im geheimnisvollen kalten Meer an den britischen Küsten, und sie schätzen die Herausforderungen, die es ihnen bietet: starke Strömungen, tiefe Tauchplätze und schlechte Sichtverhältnisse. Dabei geht es ihnen, glaube ich, nicht einfach nur darum, dass das Tauchen dadurch schwieriger oder technischer oder dramatischer wird. Diese Taucher sind wie die englischen Gärtner, die im Ausland Ferien machen, aber sagen, dass sie der endlosen Sommer dort bald überdrüssig wären. Sie lieben die Düfte des Frühlings im Norden genauso wie die des Herbstes, wenn auch auf verschiedene Art, und sie genießen den Wechsel der Jahreszeiten, die dem Jahr Abwechslung und Rhythmus verleihen.

Ich frage mich oft, ob die von mir aufgesuchten Tauchplätze in irgendeiner sinnlich wahrnehmbaren Beziehung zu dem angrenzenden Land stehen oder eine Atmosphäre verbreiten, die sich in dem Land wieder findet, das einen territorialen Anspruch auf diese Gewässer erhebt. Ist das Great Barrier Reef in irgendeiner Weise australisch? Oder sind die Tiefen um die Florida Keys amerikanisch? Letzten Endes sind solche nationalen Identitäten natürlich Konstrukte, sowohl zu Land wie auch zu Wasser, aber der Geist, der in einem Land herrscht, ist doch etwas, was sich wahrnehmen lässt. Sobald ich einmal irgendwo tauche, nehme ich die

Unterwasseratmosphäre dieses Tauchplatzes in mich auf, und oft stelle ich einen Bezug zu der Atmosphäre her, die ich zu Land erfahren habe. Jede Unterwasserlandschaft hat eine eigene Stimmung, und diese kann sich erheblich von der an der nächstgelegenen Küste unterscheiden, aber sie ist nie ganz davon zu trennen, und das Land ist schließlich auch der Ausgangspunkt, von dem wir zu unserem Ziel gelangen.

Die Küste von Cornwall gilt gemeinhin als eine der attraktivsten Tauchgegenden Großbritanniens. Das milde Klima im Sommer und die Lage an der südwestlichen Spitze von England machen sie zum Brückenkopf in den starken Strömungen, die nach Norden und Osten durch den Ärmelkanal und in die Irische See führen. Ich kam Ende August zum ersten Mal zum Tauchen nach Cornwall, und das Meer hätte zu dieser Zeit am wärmsten sein sollen. Aber die vorhersehbare Unvorhersehbarkeit des englischen Sommers durchkreuzte unsere Pläne. Ein Sturm kam auf, und in den drei Tagen, die wir dort verbrachten, regnete es fast ununterbrochen. Wir froren schon an Land, vom Meer gar nicht zu reden.

Trotz des schlechten Wetters unternahmen mein Freund und ich ein paar schöne Tauchgänge und entdeckten einige erstaunlich farbenprächtige Anemonen, einen hübschen Riementangwald und das eindrucksvolle Wrack eines Lastschiffs, das seit 60 Jahren dort lag und Heimstatt riesiger Schwärme großer Fische geworden war. David, damals mein Tauchpartner auf solchen Exkursionen, stammte aus Südafrika und war ein außerordentlich erfahrener Taucher. Er war schon auf der ganzen Welt getaucht, sogar in der Antarktis, wo er auf einem Forschungsschiff unterwegs war. Ich fühlte mich unter Wasser wohl mit ihm, da ich davon ausgehen konnte, dass er über alles Bescheid wusste, und auch die Unwägbarkeiten beim Tauchen in den britischen Gewässern schienen ihn nicht übermäßig zu stören. An einem Nachmittag entdeckte er auf einem Schiffswrack einen großen Hummer und fing ihn mit bloßen Händen. Er wog acht Kilogramm und hatte 25 Zentimeter lange Scheren. Zurück auf dem Tauchboot, versuchte ich, David zu überreden, den Hummer wieder freizulassen, aber er behauptete, ein Hummer dieser Größe sei bestimmt schon 50 Jahre alt und könne sich sowieso nicht mehr fortpflanzen. Das machte es in meinen Augen nur noch schlimmer, ihn zu töten. Ich musste daran denken, dass er all die Jahre, vielleicht schon seit dem Ende des Krieges, überlebt hatte und jetzt eines jämmerlichen Todes sterben sollte, nur weil er das Pech hatte, zwei Tauchern in die Hände zu fallen. David hatte wenigstens den Anstand, den Hummer zu essen, und sagte, er schmecke sehr gut, aber ich hätte es lieber gesehen, das Tier wäre am Leben geblieben und hätte weiter über das Schiffswrack gewacht. Ähnlich denke ich über die Fischjagd. Wie kann man sich einen seltenen und schönen Fisch im Meer aussuchen, ihm einen Haken ins Maul oder in die Augenhöhle rammen, ihn bis zur völligen Erschöpfung quälen und das Ganze dann Sport nennen? Ich sehe keinen Unterschied zwischen dem Sportfischen und der Großwildjagd. Wenn man ein Tier aussucht und es mittels überlegener Technik tötet – sei es mit einem Gewehr oder einer Glasfiberangel –, sich mit ihm fotografieren lässt und dieses Foto schließlich auf einer Party herumzeigt, hat das allein etwas mit dem Ego zu tun, nicht mit Können.

An einem Tag war das Wetter so schlecht, dass wir gezwungen waren, in Falmouth Estuary zu tauchen. Dieser Tauchplatz war zwar nicht der beste, den die zerklüftete Küste zu bieten hatte, aber wenigstens relativ geschützt. Der Himmel war grau, und es hatte zu regnen begonnen, als David und ich uns vom Tauchboot aus ins Wasser fallen ließen. Im Wasser schien es wärmer zu sein als an der Luft, zumindest waren wir nicht mehr dem Wind ausgesetzt. Der Tauchplatz hatte nichts Besonderes zu bieten, weder war ein Schiffswrack zu erkunden, noch gab es Tang oder eindrucksvolle Fische; er war ganz einfach nur vor den großen Wellen geschützt.

Wir sanken langsam durch das trübe Wasser nach unten und fanden uns plötzlich neben einer vollkommen ebenen Schlammbank wieder, die mit einem erstaunlich gleichmäßigen Winkel in die Tiefe abfiel. Sie war von einem dunklen Schlickgrau, und es gab weder Felsen noch irgendeine Spur von Leben zu entdecken. Sie war mit Muschelschalen übersät, Abfälle von Fischerbooten, die alles Leben auf der Bank vernichtet zu haben schienen. Das Wasser um uns herum bildete eine monochrome Fläche – einen farblosen Hintergrund für die aschfarbene Leere. Es waren weder Fische noch Pflanzen oder Muscheln zu sehen, keine Farbe, keine Bewegung, nichts.

Normalerweise reicht es mir schon, einfach unter Wasser zu sein. Die Leichtigkeit der Bewegungen und das gleichmäßige Geräusch meiner Luftblasen haben etwas Wohltuendes. Hinzu kommt noch das Gefühl der Schwerelosigkeit. Ich habe manchmal schon meine Tauchausrüstung angelegt und die Wände eines Swimmingpools von Algen gereinigt, nur um unter Wasser sein zu können; und ich habe es genossen, weil es auch Tauchen war. In Cornwall waren wir schon über 30 Meter in die Tiefe getaucht, als ich aufsah und um mich herum nichts als den Schlamm auf der einen Seite und das dunkle Wasser auf der anderen Seite entdecken konnte. Nach oben zu, dort, wo die Wasseroberfläche sein musste, war gerade noch ein trüber Fleck grauen Lichts zu erkennen. Sturm und Regen hatten an Stärke zugenommen und verschluckten das Licht der Sonne; kein Strahl drang zu uns herunter. Vor mir wühlte David im Schlamm herum, dann stieg er ein Stück auf und fiel hinter mir zurück, sodass ich ihn einen Moment lang nicht sehen konnte. Ganz nah vor mir, wenige Zentimeter von meinem Gesicht entfernt, war der Schlamm, der mir als Orientierungspunkt im ansonsten leeren Raum diente. Er war weich und krümelig, ein Berg feinen Staubs, der mir keinen Halt bieten konnte.

Das Gefälle der Schlammbank machte mich schwindlig. Ich stellte mir vor, wie ich den Hang hinunterglitt und mich an der weichen Oberfläche festzuhalten versuchte, während mich eine Schlammwolke einhüllte und mir immer mehr den Atem nahm und ich unaufhaltsam auf ein bodenloses Loch zurutschte. Der Gedanke, dass um uns herum nichts Lebendiges zu sehen war, versetzte mich in Panik. Zum ersten Mal in meinem Leben war das Meer für mich ein Ort vollkommener Hoffnungslosigkeit, eine lebensfeindliche Umgebung. Es war, als wären wir schon tot. In einer Wüste. Als wir aus dem Wasser stiegen, hatte ich das Gefühl, aus der Hölle zurückzukehren.

# 5 Tiefenrausch

*Am Ende meines langen Lebens als Seemann und Erfinder erfüllt es mich mit dem meisten Stolz, dass ich der Erste war, der ins Meer tauchte und frei und ohne irgendeine Verbindung zur irdischen Welt unter Wasser herumschwamm.*

Yves Le Prieur, *Premier de Plongée*

Das hydrostatische Gleichgewicht ist ein Zustand vollkommener Balance. Es stellt sich ein, wenn das Gewicht eines Objekts in einer Flüssigkeit so austariert ist, dass es weder nach unten sinkt noch nach oben steigt. Ein Objekt, das sich im hydrostatischen Gleichgewicht befindet, hängt in der Flüssigkeit wie eine in einem Eisblock eingefrorene Luftblase. Sporttaucher versuchen, genau diese Balance zwischen Steigen und Sinken zu erreichen, die sie dem Gefühl der Schwerelosigkeit so nahe bringt, wie es überhaupt nur außerhalb des Alls möglich ist. Die Loslösung von den Fesseln der Schwerkraft befreit nicht nur den Körper, sondern auch den Geist.

Viele Taucher nennen das Meer ein »inneres All«. Sie vergleichen ihre Erfahrung mit der eines Astronauten, der im Kosmos schwebt, und bezeichnen sich selbst sogar als Aquanauten oder Ozeanauten. Die Tiefe des Raums mit der Tiefe des Meeres zu vergleichen ist nicht nur eine nette linguistische Gegenüberstellung von Gegensätzen: von oben und unten, Höhe und Tiefe, zwei bedrohlichen, luftleeren Räumen. Unter Wasser zu sein ist mehr als das, weniger eine jenseitige Erfahrung, eher ein Abtauchen in die eigene Gedanken- und Empfindungswelt und ein Erkennen der Vielfalt und des Reichtums des Lebens auf dieser Erde. Die Gedanken unter Wasser sind ganz eigener Art, aber darüber sprechen Taucher nicht gerne, vor allem nicht gegenüber Nichttauchern, vielleicht weil sie diesen Teil ihres Abenteuers geheim halten wollen.

Das Tauchen mit einem Druckluftgerät ist nicht, wie Jacques Cousteau es formulierte, »das Eintreten in die schweigende Welt«. Das eigene Atemgeräusch wird vom Atemgerät verstärkt und mit dem Geräusch der Luft aus der Druckluftflasche vermischt. Die Luftblasen, die aus dem Mundstück des Atemreglers strömen, verursachen ein ununterbrochenes Blubbern. Korallenriffe krachen wie steife Gelenke. Viele Fische und Krustentiere geben ein leises Schnalzen und Brummen von sich, Laute, die nur gedämpft an das menschliche Ohr gelangen, aber dennoch zu der Geräuschkulisse beitragen. Die Stille, die Taucher suchen, ist innerer Art. Tauchen veranlasst zum Nachdenken und ermöglicht es, das in Einsamkeit zu tun.

Das Geräusch meines eigenen Atems erinnert mich daran, dass ich in dieser Wasserwelt nur ein Eindringling bin. Das zischende, saugende Atemgeräusch füllt meinen Mund und meine Kehle; meine Lippen schließen sich wenig elegant um das Neoprenmundstück, das mich mit Luft versorgt. Die Luft, die meine Lungen füllt, ist komprimiert und kalt und kühlt mich schneller ab als das mich umgebende Wasser. 30 Meter über mir spannt sich ein blauer Baldachin, den die von den Wellen reflektierten Sonnenstrahlen mit goldenen und silbernen Sternen sprenkeln. Dort oben ist die wirkliche Welt, in der Gespräche, Beziehungen, Entscheidungen und Pläne auf mich warten.

Unter Wasser ist man von allem Irdischen befreit. Für mich beschreibt das innere All vor allem jenen Ort, dem sich mein Geist unter Wasser zuwendet. Die mentale Loslösung, die das hydrostatische Gleichgewicht mit sich bringt, hat noch mehr Bedeutung als die Begegnung mit den Lebewesen aus der Tiefe.

Die Entwicklung des autonomen Tauchgeräts hat das Tauchen für all jene möglich gemacht, die Lust dazu haben und gesund sind. Historisch gesehen, stellt diese Ausrüstung allerdings nur einen einzelnen Schritt bei der Erkundung und Eroberung der Meereswelt dar. Es dauerte nicht länger als ein Menschenleben, bis ein kommerziell erfolgreiches Atemsystem auf dem Markt war, das es einem Schwimmer erlaubte, mit einer Druckluftflasche auf dem Rücken um des reinen Vergnügens willen unter Wasser herumzupaddeln.

Yves Le Prieur gehörte zu den Menschen, die alles bauen können, was sie wollen, wenn sie es sich erst einmal in den Kopf gesetzt haben. Etwas war kaputt? – Er konnte es reparieren, und er war stets bereit, von anderen entwickelte Maschinen zu verbessern. 1925 besuchte er, damals noch Kapitän in der französischen Marine, eine Industrieausstellung im Grand Palais in Paris. Dort sah er neben den neuesten Erfindungen auf dem Gebiet der Mechanik auch einen großen Glasbehälter, in dem ein Taucher den Prototyp eines Schneidbrenners vorführte, mit dem man Stahlblech unter Wasser schneiden konnte. Der Taucher verwendete ein einfaches Atemgerät, ein Gummirohr, dessen eines Ende zwischen seinen Zähnen klemmte und dessen anderes Ende mit einem Schlauch verbunden war, der zu einer wie eine Fahrradpumpe aussehenden Druckpumpe an der Wasseroberfläche führte. Außerdem trug der Taucher eine Brille, die einer Nickelbrille ähnelte, und seine Nase wurde von einer kräftigen Gummiklemme verschlossen. Diese Tauchausrüstung war ein Jahrzehnt zuvor von Le Prieurs Landsmann Maurice Frenez erfunden worden, und sie wurde von vielen Muschel- und Schwammtauchern im Mittelmeerraum eingesetzt, weil sie die billigere Alternative zum Kupferhelm-Tauchanzug darstellte. Nach Beendigung der Tauchvorführung zerstreute sich die Zuschauermenge, nur Le Prieur rührte sich nicht vom Fleck. Wie gebannt starrte er auf den Taucher, beeindruckt von der Bewegungsfreiheit, die der Mann in dem Vorführbecken hatte.

Von der Marine her kannte Yves Le Prieur die traditionellen

Tauchhelme und Bleisohlenstiefel, die die Seeleute benutzten, wenn sie Schiffsrümpfe reparierten und Schiffsschrauben inspizierten, aber was er in diesem Becken sah, war etwas ganz anderes. Der Unterwasserschweißer trug nur einen Badeanzug. Er konnte sich frei bewegen, ein Wassermann, der von den Fesseln der üblichen schweren Ausrüstung befreit war. Ungehindert von einem Schutzanzug konnte er seine Arme ausstrecken und bewegen, er konnte seinen Kopf wenden und nach oben und nach unten blicken, ohne von der metallenen Kuppel des Helms eingeschlossen zu sein, und seine Füße waren nicht mehr von den Bleisohlenstiefeln beschwert, die die Marinetaucher an den Meeresboden fesselten.

Die Ausrüstung des Tauchers auf der Pariser Ausstellung war zwar nicht mehr so schwer wie die Gerätschaften, die für Bergungs- und Reparaturarbeiten unter Wasser eingesetzt wurden, aber er war nach wie vor auf einen Schlauch angewiesen, durch den er von der Wasseroberfläche aus mit Luft versorgt wurde. Seit 100 Jahren hatten Tiefentaucher auf diese Weise gearbeitet, immer von der schweren Ausrüstung und einem empfindlichen Luftschlauch behindert, der sich wie eine Nabelschnur zu dem über ihnen schwimmenden Boot wand. Der Luftschlauch hielt sie zwar am Leben, stellte aber immer auch eine Gefahr dar und konnte für den Taucher zur Falle werden, wenn er sich in ein Schiffswrack verhedderte oder sich in einer drehenden Schiffsschraube verfing und zerriss. Der Luftschlauch versorgte den Taucher fortwährend mit Luft, die sich in seinem Helm und seinem Leinenanzug ansammelte und ihn nach einer Weile wie einen Ballon aufpumpte und seinen Auftrieb erhöhte. Damit er nicht plötzlich zur Wasseroberfläche trieb, was bekanntlich fatale Folgen haben konnte, musste der Taucher regelmäßig mit dem Kopf gegen ein Auslassventil auf der Innenseite seines Metallhelms drücken, um die überschüssige Luft aus seinem Anzug entweichen zu lassen. Er ging aufrecht über den Meeresboden und war mit schweren Gewichten versehen, die den Auftrieb seines Anzugs und seines Kupferhelms ausglichen. Er brauchte das Gewicht von immerhin

100 Kilogramm aber auch, damit er nicht während seiner Arbeit von den Unterwasserströmungen umgerissen wurde.

Als Yves Le Prieur das Grand Palais verließ, hatte sich eine Idee in seinem Kopf festgesetzt. Er würde Mittel und Wege finden, wie der Unterwasserschweißer zu tauchen, dabei jedoch ohne die Luftschläuche auszukommen, die diesen mit den Pumpen an der Wasseroberfläche verbanden. Dann würde er sich nach Lust und Laune bewegen, frei unter Wasser schwimmen und die Unterwasserwelt wie ein Fisch gewordener Mensch sehen können.

Le Prieur war zu diesem Zeitpunkt 40 Jahre alt und hatte einige Jahre im Fernen Osten für die französische Marine gedient. Vor dem Ersten Weltkrieg war er in Tokio stationiert gewesen und hatte Japanisch gelernt und sich mit Jin-Jitsu beschäftigt. Er war der erste Ausländer, der ein Lehrbuch über diese Selbstverteidigungstechnik verfasste, und während seiner Tätigkeit als Dolmetscher für die französische Botschaft in Tokio wurde ihm die Ehre zuteil, als erster Mensch in Japan ein Flugzeug zu steuern.

Le Prieur hatte noch niemals ein Flugzeug, gleich welcher Art, gesehen, als ihm sein Vater eine Zeitschrift aus Frankreich schickte, in der Berichte über die jüngsten Entwicklungen in der neuen und aufregenden Welt des Luftverkehrs zu finden waren. Die Zeitschrift enthielt auch eine detailgetreue Zeichnung eines Doppeldeckers und einen Artikel, in dem es hieß, das Geheimnis des Fliegens bestehe in der Verwendung leichter Materialien. Le Prieur beschloss, diese neueste technische Entwicklung selbst auszuprobieren. Die Zeichnung eines Flugzeugs hatte er schon, und als er sich ein wenig umsah, stellte er fest, dass Japan einen schier unerschöpflichen Vorrat an ausreichend robustem, aber leichtem Konstruktionsmaterial bot – Bambus. Er wollte sein Flugzeug im Garten des kleinen Häuschens, das er im Botschaftsviertel von Tokio gemietet hatte, bauen. Aber nach nur wenigen Tagen reichte der Platz schon nicht mehr, und Le Prieur erhielt die Erlaubnis, sein Projekt auf ein großzügigeres Terrain im Garten des französischen Botschafters zu verlegen.

Während Le Prieur an seinem Bambuswerk arbeitete, wurde ihm klar, dass er mit dem Sold von der Marine niemals genug Geld für einen Motor aufbringen konnte, der das Flugzeug in die Lüfte heben würde. Entschlossen, sein Projekt nicht aufzugeben, änderte er seinen Plan und baute in derselben Bauweise einen Gleiter, den er mit Hilfe eines Autos in die Luft bringen wollte. Nach ein paar Wochen war Le Prieur so weit, seinen Doppeldecker zu testen. Mittlerweile hatte sich die Neuigkeit in den Diplomatenkreisen herumgesprochen, und der Botschafter lud eine erlesene Schar interessierter lokaler Würdenträger und Diplomaten zu einer nachmittäglichen Gartenparty, während der man dem Jungfernflug beiwohnen wollte. Leider war aber auch der Garten des Botschafters zu klein, und der Gleiter erreichte nicht die nötige Geschwindigkeit zum Abheben. Le Prieur saß mit seinem Flugzeug auf dem Boden fest, vor den Augen der versammelten Mannschaft, die sich wenig überzeugt von den Möglichkeiten dieser neuen Technologie zeigte.

Nach mehreren erfolglosen Versuchen, ein Fahrzeug aufzutreiben, das den Gleiter vom Boden hochziehen konnte, stellte schließlich ein wohlhabender adliger Japaner sein Auto zur Verfügung, das über einen Motor mit beeindruckenden 40 Pferdestärken verfügte. Im Dezember 1909 machte Le Prieur sein Flugzeug in einem öffentlichen Park startklar und schaffte es, nach Überwindung einiger Schwierigkeiten, seine Maschine über eine Strecke von vielleicht sieben Metern in der Luft zu halten, bevor er sicher, wenn auch etwas wackelig und mit Hilfe der von Schnüren gelenkten Querruder wieder auf dem Boden aufsetzte. Es folgten weitere Flüge, und Le Prieur beschloss, den Dienst bei der Marine zu quittieren und sich stattdessen aufs Fliegen zu verlegen.

Nach der Rückkehr in seine französische Heimatstadt Lorient teilte Yves Le Prieur seinem Vater mit, er wolle Flieger werden. Sein Vater erklärte ihm kurzerhand, er solle sich diese Idee aus dem Kopf schlagen, Flugzeuge seien nur eine vorübergehende Modeerscheinung und zu nichts nutze. Da Le Prieur seinen verwitweten Vater nicht verärgern wollte, schrieb er sich an der Schule für Marinetechnik ein. Dort erkannte man bald seine Erfindergabe, und er entwarf präzise arbeitende mechanische Entfernungsmesser für die Schiffsartillerie, einen künstlichen Horizont für die Flugzeugkanzel und ein Brandgeschoss, mit dem man Zeppeline vom Himmel holen konnte.

Le Prieur hatte eine besondere Begabung dafür, bestehende Verfahren aufzugreifen und zu verbessern, und die Tauchdemonstration auf der Pariser Ausstellung beflügelte seine Phantasie. Er kam auf die Idee, das Tauchsystem von Fernez dahin gehend fortzuentwickeln, dass er das Mundstück des Tauchers an einer Luftflasche befestigte. Die Lösung für dieses Problem lieferte ein neues Produkt, das in der französischen Autoindustrie Verwendung fand. Die Firma Michelin setzte zur Befüllung ihrer brandneuen Autoreifen in Flaschen aufgefüllte Druckluft ein, und an einer solchen Flasche befestigte Le Prieur das Mundstück von Fernez.

Le Prieur war nicht nur Erfinder, er gehörte auch zu jenen Menschen, die willens sind, ihre Ideen selber auszuprobieren. Daher nahm er Verbindung zu Maurice Fernez auf und holte dessen Erlaubnis ein, sein Gerät als Grundlage für den von ihm entwickelten Apparat zu verwenden. In den Sommermonaten des Jahres 1925 experimentierte Le Prieur in seiner Villa in Südfrankreich mit der Fernez-Ausrüstung, und schon im darauf folgenden Sommer war er so weit, seine neue Erfindung, das »Fernez-Le-Prieur-Gerät«, in einem Pariser Schwimmbad der Öffentlichkeit vorzustellen. Er befestigte die Dreiliterflasche von Michelin mit Lederriemen wie einen Rucksack auf seinem Rücken, setzte eine Schwimmbrille auf, und schon hatte er alles, was die moderne Aqualunge ausmacht, beisammen. Nun konnte Le Prieur frei unter Wasser schwimmen.

»Ich freute mich wie ein Kind«, schrieb er später, »dem ein Zauberspielzeug an die Hand gegeben wurde, das es ihm erlaubte, wie ein Fisch unter Wasser zu leben.«

Le Prieur war nicht der Erste, der darüber nachdachte, einen Taucher unabhängig von der Wasseroberfläche mit Luft zu versorgen. 1825 hatte ein englischer Erfinder namens William James vorgeschlagen, Metallröhren um die Taille eines Helmtauchers zu wickeln, die ihn für eine begrenzte Zeit mit Luft versorgen konnten; allerdings ist dieses Gerät mit ziemlicher Sicherheit niemals erprobt worden. Im Jahr 1860 hatten die beiden Franzosen Benoit Rouquayrol und Auguste Denayrouze einen Tauchanzug erfunden, zu dem als Notreserve ein Druckluftvorrat gehörte. Damit konnte ein Taucher für kurze Zeit, und auch nur in geringen Tiefen, die Verbindung zu seiner Luftversorgung kappen und sich mit Hilfe des Luftreservoirs, das er in einem Metallkanister auf dem Rücken trug, frei auf dem Meeresboden bewegen. Es war dieser Entwurf von Rouquayrol und Denayrouze, der dem Tauchanzug von Kapitän Nemo in Jules Vernes Unterwasserroman *20 000 Meilen unter dem Meer* zugrunde lag. Der Roman erschien 1870 in Frankreich und wurde in den folgenden Jahren in mehrere Sprachen übersetzt. Die autonome Luftversorgung fand auch bei Feuerwehrhelmen Verwendung, ebenso bei einer Notausrüstung für Bergwerksarbeiter für den Fall, dass die Luft bei einem Grubenunglück durch Gase oder chemische Explosionen verseucht wurde. Ausgehend von dieser Ausrüstung, entwickelte man wiederum Notfall-Atembeutel für die Mannschaften von Unterseebooten; diese lieferten allerdings nur eine sehr geringe Menge an Luft, die gerade für den Aufstieg an die Wasseroberfläche ausreichte. Ein japanisches Unternehmen hatte 1918 ein autonomes Atemgerät vorgestellt, mit dem der Taucher zwar unter Wasser atmen konnte, das aber sehr kompliziert in der Handhabung war und damit ungeeignet für anstrengende Arbeiten in der Tiefe.

Bis Le Prieur mit seiner neuen Erfindung an die Öffentlichkeit ging, waren Taucher Handwerker, raue, ungebildete Männer, die für einen entsprechenden Lohn gefährliche Aufgaben ausführten. Sie waren nützliche Arbeitskräfte, kratzten Entenmuscheln von Schiffsrümpfen ab, entfernten Taue, die sich in Schiffsschrauben verheddert hatten, und bargen sogar Schätze aus gesunkenen Wracks.

Naturforscher und Fotografen hatten mit Tiefseetauchausrüstungen zu experimentieren begonnen, weil sie die Unterwasserwelt mit eigenen Augen sehen wollten, aber auch sie gebrauchten die Geräte letztlich als Mittel zum Zweck. Niemand tauchte um des reinen Vergnügens willen, und niemand konnte frei unter Wasser schwimmen und dabei atmen. Yves Le Prieur hatte anderes im Sinn. Nach dem Ersten Weltkrieg wurde er in den Rang eines Korvettenkapitäns erhoben, und er hatte sich mit Jean Painlevé angefreundet, dem Sohn des ehemaligen französischen Premierministers und Pionier auf dem Gebiet des Dokumentarfilms. Painlevé, der das Leben im Meer filmen wollte, war von der Erfindung seines Freundes fasziniert. Gemeinsam gründeten sie in St. Raphael an der französischen Riviera den ersten Tauchclub der Welt. Er hatte den klangvollen offiziellen Namen *Club des Scaphandres et de la Vie sous l'Eau*, aber allgemein bekannt war er unter der Bezeichnung *Club des ›sous l'eau‹*, was umgangssprachlich so viel wie Club der Trunkenbolde hieß. Dabei war der Club durchaus exklusiv: Im Jahr 1934 machten nur wenige Menschen Urlaubsreisen oder hatten das Geld, um in eine von Le Prieurs Taucherfindungen zu investieren.

Yves Le Prieur nahm immer neue Verbesserungen an seinem Tauchgerät vor. Er verlegte die Luftflasche vom Rücken auf die Brust, eine Position, die ihm sicherer erschien, da der Zylinder nicht gegen ein Hindernis unter Wasser stoßen konnte, ohne dass der Taucher es merkte. Außerdem konnte der Taucher auch das Ventil zum Regulieren der Luftzufuhr aus dem Michelin-Zylinder und einen Druckmesser zur Kontrolle des Inhalts im Blick behalten, wenn er die Flasche auf der Brust statt hinter sich auf dem Rücken trug. Als Le Prieur 1933 sein neues Tauchgerät patentieren ließ, erschien der Name Fernez schon gar nicht mehr auf dem Antrag. Es folgten öffentliche Vorführungen im Pariser Trocadero, bei denen auch verschiedene technische Spielereien anderer Mitglieder des Clubs aus St. Raphael gezeigt wurden, unter anderem ein Unterwasserfahrrad mit Bleireifen, die es unter Wasser hielten, und, dies wiederum Le Prieurs neueste Idee, ein Unterwassergewehr, das mit Druckluft abgefeuert wurde. Das Gewehr, das Jules Verne zu Ehren den Namen »Nautilus« erhielt, erwies sich bei der Unterwasserjagd als nicht besonders erfolgreich, da es – möglicherweise eine Folge der Arbeit Le Prieurs mit Marinemunition – im Allgemeinen sein Ziel völlig zerfetzte.

Archivfilme, die sein Freund Painlevé aufgenommen hat, zeigen Le Prieur mit seiner Tauchausrüstung, wie er sich an der Riviera vergnügt oder in einem kunstvoll aufgebauten Unterwasser-Szenario im Trocadero Purzelbäume schlägt. Um ein größeres Publikum anzuziehen, warb Le Prieur eine recht attraktive Schwimmerin an, die mit angehaltenem Atem tauchen konnte und die Rolle der Meerjungfrau übernahm.

Das von Le Prieur entworfene Gerät hatte allerdings einen Nachteil: Aus der Michelin-Flasche strömte ununterbrochen Luft aus, und in mehr als zehn Meter Tiefe war sie schon nach gerade mal zehn Minuten leer, oder sogar noch schneller. Zwar konnte der Taucher den Luftstrom manuell über ein Ventil oben auf dem Zylinder regulieren, doch ohne eine feinere Regulierungsmöglichkeit des Luftstroms war das Gerät nur für kurze Unterwasserexkursionen brauchbar, und viele Leute taten die Erfindung als Spielzeug für den wohlhabenden Müßiggänger ab. Andere sahen in der Erfindung dagegen ein größeres Potenzial, und die Marine übernahm Le Prieurs Tauchausrüstung für den Einsatz bei Bergungs- und Wartungsarbeiten unter Wasser. Auch die Pariser Feuerwehr setzte die Ausrüstung ein, um Leichen aus der Seine zu holen.

Wenn Le Prieur und seine reichen Freunde ihre Ausflüge ins Meer unternahmen, hatten sie Turnschuhe an den Füßen und trugen einteilige Badeanzüge im edwardianischen Stil. 1935 erschien im *Paris Soir* ein Artikel über den Unterwasserschwimmclub von St. Raphael, und kurze Zeit darauf erhielt Le Prieur einen Brief von einem anderen Marineoffizier namens Louis de Corlieu, der unbedingt dem Club beitreten und die neue Sportart ausprobieren wollte. De Corlieu war nicht irgendein Bittsteller – auch er war Erfinder und berichtete Le Prieur, dass er ein Patent auf »lebensrettende Antriebsgeräte« habe, wie er sie bezeichnete. De Corlieu hatte die ersten Gummiflossen für die Füße entworfen und 1933 ein Patent sowohl für Hand- als auch für Fußflossen in acht Ländern angemeldet. De Corlieu bot an, Le Prieurs Unterwasserschwimmclub einige Paare seiner Flossen kostenlos zur Verfügung zu stellen, weil er seine Erfindung endlich aus der Schublade heraus und ins Wasser bringen wollte, wo sie seiner Meinung nach hingehörte. Darüber hinaus erbot er sich, den Clubmitgliedern die neueste Schwimmtechnik, das Kraulen, beizubringen, die es ihnen erlauben würde, sich so leicht und, wie er sagte, »munter wie ein Fisch im Wasser« zu bewegen. Yves Le Prieur nahm das Angebot an.

Ausgestattet mit den Fußflossen, konnte Le Prieur nun mühelos unter Wasser dahingleiten. Eine weitere Verbesserung seines Systems sollte nicht lange auf sich warten lassen. Er ersetzte die eng anliegende Brille, die mit steigendem Wasserdruck immer stärker gegen die Augen des Tauchers gepresst wurde, und befestigte den Atemzylinder direkt an einer Maske, die den größten Teil des Gesichts bedeckte. Statt durch die zwei kleinen Glaslinsen der Brille sah der Taucher nun durch eine ganze Glasscheibe, und die überschüssige Luft entwich an den Rändern der das Glas umschließenden Gummimanschette. Die Luft in der Maske wirkte wie ein Kissen und verhinderte, dass die Maske zu stark gegen das Gesicht drückte. Nun sah Yves Le Prieur wie ein moderner Sporttaucher aus.

Unter Wasser ist der Gerätetaucher ein gewichtsloses Meereswesen, das gleitet und segelt und schwebt, wohin es will. Außerhalb des Wassers jedoch ist er eine in Gummi gehüllte und mit einer Taucherweste beschwerte plumpe Erscheinung, an der eine Druckluftflasche und die zugehörigen, mit Schnallen und Riemen festgezurrten Luftschläuche und Messgeräte hängen. Ein Computer fürs Handgelenk, der die Tiefe und die unter Wasser ver-

Fig. 1

Fig. 5

Fig. 2

Fig. 4

Fig. 3

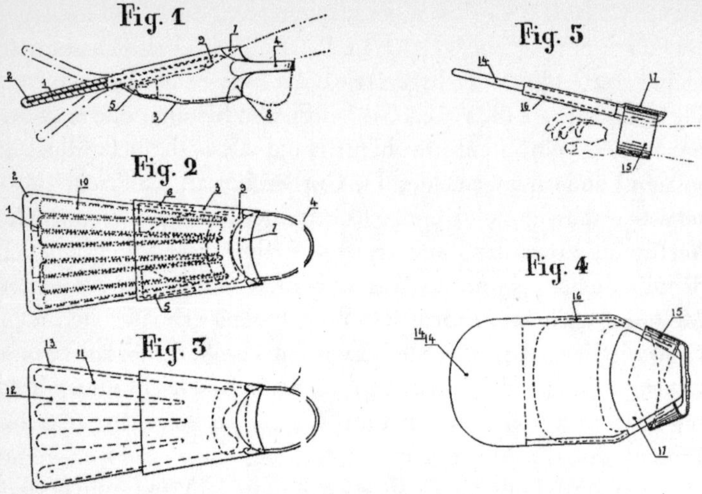

*K. Am 6. April 1933 ließ Louis de Corlieu das Patent für seine Kreppgummi-Flossen für Hände und Füße eintragen, die er als lebensrettende Hilfsmittel ansah.*

brachte Zeit berechnet und automatisch die Dekompressionszeit anzeigt, gehört heute ebenso zur Standardausrüstung wie ein Notsystem mit einem Druck- und einem Tiefenmesser und einer Tauchuhr. In Großbritannien nimmt der Taucher zusätzlich zu der großen Druckluftflasche oft noch eine separate kleine Ersatzflasche mit, eine so genannte »Spare-Air-Bottle«, in der gerade genug Luft ist, um damit zur Wasseroberfläche zurückkehren und unterwegs eine Dekompressionspause einlegen zu können. Vervollständigt wird das Ganze durch ein an die Wade geschnalltes Messer, eine oder zwei Taschenlampen und eine Spule mit Nylonschnur, die man zum Beginn eines Tauchgangs zur Markierung an einem festen Punkt anbringt, und schließlich eine aufblasbare Sicherheitsboje, mit der man bei unruhiger See an der Wasseroberfläche seine Position anzeigen kann. Der Taucher gleicht inzwischen einem Roboter, kein Stückchen nackter Haut ist mehr zu sehen, sein Körper verschwindet hinter Auswüchsen und ist kaum mehr als der eines Menschen zu erkennen. Wenn man diese Ausrüstung einen Tag lang herumgeschleppt hat, braucht man sich über Rückenschmerzen am Abend nicht zu wundern.

Viele Jahre lang hatte ich vor allem deshalb kein Interesse am Sporttauchen, weil ich die Ausrüstung so scheußlich fand, ein klobiger und sperriger Haufen einschüchternder technischer Apparaturen, die das genaue Gegenteil dessen zu sein schienen, was das Tauchen für mich bedeutete. Schon die Aussicht, sich in einen Nasstauchanzug zu quetschen, in der Hoffnung, damit vor dem kalten Meereswasser geschützt zu sein, war nicht gerade verlockend. Viele Leute glauben, dass ein Neoprenanzug der Figur schmeichelt und den Körper wie ein Korsett in Form bringt. Er tut jedoch genau das Gegenteil und lässt selbst gertenschlanke Menschen dicklich aussehen. Ich erinnere mich, dass mir an der Universität irgendwann einmal eine Taucherin aus dem Unterwasser-Club Avancen machte und mich in ihrem Tauchanzug ungestüm umarmen wollte. Sie war groß und kräftig, und ich fand sie nicht besonders anziehend, aber sie glaubte ganz offensichtlich, dass mich eine gummierte Umarmung überzeugen würde. Das Gegenteil war der Fall, und ich lehnte das Angebot so diskret wie möglich ab.

In kalten oder mäßig warmen Gewässern muss der Tauchanzug eng anliegen, damit sich zwischen Neopren und Haut eine dünne Wasserschicht bildet. Die Körperwärme des Tauchers erwärmt diese Wasserschicht auf der Haut und isoliert ihn gegen das kühlere Wasser außerhalb des Anzugs. Wenn die Meerestemperatur einen dickeren Nasstauchanzug erfordert, braucht man für gewöhnlich auch noch dicke Neoprenfüßlinge und -handschuhe und eine Haube. Derart vermummt, fällt das Atmen außerhalb des Wassers schwer, und die Anstrengung, mich in den Anzug zu quetschen, treibt mir oft schon den Schweiß aus allen Poren. Hinzu kommt ein fester Gürtel, der mit Bleistücken oder Bleikugeln beschwert ist und den erhöhten Auftrieb des Gummianzugs ausgleicht. In dieser Montur richte ich mich dann mühsam auf, watschle mit den Flossen an den Füßen an den Bootsrand und versuche, mich möglichst graziös ins Meer fallen zu lassen. Ich weiß, dass ich wie eine Robbe, die an Land langsam und unbeholfen ist, eine Metamorphose durchmachen werde, sobald ich mich ins Wasser gewuchtet habe. Und tatsächlich bin ich wie befreit, wenn sich erst einmal die Blasen und der Schaum, die bei meinem gewaltsamen Durchbrechen der Wasseroberfläche entstanden sind, aufgelöst haben. Ich spüre nichts mehr vom Gewicht und der Unhandlichkeit meiner Ausrüstung, und mir ist nur noch die Funktionalität der Gerätschaften bewusst, die es mir ermöglichen, mich in der Wasserwelt aufzuhalten.

Zur selben Zeit, zu der de Corlieu und Le Prieur in der französischen Hauptstadt und während ihrer gelegentlichen Aufenthalte an der Riviera an ihren Schwimmerfindungen herumbastelten, entstand eine ähnlich wichtige, wenn auch inoffizielle Gemeinschaft. Mit einer Brille und einer selbst gemachten Harpune zur Fischjagd bewaffnet, wurden in den 30er Jahren die ersten Freitaucher gesichtet. Die französische Riviera bot damals alles, was dem neuen Freizeitsport förderlich war – warmes Wasser und Horden von Urlaubern, die auf der Suche nach neuen Vergnügungen waren.

Zu den Ersten, die allein um des Vergnügens willen tauchten, gehörte der amerikanische Journalist Guy Gilpatric. Er schrieb in den 1930er Jahren eine Reihe von Artikeln über die Kunst des Speerfischens für die *Saturday Evening Post* in Philadelphia, eine Zeitung, die ständig über neueste Entwicklungen im Gesundheits- und Sportbereich berichtete. Seine gelegentlichen Berichte aus Südfrankreich waren so beliebt, dass daraus das erste Buch über das Freizeittauchen entstand, *The Compleat Goggler*, erschienen 1938. Gilpatric beschreibt, wie er sich aus einer Fliegerbrille eine Tauchmaske gebastelt hatte, indem er die Ventilationslöcher mit Kitt zuspachtelte. In den folgenden Sommern entwickelten Gilpatric und andere immer zweckmäßigere Brillen und Masken, mit deren Hilfe sie ihre Beute – wohlschmeckende Barsche und Tintenfische, die an der felsigen Riviera-Küste beheimatet waren – aufspüren konnten. Andere Erfinder griffen die Idee auf und entwarfen Brillen nach dem Vorbild der aus poliertem Schildpatt gefertigten Brillen der Perlentaucher in Japan und im Südpazifik. Sie entdeckten bald, dass zwei getrennte Gläser die Sicht unter Wasser verzerrten, da es unmöglich war, sie auf einer Linie zu halten. Das war ein großer Nachteil, wenn man die Entfernung zu einem Fisch, hinter dem man her war, einschätzen wollte. Die ersten Taucher mit Schwimmbrillen benutzten selbst gemachte Harpunen und hatten keine Flossen, mit denen sie sich im Wasser hätten vorantreiben können. Sie experimentierten mit Gewichten, die sie sich um den Bauch hängten, um einem Fisch schneller in die Tiefe folgen zu können, und mit einfachen Schnorcheln, die aus Gummischläuchen gefertigt waren und mit elastischen Bändern am Kopf gehalten wurden.

Ein russischer Emigrant namens Alec Kramarenko, der in Antibes lebte, verbrachte 1937 mehrere Monate damit, mit Hilfe von Gummiabdrücken seines Gesichts eine angenehm zu tragende Gesichtsmaske herzustellen, die jedem passen sollte. Schließlich ließ er sich eine Gummimaske mit einer durchgehenden Glasscheibe patentieren, die über beide Augen reichte und über der Nase saß. Damit war zwar das Problem der Verzerrung gelöst, dafür erzeugte sie jedoch ein ähnlich unangenehmes Phänomen. Der Gummirand der Maske drückte sich gegen Stirn und Nase und schloss hermetisch ab. Wenn der Taucher tiefer ging, presste der erhöhte Druck die Maske gegen das Gesicht, wo sie schmerzhafte rote Striemen verursachte und darüber hinaus die Augäpfel hervortreten ließ. Eine Alternative dazu war die Vollgesichtsmaske, die es dem Taucher erlaubte, durch den Mund in die Maske zu atmen und so den Wasserdruck während des Tauchgangs auszugleichen. Aber auch sie verschaffte keine Erleichterung von den quälenden Schmerzen in den Ohren. Der zunehmende Wasserdruck auf das Äußere der Ohren und der unterschiedliche Druck auf die eustachischen Röhren im Ohr mussten während des Tauchens ausgeglichen werden, um zu vermeiden, dass das Trommelfell riss. Erneut war es ein Franzose, der die Lösung für dieses

Problem fand, eine Maske nämlich, bei der der Gummirand nur die Augen und den Nasenrücken des Tauchers bedeckte, sodass der Taucher seine Nase mit Zeigefinger und Daumen zuhalten und mit geschlossenem Mund vorsichtig ausatmen konnte. Die Erfindung von Maxime Forjot wurde 1938 patentiert. Bei dieser Methode presst man Luft in die eustachischen Röhren, wirkt so mit dem inneren Druck dem von außen auf das Trommelfell wirkenden Druck des Wassers entgegen und macht auf diese Weise die Ohren frei. Dieses Vorgehen wurde das erste Mal im 18. Jahrhundert von dem italienischen Arzt Valsalva beschrieben und als Valsalva-Methode bekannt. Sie macht sich einen natürlichen Reflex zunutze, der die Kraft der Bauchmuskeln erhöht und den man auch beim Heben eines schweren Gewichts erfährt oder während der Geburt beim Herauspressen des Kindes. Und in abgeschwächter Form wendet sie der unter Darmträgheit Leidende auf der Toilette an. Mit zusammengezogenen Augenbrauen und aufeinander gepressten Lippen bringt man die Bauchmuskeln dazu, Luft in die Kehle zu pressen.

Gilpatric nahm das Sporttauchen wohl nicht so besonders ernst, und daher ist *The Compleat Goggler* in einem spöttisch-amüsierten Ton gehalten. Das Buch steckt voller Witz und enthält Rezepte, nach denen man den mit der neuen Harpunen-Ausrüstung gefangenen Fisch zubereiten kann. Tintenfische sollte man, so Gilpatric, zunächst mit einem Hammer weich klopfen. »Schlagen Sie fest zu. Schlagen Sie oft zu. Und dann schlagen Sie noch mal zu.« Gilpatric machte sich über alle an der Riviera lustig: über die Engländer, die Franzosen, die Deutschen – und über sich selbst. Trotzdem wurde *The Compleat Goggler* für viele Harpunisten zu Hause in Kalifornien zu einer Art Bibel, und die Techniken, die Gilpatric beschreibt, sollten für die Entwicklung des Tauchens in den Jahren vor dem Zweiten Weltkrieg richtungweisend sein. Gilpatric erlebte die Verbreitung dieser Sportart nicht mehr; gemeinsam mit seiner Frau verübte er Selbstmord, als sie von deren Krebserkrankung erfuhren.

In glücklicheren Zeiten standen zwei junge Männer am Strand

von Antibes und sahen Guy Gilpatric beim Tauchen zu. Von ihm inspiriert, werden sie das Speerfischen aufnehmen und seine Ausrüstung imitieren. Schon bald würden sie jeder seinen eigenen Weg gehen und sich unabhängig voneinander einen Namen in der neuen Sportart des Gerätetauchens machen. Die Rede ist von Jacques Cousteau und Hans Hass.

Im Juni 1939 erhielt Yves Le Prieur Besuch von einem jungen Marineleutnant, der sich ihm als Jacques-Yves Cousteau vorstellte. Le Prieur war, wie er selbst sagte, »überglücklich, einem jungen Mann zu begegnen, der vom Tauchen so begeistert war wie ich selbst«. Der junge Offizier ließ sich die Tauchausrüstung zeigen, die die französische Marine und die Pariser Feuerwehr bestellt hatten, und wollte aus dem Mund des Erfinders selbst erfahren, wie sie funktionierte. Le Prieur und Cousteau hatten vieles gemeinsam, sie sahen sich sogar ähnlich. Beide waren schlanke, drahtige Männer, mit einer typisch gallischen Nase und dunklen Haaren, die sie straff nach hinten gekämmt trugen. Von größerer Bedeutung war jedoch, dass sie beide in der Marine gedient hatten und dass Cousteau wie Le Prieur ausführlich den Orient bereist hatte. Zufällig waren beide auch noch verhinderte Piloten. Während Le Prieur seinem Vater zuliebe die Fliegerei aufgegeben hatte, war Cousteau gezwungen, die Ausbildung in einer Flugschule nach einem schlimmen Unfall abzubrechen, bei dem er beinahe beide Arme verloren hätte; an den Folgen seiner Verletzungen sollte er sein Leben lang leiden.

Le Prieur war sehr angetan von Cousteau, vor allem von dessen Begeisterung für die Möglichkeiten, die sich dem frei schwimmenden Taucher zur Erkundung der Unterwasserwelt boten. 1942, als deutsche Truppen Frankreich besetzt hatten und die französische Marine zur Untätigkeit verurteilt war, besuchte der junge Offizier Le Prieur erneut, dieses Mal in Begleitung seiner Frau Simone und seines Tauchpartners Frédéric Dumas. Le Prieur lud die drei zum Mittagessen ein, und die ganze Zeit wurde nur über das Tauchen gesprochen. »Cousteau zeigte mir sein erstes Tauchgerät«, schrieb Le Prieur später, »aber ich hatte den Eindruck, dass es nicht sicher sei, und gab ihm den Rat, eine Maske zu verwenden, die das ganze Gesicht bedeckte, und nicht nur einen Atemschlauch, den man im Mund halten musste.«

Cousteau erzählte Le Prieur, er habe erste Filmversuche unter Wasser gemacht und dazu ein wasserdichtes Gehäuse gebaut, in das er eine billige Filmkamera gesteckt hatte. Cousteau war bei diesen Versuchen mit angehaltenem Atem getaucht und suchte nun nach einer Erfolg versprechenden Möglichkeit, längere Zeit unter Wasser bleiben und dabei längere Sequenzen filmen zu können. Hier trafen sich die Interessen der beiden Männer erneut. Sein Erfindergeist, nicht zuletzt angeregt durch die Freundschaft mit Jean Painlevé, hatte Le Prieur bereits in die Welt des Films geführt, und eines seiner letzten Projekte war der Bau einer wasserdichten Kamera und des Prototyps eines Käfigs, von dem aus man, wie er hoffte, Haie unter Wasser filmen konnte. Neben vielen anderen Dingen beschäftigte sich Le Prieur also auch mit der faszinierenden Welt des Films, und er hatte einen transparenten Schirm entwickelt, mit dem sich Spezialeffekte für Filme erzeugen ließen. Dieses Gerät wurde in der »King-Kong«-Verfilmung aus dem Jahr 1932 eingesetzt. Unglückseligerweise hatte Le Prieur das Patent auf seine Erfindung auslaufen lassen, nachdem ihm Fachleute in Hollywood versichert hatten, dass schon ein weit besseres Verfahren auf dem Markt sei. Auch Jacques Cousteau war vom Film begeistert und selbst ein ehrgeiziger Filmemacher. Er hatte Hollywood einen Besuch abgestattet, als er mit der Marine rund um die Welt fuhr, und es irgendwie geschafft, Claudette Colbert und Douglas Fairbanks zu treffen. In bestem Einvernehmen verließen die Cousteaus das Haus von Le Prieur in Paris, und Cousteau versprach, Le Prieur über seine Entwicklungen auf dem Gebiet der Tauchausrüstung auf dem Laufenden zu halten.

Der Krieg hatte Le Prieur gezwungen, seine Tauchversuche auszusetzen, für Cousteau dagegen bedeutete er genau das Gegenteil, eine Möglichkeit, seine Fähigkeiten fortzuentwickeln und immer weiter zu verbessern. Nachdem sich die französische Flotte nach Toulon zurückgezogen hatte und eine Zeit lang Waffenstillstand herrschte, ließ er sich in dem kleinen Fischerdorf Bandol am Mittelmeer nieder, um von dort aus mit einigen Freunden seine Unterwasser-Filmprojekte weiterzuführen. Am wichtigsten sei es gewesen, dass die zwölfköpfige Gesellschaft genug zum Essen hatte, schrieb Cousteau später. »Wir aßen wenig Fisch; denn wir rechneten uns aus, dass wir in unserer geschwächten körperlichen Verfassung beim Erjagen und Niederkämpfen von Fischen mehr Kalorien verbrauchen würden, als unser Anteil an der Beute wieder ersetzen konnte.«

Simone Cousteau, von Le Prieur als bezaubernde Frau beschrieben, war in gewisser Weise der nächste Schritt zu verdanken, der in der Geschichte des Tauchens gemacht werden sollte. Ihr Vater, ebenfalls ein ehemaliger Marineoffizier, war Direktor des größten französischen Herstellers von Industriegasen, der Aire Liquide, und durch seine Vermittlung konnte Cousteau im Dezember in Paris ein Treffen mit Emile Gagnan, einem erfahrenen Ingenieur von Air Liquide, vereinbaren. Gagnan hatte lange an dem Entwurf eines Ventils gearbeitet, das es ermöglichen würde, Motorfahrzeuge während des Krieges mit Gas anstelle von Benzin zu betreiben. Dieses Ventil musste den Gaszufluss aus einem Behältnis auf dem Dach des Fahrzeugs kontrollieren und sollte nur dann Gas zum Vergaser leiten, wenn der Motor Treibstoff brauchte. Cousteau erklärte Gagnan, er suche nach einem Gerät, das in genau derselben Weise die Zufuhr von Druckluft regele, allerdings nicht in einen Automotor, sondern über einen Atemschlauch in die Lungen eines Menschen. Gagnan fand die Lösung. Das Problem der ununterbrochenen Luftzufuhr bei Le Prieurs Gerät ließ sich mit einem neuartigen Ventil beseitigen, über das der Taucher nur dann Luft erhielt, wenn er an einem Mundstück saugte, das an dem zum Zylinder führenden Schlauch befestigt war. Gagnans Ventil arbeitete in zwei Stufen: Der Druckminderer – ein unter Federdruck stehendes Ventil am Hals der Druckluftflasche – entspannte den Druck der zugeführten Luft auf ein angemessenes Maß; während der Druckregler – eine Gummimembran, die sich im Mundstück des Tauchers befand – Luft mit diesem verminderten Druck nur freigab, wenn der Taucher einatmete. Damit war der bedarfsgesteuerte Atemregler geschaffen.

Cousteau unternahm mit Gagnans Erfindung in der Nähe von Paris an einer einsamen Uferstelle an der Marne eine Reihe von Tauchversuchen. Nach ein paar Tagen und einigen kleineren Änderungen hielten sie ein funktionstüchtiges Atemgerät in Händen. Statt der zehn bis 20 Minuten, die Le Prieurs Gerät ermöglichte, konnte ein Taucher mit Cousteaus Regler immerhin eine Stunde in flachen Gewässern bleiben. 1943 trafen die ersten Atemregler bei Cousteau in Südfrankreich ein, ein Moment, den er später in *Die schweigende Welt* beschreibt: »Nie waren Kinder beim Öffnen eines Weihnachtspakets so aufgeregt wie wir, als wir diese erste ›Aqualunge‹ auspackten.«

1943 testeten Jacques Cousteau und seine Freunde die neue Erfindung auf mehreren hundert Tauchgängen. An den Versuchen nahmen sowohl erfahrene Freitaucher wie Frédéric Dumas und Philippe Tailliez als auch Cousteaus Frau Simone teil. Emile Gagnan und Jacques Cousteau tauften das neue Gerät »Aqualunge« und verwendeten sie, um Unterwasser-Kinofilme zu drehen.

Innerhalb weniger Jahre wurde der Lungenautomat zum ersten kommerziell erfolgreichen Sporttauchgerät der Welt. Für Yves Le Prieur entpuppte sich dieses Gerät als böse Überraschung. Die Marine ersetzte seine Erfindung durch das neue System, obwohl Le Prieur der Überzeugung war, dass der Taucher, der den Regler ständig im Mund behalten musste, Gefahr lief zu ertrinken, wenn er unter Wasser das Bewusstsein verlor. Le Prieurs System mit seiner ununterbrochenen Luftzufuhr schleuste die Luft in eine Ganzgesichtsmaske, sodass der Taucher auch dann mit Atemluft versorgt wurde, wenn er ohne Bewusstsein war; darüber hinaus konnte ein Taucher mit diesem Luftpolster ums Gesicht unter Wasser mit anderen Tauchern sprechen. Mit der ihm eigenen Gründlichkeit verbesserte Yves Le Prieur sein eigenes Atemsystem, regulierte die Luftversorgung und integrierte auch einen Druckmesser, den er am Lufttank befestigte, sodass der Taucher seinen verbleibenden Luftvorrat im Auge behalten konnte, was bei der Aqualunge nicht möglich war. Dennoch setzte sich der patentierte Cousteau-Gagnan-Entwurf gegenüber allen anderen Systemen durch. »Ich habe nie wieder etwas von Cousteau gehört«, schrieb Le Prieur Jahre später, »nur noch von seinem Ruhm.«

Es nutzte also alles nichts, Cousteaus Gerät eroberte den Markt, während von Yves Le Prieurs Tauchsystem insgesamt vermutlich nicht mehr als 1000 Stück hergestellt und verkauft wurden. Die Aqualunge war einfach im Gebrauch und ließ so gut wie jedem Menschen, der über eine Maske und Flossen verfügte, zum Taucher werden. Wie Tempo und Taschentuch wurden auch in diesem Fall Markenname und eigentliches Gerät zu austauschbaren Begriffen. Nach dem Krieg verkaufte Cousteau seine Filme für den internationalen Verleih, und damit war der Siegeszug der Aqualunge endgültig nicht mehr aufzuhalten. Fortan konzentrierte sich das Interesse der Medien auf jenen Mann, der die Geschichte des Tauchens in seinem Buch *Die schweigende Welt* gemeinsam mit Dumas und dem amerikanischen Journalisten James Dugan so lebendig beschrieben hatte. Neben den Artikeln für Zeitschriften und Zeitungen, wobei die Zusammenarbeit mit *National Geographic* besonders profitabel war, kamen auch Cousteaus hervorragende Filme über die Tauchexpeditionen in die entlegensten Winkel der Welt. Das Fernsehen, das in den 1960er Jahren zum Massenmedium wurde, machte den charismatischen Cousteau zum Star, und mit seinem sanften französischen Akzent und den sorgfältig ausgearbeiteten Vorträgen war er bald einem internationalen Publikum ein Begriff. Die Abenteuer, die Cousteau mit seinem Schiff, der *Calypso*, erlebte, brachten eine ganze Generation dazu, sich für das Meer zu interessieren und zu begeistern.

Nach seinem Tod im Jahr 1997 begann man, an seinem Ruf zu kratzen. Wie fast allen modernen Helden war es auch ihm nicht vergönnt, in Frieden zu ruhen. Journalisten und ehemalige Kollegen nahmen das Privatleben des Mannes auseinander, der eine

Zeit lang als Inbegriff des Abenteurers galt. Sie kritisierten seine Methoden beim Filmen wilder Tiere, stellten seinen wissenschaftlichen Ansatz infrage und zeichneten das Bild eines Mannes, der ständig in eigener Sache die Werbetrommel rührte und sich auf Kosten der anderen Pioniere des Tauchens ins Licht der Öffentlichkeit drängte.

Cousteaus Sohn Jean-Michel leitet nun in Kalifornien die Organisation Ocean Futures, die sich die Förderung der Beziehungen zwischen Mensch und Meer zum Ziel gesetzt hat. Ich besuchte ihn in Kalifornien, um ihn zu dem Beitrag zu befragen, den sein Vater zur Entwicklung des Tauchens geleistet hat.

»Mein Vater hat das Gerätetauchen nicht erfunden«, sagte Jean-Michel, »aber mit seinen Fernsehsendungen hat er den Menschen das Meer ins Haus gebracht. *Die schweigende Welt* mag ja ein großer Buch- und Filmerfolg gewesen sein, aber mehr als ein paar Millionen Leute hatte er damit nicht erreicht. Erst als er in den 60ern mit den Fernsehserien anfing, erreichte er die großen Massen. Ich schätze mal, dass er eine halbe Milliarde Zuschauer in 120 Ländern hatte.«

Hat sich sein Vater als Umweltschützer verstanden?

»Anfangs nicht, nein. Aber ich glaube, er hat den Menschen bewusst gemacht, dass wir vom Meer abhängig sind. Er brachte den Leuten die Unterwasserwelt ins Wohnzimmer, und dabei ist etwas hängen geblieben. Ich glaube, er war einfach zur richtigen Zeit am richtigen Ort, und er war von einem nicht zu stillenden Wissensdurst getrieben. Die Aqualunge war nur ein Ergebnis seiner ständigen Suche nach etwas Neuem. Das war sein ganzes Leben so. Wenn er etwas gründlich erforscht hatte, interessierte es ihn nicht mehr. Seine Neugier war unersättlich. Und sie war ansteckend.«

Cousteaus Abenteuer bescherten Zeitschriften wie *Life* und *National Geographic* riesige Auflagen. Er bereiste die sieben Meere, tauchte nach Schätzen und experimentierte sogar mit dem Bau von Häusern auf dem Meeresgrund. Er filmte Mantas im Indischen Ozean, Haie im Roten Meer und Tintenfische im Mittelmeer und nahm seine Leser auf seine Ausflüge in die geheimnisvolle Welt der Weltmeere mit. *National Geographic* brachte 1951 eine Fotoreportage über Cousteau und seine »Fischmenschen« und verschaffte damit seinem Buch, *Die schweigende Welt*, das bald darauf erscheinen sollte, enorme Publicity. Im ersten Jahr nach Erscheinen des Buches wurden weltweit fast eine halbe Million Exemplare verkauft. Das war die Geburtsstunde des Kapitän Cousteau. Zu den vielen Menschen, die von der Geschichte der Entdeckung der Unterwasserwelt fasziniert waren, gehörte auch Ian Fleming, der Erfinder von James Bond; er blieb lebenslang ein Bewunderer von Cousteau. Die beiden Männder tauchten zusammen, und Cousteaus Erlebnisse dienten Fleming zweifellos als Inspiration bei vielen der spannenden Unterwasserabenteuer von Agent 007. Cousteaus eigener Film *Welt ohne Sonne* brachte ihm 1965 einen Oscar ein, genauso wie seine Dokumentarfilme *Die schweigende Welt* (1956) und *The Golden Fish* (1959). Mehr als zehn Jahre galt die Fernsehserie *Die Unterwasserwelt von Jacques Cousteau* als Vorbild für jeden Meeresdokumentarfilm und war Pflichtprogramm für alle, egal ob jung oder alt, die sich für das Meer interessierten. Die Filme, Fernsehserien und Bücher trugen dazu bei, Cousteau zu einer Ikone und zum berühmtesten Sporttaucher aller Zeiten zu machen.

Im Oktober 1943 beschlossen Jacques Cousteau und seine zwei engsten Tauchfreunde Frédéric Dumas und Philippe Tailliez, mit der neuen Aqualunge einen Tieftauchversuch zu unternehmen. Das Trio nannte sich selbst »Die drei Mousquémers«, ein Spiel mit dem französischen Wort für Meer (*mer*) und dem Titel des berühmten Abenteuerromans *Die drei Musketiere*.

Von den dreien war Dumas der beste Schwimmer; er war ein erfahrener Taucher und befand sich in guter Form und wurde deshalb ausgewählt, mit den Füßen voran an einem Tau hinabzutauchen, das in 80 Meter Tiefe im Wasser verankert war. Er erreichte 64 Meter – so tief war noch nie ein Mensch mit der neuen Aqualunge getaucht. Dumas band seinen Bleigürtel an das Tau, um die erreichte Tiefe zu markieren, und kehrte sicher an die Wasseroberfläche zurück. Dort angelangt, berichtete er, er habe sich glücklich und sorglos gefühlt, fast trunken, nachdem er 30 Meter hinter sich hatte. Dumas litt an etwas, das Cousteau und seine Freunde »Rausch der Tiefe« nannten. Nach wie vor sieht man in diesem Zustand eine der größten Gefahren beim Tauchen mit Pressluft.

Vier Jahre nachdem Dumas seinen Rekord für das Tieftauchen mit einer Aqualunge aufgestellt hatte, tauchten die Mousquémers offiziell im Auftrag der französischen Marine und hatten eine Einheit gebildet, die unter dem Namen Groupe d'Etudes et de Recherches Sous-marines (Unterseeische Forschungsgruppe) lief. Zu den Aufgaben der GERS gehörten das Räumen von Minen, Vermessen von Unterwasserhindernissen und alle anderen Arbeiten, die für den Wiederaufbau der Marine nach dem Krieg sinnvoll erschienen. Im September 1947 erhielt die Einheit die Order, Versuche durchzuführen, mit denen man die maximale Tiefe herausfinden wollte, in der ein Taucher mit der Aqualunge arbeiten konnte. In der Nähe des Marinestützpunkts in Toulon unternahm Maurice Fargues den ersten Tauchgang.

Hauptmaat Fargues war ein zäher Seemann und erfahrener Helmtaucher, der über enorme körperliche Kräfte verfügte. Er hatte eine Rettungsleine an seinem Gürtel befestigt und hielt in einer Hand einen Eisenbrocken, der als Ballast diente und ihn entlang der Lotleine in die Tiefe zog. Während des Abstiegs legte Fargues immer wieder Pausen ein und kritzelte seinen Namen auf Markierungstäfelchen, die an der Leine befestigt waren und anzeigten, welche Tiefe er erreicht hatte. In regelmäßigen Abständen zog er an der Sicherungsleine an seinem Gürtel, um den Männern oben auf dem Schiff zu signalisieren, dass alles in Ordnung war. Nach vier Minuten wurde die Leine plötzlich schlaff. Die Seeleute holten die Leine ein und zogen den Taucher so schnell wie möglich an die Wasseroberfläche. Fargues regte sich nicht mehr. Mehrere Stunden lang bemühte sich die Mannschaft, ihn ins Leben zurückzuholen, aber vergeblich, er war tot. Seine Kraft und seine

Erfahrung hatten nicht verhindern können, dass er einer Stickstoffnarkose zum Opfer fiel. Während sich die Mannschaftsmitglieder noch um Maurice Fargues bemühten, holte einer der Matrosen die Lotleine ein. Bei 120 Metern entdeckten sie auf einem der Markierungstäfelchen unleserliche Kritzeleien. Fargues hatte möglicherweise noch Sekunden bevor er das Bewusstsein verlor, versucht, seinen Namen zu schreiben. Er konnte den traurigen Rekord für sich verbuchen, der erste Mann zu sein, der beim Tauchen mit einer Aqualunge starb.

Mittlerweile kennt man die physiologischen Ursachen der Stickstoffnarkose. Alle Tauchanfänger lernen, dass das Tauchen mit Druckluft zwei wesentliche Gefahren mit sich bringt: die Dekompressionskrankheit und die Stickstoffnarkose. Aber das ändert nichts an ihrer Begeisterung für die Tiefe. Für Nichttaucher ist das so wenig nachvollziehbar wie die Leidenschaft mancher Leute für schnelle Sportwagen. Sportwagenfahrer wollen einfach nur sagen können, dass sie schneller als ihr Hintermann waren. Beim Tiefentauchen geht es oft um etwas Ähnliches. Allerdings hat es eine Poesie, die auch sonst klar denkende und vernünftige Menschen verführt. Errol Flynn, berühmt für seine Rollen in Abenteuerfilmen, schrieb in seinen Memoiren, das Tiefentauchen mache ihm Angst, es veranlasse ihn dazu, Gefahren auf sich zu nehmen, zu denen er bei Filmarbeiten nie bereit gewesen wäre. »Ich muss hinunter«, schrieb er. »Es ist diese unbeschreibliche Schönheit, die dich hinunterzieht und zum Bleiben verführt. Schnelle Reaktionen werden von dir gefordert. Deine Sinne schärfen sich, dein Geist ist überwach, er funktioniert wie eine Automatikpistole … dort lebe ich – und wenn nicht, dann sterbe ich als jemand, der noch einen Moment zuvor intensiv gelebt hat.«

## *Freeport, Bahamas, 1968*

Zwei Männer in Tauchausrüstung lassen sich von Bord einer Charteryacht ins Meer fallen und tauchen an der mit einem Gewicht beschwerten Leine entlang hinunter in das klare, blaue Wasser. Am Ende der Leine angekommen, befestigen sie eine Metallklammer und machen sich auf den Weg zurück zur Oberfläche. Bis zu diesem Zeitpunkt hat das Ganze weniger als drei Minuten gedauert, und die beiden Männer haben eine Tiefe von 133 Metern und 23 Zentimetern erreicht. Aber das wissen sie nicht. Sie können nicht klar denken, und sie fühlen sich, als wären sie betrunken.

Die Taucher leiden an einem Tiefenrausch. Da sie wussten, dass das passieren würde, haben sie sich ihre Atemregler fest an die Gesichter geschnallt, sodass sie nicht Gefahr laufen, sie auszuspucken und zu ertrinken. Sie können sich da unten gerade noch gegenseitig ein Zeichen geben, dass sie jetzt an der Leine entlang wieder nach oben schwimmen müssen.

Sie wissen nicht, wie viel Zeit sie in der tiefsten Tiefe verbracht haben, vielleicht ein paar Sekunden, vielleicht auch eine halbe Minute. Damit sie an die Wasseroberfläche zurückkehren können, ohne dabei einen Dekompressionsunfall zu erleiden, werden die beiden Taucher langsam über anderthalb Stunden aufsteigen, wobei sie die meiste Zeit in 20 Meter Tiefe verbringen werden. Nach und nach setzt beim Aufstieg ihr Denkvermögen wieder ein, und sie wissen, dass sie dem Plan folgen müssen, der ihnen eine sichere Dekompression garantiert. Ihnen ist kalt, und sie sind müde. Nachdem sie das Wasser verlassen haben, holt man das Tau ein, und erst jetzt erfahren sie, dass sie einen neuen Weltrekord für das Tauchen mit Pressluft aufgestellt haben. Im Lauf der nächsten drei Jahrzehnte werden mindestens zehn Taucher versuchen, ihre Leistung zu überbieten. Sie alle werden bei diesem Versuch sterben.

Die beiden Männer sind Neal Watson und John Gruener, zum Zeitpunkt ihres Tauchrekords beide Ende 20 und in körperlicher Bestform. Vier Jahre lang hatten sie zusammen getaucht und trainiert, bis sie fanden, dass sie in der körperlichen und geistigen Verfassung waren, sich diesen Meerestiefen auszusetzen. Die Gesetze der Physik missachtend, bewiesen sie, dass der Mensch unter Wasser die Grenzen dessen, was die Wissenschaft für möglich und für nicht möglich hält, verschieben kann.

Neal Watson ist noch immer im Tauchgeschäft und leitet eine Kette von Tauch-Resorts, die unter seinem Namen in Konzession betrieben werden. Ich fuhr nach Fort Lauderdale, um mich mit ihm zu treffen. Ich wollte wissen, was ihn damals zu diesem Tauchgang veranlasst hatte, der einen tödlichen Ausgang hätte nehmen können.

Watson weiß, wie gefährlich sein Versuch 1968 war, und er sagt, er würde niemals jemanden dazu ermutigen, einen neuen Tiefenrekord unter Verwendung von Druckluft in Angriff zu nehmen. Man kennt die Gefahren, und keine verantwortungsvoll handelnde Tauchorganisation würde einen solchen Versuch gutheißen. Heutzutage besteht ein regelrechtes Tabu, was solche Tiefenrekorde angeht, und jeder, der einen Rekord für sich in Anspruch nehmen wollte, zöge damit die Kritik und Missbilligung der gesamten Tauch- und Medizinwelt auf sich. Und dennoch ist da ein Glitzern in Watsons Augen, wenn er vom Abenteuer des Tiefentauchens erzählt. Ich fragte ihn, ob er gehofft hatte, durch einen Rekord im Drucklufttauchen zu Ruhm oder Reichtum zu kommen.

»Nein, ganz bestimmt nicht«, antwortete Watson. »In einem Lokalblatt erschien damals ein Bericht über die Sache, und dann wurde unser Rekord ins *Guiness-Buch der Rekorde* aufgenommen, aber die meisten Leute im Geschäft brachten uns eher Ablehnung entgegen. In 133 Meter Tiefe ist es kalt und dunkel. Wir waren dort unten wegen des Stickstoffs in unseren Körpern wie betäubt, und keiner von uns beiden konnte sich daran erinnern, wie wir die Markierungen an der Lotleine befestigt haben. Als wir wieder oben waren, war das Erste, was ich sagte, dass ich auf diesen Rekord verzichten könnte.«

Watson und Gruener hatten damals die Regeln missachtet und waren sämtliche Risiken eingegangen, die das Tauchen mit Druckluft mit sich bringt. Nicht nur, dass die Wahrscheinlichkeit eines Dekompressionsunfalls größer war, wenn sie die Geschwindigkeit ihres Aufstiegs falsch berechneten, es lauerten auch noch zwei weitere, ausgesprochen heimtückische Gefahren: die Stickstoffnarkose und die Sauerstoffvergiftung. Beide verleiten einen Taucher dazu, sich unvernünftig zu verhalten, oder lassen ihn schlichtweg alles vergessen. Als Cousteau und sein Team in den 1940er Jahren mit ihrer neuen Aqualunge experimentierten, gehörte zu ihrem Lernprozess auch die Erfahrung der »Verlockung der Tiefe«, die man schließlich als potenziell tödlich erkannte. Aber zur damaligen Zeit gab es noch keine wissenschaftlich abgesicherten Daten über die Vorgänge, die für diesen Zustand verantwortlich waren.

Der Vorgang, der zu einer Stickstoffvergiftung führt, hat mit der Wirkung des Drucks auf die in der Luft enthaltenen Stickstoffpartikel zu tun. Bei normalem atmosphärischen Druck auf Höhe des Meeresspiegels macht Stickstoff den größten Teil der Gasmischung aus, die wir Luft nennen – nämlich um die 79 Prozent. Auf dieser Höhe spielt der Stickstoff bei der Atmung jedoch keine Rolle, da er nicht vom Gewebe aufgenommen wird. Unter erhöhtem Druck dagegen, wenn beispielsweise ein Taucher tiefer unter Wasser geht, ist die Luft, die er atmet, dem in der Tiefe herrschenden Druck ausgesetzt. Aus noch nicht ganz geklärter Ursache führt der unter Druck eingeatmete Stickstoff im Körper zu ähnlichen Folgen wie ein Übermaß an Alkohol.

John Dalton entdeckte im 18. Jahrhundert, dass der Gesamtdruck in einer Mischung von Gasen der Summe der Partialdrücke der Gase in dieser Mischung entspricht. Das heißt, Sauerstoff und Stickstoff üben jeweils einen Teil des Gesamtdrucks – einen Partialdruck – innerhalb einer gegebenen Luftmenge aus. Will man wissen, wie groß der Partialdruck eines Gases ist, muss man den Anteil dieses Gases am Atemgemisch errechnen und das Ergebnis mit dem Gesamtdruck sämtlicher vorhandenen Gase multiplizieren. Atemgase werden normalerweise in Atmosphären (atm) gemessen, wobei der Druck auf Meereshöhe eine Atmosphäre beträgt. Wenn wir wissen, dass der Anteil von Sauerstoff in der Oberflächenluft 21 Prozent beträgt, dann beträgt der Teildruck nach dieser Formel 0,21 × 1 Atmosphäre = 0,21 atm, und entsprechend beträgt der Teildruck von Stickstoff 0,79 × 1 Atmosphäre = 0,79 atm. Verdoppelt man nun den atmosphärischen Druck, dann befinden sich in einer gegebenen Luftmenge doppelt so viele Sauerstoff- und Stickstoffmoleküle wie an der Oberfläche. Der prozentuale Anteil von Sauerstoff in dem Gasgemisch ändert sich nicht, aber es erhöht sich die Konzentration der Sauerstoffmoleküle in einer gegebenen Menge inhalierter Luft.

Zusammen mit dem Boyle-Mariotte'schen Gesetz ist Daltons Gesetz entscheidend für das Verständnis der Physik des Tauchens. Nach Boyle ändert sich das Volumen eines Gases bei konstanter Temperatur umgekehrt proportional zum Druck (weniger Druck = mehr Volumen), während sich die Dichte eines Gases proportional zum Druck verändert (mehr Druck = höhere Dichte). Das ist der Grund dafür, dass Taucher nicht den Atem anhalten dürfen, wenn sie nach dem Atmen von Druckluft an die Wasseroberfläche aufsteigen – die Luftblasen dehnen sich bei abnehmendem Druck aus, und wenn man sie nicht rechtzeitig aus der Lunge entweichen lässt, bringen sie diese wie einen Ballon zum Platzen. Es muss aber noch ein drittes Gesetz der Physik herangezogen werden. Henry hat im 19. Jahrhundert das Gesetz formuliert, dass die Menge eines Gases, die sich in einer Flüssigkeit bei gegebener Temperatur auflöst, dem Partialdruck des Gases direkt proportional ist. Daraus folgt, dass unter erhöhtem Druck größere Mengen des Gases vom menschlichen Blutkreislauf und damit auch vom Gewebe absorbiert werden.

Diese drei physikalischen Gesetze erklären, was geschieht, wenn ein Taucher unter Wasser in größere Tiefen geht. Der Teildruck von Stickstoff und Sauerstoff nimmt zu, was dazu führt, dass der Körper eine höhere Konzentration der beiden Stoffe durch die Atmung aufnimmt. Ab einer Meerestiefe von 23 Metern beginnt Stickstoff, die mentalen Prozesse eines Tauchers zu beeinflussen, das liegt zum Teil daran, dass er die Funktionsweise der Nerven stört. In einer Meerestiefe von etwa 53 Metern wird der Sauerstoff in der Druckluft toxisch. Selbst an der Wasseroberfläche ist reiner Sauerstoff trotz seiner lebenswichtigen Funktion giftig, wenn er über längere Zeit eingeatmet wird, und führt schließlich zu einer Schädigung der Lungen. Unter Druck eingeatmet, treten die Wirkungen von reinem Sauerstoff noch stärker und schneller auf. Schon in einer geringen Wassertiefe von neun Metern kann er Anfälle hervorrufen. Hans Hass, der seine ersten Tauchgänge mit reinem Sauerstoff unternahm, beschrieb mir die ersten Symptome als weiße Flecken, die am Rand des Sehfeldes erscheinen und es nach und nach zum Tunnelblick verengen. Beim Freizeittauchen, wenn Sauerstoff mit Stickstoff gemischt wird, tritt normalerweise keine Sauerstoffvergiftung auf, aber in mehr als 60 Meter Tiefe kann ihr jeder zum Opfer fallen. So gut wie alle Taucher erleiden eine Sauerstoffvergiftung, wenn sie nur einige Minuten lang in einer Tiefe von mehr als 90 Metern Druckluft atmen. Die meisten Ärzte weisen allerdings darauf hin, dass die Sauerstoffvergiftung lediglich ein theoretisches Risiko darstellt, da ein Taucher schon längst eine Stickstoffnarkose erlitten hat, bevor sie überhaupt eintreten kann.

Watsons und Grueners Tiefenrekord von 1968 ist in mehrfacher Hinsicht bemerkenswert. Zum einen wussten sie, dass die Wahrscheinlichkeit, während des Tauchgangs zu sterben, bei 50 Prozent lag. Ihnen war bewusst, dass ihre Fähigkeit, unter Wasser klar zu denken, durch eine Stickstoffnarkose beeinträchtigt werden würde, und ihnen war auch bewusst, dass sie sich durch das Atmen von Druckluft in großer Tiefe der Gefahr einer Sauerstoffvergiftung aussetzen würden.

Neal Watson ist mit seinen fast 60 Jahren so gesund und kräftig wie ein 20 Jahre jüngerer Mann. Er ist schlank und drahtig und hat mit seiner breiten Brust und den schmalen Hüften die Figur eines Leichtgewicht-Boxers. Er spricht in einem tiefen Bariton, rau und weich zugleich. Man hört ihm gerne zu, und man kann sich ohne weiteres vorstellen, dass er an seine eigenen Grenzen geht. Er gibt zu, dass er der Sucht des Tiefentauchens erlegen ist.

»Tauchen ist eine unvergleichliche Erfahrung, und ich gehe bis heute immer noch tiefentauchen. An jedem Wall, an dem ich vorbeikomme, muss ich mindestens 70 Meter runter. Jedem anderen würde ich das verbieten, aber ich kann einfach nicht anders, ich muss dieses jungfräuliche Gebiet erobern. Dort unten geht es mir gut, und ich fühle mich eins mit der Welt.«

Was ist mit dem Tiefenrausch?

»Bei 55, 60 Metern wird dir ein bisschen schwindlig. Auf den Bahamas gibt es die so genannte Tounge of the Ocean, dort fangen die Wälle bei zehn Metern an und gehen runter bis auf 2 000 Meter. Das Wasser ist vollkommen klar, und wenn du nach oben schaust, kannst du das Boot sehen. Ich pendle mich am liebsten bei 68, 70 Metern ein und bleib nicht länger als eine Minute unten, dann steige ich langsam wieder auf. Das ist ein einzigartiges Gefühl.«

Im Rückblick meint er, dass Gruener und er damals 133 Meter Tiefe erreichten, sei zum Teil auf ihre innere Haltung zurückzuführen. Er hatte während seiner Militärzeit im Fernen Osten bestimmte Meditationstechniken erlernt. Dass sie während des Tauchgangs ruhig blieben, hatte sich als lebenswichtig erwiesen. Jede Panikattacke, jeder Versuch, rasch zur Wasseroberfläche zurückzukehren, hätte einen tödlichen Ausgang genommen. Durch Meditation und die Konzentration auf ihr Ziel vermieden sie es, zu viel über die ungeheure Wassertiefe nachzudenken.

Watson kommt immer wieder auf die mit der Tiefe verbundenen Gefahren zurück. »Man kann das Tiefentauchen wohl am besten damit vergleichen, dass man in ein Auto steigt und bei einer Geschwindigkeit von 60 Kilometern einen Schluck Whiskey trinkt. Dann erhöht man auf 70 und trinkt noch einen Schluck, dann fährt man 80 und nimmt wieder einen. Und dann 90 und noch einen. Während man also zunehmend durch den Alkohol beeinträchtigt wird, muss man gleichzeitig in zunehmendem Maß die Übersicht und die Kontrolle behalten. Freizeittaucher dürfen unter keinen Umständen in eine solche Situation geraten.«

Wie viele erfahrene Taucher glaubt auch Neal Watson, dass er eine erhöhte Toleranz gegenüber der Stickstoffnarkose entwickelt hat. Da er regelmäßig in große Tiefen getaucht sei, habe sich sein Körper an die Wirkungen des Gases gewöhnt, so wie sich das Gehirn auf die Dauer auch an einen immer höheren Alkoholspiegel im Körper gewöhnen könne.

Neal Watson erinnert sich, dass er in der Tiefe gleichzeitig mit der Narkosewirkung ein Gefühl verspürte, das er nur als »Erleuchtung« beschreiben kann.

»Es war ein spirituelles Gefühl«, sagt er. »Als Kind ging ich in die Sonntagsschule, und auch zu Hause wurde ich religiös erzogen, aber das hier war etwas anderes. Es war so, als wäre mir der Schlüssel zum Universum in die Hand gegeben worden. Da war diese Freude, und plötzlich verstand ich einfach alles. Jahrelang dachte ich, das läge an der Narkose, aber dann habe ich von Leuten gelesen, die eine so genannte todesnahe Erfahrung hatten … beim Ertrinken oder so … und im Nachhinein muss ich sagen, ich glaube, dass dieses Gefühl der Erleuchtung daher stammte, dass ich an die äußerste Grenze gegangen und dem Tod nahe gekommen war.« Einen Moment lang hält Watson inne, wohl in Erinnerung an jene Empfindung, und fährt dann fort. »Es hat mein Verhältnis zu Leben und Tod verändert. Ich habe mich immer geärgert, dass ich mich zwar an das Gefühl der Erleuchtung erinnern konnte, wenn ich an die Wasseroberfläche zurückkam, aber nicht mehr genau an das Geheimnis des Lebens, des Universums und alles andere, was mir dort unten so klar gewesen war! Aber mein Verhältnis zu Leben und Tod hat sich seitdem geändert. Ich habe vor nichts mehr wirklich Angst …«

Neal Watson strahlt ein Selbstvertrauen aus, das als Arroganz missverstanden werden könnte. »Ich hatte nicht erwartet, dass ich durch diesen Tauchgang berühmt werden würde«, behauptet er. »Aber es ist toll, morgens in den Spiegel zu sehen und zu wissen, dass man etwas absolut Einzigartiges getan hat.« Er bekennt, süchtig nach Adrenalin zu sein. 1972 flog er mit einem Gyrokopter, einem kleinen Einmannhubschrauber, von Miami auf die Bahamas. Er stellte damit einen Streckenrekord für die Maschine auf, von dem er heute sagt, dass er so gefährlich gewesen sei wie das Tiefentauchen. »Ich hab wirklich gedacht, so, diesmal bist du dran.«

Watson kann auch über sich selbst lachen. Einige Zeit nachdem er den Tiefentauchrekord aufgestellt hatte, setzte er einen neuen Rekord, als er einen Betonblock mit seiner Stirn zerschmetterte. »Ich will ja nicht damit angeben, aber ich habe 25 Zentimeter Beton zerhauen, den ich vorher angezündet hatte, damit das Ganze noch dramatischer wirkt, und schaffte es, meine Haare in Brand zu setzen und mir den Kopf aufzuschlagen.«

1975 wandte sich Neal Watson wieder dem Sporttauchen zu, dieses Mal wollte er einen Rekord im Strecken- und nicht im Tiefentauchen aufstellen. Er hatte vor, 160 Kilometer in Tauchausrüstung zurückzulegen, aber er schaffte schließlich nur gut 100 Kilometer auf der Strecke von Islamorada in den Florida Keys nach Miami.

»Ich wollte die 160 Kilometer machen, aber meiner Begleitmannschaft unterlief ein Fehler«, sagt Watson mit leisem Ärger in der Stimme. »Nachdem ich ungefähr 19 Stunden im Wasser war, gab ich das Signal nach oben, dass ich frisches Trinkwasser brauchte, aber sie schickten mir die Schlauchleitung mit warmem Meereswasser runter, mit dem ich normalerweise meinen Anzug wärmte. Ich trank das Zeug, und mir wurde so schlecht davon, dass wir den Tauchgang abbrechen mussten.«

Das war allerdings nicht das einzige Problem, das es bei diesem Rekordversuch gegeben hatte. Hinter dem Tauchboot schwammen Sicherheitstaucher in einem Haikäfig, bereit, Watson zu helfen, wenn er in Schwierigkeiten geraten sollte. Der Käfig verwickelte sich aber mit dem Verbindungskabel, über das Watson mit der Bootsmannschaft kommunizieren konnte. Deshalb musste er eine wasserfeste Tafel verwenden, um aufzuschreiben, was ihm seine Sicherheitstaucher bringen sollten. Sie versorgten ihn während des Tauchgangs auch mit frischen Luftflaschen. »Das Problem war, dass wir wegen des defekten Kommunikationskabels kein Licht hatten, als es dunkel wurde. Sie befestigten also eine Menge chemischer Leuchtstäbe an meinem Anzug, damit sie mich sehen konnten. In der Nacht verwandelte ich mich in eine Art Leuchtköder, und dabei musste ich auch noch in mindestens sieben Meter Tiefe schwimmen, um nicht in das Kielwasser des Bootes und den Sog zu geraten.« Mit dem Streckenrekord konnte Watson das Interesse einer breiteren Öffentlichkeit auf sich ziehen, da sich die Leute darunter eher etwas vorstellen konnten als unter dem Tiefentauchen und all den Problemen, die damit verbunden waren.

»Soweit ich weiß, steht dieser Rekord noch«, sagte Watson. »Aber ich glaube, manche Rekorde sind einfach zu verrückt, als dass andere sie in Frage stellen wollen. Wenn mich jemand herausgefordert hätte, hätte ich es mit dem Streckenrekord noch mal versucht, weil es dabei vor allem um Kraft und Ausdauer geht. Ich habe hart dafür trainiert, ich bin jeden Tag in der Morgendämmerung aufgestanden und tauchen gegangen, einen Kilometer nach dem anderen.«

Neal Watson taucht noch immer und bringt anderen Leuten das Tauchen bei – Tauchen um des Vergnügens willen, nicht, damit sie ins Buch der Rekorde kommen. Er schätzt den Frieden und die Stille unter Wasser und sagt wie viele Geschäftsleute, dass er unter Wasser oft gute Einfälle habe. »Eine ganze Menge Leute sagen, dass sie unter der Dusche gute Ideen haben«, sagt er mit einem Grinsen. »Multiplizieren Sie das mit zehn, dann wissen Sie, was beim Tauchen passiert.«

Das Tiefentauchen bleibt weiterhin umstritten. Der britische Taucher Mark Andrews erhob 1999 mit etwas mehr als 152 Metern Anspruch auf einen neuen Rekord im Tauchen mit einem Atemgerät. Wie Neal Watson erzählte auch er, er habe sich mental auf seinen Versuch vorbereitet. Aufgrund einer Funktionsstörung der Ausrüstung stieg Andrews allerdings zu schnell auf, nämlich mit einer Geschwindigkeit von ungefähr 45 Metern pro Minute. Sporttauchern wird geraten, nicht mehr als 18 Meter pro Minute aufzusteigen, um ein Barotrauma der Lungen zu vermeiden.

Andrews dagegen schoss wie eine Rakete aus dem Wasser, und es wurde ihm übel. Er besaß die Geistesgegenwart, wieder hinunterzutauchen und eine zweieinhalbstündige Dekompression vorzunehmen. Er überlebte und litt nur, bevor er den tiefsten Punkt erreichte unter einer zeitweiligen Blindheit, die möglicherweise auf eine Sauerstoffvergiftung zurückging. Wie Neal Watson erklärte Andrews, er habe das Ganze überlebt, weil er sich in seinen eigenen mentalen Raum zurückgezogen und dabei seinen Körper dazu gebracht habe, sich zu entspannen und so mit den Anforderungen, die an ihn gestellt wurden, fertig zu werden.

Viele Taucher sind fasziniert von der Tiefe, vor allem Männer. »Wie tief warst du unten?«, fragen sie unschuldig, wohl wissend, dass sie zumindest so tun müssen, als hielten sie das Tiefentauchen nicht für ein Zeichen von Männlichkeit. Aber das tun sie natürlich.

Die vernünftige Antwort auf eine solche Frage besteht normalerweise in der Erklärung, dass es im Hinblick auf die eigene Sicherheit und das Erleben der Unterwasserwelt nichts bringt, besonders tief zu gehen. Mit jedem weiteren Tiefenmeter nimmt der Luftverbrauch des Tauchers zu und verkürzt damit die Tauchzeit. Wenn man tiefer schwimmt, kommt man in eine Welt, in der es weniger Licht gibt und daher auch weniger Leben, und fast immer sind in der Tiefe auch weniger Korallen zu sehen. Während der Tauchausbildung wird den Leuten eingehämmert, dass jenseits einer Grenze von 30 oder 40 Metern, wie sie im Freizeittauchen üblich sind, das Tauchen sehr viel gefährlicher ist. In einigen Ländern gibt es mittlerweile gesetzliche Beschränkungen für das Sporttauchen, und wenn die Tourleiter und die Betreiber von Tauchläden diese Bestimmungen nicht einhalten, verlieren sie ihre Lizenz. Ein toter Tourist ist schließlich keine gute Werbung.

Das Tiefentauchen mit Atemgerät ist eine Übung in der Wahrscheinlichkeitsrechnung. Wenn man eine bestimmte Zeit in einer bestimmten Tiefe taucht, stirbt man. Manche Leute mögen weniger anfällig für Stickstoffnarkose oder Sauerstoffvergiftung sein als der Durchschnitt, aber irgendwann werden auch sie in der Statistik auftauchen. Physik und Physiologie des Tiefentauchens sind nicht neu, und doch scheint es so, dass alle paar Jahre eine Gruppe von Sporttauchern behaupten muss, etwas zu können, was bislang für unmöglich gehalten wurde.

Ich tauchte einmal mit einer Gruppe von etwa sechs Tauchern an einem steil abfallenden Riffwall in der Karibik. Als wir über den Rand des Walls schwebten, hatten wir beste Sichtverhältnisse, es war nichts von einer Strömung zu merken, und um uns herum war nur das tiefblaue Wasser. Ohne dass wir uns darüber verständigt hätten, tauchten wir alle die Wand hinunter, bis wir die geplante Tiefe überschritten hatten. Der älteste und am wenigsten belastbare Taucher von uns tauchte noch weiter und hatte schließlich eine Tiefe von 55 Metern erreicht – das Doppelte der uns empfohlenen Maximaltiefe. Auch ich verspürte den Drang, noch ein paar Meter weiter runterzugehen. Ich warf einen Blick auf meinen Tiefenmesser und prüfte meinen Luftvorrat. Alles war in Ordnung. Ich blickte zur Wasseroberfläche hinauf, sie schien nicht weit entfernt zu sein. Allerdings sagte mir mein Tiefenmesser, dass ich es nicht schaffen würde, wieder hochzuschwimmen, wenn meine Luftversorgung ausfallen sollte. Ich stellte mir den verzweifelten Kampf vor, ich sah mich um Luft ringen und mit den Beinen gegen das Gewicht des Wassers treten und dachte an die Panik, die in mir aufsteigen würde. Ich verzichtete darauf, tiefer zu gehen, nicht zuletzt, weil ich meinen Begleitern nicht zutraute, dass sie mich retten konnten, falls etwas schief ging.

Der Kapitän war ziemlich verärgert, als wir zum Boot zurückkehrten. Er hatte uns beim Hinuntertauchen beobachtet und die Massenhysterie gesehen (wie soll ich es sonst nennen?), die zur Missachtung seiner Anweisungen geführt hatte. Er erzählte mir, dass ein paar Wochen zuvor ein Mitglied seiner Mannschaft dasselbe gemacht hatte und seither spurlos verschwunden war. Später stellte sich heraus, dass der Taucher kurz zuvor von seiner Freundin verlassen worden war. Offiziell blieb sein einsamer Tod ungeklärt, aber viele Taucher in Extremsituationen scheinen die ewige Einkehr in die Tiefe für ein angemessenes und logisches

Ende ihres Lebens zu halten. Wenn man immer weiter nach unten taucht, erreicht man irgendwann den Punkt, von dem aus man nicht zurückkehren kann. Wie ein Selbstmörder, der mit Hilfe von Drogen in den ewigen Schlaf gleitet, empfindet der Taucher das Eintauchen in die Tiefe als endgültige, sanfte Loslösung, als Nachhausekommen in ein Element, in dem er nur Freude erfahren hat.

## *Farquharinseln, südlicher Indischer Ozean*

Auf Farquhar, 290 Kilometer nördlich von Madagaskar, entdeckte ich das Skelett einer Schildkröte. Die Knochen lagen an der Stelle, an der das Tier gestorben war, oder zumindest dort, wo sie jemand fallen gelassen hatte, nachdem er das Fleisch mitsamt dem wertvollen Panzer vom Rücken entfernt hatte. Wie auf einem Röntgenbild lag das Skelett des Tieres in seiner Untersicht vor mir auf dem Boden. Die Überreste waren im Tod so sorgsam arrangiert, als habe man sie für einen Schaukasten in einem zoologischen Museum präpariert. In perfekter Symmetrie lagen die ausgebleichten flachen Platten rautenförmig zu beiden Seiten der Wirbelsäule. Diese unregelmäßigen viereckigen Platten hatten die Unterseite des Panzers gebildet, und um sie herum breitete sich ein Kreis weißer Knochen aus, die denen eines menschlichen Fingers glichen. Knorpel und Muskeln, Fleisch und Haut waren verschwunden, und die feinen Knochen formten einen Ring, der den Panzer getragen hatte. Minutenlang musterte ich diese Ansammlung von Knochen und fragte mich, was an der bloßen Form des Skeletts einer Schildkröte so faszinierend war. Diese weißen, sauberen und getrockneten Knochen bildeten nur das Gerüst eines Lebewesens, und doch besaßen sie dieselbe Anmut und Schönheit wie eine lebende Schildkröte. Selbst im Tod verzauberte mich das Tier mit seiner in sich geschlossenen Klarheit. Die Knochen lagen auf einem Korallenblock oberhalb der Gezeitengrenze neben der Lagune am westlichen Rand der Insel. Der Block bestand aus trockener und zementartiger Pavé-Koralle, die von Wind und Wasser zu einer festen Masse verdichtet worden war. Der flache, etwa zehn Quadratmeter große Block erstreckte sich von der Lagune aus über den Strand und sah mit seinen geraden Seiten und rechten Winkeln so aus, als wäre er von Menschenhand erbaut worden. An der dem Meer zugewandten Seite fiel er steil ins klare blaue Wasser ab, und ich konnte Haie in der Lagune erkennen, dunkle Schatten, die über den weißen Sand glitten. Mitten in diesem Block grauer Korallen hatte der Mensch seine Spuren hinterlassen. Dort lag, von den Kronen der Kasuarina-Bäume am Strand beschattet, ein eckiges Wasserbecken, das vor mehr als anderthalb Jahrhunderten von den Bewohnern des Atolls hineingeschlagen wurde.

Dieses Wasserbecken diente einst als Schildkrötengehege, in dem zum späteren Verzehr bestimmte Tiere gefangen gehalten wurden. Im frühen 19. Jahrhundert waren Plantagenarbeiter auf Farquhar angesiedelt worden, einige von ihnen waren afrikanische Sklaven, die von der Royal Navy aus der Hand arabischer Händler befreit und auf der nächstbesten Insel ausgesetzt worden waren, auf der sie überleben konnten. Diese Insel hier war später zur Kopra-Farm geworden, wo man aus getrockneten Kokosnusskernen das fette Öl gewann, das auf der ganzen Welt zum Kochen oder für die Herstellung von Seife verwendet wird.

Wenn die Schildkröten an Land gingen, um ihre Eier abzulegen, oder wenn sie zum Fressen in die flacheren Gewässer der Lagune kamen, fing man sie ein, setzte sie in das Wasserbecken und hielt sie dort so lange am Leben, bis man wieder Fleisch brauchte.

Als ich um das Becken herumging, sah ich, dass zwischen dem Becken und dem Rand des Pavé-Blocks, da, wo er in die Lagune abfiel, ein langer, etwa ein Meter tiefer, breiter Kanal gegraben worden war. Ich folgte ihm und sah, dass dieser Kanal über den festen Korallenblock direkt zu der Stelle führte, bis zu der die Flut reichte. Bei Flut füllte sich der Kanal und damit das Becken mit Meerwasser, und auf diese Weise wurde das Wasser erneuert, in dem die Schildkröten gefangen gehalten wurden.

Schildkröten können nicht vor Schmerz schreien. Auf Schiffen, die lange Entdeckungsfahrten unternahmen, waren Schildkröten eine begehrte Mahlzeit. Hatte man sie erst einmal gefangen, konnte man sie über Wochen ohne jede Nahrung und ohne Wasser im Frachtraum des Segelschiffs halten, um sie dann zu schlachten, wenn Bedarf an Frischfleisch bestand. Die Schildkröte liegt wochenlang in einer dunklen Ecke des Frachtraums hilflos auf dem Rücken, bis zu dem Tag, an dem sich der Koch entschließt, sie zum Abendessen zu servieren. Es gilt nur eine einzige Vorsichtsmaßnahme zu treffen – man muss ihre Atemwege freihalten, damit sie nicht erstickt. Dazu legt man der auf dem Rücken liegenden Schildkröte einen kleinen Holzblock als Stütze unter den Kopf, der dessen Gewicht trägt.

Die missliche Lage, in der sich Schildkröten heutzutage befinden, ist nur allzu gut bekannt. Die Bilder von frisch geschlüpften Schildkröten, die in der Morgendämmerung tapfer über den Strand kriechen, nur um dort räuberischen Krabben und Seevögeln zum Opfer zu fallen, sind aus keinem Dokumentarfilmprogramm mehr wegzudenken. Wie Soldaten auf den Schlachtfeldern des Ersten Weltkriegs schleppen sie sich in Hundertschaften über den feuchten Sand, während um sie herum ihre Geschwister von Schnäbeln und Scheren aufgepickt und zerhackt werden. Nur wenige überleben diese ersten Tage, vermutlich nicht einmal zehn Prozent des ursprünglichen Geleges, das von der Mutter unter großen Mühen einige Wochen zuvor vergraben wurde.

Kaum im Meer, sind die Schildkröten durch eine Reihe anderer Meeresbewohner neuen Gefahren ausgesetzt. Darüber hinaus können sie sich in Fischernetzen verfangen und dann ertrinken, schließlich atmen sie wie wir Luft.

Selbst an Orten, an denen die Schildkrötenjagd offiziell verboten ist, fängt man die Tiere und isst sie. Es kommt vor, dass ein Wilddieb eine Schildkröte bei Tageslicht im flachen Gewässer oder am Strand findet und sie erst einmal in den Büschen versteckt, um sie im Schutze der Dunkelheit zu holen. Damit die Schildkröte sich nicht über den Strand hinunter zum Meer schleppt, hackt er ihr die Vorderflossen ab und lässt sie blutend im Gras liegen.

Einmal stieß ich auf eine weibliche Echte Karettschildkröte, der eine Flosse fehlte, möglicherweise hatte ein Hai sie ihr in ihrer Jugend abgebissen. Der vier oder fünf Zentimeter lange Stumpf zuckte unter der ledernen Haut im Takt mit der anderen Flosse, ohne der Schildkröte Antrieb zu geben. Sie schwamm allerdings ganz gut mit der verbliebenen Flosse und kehrte regelmäßig zu diesem bestimmten Riff zurück. Wie würde sie sich wohl paaren, ohne dabei zu ertrinken, fragte ich mich, und wie würde es ihr wohl ergehen, wenn die Zeit kam, sich über den Strand zu schleppen und ein Loch für ihr Gelege zu graben? Würde sie sich bis zur Erschöpfung abarbeiten und schließlich an Herzversagen sterben?

Die Zahl der Schildkröten nimmt weltweit ständig weiter ab. Sie werden gefischt, mit Netzen gefangen und manchmal sogar mit Gewehren geschossen. Sie fressen Plastik, jene Seuche der Meere, die in einem steten Strom um den ganzen Globus treibt. Dabei hatte das Aufkommen von Plastik in seinen vielen Formen die Schildkröte von dem Schicksal erlöst, vom Menschen wegen ihres Panzers gejagt zu werden. Einstmals hat man diese Panzer so lange poliert, bis sie fast transparent waren, und sie dann zu Schmuck oder Brillengestellen verarbeitet. Inzwischen ist das Plastik zu einer neuen Bedrohung geworden, da die Tiere die dahintreibenden Plastikabfälle herunterwürgen und dann verhungern, weil ihnen die unverdaubaren Klumpen die Mägen verstopfen. Die Strände, an denen sie ihre Eier legen, sind oft auch jene, die am stärksten von Touristen frequentiert werden – saubere, ausgedehnte Flächen aus weichem Sand. Die helle elektrische Beleuchtung der Touristenzentren verscheucht die schwangeren Weibchen oder raubt den frisch geschlüpften Schildkröten die Orientierung. Sie sind darauf programmiert, sich unmittelbar nach dem Schlüpfen in Richtung einer Lichtquelle zu bewegen, und sie verwechseln diese Lichter mit dem Meer, das normalerweise den Mond und die Sterne reflektiert und hinter dem dunkleren Strand hervorleuchtet.

Das Leben einer Schildkröte im Meer ist schon ohne den Menschen hart genug. Die Weibchen kommen nur etwa alle zwei Jahre an Land, um ihre Eier abzulegen. Sie ernähren sich von Quallen, weichen Korallen, Fischen und Krabben und von Seegras und Algen. Sie haben keine Zähne und kauen und zermahlen ihre Nahrung mit den scharfen Rändern ihrer verhornten Kiefer. Die Leder- und die Gewöhnliche Bastardschildkröte sind mittlerweile äußerst selten; die Suppenschildkröte, die Echte und die Unechte Karettschildkröte stehen auf der Liste der bedrohten Tierarten. Jedes Jahr kehren auf der ganzen Welt immer weniger Weibchen zur Eiablage an die Strände zurück. Eine Meeresbiologin erklärte mir, dass wir es möglicherweise gar nicht mitbekommen, wenn alle Schildkröten aussterben. Einige Jahre lang sehen wir vielleicht noch Weibchen ihre Eier legen und nehmen daher an, dass es noch genug Schildkröten dort draußen gibt, um die Art am Leben zu erhalten. Von einigen Arten nimmt man an, dass sie sich bis zu 30 Jahre lang fortpflanzen und wie Landschildkröten einen Vorrat an befruchteten Eiern in ihrem Körper bewahren können, die sie dann nach und nach ablegen. Daher wird die letzte Generation, die sich noch paaren kann, so lange Eier ablegen, wie sie fortpflanzungsfähig ist. Ihre Nachkommen aber werden ins Meer gehen, und dann wird irgendwann der Punkt erreicht sein, an dem es nicht mehr genug Überlebende zur Erhaltung der Art gibt. Erst wenn nach und nach die letzten Individuen der letzten erfolgreichen Brutgeneration sterben, werden wir feststellen, dass die wenigen noch lebenden Schildkröten zur Aufrechterhaltung der Art nicht ausreichen. Aber dann wird es zu spät sein.

Die Meeresschildkröte ist ein uraltes, ausgesprochen sanftes Lebewesen. Mit einer Schildkröte unter Wasser zu schwimmen ist eines der größten Privilegien, das einem Taucher zuteil werden kann. Es ist rührend, wenn man eines der Tiere dabei beobachtet, wie es sich durch eine Koralle knabbert und dann seinen Kopf hebt und den Blick erwidert. Dann wendet es sich wieder dem Fressen zu und lässt sich von dem Menschen in seiner Nähe weder ablenken, noch zeigt es irgendein Interesse an ihm. Manchmal kann nichts außer der Notwendigkeit, zum Atmen an die Wasseroberfläche zu schwimmen, eine Schildkröte dazu bringen, ihren Fressplatz zu verlassen. Während sie kaut, sieht sie einen fortwährend an, bis man schließlich ganz verlegen wird, wie jemand, den man dabei erwischt, dass er im Restaurant einen Fremden beim Essen anstarrt. Irgendwann hört sie auf zu fressen und taucht nach oben, um nach Luft zu schnappen. Der Anblick einer Schildkröte, deren Silhouette wie ein Diskus zur hell erleuchteten Oberfläche des Meeres aufsteigt, ist unvergesslich. Die Flossen, die Schildkröten am Strand so verletzlich und unbeholfen machen, haben sich in kräftige Paddel verwandelt. Ein mächtiger Schlag mit den Vorderflossen, und die Schildkröte fliegt im Wasser davon. Im Gleiten dreht sie sich und setzt dabei den Schwung ihres schweren Körpers ein, um wie ein Papierflugzeug nach unten und nach oben zu schweben. Wasser ist fast 30 000 Mal so dicht wie Luft, und doch segelt die Schildkröte mit einer Grazie dahin, als habe sie Engelsflügel.

Schildkröten sind verletzliche Wesen und haben nichts Bedrohliches. Viele Taucher erzählen, dass der Anblick einer Schildkröte aus der Nähe sie zutiefst bewegt. Selbst bei den jungen Tieren sieht die Haut um Hals und Augen rissig und alt aus. Auch wenn es seltsam klingt, aber die Augen einer Schildkröte machen sogar unter Wasser den Eindruck, als seien sie feucht, in Tränen schwimmend, und mit diesen Augen betrachtet eine Schildkröte aufmerksam die Welt um sich herum. Wenn ein Taucher eine Schildkröte packt, was manche meinen, tun zu müssen, wird sie keinen Versuch unternehmen, den Angreifer zu beißen oder ihn auf andere Weise zu verletzen – dabei kann das Tier bei diesem Spaß ertrinken. Lässt man sie wieder frei, schwimmt sie weg, meist in tieferes Wasser, selbst wenn sie unbedingt Luft braucht. Nachts kommt die Schildkröte vielleicht zum Fressen an einen

Riffkamm, oder sie sucht sich eine geschützte Felsbank, wo sie sich in einem Versteck ausruht. Dort verharrt sie dann eine Stunde oder länger vollkommen reglos und mit verlangsamtem Stoffwechsel. Von Zeit zu Zeit schwimmt sie an die Wasseroberfläche, schnappt ein bisschen Luft und gleitet dann wieder hinunter, um die Nacht in Einsamkeit zu verbringen.

Wenn man mit ausreichendem Abstand neben einer Schildkröte herschwimmt, ohne ihr Angst einzujagen, wird man sich in sie verlieben, verzaubert von ihren uralten Augen.

# 6 Flimmernde Bilder

*Ich zeigte meine Bilder und sah zu meiner großen Freude, dass sie einen guten Eindruck machten. Es seien die besten, die er jemals gesehen habe, sagte William Beebe, und ich glaube, ich hätte nicht schöner für meine Arbeit belohnt werden können.*

Hans Hass, *Drei Jäger auf dem Meeresgrund*

## *Wien, Österreich*

Die Straße verschwand unter den wirbelnden weißen Flocken, als sich der Flughafenbus, der mich und die anderen Passagiere spät am Abend ins Zentrum von Wien bringen sollte, einen Weg durch den Schneesturm bahnte. Genauso verhüllte der Schnee die sich nähernde Stadt, bis wir die Endhaltestelle erreichten, eine unauffällige Ansammlung von Bushäuschen neben einem großen Hotel, in dessen Umgebung alle Straßen und Gehsteige in dem Sturm wie ausgestorben wirkten. Ich wechselte aus der Wärme im Inneren des Busses in die eines Taxis, um mich in meine kleine Pension am Stadtrand fahren zu lassen, die einzige Unterkunft, die ich auf dem Höhepunkt der winterlichen Ballsaison für diese Nacht hatte finden können. Als wir an den barocken Gebäuden der Altstadt entlangfuhren, konnte ich einen ersten Eindruck von der Pracht der ehemaligen Kaiserstadt gewinnen. Vor der Staatsoper stand ein ganzer Konvoi von Polizeifahrzeugen, und bewaffnete Männer hielten sich bereit, jede Störung des Debütantinnenballs zu verhindern. Beim Vorbeifahren konnte ich einen kurzen Blick auf das hell erleuchtete, prachtvoll ausgestattete Foyer erhaschen. Die Szenerie schien einer anderen Zeit anzugehören, es war, als sähe ich in dem vom Schnee reflektierten Licht der Scheinwerfer eine Traumlandschaft aus majestätischen Plätzen und reich verzierten Gebäuden.

Der Schneefall hielt die ganze Nacht über an, und ich erwachte von den gedämpften Geräuschen der elektrischen Straßenbahnen und der Schneepflüge, die ihre Spuren durch die weiß überzuckerte Welt zogen. Ich schloss mich den Massen dick vermummter Pendler in der U-Bahn-Station an und gelangte schließlich zum *Steffl*, dem gotischen Stephansdom, der über die Fußgängerzone im Zentrum Wiens emporragt. In den angrenzenden Straßen drängen sich elegante Bekleidungsgeschäfte, Juweliere und Antiquitätenhändler, und dazwischen finden sich jede Menge Kaffeehäuser, Konditoreien und Fastfood-Restaurants. Die Glasfronten postmoderner Architektur wechseln mit barocken Gebäuden ab, und es fällt schwer, in der vom Bombenhagel des Zweiten Weltkrieges in großen Teilen zerstörten Innenstadt wirklich Altes und sorgfältige Rekonstruktionen voneinander zu unterscheiden.

Die Sonnenfelsgasse ist eine schmale Straße, nur wenige Gehminuten vom Stephansdom entfernt. Hier war ich in einem der schlichten Wohnhäuser aus der Nachkriegszeit mit Hans Hass verabredet. Der Erfolg Jacques Cousteaus, den dieser mit seinen anspruchsvollen Filmen und Fernsehserien feiern konnte, hatte Hans Hass in den 60er Jahren aus dem öffentlichen Bewusstsein verdrängt. Aber wenn auch Cousteaus Ruhm das Werk von Hass in den Schatten stellte, so waren es doch dessen mit einem kleinen Team von Meeresbiologen zum Roten Meer durchgeführte Expeditionen gewesen, die in den 50er und 60er Jahren eine ganze Generation mit dem Interesse am Tauchen als Freizeitsport infizierten. Hass, der in den 50er Jahren weltweiten Ruhm genossen hatte, geriet praktisch in Vergessenheit. Fortan widmete er sich der Verhaltensforschung und überließ den Platz im Rampenlicht

Cousteau und den Horden von Unterwasserfilmern, die seit den 70er Jahren die Fernsehbildschirme füllen. Seit Cousteaus Tod im Jahr 1997 lebt das Interesse an Hass wieder auf, und nachdem er 25 Jahre geschwiegen hatte, begann der freundliche und zurückhaltende österreichische Wissenschaftler nun wieder, über die Rolle zu sprechen, die er bei den Anfängen des Tauchens gespielt hatte. Als Jacques Cousteau 1943 seine Aqualunge zur Verwendung von Pressluft perfektionierte, war Hass bereits mehrmals mit einem Sauerstoffgerät unter Wasser gegangen und hatte Filme von Korallenriffen und Haien aufgenommen, die den Ansprüchen deutscher und österreichischer Kinobesucher durchaus gerecht wurden.

Die Tür zur Wohnung Nr. 39 in der Sonnenfelsgasse öffnete sich, und Hans Hass streckte mir zur Begrüßung die Hand entgegen. Er hatte einen festen Händedruck, und ich konnte kaum glauben, dass dieser lebhafte Mann mit dem kurz gestutzten Bart und den neugierigen Augen gerade seinen achtzigsten Geburtstag gefeiert hatte. »Nur herein, kommen Sie nur immer herein«, sagte er liebenswürdig. »Fühlen Sie sich wie zu Hause und herzlich willkommen in Wien.«

Die Wohnung war klein. Von dem kurzen Flur aus gelangte man in ein nahezu quadratisches Wohnzimmer. Die Wände waren von Regalen gesäumt, die vom Boden bis zur Decke reichten und mit wissenschaftlichen Schriften, Büchern von Hass und anderen Meeresbiologen und Stapeln von Papier und Briefen gefüllt waren. In einer Nische hatte ein alter Schneidetisch seinen Ehrenplatz gefunden. In all dem Durcheinander war eine eigene Ordnung erkennbar, und der Schreibtisch, an dem Hass Platz nahm, war penibel aufgeräumt. Ich erklärte, dass ich gerne mit ihm über seine frühen Tauchexperimente sprechen würde, und fügte entschuldigend hinzu, ich könnte mir denken, wie oft man ihn im Lauf der Jahre zu diesem Thema schon befragt habe.

»Ich stehe ganz zu Ihrer Verfügung«, sagte Hass, wobei er mich mit einem prüfenden Blick ansah. »Es macht mir nichts aus, meine Geschichte zu wiederholen. Ich werde nur dann ein wenig ärgerlich, wenn man mir Fragen stellt, die – wie soll ich sagen – von einer gewissen Unkenntnis zeugen.«

Ich verstand die versteckte Warnung und war zunächst auf der Hut, aber bereits nach ein paar Minuten war die Atmosphäre wieder entspannt, und Hass schien Vergnügen an unserem Gespräch zu finden. Ich saß ihm direkt gegenüber und war beeindruckt von seiner geistigen Wachheit und Fähigkeit, sich so deutlich an Ereignisse zu erinnern, die 60 Jahre zurücklagen. Die Geschichten, die er erzählte, unterschieden sich nicht im Geringsten von den Berichten, die er zu jener Zeit geschrieben und veröffentlicht hatte. Er erzählte seine Geschichte mit einer aus der Mode gekommenen Höflichkeit und Kultiviertheit, die keine Zugeständnisse an die Formlosigkeiten des gesellschaftlichen Umgangs machte, wie er im ausgehenden 20. Jahrhundert üblich geworden ist. Hans Hass konnte beim Sprechen mühelos zwischen dem Englischen, Deutschen und Französischen hin und her wechseln, und ohne lange zu überlegen, hatte er Namen und Orte von einem Dutzend wissenschaftlicher Expeditionen in genauso vielen Ländern präsent.

Hass erzählte mir, er habe mit dem Freitauchen angefangen, nachdem er an der französischen Riviera zufällig Guy Gilpatric, der diese neue Sportart als einer der Ersten betrieb, kennen gelernt hatte. Wie er sagte, hatte er mit 18 Jahren Urlaub auf Cap d'Antibes gemacht und sich das erste Mal unglücklich verliebt. Als er Trost in der Einsamkeit der Felsenküste am Cap suchte, entdeckte er den Amerikaner, der mit einer einfachen Harpune in der Bucht herumschwamm. Von Zeit zu Zeit verschwand der Mann unter der Wasseroberfläche, um kurz darauf mit einem aufgespießten Fisch wieder aufzutauchen. Hass erzählt, er habe Gilpatric angesprochen und von ihm erfahren, bei welchem Mechaniker im Ort er eine Harpune erwerben könne. In seinem Buch *The Compleat Goggler* berichtet Gilpatric mit leisem Spott von einem jungen Österreicher, der ihn mit Fragen über das Tauchen löcherte, und beschreibt ihn als »den bebrillten Deutschen, der von weit her ans Meer gekommen war« und dessen Augen »so blau waren, wie die Donau sein soll, aber nicht ist«.

Hass, von Natur aus sportlich, brachte sich selbst das Tauchen bei und hielt sich während seines Aufenthalts in Antibes mit dem Verkauf der gefangenen Fische an Hotels und Restaurants über Wasser. Zurück in Österreich, verdiente er sein Geld mit einer Vortragsreihe über das Tauchen. Durch seine zunehmend beliebten und erfolgreichen Auftritte konnte er beträchtliche Summen für die Finanzierung von Tauchexpeditionen auftreiben. Er berichtete davon, wie er Riesen-Zackenbarsche mit dem Speer erlegt und mit bloßen Händen mit einem Kraken gerungen hatte. Die Belustigung und Skepsis, mit denen seine Zuhörer auf die Berichte reagierten, brachte ihn auf die Idee, mit Unterwasseraufnahmen zu beweisen, was er über die Meereswelt erzählte.

Hass entwarf ein wasserdichtes Kameragehäuse und ließ es von einem Wiener Schmied anfertigen. Gemeinsam mit ein paar Kommilitonen unternahm er 1938 eine Expedition an die dalmatische Küste, um das Gehäuse zu erproben und zu perfektionieren. Die Einnahmen, die ihm die daraus entstandenen Bildvorträge und sein erstes Buch, *Jagd unter Wasser mit Harpune und Kamera*, brachten, ermöglichten es ihm, im darauf folgenden Jahr eine noch ehrgeizigere Expedition in Angriff zu nehmen, die ihn diesmal in die Karibik führen sollte. Mit Unterstützung des Naturhistorischen Museums in Wien machte sich Hass auf die Reise nach Curaçao, wo er Fische sammeln wollte. Diesem Abenteuer stellte der Ausbruch des Zweiten Weltkrieges einige Hindernisse in den Weg.

Als er schließlich 1940 nach einer langen Irrfahrt von den USA über Hawaii, Japan und Russland nach Wien zurückgekehrt war, hatte er sich mittlerweile als Taucher und Wissenschaftler einen so großen Ruhm erworben, dass er seine Forschungen auch während des Krieges fortsetzen konnte. 1941 veröffentlichte er sein zweites Tauchbuch, *Unter Korallen und Haien*, das angeblich sogar Adolf Hitler gelesen haben soll. Hass war wegen Durchblutungsstörungen in den Beinen vom Militärdienst befreit worden und konnte den größten Teil des Jahres 1942 durch die Ägäis kreuzen, um dort für seine Doktorarbeit Forschungen an Korallen durchzuführen. Ein Film von dieser Expedition zeigt Hass mit zwei Freunden, die ihn bereits nach Curaçao begleitet hatten, wie sie ein offenbar unbeschwertes Leben genießen, zwischen den Sporaden herumsegeln und dabei verschiedene Prototypen von Tauchhelmen testen. 1943 verfügte Hass dann über ausreichende Mittel, um ein eigenes Boot zu kaufen, und er begann, seine eigenen, unabhängigen Tauchexpeditionen zu unternehmen.

Hass hatte großes Glück gehabt, dass er während des Krieges seine Doktorarbeit in Zoologie abschließen konnte, da diese wie durch ein Wunder von einem Bombenangriff auf die Berliner Universität verschont geblieben war. Bei Kriegsende erlebte Hass einen herben Rückschlag: Sein Boot wurde von der einmarschierenden russischen Armee beschlagnahmt, die auch viele der Exponate vernichtete, die Hass auf seinen Expeditionen im Mittelmeer gesammelt hatte. Nicht dass sich die Soldaten für Zoologie interessierten – ihnen ging es um den Alkohol, in dem die Exponate aufbewahrt wurden. Mehrere Jahre lang konnte Hass keine Reisen unternehmen, und er kehrte nach Wien zurück, um seine Tätigkeit als Vortragsredner wieder aufzunehmen. Für die Arbeit in seinem Büro stellte er eine hübsche junge Sekretärin ein, Lotte Baierl, die ihm gemeinsame Freunde vorgestellt hatten. 1949 konnte er endlich wieder tauchen und führte die erste Expedition in die reichen Gewässer des Roten Meeres durch. Er war der Erste, der Nahaufnahmen von Mantarochen machte, und diese Fotos erschienen rund um die Welt in Zeitungen und Zeitschriften. Der Kinofilm, der bei dieser Expedition entstanden war, wurde auf der Biennale in Venedig 1951 mit dem ersten Preis ausgezeichnet, und der anschließende weltweite Verleih war sowohl Hass' Reputation als auch seinem Einkommen dienlich.

1952, ein Jahr bevor *Die schweigende Welt* von Jacques Cousteau die Regale der Buchläden füllte, war Hass' drittes Buch, *Drei Jäger auf dem Meeresgrund*, bereits ein Bestseller. Es folgten Kinofilme in Spielfilmlänge und die ersten Fernsehdokumentarfilme über das Leben unter Wasser, und 1955 drehte Hass im Auftrag der BBC die im darauf folgenden Jahr mit großem Erfolg ausgestrahlte Serie *Diving to Adventure*. Es war das Fernsehen – bewegte Bilder aus dem Meer –, das die Namen von Hans und Lotte Hass, mittlerweile verheiratet, zu einem festen Begriff im Zusammenhang mit dem Tauchen machen sollte.

Heute haben diese Schwarzweißfilme etwas rührend Altmodisches. In einem in ein Wohnzimmer verwandelten Fernsehstudio sitzt Hans Hass im Ohrensessel vor dem Kamin. Ordentlich gekleidet in ein dunkles Jackett und Krawatte, blickt Herr Dr. Hass starr in die Kamera und spricht in einem Ton, den man damals für zwanglos hielt. Rechts von ihm sitzt Lotte Hass, in einem geblümten Kleid und mit makelloser Frisur, und wirft in perfektem Englisch, aber mit starkem Akzent, dem bedeutenden Mann an ihrer Seite von Zeit zu Zeit eine vorher abgesprochene Bemerkung zu. In einer der ersten Folgen der Serie sagt sie: »Hans, in unserer letzten Sendung haben wir den Zuschauern nicht erzählt, wie es dazu kam, dass du Unterwasserforscher geworden bist. Ich glaube, sie würden gern erfahren, wie das seinen Anfang genommen hat.«

Hans berichtet, dass er im Alter von neun Jahren seiner Mutter erklärt hatte, dass er sich nichts sehnlicher wünsche, als Tiefseetaucher zu werden, und niemals etwas mit Frauen zu tun haben wolle, um dann mit unbewegter Miene hinzuzufügen: »Einige meiner Ansichten habe ich seither geändert.«

»Ich weiß«, antwortet Lotte und schlägt theatralisch die Augen nieder.

Für die erste Generation von Unterwassertouristen waren Hans und Lotte Hass Idole. Braun gebrannt und photogen, kreuzten sie an Bord ihres eleganten Dreimastschoners *Xarifa* über die sieben Weltmeere und fingen als Erste die Wunder der Riffe mit moderner Fototechnik ein. Begleitet wurden sie von einer Mannschaft gut aussehender, sonnengebräunter junger Männer, und so zeigten die ersten für ein internationales Publikum gedrehten Filme nicht nur exotische Bilder von den Küsten des Roten Meeres, sondern sie boten auch den zusätzlichen Reiz einer guten Portion Erotik unter der heißen Sonne Arabiens.

Die frühen Helmtaucher interessierten sich nicht für die Landschaft unter Wasser. Ihnen waren bestimmte Aufgaben anvertraut worden, und sobald sie diese erledigt hatten, verließen sie das Wasser wieder. Es kam selten vor, dass uns ein Taucher auch nur ansatzweise eine lyrische Beschreibung von seinem Aufenthalt unter Wasser lieferte. Der Naturforscher William Beebe machte in den 20er Jahren mit Hilfe eines Tauchhelms Unterwasserfotos, und er gehörte zu den Ersten, in deren Berichten über ihre Erlebnisse unter Wasser auch ein Gefühl der Freude zum Ausdruck kam:

> Das Auge wandert von Wunder zu Wunder und wieder zurück. Unweigerlich fängt man an, mit sich selbst zu reden, stößt überraschte Laute aus, Ausrufe des Staunens, und dann ereilt einen das schreckliche Gefühl, etwas verpasst zu haben, wenn man daran denkt, dass (je nachdem) 20, 30 oder 50 Jahre des Lebens vergangen sind, ohne dass man gewusst hat, wie leicht es ist, in diese neue Welt vorzudringen.

Beebe, ein bekanntes Mitglied der New York Zoological Society, gab das Helmtauchen in flachen Gewässern auf und wandte sich stattdessen dem Tauchen mit einem von ihm selbst entwickelten Gerät zu, der Bathysphäre. Die Bathysphäre ist eine große Stahlkugel mit kleinen Beobachtungsfenstern, die von einem Schiff aus an einem Stahlkabel ins Wasser gelassen werden konnte. Beebe war zu dem Schluss gekommen, dass ein Gerät zum Tiefseetauchen nicht die Form einer zylindrischen Röhre haben sollte wie die herkömmlichen Unterseeboote, sondern die einer Kugel, da diese extremem Druck besser standhalten konnte. Die Kugel sollte eine mehr als zweieinhalb Zentimeter dicke Außenhaut aus Stahl und drei kleine Beobachtungsfenster aus Quarzglas haben, dem widerstandsfähigsten damals zur Verfügung stehenden Material, durch die man nach draußen sehen konnte. Der Ingenieur Otis Barton baute die Bathysphäre und ging 1930 zusammen mit Beebe auf eine Probefahrt. Das Gerät ermöglichte es ihnen, weiter in die Meerestiefe vorzudringen als jemals ein Mensch zuvor. 1934 erreichten sie auf ihrer Tauchfahrt im Atlantischen Ozean in der Nähe der Bermudas eine Tiefe von mehr als 1000 Metern. Anders als Beebes frühe Tauchgänge mit dem Helm waren solche Fahrten nicht dazu angetan, haufenweise Nachahmer anzuziehen, da ihn seine neuesten Abenteuer in den dunklen Abgrund jenseits des Kontinentalsockels führten, den er als Reich der immer währenden Nacht bezeichnete und mit den Tiefen des Weltraums verglich. Überall in Beebes Schriften kommt seine Liebe zum Meer zum Ausdruck, und er prophezeite, dass Tauchen zu einer der wichtigsten Beschäftigungen des Menschen werden würde, es würde Unterwasserkünstler geben, und man würde sogar Unterwassergärten mit Anemonen und Korallen anlegen. Beebes eigenen Worten zufolge konnte er sich nichts Aufregenderes vorstellen als den Anblick der Unterwasserwelt, außer vielleicht einer Reise zum Mars.

Auch andere Wissenschaftler hatten im Tauchen ein Mittel zum Zweck gesehen und die technischen Möglichkeiten zur unmittelbaren Beobachtung der Meereswelt genutzt. Einer der Vorgänger Beebes unter Wasser war der französische Naturforscher Henri Milne-Edwards, der 1844 einen von der Oberfläche aus versorgten Helm zum Tauchen verwendete. Milne-Edwards tauchte entlang der sizilianischen Küste und sammelte in den flachen Gewässern Exemplare von Meereslebewesen ein. Darüber hinaus wollte er die Meeresbewohner aber auch in ihrer natürlichen Umgebung beobachten, statt immer nur Untersuchungen an präparierten Exemplaren durchzuführen. 50 Jahre später sollte ein weiterer Franzose, Louis Boutan, Mitglied der Akademie der Wissenschaften und Fachmann für Perlen, die ersten Unterwasseraufnahmen machen. Zunächst war auf den verschwommenen Bildern, die er im flachen Wasser aufgenommen hatte, kaum etwas zu erkennen, aber schließlich brachte er achtbare Ergebnisse zuwege, nachdem er einige Verbesserungen an seiner Kamera vorgenommen hatte. Er konstruierte sogar eine Unterwasser-Bogenlampe von so großer Stärke, dass sich damit Nachtaufnahmen machen ließen. 1908 präsentierte der Engländer Francis Ward bewegte Bilder von Ottern und Vögeln, die er beim Schwimmen unter Wasser aufgenommen hatte. Für diese Aufnahmen hatte er eine Beobachtungskammer aus Zement mit einer gläsernen Front in einem künstlichen Becken errichten lassen, in dem die Tiere halbwegs beaufsichtigt werden konnten. Dieses Verfahren findet heute noch Anwendung. All diese Leistungen zeigten allerdings nicht die erhoffte Wirkung auf das Publikum. Die Filmemacher mussten erst noch lernen, wie man die Unterwasserwelt für die breite Öffentlichkeit aufregend machen konnte. Es blieb der Unterhaltungsindustrie vorbehalten und nicht der Wissenschaft, die Möglichkeiten des Unterwasserlebens auszuschöpfen – Hollywood trat auf den Plan.

Im Jahr 1913 arbeitete John Ernest Williamson als Reporter und Fotograf für eine kleine amerikanische Zeitung in Virginia. Um bei seinem Herausgeber Eindruck zu machen, kam er auf die Idee, auf ein Gerät zurückzugreifen, das sein Vater zum Bergen von Schiffswracks entwickelt hatte. Bei dieser Erfindung handelte es sich um eine ausziehbare Metallröhre, die am Rumpf eines Schiffes befestigt wurde. Diese Röhre war groß genug, dass ein Mann hineinklettern konnte, und mündete in einer Beobachtungskammer, in der er sitzen und eine Reihe von Greifhaken bedienen konnte. Dieses neuartige Beobachtungsgerät setzte Williamson nun für Unterwasseraufnahmen ein. Der Herausgeber zeigte sich gebührend beeindruckt, und die Fotos wurden veröffentlicht; wobei man fälschlicherweise behauptete, es seien die ersten Unterwasserfotos, die jemals gemacht wurden. Schon bald fand der junge Journalist Förderer, die ihm die nötigen Mittel für einen Unterwasserfilm zur Verfügung stellten. Mit Hilfe seines Bruders George verfrachtete Ernest Williamson seine gesamte Ausrüstung inklusive der Beobachtungskammer, die er als Photosphäre bezeichnete, zu den klaren Küstengewässern der Bahamas, wo es ihm gelang, nicht nur farbenprächtige Fische und Korallen zu filmen, sondern auch echte Dramen. Fest entschlossen, möglichst aufregende Bilder einzufangen, holte er tief Luft und schwamm von Haien umkreist hinunter ins Meer – einem stach er sogar mit dem Messer in den Bauch.

Das Material, das Williamson von den Bahamas mitbrachte, wurde zu einem Dokumentarfilm verarbeitet, *The Williamson Submarine Expedition*, der ein großer kommerzieller Erfolg wurde. Es folgten mehrere Kurzfilme, und dann erhielten die Brüder von den Universal Studios das Geld zur Produktion eines Films in Spielfilmlänge. Binnen kürzester Zeit wurde ihre Version von Jules Vernes *20 000 Meilen unter dem Meer* aus dem Jahr 1916 zum Kassenschlager. Die Unterwasserszenen waren mit nichts vergleichbar, was das Publikum bis dahin gesehen hatte, und die *New York Evening Sun* beschrieb den Film als »das aufregendste Fotodrama, das bis zum heutigen Tag produziert wurde«. In mehreren Einstellungen sind Kapitän Nemo und seine Mannschaft zu sehen, wie sie mit Tauchhelmen und autonomen Atemgeräten auf dem Meeresgrund herumgehen. Der erfinderische Williamson hatte für diese Aufnahmen Sauerstoffgeräte verwendet, die ursprünglich als Rettungssysteme für U-Boot-Besatzungen entwickelt worden waren. Diese Geräte waren unter den Kostümen der Helmtaucher verborgen und machten es möglich, dass sie über den Meeresboden liefen, ohne über ein Gewirr von Luftschläuchen mit der Oberfläche verbunden zu sein. Gedreht wurden diese Szenen nicht mit Schauspielern, sondern mit eigens dafür engagierten Marinetauchern.

Ernest Williamson drehte eine Reihe weiterer Unterwasserfilme, darunter *Wet Gold* und *Mysterious Island*, und begründete damit einen Trend, dem andere Filmemacher folgten. Nach *20 000 Meilen unter dem Meer* erwartete das Kinopublikum bei allem, was mit Tauchen zu tun hatte, hochdramatische Szenen, gefährliche Meeresgeschöpfe und eine gute Portion Tollkühnheit.

Immer wenn meine Großmutter mit irgendwelchem Unglück konfrontiert wurde, gab sie den Spruch »Auf See passieren noch viel schlimmere Dinge« von sich, worunter man sich jedes denkbare schreckliche Ereignis vom Tod durch Ertrinken bei einem

Schiffsuntergang bis zur körperlichen Züchtigung mit der neunschwänzigen Katze durch einen gewalttätigen Bootsmann vorstellen konnte. Mit meiner kindlichen Einbildungskraft konnte ich mir keine irdische Katastrophe, kein, persönliches Missgeschick vorstellen, das sich damit hätte messen können. Diese Überzeugung haben offenbar mehrere Generationen von Filmemachern geteilt. Es mag noch so lächerlich sein, wir scheinen alles zu glauben, was sich die Drehbuchautoren ausdenken, solange es nur aus der Tiefe kommt. Von B-Movies wie *Das Grauen aus der Tiefe* (1955), der mit dem Satz »Es kam aus urzeitlicher Tiefe, um die Welt zu zerstören«, beworben wurde, bis zu Kassenschlagern wie *Der weiße Hai* (1975) haben sich die Studios auf das blanke Entsetzen verlassen, das durch ein unglaublich großes Monster aus der Tiefe ausgelöst wird, um die Massen ins Kino zu locken. Schon 1916 ließ sich Ernest Williamson einen mechanischen Riesenkraken patentieren, mit dem er die Aufnahmen von echten Haien ergänzte, und heute machen die neuesten Spezialeffekte unter Wasser praktisch alles möglich.

Die Drehbuchautoren passen sich mit ihren Darstellungen von der Beziehung zwischen Mensch und Meer den sich ständig wandelnden Interessen einer Gesellschaft und dem wachsenden Kenntnisstand über die Natur an. Einst Heimat von Moby Dick und radioaktiven Mördertintenfischen, ist das Meer heute ein belagerter Lebensraum, und ohne nachzudenken, schöpft der Mensch dessen natürliche Ressourcen rücksichtslos aus. In *Abyss* (1989) kommen Aliens aus den Tiefen des Meeres den Menschen zu Hilfe, die zu sorglos mit ihren Atomwaffen hantiert haben, und in *Deep Blue Sea* (1999) – »Größer, gerissener, schneller, gemeiner« – müssen unschuldige Haie unter den Experimenten gewissenloser Genetikforscher leiden, die letztlich eine grausame Strafe für ihre Manipulation an den Gehirnen der Haie ereilt.

Fiktion bedient sich von jeher vorhandener Fakten, und die ersten Unterwasser-Dokumentarfilmer waren nicht abgeneigt, ihren Themen ein bisschen zusätzliche Dramatik zu verleihen, indem sie Riffhaie als potenzielle Menschenfresser präsentierten oder Riesenmuscheln zeigten, die mit Schalen so groß wie Bärenfallen darauf warteten, nach einem ahnungslosen Taucher zu schnappen. Selbst Jacques Cousteau, der Meister des Unterwasserfilms, war bereit, ein seltsames Meeressäugetier für ein gutes Foto zu opfern. Und dennoch wahrt das Meer seine Geheimnisse. Es gibt sie tatsächlich, jene Riesentintenfische, *Architeuthis dux*, die Peter Benchley (Autor von *Der weiße Hai*) zuerst in seinem Roman *The Beast* (1991) und dann in einem gleichnamigen Fernsehfilm zu wahren Monstern machte. Doch kein Mensch hat jemals ein lebendes Exemplar dieser Spezies in seiner natürlichen Umgebung zu Gesicht bekommen. In den vergangenen 400 Jahren wurden weltweit nur ein paar Dutzend *Architeuthis dux* oder Teile davon untersucht. Fangarme mit einer Länge von bis zu 14 Metern und Augen von der Größe eines menschlichen Kopfes sind Belege der Größe dieses Tieres, aber damit weiß man noch nichts darüber, wo es lebt, wovon es sich ernährt und wie es sich fortpflanzt. Es ist bekannt, dass diese Wesen in der dunklen, kalten Meerestiefe Kämpfe mit Pottwalen austragen. Im wahrsten Sinne ein Kampf der Titanen, den die Wale immer wieder zu gewinnen scheinen, da ihre Mägen häufig voll von halb verdauten Resten dieser Riesen sind; in den Eingeweiden einiger Wale fand man mehrere tausend Tintenfischschnäbel, unverdaulicher Bestandteil des Nahrungsvorrats im tiefen Meer. Nur hat noch kein Mensch jemals einen dieser Kämpfe beobachtet. Inzwischen liefern uns moderne, auf ferngesteuerte Unterseeboote montierte Videokameras Aufnahmen aus den Tiefen der Ozeane, aber noch immer warten Tausende neuer Spezies darauf, exakt bestimmt zu werden, und es liegt nicht genug wissenschaftlich fundiertes Material vor, mit dem sich die Drehbuchautoren widerlegen ließen. Ich für meinen Teil finde es tröstlich, dass es dieses unerforschliche Reich gibt, und es beruhigt mich, dass das Meer seine kostbarsten Schätze auch weiterhin hütet.

Während Yves Le Prieur und Jacques Cousteau an der Verbesserung ihrer Atemgeräte arbeiteten, machte Hans Hass bereits Karriere auf dem Gebiet der Unterwasserfotografie. Auch er experimentierte mit selbst gebauten Unterwasserkameras, und auch er hatte an der französischen Riviera gelernt, wie man Fische mit einer einfachen Harpune fängt. In Hass trafen der Verstand des Wissenschaftlers und die Leidenschaft des Filmemachers zusammen. Darüber hinaus konnte er den aufrichtigen Wissensdrang eines Meeresbiologen mit dem Charme eines Unterhaltungskünstlers verbinden. Man mag es als Ironie des Schicksals betrachten, aber dieser Akademiker war der Erste, der dem Tauchen Glamour verlieh, und mit Hilfe seiner attraktiven Begleiterin, Lotte Baierl, erhielt das Gerätetauchen einen gewissen Sexappeal.

Nachdem wir uns einige Stunden unterhalten hatten, fragte mich Hass unvermittelt nach der Uhrzeit. »Uns bleiben noch drei Minuten«, sagte er. »Dann müssen wir los, um uns mit meiner Frau zu treffen. Sie kommt nie zu spät.«

Die Straßen waren an diesem Tag tückisch glatt, an vielen Stellen hatte sich der festgetretene Schnee in Matsch verwandelt, doch Hass eilte zielstrebig voran.

Er führte mich zu einem modernen Gebäude an einer Ecke des Domplatzes. Während er mir von dem wunderbaren Blick auf den Stephansdom vom Dachrestaurant aus erzählte, drückte er mit einer Hand auf ein Schild an der Wand, ohne zu merken, dass sich der Rufknopf für den Lift ein paar Zentimeter weiter unten befand. Der Aufzug fuhr, ohne anzuhalten, an uns vorbei ins Untergeschoss, und ich streckte die Hand aus, um den Knopf zu drücken.

»Tut mir Leid, ich habe ein Problem mit den Augen«, sagte er. »Ich glaube, ich habe in den vergangenen Jahren zu viel gearbeitet, und jetzt kann ich nur noch durch ein kleines Fenster in einem Auge sehen.«

Der Aufzug kam von der Fahrt nach unten zurück, und die Türen öffneten sich. Drinnen stand eine Frau. Auf die Sekunde pünktlich. Es war Lotte, die Frau, mit der Hass die Welt bereist und auf Tauchgängen die Riffs im Pazifik, die unbekannte Inselgruppe der Nikobaren und die von Haifischen wimmelnden Tiefen des Roten Meeres erforscht hatte.

Oben angekommen, bahnten wir uns unseren Weg durch das voll besetzte elegante Dachrestaurant. Viele der Mittagsgäste unterbrachen das Essen für einen kurzen Moment und sahen dem berühmtesten lebenden Ehepaar Wiens diskret hinterher. Als später auf dem Rückweg zur Wohnung die Passanten in den Straßen auf die gleiche Weise reagierten, fragte ich Lotte, ob sie die öffentliche Aufmerksamkeit genieße. »Ich kann es nicht ausstehen«, sagte sie. »Wenn ich allein unterwegs bin, erkennt mich kein Mensch, aber Hans ist einfach zu bekannt. Er sieht heute noch genauso aus wie vor 50 Jahren, als ich ihn geheiratet habe, mit Frauen geht die Natur leider nicht so freundlich um. Sie müssen nur mich ansehen.«

Als Lotte eine junge Frau war, trug ihre Ausstrahlung entscheidend zum Erfolg der Fernsehserie *Diving to Adventure* bei, und auch heute noch sieht sie sehr gut aus. Schweigend blickte sie mich eine Weile an. »Hans ist für sein Alter gut in Form, und abgesehen von seinen Augen fehlt ihm nichts. Eigentlich finde ich es gar nicht so schlimm, dass er mich nicht mehr ganz klar sieht«, erklärte sie mit einem gezwungenen Lachen. »Wenigstens erkennt er dann nicht genau, wie ich jetzt aussehe.«

Hans und Lotte waren fast ein halbes Jahrhundert verheiratet, als ich ihnen das erste Mal begegnete. Wie viele Paare kabbelten sie sich immer wieder über die Nebensächlichkeiten des Lebens. »Nein, Lotte trinkt keinen Wein zum Essen«, sagte Hans. »Aber natürlich tue ich das«, widersprach sie und nahm ihm die Weinkaraffe aus der Hand.

»Wir gehen durch die U-Bahn-Unterführung zur Wohnung zurück«, sagte Hans später, als wir uns die vereiste Hauptstraße entlangkämpften. Zu spät. Lotte hatte die vierspurige Durchgangsstraße bereits zur Hälfte überquert. »Sie sieht einfach besser als ich«, sagte Hans, als ich auf ihn wartete und dabei den herannahenden Verkehr im Auge behielt, während er seiner Frau nacheilte.

Nachdem wir wieder sicher in der Dachwohnung angelangt waren, die das Ehepaar Hass seit 40 Jahren während seiner Aufenthalte in Wien bewohnt, griff Hans den Faden wieder auf und fuhr fort, mir von seinem Leben voller Abenteuer zu erzählen. Es war offensichtlich, dass ihn neuere Veröffentlichungen über die Entwicklung des Tauchsports, in denen seine Rolle übergangen wurde, verstimmt hatten. Aber auf seine zurückhaltende Art widersprach Hans Hass den Berichten, denen zu entnehmen war, dass er verbittert sei oder sich über die Popularität von Cousteau ärgere.

»Nein, warum sollte ich verbittert sein?«, sagte er mit einem Achselzucken, und ihm war anzumerken, dass ihm schon allein die Vorstellung Unbehagen bereitete. »Das Meer ist so groß, und es ist mit Sicherheit groß genug, dass darin zwei Männer ihre Experimente durchführen können. Aber so wie man über de Gaulle sagte, für ihn habe nichts außer Frankreich existiert, so hat, glaube ich, für Cousteau nichts außer Cousteau existiert. Er hat niemals die Leistungen eines anderen anerkannt, und genauso hat er niemals widersprochen, wenn es hieß, er sei der Erste gewesen, der sich mit dem Tauchen oder der Unterwasserfotografie beschäftigt hat.«

Wir sprachen eine Weile über Hass' fortdauernde Studien zum Bevölkerungswachstum und die schwer zu zügelnde menschliche Biologie. Hass hatte seine Zeit als Taucher zu intensiven wissenschaftlichen Forschungen genutzt. So viel Spaß er daran gehabt haben mochte, nachdem er seine Forschungen beendet hatte, war auch die Zeit des Tauchens vorbei. Es machte nur einen Teil seines Lebens aus, das dem Streben nach Wissen gewidmet war.

Bevor das letzte Licht dieses Winternachmittags aus dem Zimmer schwand, bat ich Hans Hass darum, ein Foto von ihm machen zu dürfen. »Komm, Liebling«, sagte er und legte den Arm um seine Frau, als befürchtete er, sie könnte sich ausgeschlossen fühlen.

Sobald allerdings Lotte Hass das Wort ergriff, wurde schnell deutlich, dass sie sehr gut in der Lage war, ihre Sicht dieser bemerkenswerten Partnerschaft beizusteuern. Es konnte kein Zweifel daran bestehen, dass sie auf den gemeinsamen Expeditionen eine wichtige Rolle gespielt hatte, und auch sie hatte ein erfolgreiches Buch veröffentlicht – *Mädchen auf dem Meeresgrund*. Sie habe damals das Gefühl gehabt, so erzählte sie mir, dass Hans und die anderen Männer auf den ersten Tauchexpeditionen der Vorstellung, man würde eine junge Frau zwischen Haien herumschwimmen und sich den Schrecken der Tiefe aussetzen sehen, wenig abgewinnen konnten – solche Bilder könnten schließlich dem Heroismus männlichen Abenteurertums abträglich sein. Es sollte sich jedoch erweisen, dass gerade die Anziehungskraft, die Lotte im Badeanzug auf die männlichen Zuschauer ausübte, in der Frühzeit des Fernsehens in den 50er Jahren entscheidend zum Erfolg der Serie beitrug.

Hans, damals im besten Mannesalter, mit einer athletischen Figur und dichtem, von der Sonne gebleichtem Haar, hatte sich seinerseits nicht über mangelnde weibliche Aufmerksamkeit beschweren können. Er erzählte, dass er einmal allein in einem Café in London saß, als sich ihm eine attraktive junge Frau näherte und sich auf, wie er es bezeichnete, typisch englische Art erkundigte, ob sie ihm eine Frage stellen dürfe. Bevor Hans weitererzählen konnte, zupfte mich Lotte am Ärmel und sagte: »Denken Sie bitte daran, dass dieser Vorfall 40, vielleicht sogar 50 Jahre zurückliegt.«

»Jaja, schon gut«, sagte Hans mürrisch. »Dann erzähl du eben die Geschichte.«

Doch Lotte wollte nicht, und so nahm Hans den Faden wieder auf. »Auch wenn es 50 Jahre her ist, kann ich mich noch gut daran erinnern, dass die junge Dame sehr höflich war und ausgesprochen attraktiv. Wie dem auch sei, schließlich nahm sie ihren Mut zusammen und stellte ihre Frage. ›Sind Sie vielleicht Hans und Lotte Hass?‹

›Nun ja, ich bin Hans Hass‹, sagte ich. ›Lotte ist eine andere Person. Sie ist meine Frau.‹«

Für all jene, die ihre Fernsehserien gesehen haben und sich

vom Anblick der Stachelrochen, Haie, Kraken und Mantas faszinieren ließen, war es offensichtlich, dass die beiden gleichberechtigte Partner und ein untrennbares Paar waren. Nachdem wir uns noch etwa eine Stunde unterhalten hatten, entschuldigte sich Hans, er habe noch zu arbeiten, und ließ mich mit Lotte allein. Lotte führte mich durch die Wohnung und zeigte mir ihre Schätze, Messingteile von gesunkenen Schiffen aus dem Roten Meer, eine Laterne von einem britischen Zerstörer, der irgendwo im Indischen Ozean untergegangen war – jedes Stück ein Andenken an die Zeit, als die Meere nur darauf zu warten schienen, von ihnen erforscht zu werden. »Wir wussten damals gar nicht, wie glücklich wir waren«, sagte Lotte wehmütig. »Wenn man jung ist, denkt man nicht groß darüber nach, was man tut.« Sie betrachtete lange eine Holzschnitzarbeit von den Nikobaren, bevor sie fortfuhr: »Ich habe mir damals keine Gedanken darüber gemacht, dass ich Dinge sah und tat, die anderen Frauen verschlossen blieben.«

Lottes eigene Lebensgeschichte war erstaunlich. Sie hatte zunächst als Sekretärin für Hass gearbeitet, aber schon seit langem insgeheim den tiefen Wunsch gehegt zu reisen. Sie war während des Krieges in Wien aufgewachsen und hatte noch niemals das Meer auch nur gesehen. Als sich dann Hass anschickte, zu seiner Expedition zum Roten Meer aufzubrechen, wünschte sie sich nichts sehnlicher, als ihn zu begleiten. Eines Tages, Hass war gerade unterwegs, um ein paar Dinge für die bevorstehende Reise zu erledigen, nahm sich Lotte eine seiner Kameras und ging damit an die Donau. In einem nicht besonders tiefen Nebenarm probierte sie sowohl die Kamera als auch die Tauchausrüstung aus, die sie sich ebenfalls geborgt hatte. Ohne dass Hass davon wusste, schickte Lotte die Fotos an eine österreichische Zeitschrift, und sie wurden prompt unter der Überschrift »Expedition ins Wiener Eismeer« veröffentlicht. Hass musste widerstrebend zugeben, dass die Bilder von hervorragender Qualität waren, und kam nach und nach zu der Überzeugung, dass Lotte auf seinen Expeditionen eine nützliche Assistentin abgeben könnte.

Wie mir schien, hatte Lotte sich damit abgefunden, dass die Leidenschaft ihres Mannes nach wie vor in erster Linie dem Meer, der Forschung und seinen Veröffentlichungen galt. Hass ist überzeugt davon, dass sich die Menschheit auf einen Abgrund zubewegt, da sie die Kontrolle über das Bevölkerungswachstum verloren hat und ihre Technologien falsch einsetzt, nämlich nur zur Unterwerfung der Natur. Es ist, sagt er, als wüssten wir nie, wann es genug ist. Der Kreuzzug, den er unternimmt, um mit seinen Forschungen die Öffentlichkeit zu erreichen, hat ihn ins gesellschaftliche Abseits geführt, und in manchen Kreisen hat er sich sogar Feinde damit gemacht. Ohne den Glamour seiner Entdeckungsreisen unter Wasser fiel es ihm schwer, ein Publikum zu finden, dem er seine Ansichten vortragen kann. Zum Teil haben die düsteren Zukunftsaussichten, die in seiner langjährigen Forschungsarbeit deutlich werden, dazu beigetragen, dass sein Beitrag zur Geschichte des Tauchens marginalisiert wird. Immer wieder luden ihn Tauchorganisationen ein, über seine frühen Unterwasserabenteuer zu berichten – sie waren jedoch weniger daran interessiert, einen Vortrag über Geburtenkontrolle und die Verantwortung des Einzelnen angesichts der massiven Umweltzerstörung zu hören. Seine Ideen zu verfolgen und neue Forschungsarbeiten durchzuführen war Hass jedoch immer wichtiger als persönlicher Ruhm oder Anerkennung.

»Das Leben mit Hans ist nicht immer einfach«, sagte Lotte. »Er hat einen eisernen Willen, und ich kann ihn nicht davon abbringen, etwas zu tun, wenn er es sich erst einmal in den Kopf gesetzt hat. Selbst mit seinen 80 Jahren und den schlechten Augen besteht er darauf, Ski fahren zu gehen, wenn wir in unserem Haus in den Bergen sind, und lässt es sich nicht ausreden. Aber andererseits ist das der Mann, den ich geheiratet habe, und ich habe ihn mir ja gerade deswegen ausgesucht, weil er so viel Energie und Willenskraft hat.«

Am darauf folgenden Tag ging ich durch das verschneite Wien zu dem barock gestalteten Maria-Theresia-Platz, wo sich das Naturhistorische Museum und das Kunsthistorische Museum gegenüberstehen. Ich wollte mir die zoologische Sammlung ansehen, insbesondere die großen Korallen, von denen viele von Orten stammen, die Hass auf seinen ersten Expeditionen besucht hatte. In der Eingangshalle des Naturhistorischen Museums hängt in einer kleinen runden Öffnung in der Decke eine maßstabgetreue Nachbildung der *Xarifa*. Dieses von Hans und Lotte geliebte Schiff hatte sie um die ganze Welt gebracht. Das Museum war praktisch leer, und die wenigen anderen Besucher schienen alle englisch sprechende Touristen zu sein, die der Schneesturm ins Museum getrieben hatte. Es gab weder eine Hinweistafel noch irgendeine andere Erklärung zur Geschichte der *Xarifa* oder dazu, welche Verbindung zwischen dem Schiff und Hans Hass bestand, und von der Cafeteria des Museums aus konnte ich beobachten, wie die anderen Besucher achtlos an dem Schiffsmodell vorbeigingen und kaum einen Blick darauf warfen.

Ich wollte das Museum gerade wieder verlassen, als ich neben der Tür zur Damentoilette einen kleinen Ausstellungsraum entdeckte. Er enthielt das Ölgemälde eines tropischen Korallenriffs und daneben die Nachbildung einer Tauchglocke. Laut Hinweistafel hatte 1895 der österreichische Diplomat und Naturforscher Eugen von Ransonnet eine solche Glocke für Tauchgänge auf Ceylon benutzt. Von Ransonnet wollte die Glocke zu Beobachtungszwecken verwenden und hatte daher einen Kasten mit einer Sitzbank und einem Bullauge entworfen. Durch dieses konnte er die Meereswelt beobachten und Zeichnungen anfertigen, die ihm später als Vorlage für Ölgemälde dienten. Ich sah mir das Bild genauer an und stellte fest, dass es bemerkenswert naturgetreu war. Es waren nur wenige Fische abgebildet, aber ich konnte eindeutig die lange Rückenflosse eines gelbschwarzen Halfterfischs (*Zanclus cornutus*) und einen Blaustreifen-Doktorfisch (*Acanthurus lineatus*) erkennen sowie einige weniger leicht zu bestimmende Arten von Riffbarschen und Schmetterlingsfischen. Was mich etwas irritierte, war, dass von Ransonnet auf dem sandigen Meeresgrund die Überreste eines menschlichen Schädels abgebildet hatte und dass sich auf der Tafel mit den Erläuterungen keinerlei Erklärung dazu fand.

Ransonnets Gemälde lässt die Fische und Korallenstöcke vor dem Auge des Betrachters lebendig werden, und es ist vermutlich das erste getreue Abbild tropischer Fische, das aus deren unmittelbaren Beobachtung in ihrem natürlichen Lebensraum entstanden ist. Es erschien mir nur passend, dass dieses Gemälde und das Modell der *Xarifa* hier im Museum praktisch in Sichtweite zueinander ausgestellt waren. Hass und von Ransonnet, Söhne des landumschlossenen Österreich, waren beide allen anderen zuvorgekommen, der eine mit der ersten farbigen Abbildung einer Unterwasserszene und der andere mit der ersten erfolgreichen Fernsehserie über die Meereswelt.

# 7 Im Schatten des Feuergottes

*Es war sehr warm, und die Luft war erfüllt vom Duft der weißen Blumen der Nacht. Der Vollmond segelte über einen wolkenlosen Himmel und bildete einen Pfad auf dem weiten Meer, der in das grenzenlose Reich der Ewigkeit führte.*

W. Somerset Maugham, *The Fall of Edward Barnard*

## *Die Bismarcksee, Westpazifik*

An der Westspitze von Neubritannien treiben Geister ihr Unwesen. Es sind die gemarterten Seelen von Menschen und Bergen und von Vulkanen und Kriegen. Und in den Gewässern um die Insel herum findet man einige der besten Tauchplätze der Welt.

Der östliche Teil von Neubritannien trägt den Namen Gazellen-Halbinsel und ist von der übrigen Insel durch unpassierbares Gebiet abgeschnitten. Sein Hafen, Simpson Harbour, ist ein natürlicher Ankerplatz und wird durch eine Hügelkette vor der stürmischen See und den starken Winden geschützt. Zu bestimmten Zeiten im Jahr ist es möglich, mit einem Boot nach Norden in die Bismarcksee zu segeln, wo man versunkene Vulkankrater erkunden kann, die sich vom Meeresboden bis knapp unter die Wasseroberfläche erstrecken.

Neubritannien liegt mehrere Flugstunden von der riesigen Mutterinsel Papua-Neuguinea entfernt und erstreckt sich ostnordöstlich über eine Länge von 650 Kilometern wie ein natürlicher Wellenbrecher zwischen der Bismarck- und der Salomonensee. An der nördlichen Spitze der Insel liegt die kleine Stadt Rabaul. Nur wenige Fremde verirren sich dorthin, und diejenigen, die zum Tauchen kommen, hoffen, dass das Meer ebenso wenig von Touristen überschwemmt ist wie die Insel.

Nach einem kurzen Zwischenaufenthalt in der Hauptstadt Port Moresby flog ich mit der Air Niugini weiter nach Tokua, dem Rabaul nächstgelegenen Flughafen und der letzten von einem halben Dutzend Etappen auf dem Flug von Los Angeles über den Pazifik.

Es war der Beginn der Sommerferien, und Hunderte von Kindern kehrten von den Schulen, die sie in Australien besuchen, nach Neuguinea zurück. Wie ich feststellte, war ich praktisch der einzige Erwachsene in dem Flugzeug und saß inmitten von Teenagern, die der Stewardess das Leben schwer machten. Ständig wechselten sie die Plätze und riefen sich über den Gang hinweg Witze und für die Leute meines Alters vollkommen unverständliche Wörter zu. Kurz bevor die Kabinentür geschlossen wurde, kam noch ein aufgeregter und schwitzender Vater mit seinen beiden Töchtern zum Flugzeug gehastet. Ihr Flug von Brisbane hatte Verspätung gehabt, und wir hatten in der Mittagshitze fast eine Stunde auf der geteerten Rollbahn auf sie gewartet. Im Flugzeug mussten sich die drei voneinander trennen und auf die letzten freien Plätze verteilen. Der Vater hatte einiges Übergewicht und lebte, seiner Gesichtsfarbe nach zu schließen, in den Tropen. Mit einem Plumps ließ er sich auf dem Sitz neben mir fallen. Laut schnaufend wischte er sich mit einem Taschentuch den Schweiß von Gesicht und Hals und murmelte vor sich hin. »Herrgott noch mal … was für eine Hetzerei … ich dachte schon, wir würden's nicht schaffen.«

Als er schließlich wieder zu Atem gekommen war, streckte er mir zur Begrüßung die Hand entgegen. »Tag, mein Freund, mein Name ist Ivan …«, sein Nachname ging in der Ansage unter, die durch die Kabinenlautsprecher knisterte. Er setzte zu einem kleinen Vortrag an, der es mir unmöglich machte, irgendetwas von der Durchsage zu verstehen, außer, dass Laptops erst benutzt werden durften, wenn wir die endgültige Flughöhe erreicht hatten, und dass das Kauen von Betelnüssen per Gesetz verboten sei. Nun, ich hatte keines von beiden dabei.

Ivan berichtete, dass er früh am Morgen dieses Tages von Neubritannien nach Port Moresby geflogen sei, um seine Töchter abzuholen, die aus Australien kamen. Als feststand, dass der Flug der Mädchen Verspätung hatte, konnte er die Fluggesellschaft dazu überreden, unser Flugzeug warten zu lassen, damit sie nicht eine Nacht in der Hauptstadt verbringen mussten. »Nur das nicht«, stieß er hervor. »Das ist das Letzte, was ich brauche, eine Nacht in Moresby mit zwei jungen Mädchen. Nein, mein Freund, nicht mit mir.«

Wie viele überlaufene Städte steht auch Port Moresby in dem Ruf, hier herrsche das Gesetz der Straße, und diesen Ruf hat es sich nach allem, was ich – nicht nur von Ivan – gehört habe, wohl auch verdient. Ivan als Sitznachbarn zu haben war nicht unbedingt beruhigend. Unaufgefordert erzählte er mir alles über das Leben auf den Inseln, und es reichte völlig, wenn ich als Antwort gelegentlich nickte oder meinen Kopf schüttelte. »Wir sind beim Fliegen immer etwas nervös, die Mädchen und ich«, erklärte er mir. »Sie haben doch bestimmt schon von dem Absturz heute gehört, oder?«

Ich hatte bei der Ankunft tatsächlich die Schlagzeilen der Lokalzeitung gesehen. 17 Menschen waren ums Leben gekommen, als die Maschine einer regionalen Fluglinie in den frühen Morgenstunden gegen einen Berg im Hochland von Neuguinea geflogen war und sich damit einmal mehr bestätigt hatte, dass das Fliegen hier eine Herausforderung darstellte. Mittlerweile hatten wir den Flughafen Port Moresby International hinter uns gelassen, und die schweren Wolken, die den Beginn der Regenzeit ankündigten, verhüllten zu weiten Teilen die unter uns liegenden Berge und Ebenen. Das kleine Flugzeug wurde von Turbulenzen durchgeschüttelt, und selbst die aufgedrehten Teenager verstummten. Ungeachtet des guten Rufs von Air Niugini und seiner eigenen Nervosität setzte Ivan mir auseinander, wie gefährlich es sei, über den steilen Rücken der Bergkette zu fliegen, die die Insel in zwei Hälften teilt. Nach 17 Jahren in Neuguinea hatte er viel über das Leben im Busch, wie er es nannte, zu erzählen. Wie viele Einwohner bezeichnete auch er sich als Ex-Australier. Er war mit einer Papua-Frau verheiratet. »Umgekehrt funktioniert es nicht«, sagte er. »Es gibt nicht viele weiße Frauen, die mit einem Papua verheiratet sind.«

»Und wie steht es bei Ihnen?«, fragte ich. »Werden Sie akzeptiert?«

»O ja, da gibt es keine Probleme. Als die Kinder klein waren, lebten wir eine Zeit lang in Australien, aber diese Insel lässt einen nicht mehr los«, erklärte er. »Wir mussten einfach zurückkommen.«

Eine Stunde später landete unser Flugzeug in Hoskins, auf dem halben Weg nach Rabaul, und mit Ivan und seinen Kindern stiegen auch viele andere Passagiere aus.

Auf der letzten Etappe meiner Reise konnte ich in aller Ruhe die unter mir liegende Landschaft betrachten. Die Berge waren größtenteils von dichtem Nebel verhüllt, aber die Flugstrecke führte dicht an der Küste entlang, und man konnte hier und da das Meer sehen. Papua-Neuguinea erinnerte mich an Madagaskar, ein Land, das ich während mehrerer längerer Aufenthalte recht gut kennen gelernt hatte, als ich im Auftrag der BBC in einigen aufeinander folgenden Jahren über die Parlamentswahlen berichtete.

Ich dachte darüber nach, dass man zwar die Umrisse dieser beiden Inseln im Kopf hat, aber sonst wenig über ihre Beschaffenheit und das Leben dort weiß. Wann immer die Satelliten-Wetterkarte stärker bevölkerte Wirtschaftsgebiete im Süden Afrikas oder Australiens zeigt, flimmern auch Bilder von Madagaskar und Neuguinea über die Fernsehbildschirme. Die Inseln liegen vor den Küsten dieser Landmassen, sind für ihre größeren Nachbarn politisch und ökonomisch aber nur am Rande von Bedeutung. Wir meinen, sie zu kennen, weil wir ihre Form kennen, aber vom

Leben der Bewohner und von den Verhältnissen in diesen Inselstaaten haben wir keine Ahnung. Selbst ihre Größe macht man sich kaum bewusst, dabei ist Madagaskar die zweitgrößte Insel der Welt und Neuguinea die viertgrößte. Die Kultur beider Länder ist stark spirituell geprägt, und von der Magie, die sie ausüben, können wir uns keine Vorstellung machen. Vielleicht ist das der Grund, warum Fremde einen Besuch auf diesen Inseln oft als einschneidendes Erlebnis erfahren und sich als ihre Beschützer fühlen und die Beziehungen, die sie geknüpft haben, wie Geheimnisse hüten.

Madagaskar und Neuguinea mit ihrer einzigartigen Flora und Fauna nehmen weiterhin eine Randstellung in der entwickelten Welt ein. Trotz der Fortschritte beim Ausbau des Kommunikations- und Verkehrsnetzes wirken die beiden Länder auf die Mehrheit der Touristen unzugänglich. Manche zieht dieser Umstand gerade an, jene hart gesottenen »Abenteuerreisenden« nämlich, die Magenverstimmungen und unzuverlässige Fluggesellschaften brauchen, um so richtig aufzublühen. Im Allgemeinen halten jedoch Berichte über solche Probleme die große Masse von Besuchern davon ab, hierher zu kommen. Die Inseln haben sich einen Hauch von Geheimnis und Zauber bewahrt, den Ruch von Wildnis und gefährlichem Dschungel und Einsamkeit, der ihnen einen festen Platz in unserer Phantasie garantiert. Die Hauptstädte Antananarivo und Port Moresby stehen in dem Ruf, Zentren der Kleinkriminalität zu sein, und instabile Regierungen blockieren eine ohnedies bröckelnde Infrastruktur, sodass jede Entwicklung in erster Linie ein ständiger Kampf gegen die Macht institutionalisierter Ineffizienz, Apathie und Korruption bedeutet. All dies steht dem Massentourismus im Wege, macht aber auf der anderen Seite gerade ihre Anziehungskraft aus.

Wir kreisten mehrere Minuten über dem Flugplatz von Tokua, bevor wir mitten in einem heftigen Platzregen landeten. Das Verlassen des Flughafens wurde durch die Schar von Müttern und Vätern erschwert, die sich in der kleinen Gepäckhalle einfanden, um ihre Kinder abzuholen. Die Kinder waren allesamt gut gekleidet und hatten das Gebaren von weltklugen Großstädtern, die in die Provinz zurückkehren, während die meisten Eltern ein bisschen schmuddelig aussahen und Schlammspritzer auf ihrer Kleidung hatten.

Am Flughafen gab es keine Taxis, aber ich sicherte mir eine Mitfahrgelegenheit beim Fahrer eines Hotels, der einen anderen Passagier meines Fluges abholte. Wie viele der nicht mehr ganz jungen Ausländer, die in abgelegeneren Gebieten von Neuguinea lebten, war auch mein Mitreisender ein Ingenieur und gehörte zu dem ständigen Strom von Fachleuten aus dem Ausland, die beim Abbau der reichen Gold- und Mineralienschätze aus den Bergwerken des Landes hinzugezogen werden. Langsam senkte sich die Dunkelheit über die Insel, und wir saßen wortlos nebeneinander und ließen uns von dem kleinen Transporter durchschütteln.

Die Bezirkshauptstadt Kokopo lag auf halber Strecke auf dem Weg nach Rabaul. Ich rief in meinem Hotel an und musste weitere zwei Stunden warten, bis sich ein Fahrer bereit fand, den letzten Teil der Strecke zu meinem Ziel auf sich zu nehmen. Man hatte mir erklärt, dass die Straße nur mit einem Wagen mit Vierradantrieb zu bewältigen sei und mit einem Fahrer, der die Strecke kannte. Da die Regenzeit eingesetzt habe, so sagte man mir, müsste man mit Schlammlawinen auf der Straße rechnen, und es könnten ohne Vorwarnung tiefe Spalten aufbrechen. Schließlich kam mein Gefährt an, ein höher gelegter Truck, der von einem Riesen namens Benjamin gelenkt wurde. Schwungvoll griff er sich meine 20 Kilogramm schwere Tasche mit der Tauchausrüstung und warf sie hinten ins Auto. Dieser zupackenden Art entsprach auch Benjamins Fahrweise, und wir brausten mit quietschenden Reifen durch Dunkelheit und Regen davon. Im Schein der Armaturenbrettbeleuchtung sah ich einige tiefe Narben auf seiner Stirn.

Selbst nachts fällt einem als Erstes der unangenehme Schwefelgeruch auf, wenn man auf der mit Schlaglöchern übersäten Straße fährt, die an der Küste entlang von Kokopo nach Rabaul führt. Dieser Geruch kommt vom Tavurvur, einem aktiven Vulkan, der Rabaul zum Pompeji unserer Tage gemacht hat. Beim letzten Ausbruch im September 1994 begrub er die gesamte östliche Hälfte von Rabaul unter seiner Asche und verwandelte sie in eine Mondlandschaft. Die Straßen und Häuser wurden in feine Asche gehüllt, die so schwarz wie Schießpulver ist. Regen und Sonne haben sie zu einer betonartigen Schicht erstarren lassen, aus der die oberen Teile von Häusern, Autos und Lastern hervorragen wie Kinderspielzeuge in einem Sandkasten.

Bis zum Zweiten Weltkrieg war Rabaul berühmt für seinen Hafen, der angeblich der schönste im ganzen Pazifikraum war, eine geschützte Bucht, umgeben von den grünen, bewaldeten Hängen der Vulkanberge. Mango Avenue, die Hauptstraße, war einst ein hübscher, von Bäumen gesäumter Boulevard, den geradlinig denkende deutsche Kolonialisten im 19. Jahrhundert angelegt hatten. Heute, fünf Jahre nach Ausbruch des Tavurvur, ist er ein verdreckter, baumloser Streifen aus schwarzem Staub. Und immer, wenn der Wind aus Südosten kommt, fällt ein Nieselregen aus feiner Asche vom Himmel. Sie setzt sich an allem fest, und in der Regenzeit löst sie sich in festen großen Brocken, die gelegentlich einen unachtsamen Reisenden unter sich begraben.

Als ich ankam, war es schon so dunkel, dass ich nicht mehr als ein paar verstreute niedrige Gebäude entlang der Hauptstraße erkennen konnte. Benjamin versorgte mich mit Erläuterungen zu den verwaisten Grundstücken neben der Straße. »Da Barclays Bank«, sagte er, »und das da Büro von Air Niugini. Da drüben Kino.« Tatsächlich war im Licht unserer Scheinwerfer kaum mehr als ein hingeworfener Haufen von Betonstützen zu sehen. Benjamin erklärte mir, dass der größte Teil der Stadt schon seit fünf Jahren ohne Stromversorgung war. Dennoch gefiel mir die Straße recht gut, wenn auch nur, weil sie nach der holprigen und Furcht erregenden Fahrt von Kokopo hierher gerade und relativ eben war. Kaum war ich an meinem endgültigen Ziel, dem Kaivuna-Hotel, angekommen, fiel ich auch schon ins Bett und schlief bis zum Sonnenaufgang, froh, endlich an einem festen Ort zu sein. Es sollte noch zwei Tage dauern, bis das Tauchcharterboot kam, das mich in die Bismarcksee bringen würde.

Der nächste Morgen war sonnig und trocken. Von meinem Zimmer aus konnte ich den kleinen Swimmingpool des Hotels sehen, der gerade von einem Mann im Overall mit einem langstieligen Netz gereinigt wurde. Er trug eine Atemschutzmaske, wie man sie von Bauarbeitern kennt, die sich damit gegen das Einatmen von Schadstoffen schützen, wenn sie mit entsprechenden Materialien arbeiten müssen. Erst dann sah ich, dass der Pool schwarz war. Voller Asche, mit der Wind und Regen in der Nacht alles überzogen hatten.

Die Einwohner von Rabaul sind stolz darauf, dass ihre Stadt mitten in einem aktiven Vulkangebiet steht. Der rauchende Kegel des Tavurvur ist nur einer von vielen rings um die Stadt, die sich am Rand eines vor 6000 Jahren durch Explosion entstandenen Vulkankraters gebildet haben. Damals ist auch der natürliche Hafen entstanden, dem Rabaul seine Existenz zu verdanken hat. Der Hafen, Simpson Harbour, ist die Lebensader der vom Rest der Insel abgeschnittenen Gazellenhalbinsel.

Nach geologischen Maßstäben kommen die Ausbrüche des Tavurvur so regelmäßig wie die Schläge einer Uhr, etwa alle 50 oder 60 Jahre. Bei den letzten drei Ausbrüchen in den Jahren 1878, 1937 und 1994 wurde die Stadt jeweils mehr oder weniger stark in Mitleidenschaft gezogen, das Ausmaß der Zerstörung hing von der gerade herrschenden Windrichtung ab. »Einmal in deinem Leben«, so erzählen die einheimischen Tolai ihren Kindern, »wirst du Rabalanakaia, den Feuergott, sprechen hören.«

Rabaul wurde aber nicht nur vom Feuergott zerstört, sondern auch von den Menschen, und der Vulkanausbruch des Jahres 1994 war bei weitem nicht die schlimmste Verwüstung, die der Stadt je zugefügt wurde. Im Zweiten Weltkrieg hatten die Japaner Rabaul eingenommen, als sie über den Pazifik bis nach Port Moresby vorgedrungen waren, von wo aus sie Angriffe auf das nördliche Australien führen wollten. Im Januar 1942, gerade einen Monat nach Pearl Harbour, besetzten sie die Halbinsel. Zwischen 1942 und 1944 wurde die Stadt wiederholt von alliierten Flugzeugen bombardiert, um die Japaner an einem Vordringen nach Australien zu hindern. Währenddessen flogen die Japaner über Taiwan und die Philippinen, einen der drei Luftkorridore, die von Japan in den Pazifik führten, nach Süden. Das Kaiserreich machte Rabaul und Simpson Harbour zu Hauptkommandozentralen und stationierte 100 000 Soldaten in den umgebenden Hügeln. Die B-17-Bomber in Port Moresby bildeten die letzte Verteidigungslinie der Alliierten, und 1943 vernichteten sie die von Rabaul aus vorstoßenden japanischen Truppen, die ihrerseits das Festland von Neuguinea zu erreichen versuchten. Im selben Jahr folgten noch heftigere Angriffe auf Rabaul, als US-Flugzeuge von den Flugzeugträgern *Saratoga* und *Princeton* aus den Hafen bombardierten. Mehr als 50 japanische Schiffe liegen dort auf dem Meeresgrund, wobei viele der Wracks mittlerweile unter der Asche verschwunden sind.

Um der heftigen Bombardierung zu entgehen, hatte die japanische Armee über eine Länge von insgesamt 600 Kilometern Tunnel in die Kalksteinfelsen um die Spitze der Insel gegraben. Sie dienten als Verstecke für Soldaten und Munition, die den Nachschub für die im westlichen Pazifik operierenden Unterseeboote bildeten.

Die Überreste des Krieges verschandeln noch heute den Dschungel um Rabaul, und ich beschloss, sie mir anzusehen. Nach einem einsamen Frühstück im klimatisierten Speisesaal des Kaivuna brach ich zu einem Erkundungsgang in die Stadt auf. Der Schwefelgeruch der Nacht zuvor hatte etwas nachgelassen, genauso der Wind, und der Himmel war wieder klar. Es war warm und schwül, und schon am Vormittag zeigte das Thermometer 26 Grad an.

Das Kaivuna-Hotel liegt inmitten des schwarzen Brachlands. Die Besitzer Bev und Brian Martin, die aus Australien stammen, mittlerweile aber papua-neuguineische Staatsbürger sind, wollen partout die Hoffnung nicht aufgeben, dass Rabaul wieder aufblühen wird. Sobald es möglich war, sind sie 1994 unter Missachtung der Warnungen der Regierung nach Rabaul zurückgekehrt und haben das Gebäude aus der Asche ausgegraben, bevor deren Gewicht die Mauern zum Einsturz bringen konnte. Wenn die

Straßen nur von der Asche freigeräumt würden, meinen die Martins, ließen sie sich ohne weiteres wieder benutzen, aber die Regierung ist nicht bereit, erneut in eine Infrastruktur zu investieren, die möglicherweise in nicht allzu ferner Zukunft unter einem noch größeren Ascheberg verschwindet. In langer, mühevoller Arbeit hat das Paar eine Straße vom Hotel in die Stadt freigemacht, und seitdem schlägt Freitagabend im Kaivuna das Herz von Rabaul. Dann versammeln sich Einheimische, Bergwerksleute, reiche taiwanesische Ladenbesitzer und gelegentlich ein auf Besuch weilender Minister in der kleinen Hotelbar. Wo sonst sollte man auch hingehen? Tagsüber, wenn kein Lachen die Bar mit Leben erfüllt, ist sie ein trostloser Ort, der nach kaltem Rauch riecht und dessen Wände mit Fotos aus jener Septembernacht dekoriert sind, in der ein zürnender Tavurvur Flammenblitze in den Himmel schickte.

Ich lief auf der mit frischer Asche bedeckten Straße in Richtung Stadt. In der ersten Viertelstunde begegnete ich keiner Menschenseele. Jeder meiner Schritte wirbelte feuchte Asche von der Straße auf und bedeckte meine Schuhe mit einer braunen Schicht, die dann beim Trocknen langsam weiß wurde. Ich war gerade stehen geblieben, um Fotos von den riesigen Aschehaufen am Rand des Hafens zu machen, als ein Truck, so wie der, mit dem ich in der Nacht zuvor gekommen war, in einer erstickenden Staubwolke neben mir hielt. Am Steuer saß ein braun gebrannter weißer Mann, und neben ihm auf dem Beifahrersitz hatte ein Papua mit einem wilden Haarschopf und rötlichen Zahnstümpfen Platz genommen. Er kaute an einer Betelnuss.

»Tag«, sagte der Fahrer. »Wo soll's denn hingehen?«

»In die Stadt«, antwortete ich lächelnd.

»Was wollen Sie denn da?«

»Ich will mich nur umsehen.«

Der Australier warf einen Blick auf den eintönigen Streifen Asche vor sich und schüttelte den Kopf. »Umsehen? Wonach?«

»Ich bin das erste Mal hier und möchte ein bisschen rumlaufen und mir die Stadt ansehen.«

»Da gibt's nichts zu sehen, mein Freund. Kommen Sie, springen Sie hinten rauf, ich lass Sie beim Markt wieder raus.«

Da es sicherlich einige Mühe bereitet hätte, dieses Angebot auszuschlagen, kletterte ich auf die Ladefläche und hielt mich gut fest, als der Wagen weiterholperte. Wegen der Asche- und Sandwolken, die der Truck und ein gelegentlich vorbeikommendes Auto aufwirbelten, konnte ich meine Augen immer nur für kurze Zeit öffnen. Aber selbst dann nahmen es meine Kontaktlinsen sehr übel, und als wir auf der Hauptstraße in der Nähe des Marktes angekommen waren, schwammen meine Augen in Tränen.

Als ich von der Ladefläche geklettert war, fuhr der Laster mit einem Hupen, das wohl als Verabschiedung zu verstehen war, davon. Langsam erholten sich meine Augen wieder von der Sanddusche, und blinzelnd und niesend stolperte ich über die Straße zum Markt.

Dort saßen Dutzende von Frauen auf dem Boden und strickten und schwatzten. Zwischen ihren ausgestreckten Beinen hatten sie ihre Waren ausgebreitet. Viele Frauen hatten ein Baby neben sich auf dem Boden liegen, manche hatten auch ein kleines Kind dabei, das ihnen half, ihre Produkte zu verkaufen. Nur in einer Ecke des Marktes standen ein paar einfache Stände, die Schutz vor der Sonne boten; die meisten Händlerinnen saßen unter freiem Himmel. Die Waren lagen auf Strohmatten, und ab und zu wedelte eine der Frauen mit der Hand, um die Fliegen zu verscheuchen. Das Angebot war nicht besonders vielfältig. Auf Bananenblättern waren rosahäutige Yamwurzeln aufgestapelt, noch an ihren grünen Wurzeln hängende Erdnussbüschel lagen aufgereiht da wie die Steine eines Brettspiels, dazwischen Stauden von Bergbananen, so grün wie die Federn eines Sittichs.

Im Zentrum des Marktes machte ein einzelner Mann mit Hilfe eines knisternden, batteriebetriebenen Megaphons auf sich aufmerksam. Ich sah ihm zu, wie er mit großer Leidenschaft eine Reihe von Haushaltswaren anpries, die eine Gruppe junger Mädchen vor der Menge in die Höhe hielt. Da waren Holzstühle mit Metallzinken an einer Seite des Sitzes zum Enthülsen von Kokosnüssen, Schaumgummikissen, die in billigen Stoffbezügen steckten, und hölzerne Bettgestelle und Stühle, auf die man diese Kissen legen konnte. Außerdem war eine Vielzahl roh verarbeiteter Metallwaren im Angebot, unter anderem Brotöfen und Koprakocher, kleine Öfen aus schwarzem Eisen, die mit Holz oder Kokosnussfasern beheizt werden konnten. Niemand schien etwas zu kaufen, auch wenn die teuersten der angebotenen Waren nicht mehr als 15 Pfund, das entspricht etwa 20 Euro, kosteten.

Das Gebrüll aus dem Megaphon des Markthändlers folgte mir noch eine ganze Zeit die Straße entlang. Ich ließ die Stadt hinter mir und bestieg einen kleinen Hügel, von dem aus ich mir einen Blick auf den Hafen erhoffte. Hier stand ein Schild mit der Aufschrift »Tunnel Hill Road«, und ich folgte ihm.

Nach gut einem Kilometer kam ich zu einer Biegung, von der ein steilerer geteerter Waldweg abzweigte. Auf einer Seite des Weges waren lauter rechteckige Öffnungen zu sehen, die in den Hügel führten, Überreste der japanischen Tunnel aus Kriegszeiten. Ich kletterte in einen hinein, aber er war leer, bis auf ein paar kleine Fledermäuse, die aus der Tiefe geflattert kamen, als ich mich ihren Schlafplätzen näherte.

Die Straße mündete auf der Kuppe des Hügels in einen kleinen Parkplatz auf einem vorspringenden Fels. Mein weiteres Vordringen wurde durch ein großes weißes Schild verhindert, das bekannt gab, dass ich das Vulkanologiezentrum der Regierung erreicht hatte, eine Abteilung der für den Bergbau zuständigen Behörde, wie es hieß. Am Rand des Parkplatzes stand eine Reihe neuer Gebäude, die einen umfassenden Ausblick auf die Stadt am Fuße des Hügels, den weiten Bogen von Simpson Harbour und den rauchenden Kegel des Tavurvur im Norden bot. Von hier oben war noch etwas von der einstigen Schönheit des Ortes erkennbar. Der Abhang unterhalb des Felsvorsprungs war üppig bewachsen, und Palmwedel umrahmten das Hafenbecken und die dahinter liegende Blanche Bay. Das Ganze hatte etwas von der trügerischen Postkartenidylle einer tropischen Szenerie. Unmittelbar davor, auf der Ebene, die sich am Meer entlang erstreckte, bildeten die reflektierenden Wellblechdächer der kleinen Stadt Sprenkel silbernen Lichts in einem Netz von mit Staub und Asche bedeckten Straßen. Weiter nach links, in Richtung Vulkan, wurden die Blechdächer weniger, und das dunkle, aschebedeckte Gitter der Straßen drängte sich stärker in den Vordergrund. Auf dieser Seite der Stadt gab es keine Bäume, und aus der Entfernung konnte man auch keine Grasflecken oder Büsche ausmachen, die die Aschewüste unterbrachen. Nur ein einsamer Block aus weißem Zement ragte aus dem Brachland auf. Es war das Kaivuna-Hotel, das letzte Gebäude in der Ödnis und dem rauchenden Vulkan am nächsten.

Ein paar Kinder spielten vor einem der Gebäude des Vulkanologiezentrums und winkten, als ich auf sie zuging. Sie gehörten zu einem der Männer, die dort arbeiteten, und zeigten mir den Weg zum Kontrollraum. Heute hatte Jonathan Kuduon Dienst, ein Geologe, der seit mehr als zehn Jahren in Rabaul arbeitete. Er erklärte mir, das Zentrum sei rund um die Uhr besetzt, um ständig die seismographischen Instrumente überwachen zu können, die in der Nähe des Vulkans aufgestellt waren und jede Bewegung in der Erde aufzeichneten. Kuduon lud mich ein, mit ihm zum alten Flughafen von Rabaul zu fahren, der bei dem Ausbruch im Jahr 1994 vollkommen zerstört worden war.

Das Innere von Kuduons Wagen war von einer Staubschicht bedeckt, und er entschuldigte sich, dass er keine Klimaanlage hatte. »Tavurvur«, sagte er erklärend und fügte hinzu, dass alle Elektronikteile im Wagen wegen des vielen Staubs in der Luft kaputtgegangen waren. Nichts funktionierte mehr, weder Uhr noch Radio, noch Klimaanlage.

Wir fuhren den Hügel hinunter und erreichten innerhalb von ein paar Minuten die Ausläufer des Gebiets, das in den Karten offiziell als »zerstörtes Areal« ausgewiesen ist. Am Kaivuna vorbei fuhren wir weiter über die Mango Avenue in das verwüstete, mit einer dicken Schicht Asche bedeckte Land. Wenn man genau hinsah, konnte man ein paar Büschel vergilbten Grases entdecken, die hier und da durch den Ruß stachen, aber in Anbetracht dessen, dass wir uns in den Tropen befanden, war es ein erbärmlicher Anblick. Ein paar Meter weiter ragte das Dach eines Kombis aus der Asche. Die Fensterscheiben waren verschwunden, und es sah aus, als habe jemand eine große Säge genommen und fein säuberlich das Autodach und die oberen 20 Zentimeter der Karosserie abgesägt und auf den Boden gelegt. In Wirklichkeit war das Auto natürlich begraben und das Innere so hoch wie die Umgebung mit Asche gefüllt. Das Metall war so weiß wie die Knochen eines Skeletts.

Kuduon deutete auf eine riesige Ebene vor uns. Silberglimmer schimmerte auf der nackten schwarzen Fläche, und dahinter erhob sich in einer Entfernung von nicht einmal einem Kilometer der Tavurvur. Am Rand der Ebene stand ein hingewürfelter Haufen von Betonblöcken. Der alte Flughafen-Terminal.

Jonathan Kuduon wusste alles über den Tavurvur. Bei dem Ausbruch von 1937 waren 500 Menschen umgekommen, bei dem jüngsten nicht mehr als eine Hand voll. Auf einer Satellitenkarte zeigte er mir den Vulkanring, der sich über die Salomon-Inseln nach Neubritannien und weiter über die Ritter-Inseln, Karkar und Bam in der Bismarcksee erstreckte. Bei Rabaul selbst war der Tavurvur mit einem roten Punkt markiert, um anzuzeigen, dass er noch aktiv war. Auf der anderen Seite von Simpson Harbour hatte 1878 Vulcan, ein Abkömmling des Tavurvur, sein graues Aschehaupt aus dem Meer erhoben. Genau hinter dem Beobachtungszentrum konnten wir den schlafenden Kombiu sehen, sozusagen die Mutter, und seine beiden Abkömmlinge, Turanguna (die südliche Tochter) und Toyanumbatir (die nördliche Tochter).

Nach Rabaul kommen viele Menschen, die sich für Vulkane interessieren. Es gab Vorschläge, die Regierung solle die Stadt als eine Art modernes Pompeji vermarkten, aber es erscheint wenig aussichtsreich, Leute in eine Region zu locken, die immer noch den Launen eines Feuergottes ausgesetzt ist. Gelegentlich hat es auch schon Unfälle gegeben. Rund um den Tavurvur haben in den letzten Jahren Schlammlawinen, giftige Dämpfe und der instabile Boden Einheimischen und Touristen das Leben gekostet. Kuduon erzählte mir, dass erst vor einem Jahr ein deutscher Arzt trotz aller Warnungen auf den Tavurvur gestiegen war. Vor den Augen seiner Frau war er in eine Spalte gestürzt und dabei ums Leben gekommen. Sechs Dorfbewohner wurden von aus dem Erdreich strömenden Kohlendioxiddämpfen überrascht, als sie nach den Eiern von Wildvögeln gegraben hatten, die die schlauen Tiere von der warmen Erde um den Vulkan ausbrüten lassen. Verwandte hatten sich, als die sechs nicht nach Hause gekommen waren, auf die Suche nach ihnen gemacht, aber zu spät – sie waren bereits tot, als man sie fand.

Jonathan Kuduon fuhr über die schwarze Ebene aus festgebackener Asche, die einmal die Hauptrollbahn des Flughafens von Rabaul war. An ihrem Ende, unweit des Meeres, trennte uns nur noch eine hübsche Bucht vom Tavurvur. Das Wasser der kleinen Bucht war von einem außerordentlichen Türkis, das auf dem Strand zuerst milchig wurde, dann leuchtend gelb und schließlich orange. Der Sand war von der Asche schwarz gefleckt, und aus heißen Quellen sickerte Schwefel ins Meerwasser. Zusammen mit den anderen Mineralien, die aus der Erdkruste abgesondert wurden, ergab das einen merkwürdigen Geruchscocktail. Während des Krieges, als der Tavurvur schlief, hatten die Japaner die Bucht als Thermalbad genutzt, aber heute hat das Wasser dort mehr als 90 Grad, was selbst dem schmutzigsten Soldaten entschieden zu heiß wäre.

Am späten Nachmittag fuhr mich Jonathan Kuduon zurück zum Kaivuna. Nach dem vielen Ruß dieses Tages brauchte ich dringend ein Bad, und ich ging zum Pool, dessen Wasser dank des Mannes mit der Atemschutzmaske und dem Netz wieder blau schimmerte. Brian und Bev Martin sahen mir von der auf den Pool hinausgehenden Terrasse aus zu. Ich hatte Brian noch nicht kennen gelernt, und als ich mich abgetrocknet hatte, kam er und erklärte mir, er habe sich die letzten Tage etwas »unwohl« gefühlt. »Sie meinten, es könnte Typhus sein«, sagte er, »deshalb habe ich mich von meinen Gästen lieber fern gehalten.«

»Und?« Natürlich wollte ich mehr erfahren.

»Nun, der Bluttest war negativ, es ist also alles in Ordnung.«

Brian lebt von Tag zu Tag, und er gehört zu denen, die glauben, dass Rabaul irgendwann wieder zum Leben erwachen wird. »Dass der letzte Ausbruch so viel zerstört hat, war reines Pech – wenn der Wind anders gestanden hätte, wäre gar nicht so viel passiert. Wir haben unser Haus gleich wieder aus der Asche gegraben, aber um die anderen Häuser hat sich wochenlang niemand gekümmert, bis die Dächer unter dem Gewicht der Asche eingestürzt sind.«

»Es ist bestimmt nicht einfach, Gäste hierher zu locken – ich meine, die Asche macht das Leben nicht gerade angenehm.«

»Ach, wissen Sie, man gewöhnt sich dran. Oft vergehen Wochen, ohne dass viel Asche runterkommt. Wenn man nur ein bisschen mehr Werbung machen würde, kämen bestimmt viele Leute her, um sich die Stadt anzusehen, und würden ihr Geld hier lassen.«

Ich fragte, ob viele Touristen kämen, die den Vulkan sehen wollten.

Brian überlegte kurz. »Nein. Ich glaube, die meisten Leute haben Angst vor dem Vulkan, und nur ein paar interessieren sich dafür. Aber wir haben ja auch noch die Überbleibsel aus dem Krieg und die Tunnel, und abgesehen davon sind die Einheimischen wunderbare Leute, sehr freundlich, und sie arbeiten hart. Das ist gar kein Vergleich mit Port Moresby. Hier ist man sicher, zumindest, was die Menschen angeht.«

Als ich am nächsten Tag spätnachmittags das Kaivuna verließ, lernte ich auch die beiden anderen Gäste des Hotels kennen. Sie waren wie ich Taucher, allerdings keine Amerikaner, wie man mir an der Rezeption gesagt hatte, sondern Briten. Die beiden, ein Ehepaar, hatten während ihres Aufenthalts in Rabaul kaum ihr Zimmer verlassen. Weder der Vulkan noch die begrabene Stadt oder die Umgebung hatten sie interessiert. Ich fragte mich, ob Brian Martins Urteilsvermögen, was das touristische Potenzial von Rabaul anbelangte, nicht unter dem Einfluss eines Lebens im Schatten des Tavurvur gelitten hatte.

Die *Star Dancer*, unser Tauchboot, war eine schnittige Motoryacht und bei ihren gelegentlichen Besuchen eine Exotin im Frachthafen. Sonst lagen hier vor allem Trampschiffe mit rostigen Stellen am Rumpf und lädierten Luken vor Anker, Arbeitsschiffe, auf denen raubeinige Seeleute beschäftigt waren, deren Leben ich mir so vorstellte wie das der Figuren in einer Geschichte von Somerset Maugham.

Als wir ausliefen, gesellte ich mich zu den anderen Passagieren, die sich auf dem oberen Deck versammelt hatten und die im Sonnenuntergang leuchtende Küste betrachteten. Wir machten uns miteinander bekannt und tauschten uns über unsere Erlebnisse bei der Anreise nach Rabaul aus. Wir versuchten, möglichst unauffällig herauszufinden, wie viel Taucherfahrungen die anderen jeweils hatten, und notierten im Geiste die erwähnten Tauchplätze. Das ist ein Ritual unter Tauchern, man will wissen, wer wo gewesen ist und was er gesehen hat, ein ganz normales Procedere, das dazu dient, die anderen Mitglieder einer Gruppe einzuschätzen. Im Allgemeinen ist es nicht die Zahl der Tauchgänge, die darüber entscheidet, ob ein Taucher gut oder schlecht ist, sondern sein Verhältnis zum Tauchen und die Arten des Tauchens, die er schon ausprobiert hat. Das Tauchen in warmen Gewässern stellt dabei meist eine kleinere Herausforderung dar als das in kalten Gewässern, und ein Taucher, der 50 Mal in den düsteren Gewässern Nordeuropas getaucht ist, wird wahrscheinlich technisch erfahrener sein als jemand, der doppelt so viele Tauchgänge in einem ruhigen, klaren Meer wie in der Karibik absolviert hat. Man muss einfach an weniger denken, wenn man im klaren, warmen Wasser taucht, und die Sicherheitsausrüstung ist viel leichter und weniger hinderlich.

Die Anthropologie einer Tauchgruppe fasziniert mich immer wieder. Männliche Taucher können sich wie männliche Autofahrer ewig mit dem Vergleich von Marken aufhalten und diskutieren über Taucherwesten und Lungenautomaten genauso wie über die Motorleistung und das Drehmoment eines Sportwagens. Das Ego und die Höhe des zur Verfügung stehenden Einkommens sind für viele Männer ebenfalls wichtige Faktoren, wie bei allen Freizeitbeschäftigungen, bei denen technische Gerätschaften eine große Rolle spielen. Taucherinnen sind wie Autofahrerinnen dagegen oft weniger an den technischen Spezifikationen ihrer Ausrüstung interessiert, solange sie nur ihren Zweck erfüllt. Frauen bereiten sich dafür meist besser auf einen Tauchgang vor, und auch unter Wasser sind sie umsichtiger. Da sie den Tauchunterricht ernster nehmen, sind sie oft bessere Taucher als ihre männlichen Kollegen. Und sie verbrauchen unter Wasser normalerweise weniger Luft, weil sie ein kleineres Lungenvolumen haben und sich ruhiger bewegen. Entsprechend bekommen sie auch mehr zu sehen.

Außer mir waren nur sechs Taucher an Bord, die an dieser Unternehmung teilnehmen wollten: drei Ehepaare, eines aus Amerika, eines aus Spanien und das britische Paar, das ich schon aus dem Kaivuna-Hotel kannte. Ich weiß immer genau, wofür sich meine potenziellen Tauchpartner interessieren und wo sie gewesen sind, und ich kann normalerweise im Voraus sagen, wer unter Wasser ein guter Tauchpartner sein wird und wer nicht. Fast alle Anwesenden waren erfahrene Taucher, und nur einer wollte unbedingt unter Wasser fotografieren. Mit leidenschaftlichen Hobby-Fotografen zu tauchen ist nicht unbedingt eine gute Idee. Sie achten oft nicht auf die anderen Taucher und fummeln endlos lange an ihrer Fotoausrüstung herum. Und während sie ihre Kamera auf eine Koralle einstellen, verpassen sie oft die interessantesten Ereignisse unter Wasser. Die meisten Fotografen müssen sich darüber hinaus gegen einen empfindlichen Teil eines Riffs lehnen oder darauf stellen, um ihre Aufnahmen zu machen. Ich habe einmal miterlebt, wie sich ein Mann völlig versunken mit seiner Kamera beschäftigte, während seiner Frau die Luft ausging und sie verzweifelt an die Wasseroberfläche schwamm. Der Fotograf hatte von der misslichen Lage, in der sich seine Frau befand, nichts bemerkt, zumindest behauptete er das später.

Tavurvur und Vulcan boten an diesem Nachmittag in der untergehenden Sonne ein umwerfendes Panorama. Den Strand entlang bildeten Palmen einen grünen Saum, in dem sich das goldene Nachmittagslicht fing und sich die Bäume wie ein Relief vor den grauschwarzen Hängen abhoben. Vom Wasser aus betrachtet, zeigte die Asche den gleichen silbergrauen Glanz wie die Haut eines Hais. Weißer Rauch kräuselte sich vom Gipfel des Tavurvur in den Himmel empor und verlieh ihm etwas ausgesprochen Bedrohliches. Auf der gegenüberliegenden Seite der Bucht hockte brütend sein kleiner Abkömmling Vulcan mit seinem grauen Krater, so als überlegte er, ob er nicht ins Wasser rutschen und endlich den Hafen vom offenen Meer abschneiden sollte.

In dieser Nacht segelten wir von Rabaul Richtung Norden in die Bismarcksee und ließen den Staub und die unter der Asche begrabenen Straßen weit hinter uns. Stundenlang lag ich wach, lauschte dem steten Dröhnen des Bootsmotors und ließ mich von den Wellen schaukeln. Um zwei Uhr früh gab es ein Gewitter, und ich sah zu, wie die Blitze über das Wasser zuckten. Unberührt von dem Licht, das der Himmel schickte, lag das Meer wie ein schwarzer Spiegel da.

Untermeerische Berge sind keine richtigen Berge, sofern man sich nicht unter einem Berg so etwas wie einen verdorrten Weihnachtsbaum vorstellt. Sie sehen aus wie gigantische Stalagmiten aus Fels, die vom Meeresboden in die Höhe wachsen und deren Spitzen von Korallen bedeckt sind. Im Pazifik überwuchern Korallen jede Nische, in der sich irgendwelche Nährstoffe befinden. Die Erhebungen in den Gewässern vor Neubritannien ragen weit in die Höhe, und sie bieten einen reichhaltigen Nährboden für alles Lebendige in der unendlichen Weite des Meeres – einer solchen Menge Wasser, dass uns angst und bange würde, wenn wir dort allein herumschwimmen müssten. Das Gebirge im Meer liefert dem Taucher einen Grund, sich in diese blaue Tiefe zu begeben.

Manchmal ist die Spitze eines Stalagmiten abgebrochen oder hat vielleicht auch nie existiert, und alles, was übrig bleibt, ist ein

Plateau, eine Tischplatte, die auf den abfallenden Schultern des Berges ruht, der sich aus dem Meeresboden erhebt. Welche Form er auch hat, ein untermeerischer Berg ist Lebensraum für Tausende von Organismen, und in der Bismarcksee kann man sich sicher sein, dass vieles, was man sieht, von der Wissenschaft noch immer nicht klassifiziert worden ist.

Zwischen den Korallen und um sie herum verbringen viele Fische ihr Leben; sie ernähren sich von Polypen und Algen, jenen lebenden Partikeln also, aus denen Korallen bestehen. Viele kleine Fische verbergen sich in den Zwischenräumen der knochenharten Formationen, andere wiederum nisten sich im Fleisch weicher Korallen ein. Größere Fische verbringen ihre Zeit damit, sich über dem Riff herumzutreiben und auf andere Riffbewohner zu warten, um sie zu fressen. Aber nicht nur Fische leben auf den Riffen und zwischen den Felsen, hier tummelt sich praktisch alles, was tags und nachts im Meer krabbelt, schwimmt, huscht und kriecht.

Kein anderes Meer der Welt weist so viele Korallenriffarten auf wie der Meeresraum zwischen Indischem und Pazifischem Ozean. Dieses riesige Gebiet, das von Afrika bis nach Polynesien reicht, wird von schätzungsweise viertausend Arten von Fischen bewohnt, die man in einer Tiefe von bis zu 150 Metern antrifft. Die Fische, die in den Korallenriffen leben und flacheres Wasser bevorzugen (also weniger als 70 Meter), machen drei Viertel der Arten aus. Vom gesamten indopazifischen Meeresraum ist der Westpazifik das artenreichste Gewässer, und innerhalb des Westpazifiks wiederum sind die Gewässer bei Indonesien und Australien die mit der größten Vielfalt. Je weiter man sich vom Pazifik in westlicher Richtung dem Indischen Ozean nähert, umso stärker nimmt die Zahl der Arten ab, bis an der Ostküste Südafrikas nur noch ein paar hundert der indopazifischen Riffarten übrig sind. Dort hat bereits das kalte Wasser des Südatlantiks Einfluss auf das Ökosystem des Meeres und schränkt die günstigen Bedingungen für das Riffleben erheblich ein. Erreicht man die Inseln der Karibik, die durch Afrika und die Landmassen der beiden Amerikas vom Pazifik isoliert sind, gibt es vielleicht noch ein

Zehntel der Riffarten, die im Westpazifik leben. Papua-Neuguinea liegt dagegen nahezu im Zentrum dieses vielfältigen Ökosystems, und es war schon immer mein Traum, dort einmal zu tauchen. Diese Ecke des Pazifiks verspricht Einsamkeit und Ursprünglichkeit, intakte Korallenriffe und das Ideal eines jeden Tauchers: blaues Wasser und Fische in Hülle und Fülle.

Von den Tauchern, die bis in die Bismarcksee oder eines der anderen entlegenen Gebiete des Pazifiks kommen, suchen viele die Begegnung mit etwas Großem, Aufregendem – mit einer der als gefährlich geltenden Haiarten oder auch mit einem Schwertwal, dem so genannten Mörderwal. Die Geschichten von Begegnungen mit Haien haben für Nichttaucher immer noch etwas Verwegenes und gereichen dem Taucher immer zur Ehre, da sie ihn als einen ausgesprochen abenteuerlustigen und mutigen Menschen erscheinen lassen. Was wir Taucher natürlich auch sind. Viele Taucher haben viel Zeit, Mühe und Geld aufgebracht, um an einen Ort zu gelangen, der eine riesige Artenvielfalt bietet, aber richtig zufrieden sind sie erst, wenn sie etwas ganz Großes sehen. In gewisser Weise verstehe ich das – geht man auf Safari nach Afrika, ist man ja auch enttäuscht, wenn man keinem Elefanten begegnet. Hat man erst einmal ein großes Tier entdeckt, verliert man es auch nicht mehr so leicht aus den Augen, und es hat durchaus etwas Faszinierendes, sich in der unmittelbaren Nähe eines Lebewesens aufzuhalten, das einen ohne weiteres töten könnte, wenn es das wollte.

Ich habe in der Bismarcksee viele Haie gesehen. Einige davon, große, aggressive Arten, schwammen neugierig zu uns Tauchern heran, um zu sehen, was wir da machen. Einmal, ich war allein und legte gerade eine Sicherheitspause unter dem Tauchboot ein, gesellten sich sieben große Silberspitzenhaie (*Carcharhinus albimarginatus*) zu mir und begannen, immer engere Kreise um mich zu ziehen. Unter solchen Umständen kann man kaum vermeiden, sich Sorgen um seine Zukunft zu machen, aber der Verstand sagt einem, dass ein Angriff höchst unwahrscheinlich ist, wenn sich den Haien nicht unmittelbar die Aussicht auf etwas

Fressbares bietet. Andererseits ist gerade das Kreisen das typische, einem Angriff vorausgehende Verhalten, wobei der Fisch, angetrieben von der Hoffnung auf Futter, seine hoch entwickelten Sinnesorgane auf die mögliche Beute einstellt.

Eigentlich ist der Hai ein vorsichtiges Wesen, zumindest am Anfang, und will sichergehen, dass er sich nicht in Gefahr bringt, wenn er einen Menschen beißt. Als ich mich damals an dem Tau festhielt, das unter dem Tauchboot gespannt war, änderten die Haie plötzlich ihr Verhaltensmuster. Sie kamen immer näher und gingen dazu über, nicht mehr langsam in elliptischen Kreisen um mich herumzuschwimmen, sondern schnellere, tangentiale Bahnen zu ziehen. Meine gelassenen Selbstbeschwichtigungen, ich habe es mit missverstandenen, im Grunde ängstlichen Fischen zu tun, wurden von der Realität verdrängt. Auf einmal sagte mir mein Verstand etwas anderes, dass nämlich ein einzelner Taucher eher wie eine mögliche Mahlzeit aussieht als eine ganze Gruppe von Tauchern. Dem Überlebenden eines Haiangriffs erklärt man oft, er verdanke sein Entkommen dem Umstand, dass der Hai nach dem ersten Bissen feststellt, dass Menschenfleisch nicht so schmeckt wie erwartet. Wenn man solche Geschichten in einem Buch liest, hält man sie für vollkommen plausibel, unter Wasser erscheinen sie allerdings wenig überzeugend. Eilig schwamm ich zur Bootsleiter.

Haie, gleich welcher Art, sind zweifellos aufregende Tiere, anmutig und zugleich vor ungebändigter Kraft strotzend. Es sind die prachtvollsten Tiere, die man sich vorstellen kann. Die meisten Tauchanfänger behaupten, sie seien keineswegs erpicht darauf, jemals einen Hai unter Wasser zu Gesicht zu bekommen, aber wenn sie erst einmal einem friedlichen Hai begegnet sind, sind die meisten doch fasziniert und wollen noch mehr dieser Tiere sehen. Taucher, die Haie zu kennen glauben, verfolgen sie manchmal unter Wasser und greifen sogar nach ihnen, überzeugt, dass sie es sind, die bei einem solchen Zusammentreffen die Oberhand behalten. Diese Überzeugung beruht oft auf Begegnungen mit kleinen, allein schwimmenden Haien, die bei Tag stattfanden und während sie selbst mit einer Gruppe von Tauchern unterwegs waren, von denen die meisten gelangweilt taten und von unzähligen Gelegenheiten zu erzählen wussten, bei denen sie größere und aggressivere Arten an exotischeren Orten gesehen haben. Daher wird ein Taucher, der ein kleines Exemplar einer der 250 oder mehr bekannten Arten gesehen hat, in dem Glauben bestärkt, dass er mutig ist und dass Haie ängstlich oder zumindest nicht an Tauchern interessiert sind. Manche Taucher müssen daran erinnert werden, dass alle Haie echte Beißmaschinen sind und dem Menschen schwere Verletzungen beibringen können.

Die meisten Menschen, darunter auch viele Taucher, halten den Hai für ein wenig anziehendes Lebewesen, was zum Teil mit seinem Fressverhalten zu tun hat, aber wohl noch mehr damit, dass er keine Empfindungen zeigt. Sosehr wir es uns auch wünschen mögen, zu einem Hai lässt sich keine Beziehung aufbauen. Seine Augen lassen uns nicht in sein Inneres blicken, und das Gehirn eines Hais ist vermutlich zu klein, um viel Verstand beherbergen zu können. Auf der Jagd verlässt sich der Hai von allen seinen Sinnen am wenigsten auf die Augen. Sie sind kleine, undurchdringliche Flecken in dem stromlinienförmigen Körper, mit dessen Kraft und Geschwindigkeit es kein menschlicher Schwimmer aufnehmen kann. Und so beneiden wir die Haie um ihre Anmut, verachten sie für ihre Dummheit und fürchten sie wegen ihrer Kraft. Eine der Folgen ist, dass Haie überfischt sind und aus zweifelhaften kulinarischen Gründen geschlachtet werden. Ihre Flossen werden beispielsweise als Zutat für eine bestimmte asiatische Suppe geschätzt und teuer verkauft. Nur wenige Menschen haben etwas für Haie übrig, und es ergeht diesen meist nicht gut, wenn sie in unsere Nähe kommen. Wir sind müde zu hören, dass auch Haie zu den Tieren gehören, denen wir Unrecht getan haben, und da es so viele freundlicher aussehende Arten zu retten gibt, nimmt der Hai nicht gerade einen der vordersten Plätze auf unserer Liste anstehender guter Werke ein. Kein Mensch weiß, wie viele Haie im Meer leben müssen, damit ein gesundes Gleichgewicht aufrechterhalten wird; Schätzungen zufolge werden jeden Tag weltweit 10 000 Haie dahingeschlachtet. Der Hai bildet die Spitze der Nahrungskette im Meer, und wenn es ihn eines Tages nicht mehr geben sollte, wird das einen erheblichen Einfluss auf das Gleichgewicht des Meereslebens haben.

Bis vor ein paar Jahren war es an vielen beliebten Tauchplätzen auf den Seychellen nichts Ungewöhnliches, Haie zu sehen, aber inzwischen kommt es immer seltener vor. Im Laufe der zwei Jahre, in denen ich hier mehrere Male die Woche getaucht bin, habe ich vielleicht alle 14 Tage kleine Weißspitzen-Riffhaie gesehen, gelegentlich einmal Graue Riffhaie und noch seltener Bullenhaie. Aber fast jeden Tag türmten sich in einer Ecke des kleinen Fischmarktes in der Stadt die Kadaver von Haien. Hammer- und Tigerhaie und andere große Exemplare aus den tiefen Gewässern vor der Küste waren wie Gummispielzeug übereinander geworfen. In dem überdachten Bereich des Marktes, wo die Fischer ihre Fänge aufschlitzten und ausnahmen, plumpste manchmal ein ganzer Haufen voll ausgebildeter Jungen aus dem schlaffen weißen Bauch eines weiblichen Hammerhais auf den verschmierten Zementboden. Der Hai gehört auf den Seychellen eigentlich nicht zur landestypischen Küche, und ich habe einige Fischer gefragt, warum sie Haie fangen. Die Antwort lautete immer gleich: »Weil sie die anderen Fische fressen und die Chinesen die Flossen für den Export kaufen.« Da überrascht es nicht, dass immer weniger Sporttaucher von einer Begegnung mit diesem Fisch berichten können.

Wenn es schon schwierig ist, die Öffentlichkeit für die alarmierende Lage, in der sich der Hai befindet, zu interessieren, um wie viel schwieriger ist es dann erst, die Welt für die Holothurie, die unauffällige und plumpe Seegurke zu gewinnen. Seegurken haben den Ruf, stupide und träge vor sich hin zu leben, aber damit tut man ihnen Unrecht. Die Franzosen haben ihnen denn auch den passenderen Namen *bêche de mer* oder Meerspaten gegeben, da sie den Sand des Meeresbodens umgraben, indem sie ihn durch ihre Körper schleusen. In der orientalischen Küche gelten sie, dort *trepang* genannt, als Delikatesse, während die englische Sprache sie häufig grob als *sea slug*, Meeresfaulpelz, abfertigt.

Viele Holothurien gleichen einem dicken, farblosen schlauchförmigen Kürbis, wie sie da so auf dem Meeresboden liegen. Einige sind nur ein paar Zentimeter groß, andere meterlang. Es gibt weiße, schwarze, getupfte, fransige, gerippte, hornige und warzige Seegurken, und alle fühlen sich irgendwie matschig an. Wenn man sie berührt, stoßen einige Arten wie eine Faschingströte klebrige Schnüre aus, mit denen sie versuchen, Raubtiere abzuschrecken. Andere wenden eine ähnliche Technik an, nur dass sie ihre Eingeweide abwerfen, um mit diesen kleinen Appetithappen ihren Angreifer abzulenken. Der Mensch dagegen ist nicht mit solchen Häppchen abzuspeisen, sondern lässt sie kurzerhand im Ganzen in der Sonne trocknen und verwendet sie dann als Zutat für eine Suppe, wobei sich beim Kochen ihre lederartige Haut in Gelee verwandelt.

Nahe der Insel Lolobau, eine anderthalbtägige Segelfahrt von Rabaul entfernt, entdeckte ich auf einem untermeerischen Berg eine große Holothurie, die mich in Erstaunen versetzte. Ich vergaß das spektakuläre Riff und all die Fische um mich herum und starrte wie gebannt auf die Seegurke, die reglos auf einem kleinen Flecken Sand lag. In der Form ähnelte sie dem Schaft eines unbeschnittenen Penis. Ich fühlte mich wie in einen Albtraum versetzt, als ich aus einer Öffnung, der Harnröhre des imaginierten Penis, eine Reihe fedriger Tentakeln herauskommen sah. Tastend bewegten sich diese Tentakeln über den Sand und nahmen ein paar Körnchen auf, die an den klebrigen Ärmchen haften blieben. Überall auf dem fleischigen Schlauch saßen runde, dunkelbraune Klumpen, die genauso aussahen wie getrocknete Kakaobohnen. Sanft berührte ich dieses Lebewesen und sah zu, wie die äußere Hülle des Tieres langsam zurückwich wie die Vorhaut unter einer zärtlichen Berührung. Solche Beobachtungen lassen sich oft nur schwer mit anderen Tauchern teilen, besonders, wenn man sie nicht gut kennt.

Nicht alle Holothurien haben so erotische Formen. Manche sind halb durchsichtig und strecken sich mehrere Meter über den Sand wie Därme, die aus einem Kadaver auf den Boden des

Schlachthofs gerutscht sind. Eine Holothurie kann aber auch wie ein großer schwarzer Hundehaufen aussehen, was nicht der Ironie entbehrt bei einem Tier, das den Sand von organischen Überresten säubert, indem es ihn durch sein Maul und seine Gedärme schleust. Einige unglückliche Arten sind Wirtstier für einen kleinen Fisch, der einen Weg gefunden hat, rückwärts in den Anus der Holothurie zu schwimmen. Genauere Untersuchungen haben gezeigt, dass sich die Fische von den inneren Geschlechtsorganen der Seegurke ernähren, während sie in ihrem Leib gleichzeitig Schutz vor den Räubern finden, die hinter ihnen her sind. Kost und Logis gratis.

Auf demselben Riff entdeckte ich ein ausgesprochen großes Exemplar von *Tholonata rubralineata*, der Rotlinien-Stachelseewalze. Dieses Tier ist nicht glatt wie die Seegurken, vielmehr ist es mit stacheligen fleischigen Kegeln überzogen, was in der Pflanzen- und Tierwelt an sich noch kein ungewöhnlicher Schmuck sein muss. Was *rubralineata* jedoch gegenüber anderen Arten auszeichnet, ist ihre Färbung: Auf dem Untergrund weißen Fleisches sind wie auf einer Wanderkarte feine Linien eingezeichnet. Diese Linien sind leuchtend rot, sodass das Ganze die Farben von Vanilleeis mit Erdbeersoße hat. Sie mäandern zwischen den einzelnen Kegeln und bilden um jeden Kegel Ringe. Ich beugte mich so tief zu dem Tier hinunter, dass die roten Linien vor meinen Augen zu verschwimmen begannen. Wie bei einem verschlungenen Labyrinth kann man kaum feststellen, ob die Linien irgendwo auf dem Rumpf zusammentreffen oder ob sie einen Anfang und ein Ende haben. Man kann ohne weiteres einen ganzen Tauchgang damit verbringen, ein solches Tier zu beobachten.

Eines Nachts schirmten dunkle Wolken die Wasserwelt gegen das Licht des Mondes ab, und kurz nachdem ich ins Wasser gegangen war, begann es zu regnen. Ich richtete meine Lampe nach oben, dorthin, wo Meeres- und Luftwelt aufeinander treffen, und konnte die Regentropfen sehen, die wie feine Nadelstiche die Wasserdecke durchstachen.

Das Riff ist nachts von Tieren bevölkert, die dem menschlichen Auge bei Tageslicht häufig entgehen. Im Schein der Lampe werden ihre Farben sichtbar und oft noch verstärkt. Ich entdeckte eine große Stachelauster, *Spondylus varius*, mit weit geöffnetem Schlund. Unter dem Patchwork von Korallen war die glatte Muschel selbst nicht zu sehen. Auf der unteren Muschelhälfte nisteten rosa Orgelkorallen, eine Ansammlung winziger fleischiger Täschchen. Aus der oberen Hälfte ragten violette Manteltiere in die Höhe, und zarte, stechende Quallen, die ähnlich wirkungsvoll wie Miniaturrollen von Stacheldraht sind, hatten sich direkt daneben aufgerichtet. Das Maul der Auster war von einem Saum orangefarbenen Fleisches geschmückt, das sich in der Strömung kräuselte. Bei Tageslicht würde ein solches Lebewesen in der Masse der herumflitzenden Fische übersehen werden, seine Schönheit gegenüber benachbarten Tieren und Korallen in den Hintergrund treten. Ganz sicher würden ihm all jene keine Beachtung schenken, die beim Tauchen nach einem Nervenkitzel suchen, aber im Kegel meiner Lampe glühte es so wunderschön orange wie eine verzierte Kerze, die von einer Flamme in ihrem Inneren erleuchtet wird.

Nächtliche Tauchgänge in großen Gewässern sind immer aufregender als die in den flachen Küstenstreifen, und sie verheißen das Unbekannte. Ich gab meinem Tauchpartner ein Zeichen, seine Lampe auszuschalten, und wir schwammen zum Rand des Riffplateaus. Wenn wir unsere Hände schnell bewegten, erzeugten wir im Wasser einen Biolumineszenz-Schweif, der so stark leuchtete wie der Funkenregen, der aus einem brennenden Holzscheit aufsteigt, wenn man ihn auf den Boden schlägt. Mikroskopisch kleine, unsichtbare Tiere, die am Anfang der Nahrungskette stehen und ihr eigenes chemisches Licht produzieren, wirbelten auf unser Geheiß durch das schwarze Wasser.

Mit Hilfe des Umgebungslichts konnten wir auch ohne Lampen den Rand des Riffs ausmachen. Vorsichtig tauchten wir ein, zwei Meter den Wall hinunter und machten ein paar Schwimmzüge in das offene Wasser.

Ich muss immer meinen ganzen Mut zusammennehmen, wenn ich nachts ins Wasser gehe. Es ist nicht die Dunkelheit an sich, die ich fürchte, sondern das Gefühl, allein zu sein, auf einer Oberfläche zu treiben, die sich unter mir in eine unendliche schwarze Tiefe öffnet. In meiner Kindheit las ich einmal von einem Schiffssteward, der mitten auf dem Pazifik über Bord gefallen war, als er spätnachts die Küchenabfälle über die Heckreling kippen wollte. Die ganze Nacht trieb er auf dem Meer, aber eine große Schildkröte rettete ihn vor dem Tod durch Erschöpfung. Sie erlaubte ihm, sich ein paar Stunden an ihrem Panzer festzuhalten. Als man auf dem Schiff das Verschwinden des Stewarts bemerkte, kehrte man um und machte sich auf die Suche nach ihm. Und tatsächlich entdeckten sie ihn am nächsten Tag und holten ihn an Bord. Ich hatte die Geschichte mit der Schildkröte nie für besonders unglaubwürdig gehalten, sie mag statistisch gesehen unwahrscheinlich sein, das schon, aber eben doch möglich. Was mich dagegen stark beschäftigte, war die Selbstbeherrschung und Geistesgegenwart dieses Mannes, dass er ruhig blieb und nicht ertrank während all der Stunden, die er in dem unendlich tiefen Meer, allein und ohne Land vor Augen, dahintrieb. Jeden Augenblick hätte er spüren können, wie ein Meereswesen an seinen ins Wasser hängenden Beinen entlangstreicht, und mit jeder Sekunde wuchs die Wahrscheinlichkeit, dass ihn ein Meeresräuber entdeckte und ihn als willkommene Mahlzeit betrachtete.

In meiner Kindheit fuhren wir oft auf die Insel Penang, die damals noch nicht zu einem von Touristen überlaufenen Ferienort voll hektischer Betriebsamkeit geworden war. Meine Eltern brachten uns entweder in den eher schicken Penang Club oder direkt daneben in das etwas schäbigere Runnymede-Hotel. Ich erinnere mich, den Penang Club wegen seines gepflegten englischen Rasens und des nierenförmigen Schwimmbeckens bevorzugt zu haben. Dort konnte uns eigentlich nicht viel passieren, und meine Eltern entspannten sich nach dem Abendessen regelmäßig auf der Terrasse bei einem Glas Gin Tonic, das ihnen ein chinesischer Kellner in einem gestärkten weißen Jackett brachte.

Eines Abends entfernte ich mich nach dem Essen aus dem Schutz des hell erleuchteten Pools unterhalb der Terrasse und spazierte in der Gartenanlage herum. An diesem Abend waren keine anderen Kinder in meinem Alter im Club, aber das machte mir nichts aus, ich war es gewohnt, alleine zu spielen.

Eine Kaimauer, die mir beeindruckend hoch erschien, aber wahrscheinlich weniger als anderthalb Meter maß, trennte den Hotelgarten vom Indischen Ozean. Auf der zum Meer hin gelegenen Seite der Mauer war kein Strand, nur ein schräg abfallender, von Seegras bedeckter Sockel, gegen den Tag und Nacht die Wellen brandeten. An diesem Abend liefen große Krabben über den vom Wasser glatt polierten und im Mondlicht glänzenden Stein. Ich erinnere mich, wie die Lichter über das sich kräuselnde Wasser hüpften und die Silhouetten der gigantischen Krabben über den Stein huschten. Die Flut reichte bis nahe an den Fuß der Mauer heran, vielleicht, weil Vollmond war. Nur noch ein schmaler Streifen des Betons war trocken, und aus irgendeinem Grund beschloss ich, hinunterzuspringen und den Krabben zuzusehen.

In dem Moment, in dem ich auf dem abschüssigen Stein auftraf, war mir auch schon klar, dass ich in der Klemme steckte. Mit den Füßen voran, die in den unvermeidlichen Gummischlappen steckten, rutschte ich über das glitschige Seegras und warf mich verzweifelt gegen die nasse Wand, um nicht in die Wellen zu gleiten. Aber unerbittlich rutschte ich langsam immer weiter auf das schwarze Wasser zu. Die Wellen umspülten die Insel, und ich wusste, irgendwann würden sie mich ins Meer reißen. Als sei es erst gestern gewesen, höre ich noch das Rauschen der Wellen und das kratzende Geräusch der Krabbenbeine. Laut rief ich um Hilfe, aber meine Kinderstimme kam gegen das Tosen der gegen die Mauer brechenden Wellen nicht an. Wie hätte man mich dort oben auch hören sollen, über den Krocketrasen hinweg bis zur Terrasse des Clubs?

Ich presste mich mit dem Rücken gegen den nassen Stein und konnte auf diese Weise meine Abwärtsbewegung zwar abbremsen, aber nicht ganz aufhalten. Sobald ich mich rührte, rutschte ich ein Stück weiter hinunter. Und während ich nass und mit vor Angst klappernden Zähnen dalag, stellte ich mir vor, was passieren würde, wenn mich die Wellen schließlich zu packen bekamen. Sie würden mich einfach wegreißen, und keiner würde jemals erfahren, was mit mir geschehen war.

Schon steckte ich bis zu den Knöcheln im Wasser, und es stieg langsam bis zu meinen Schienbeinen hoch. Da hörte ich Stimmen. Eine ältere Frau und ihr erwachsener Sohn gingen auf der anderen Seite der Mauer entlang. Verzweifelt rief ich um Hilfe. Über der Mauer erschienen zwei Gesichter, erstaunt, ein Kind dort unten zu erblicken, das starr vor Angst auf den Felsen lag. Unter einigen Mühen kletterte der Mann über die Mauer, und während ihn seine Mutter an den Handgelenken festhielt, streckte er einen Fuß zu mir herunter, damit ich ihn ergriffe. Weiter zu mir herunter konnte er nicht, weil er selbst keinen Halt auf dem glitschigen Felsen fand. Ich werde niemals vergessen, wie sich seine dicken, fleischigen Zehen anfühlten, als ich mich an seinen Fuß klammerte. Zitternd vor Erleichterung kam ich auf der anderen Seite der Mauer an und brachte kaum ein Wort des Dankes heraus. Meinen Eltern, die noch immer ahnungslos auf der Terrasse saßen, habe ich niemals etwas von meinem Abenteuer erzählt. Das Bild der flüsternden Wellen, die nachts um die Inseln wogten, hatte sich mir jedoch unauslöschlich eingeprägt, und ich bin nie mehr über die Kaimauer geklettert.

Inzwischen tauche ich zwar in der Nacht, aber jedes Mal steigt wieder die Angst vor dem schwarzen Wasser in mir auf. Einige Jahre bin ich nachts nicht tauchen gegangen und tat unbeeindruckt, wenn mir von den Wundern, die es zu dieser Zeit auf dem Riff zu beobachten gab, berichtet wurde. Welche Attraktionen der Meereswelt mich dort auch erwarten mochten, sie konnten mir doch nicht die Furcht vor dem Aufstieg an die Oberfläche nehmen. Denn hinunterzutauchen und in dem tiefschwarzen Raum herumzuschwimmen, das konnte ich mir vorstellen. Aber aufzusteigen, die schwarze Tiefe unter mir zu lassen und dann auf der Wasseroberfläche zu treiben und darauf zu warten, dass mich das

Boot wieder aufnahm, schreckte mich ab. Egal wie oft ich mir sagte, dass es dort unten im Wasser nichts gab, was sich für mich interessierte, die Angst blieb. Wenn ich erst einmal unter Wasser bin, fühle ich mich meist sicherer; in das dunkle Meer zu springen erfordert jedoch einige Überwindung. Dimitri Rebikoff, einer der ersten Gerätetaucher, sagte, beim nächtlichen Tauchen brauche man »Nerven aus Stahl, um das Gefühl zu verdrängen, dass es in dieser fremdartigen Umgebung Gespenster gibt«. Meiner Meinung nach haben Leute, die von sich behaupten, dass sie gerne nachts im Meer schwimmen, einfach keine Vorstellungskraft.

Nun, in dieser verregneten Nacht in Neuguinea genoss ich das Eintauchen in die Dunkelheit. Ich war eins mit dem schwarzen Raum geworden. Vielleicht suchen ja die Leute, die sich in Health-Clubs in geschlossene Plastikbadewannen legen, genau diese Erfahrung? Mich hat der Gedanke, mich von Musik berieselt in einer Plastikröhre in warmes Wasser zu legen, in dem schon andere zahlende Gäste ihren Gedanken nachhingen, nie gelockt. Die synthetische Ruhe dort kann einfach nicht mit der echten Erfahrung mithalten. Hier gab es den Pazifik und mich und die Nacht und unzählige Scharen von Lebewesen, die weniger blind und taub und unbeholfen waren als ich. Sie konnten mich fühlen, einen Bogen um mich schwimmen oder mich näher untersuchen, und ich würde nie erfahren, welchen Eindruck sie von mir bekommen hatten. In der vollkommenen Schwärze und ohne das Licht von meiner Lampe war selbst das gläserne Sichtfenster meiner Maske unsichtbar. Es war die Art von Dunkelheit, die einen ganz schwindelig macht, und ich hatte das Gefühl, als könnte ich mit meinem Begleiter allein durch Gedanken kommunizieren. Leider wurde ihm schon nach einer Minute langweilig dabei. Er schaltete seine Lampe an und stupste mich am Arm, um mir zu signalisieren, dass er zum Riff zurückkehren wollte. Offensichtlich war es mir nicht gelungen, ihm meinen Wunsch zu vermitteln, so lange wie nur möglich in der Dunkelheit zu schweben. Noch ein, zwei Minuten ließ ich mich in dem schwarzen Raum treiben, blickte gelegentlich zurück, um mich zu vergewissern, dass mein

Tauchpartner, dessen Lampe eine flackernde Spur über das Riff zog, noch in Sicht war. Allein in der Dunkelheit, verspürte ich wieder das bekannte Unbehagen, und ich machte mich auf den Weg in den Schutz des Riffs und der stillen Gesellschaft des anderen Tauchers.

Das Problem auf Tauchcharterbooten besteht darin, dass man für die Dauer der Reise der Gesellschaft der anderen Taucher nicht entkommen kann. Auf meiner Reise durch Neuguinea hatte ich keinen festen Tauchpartner und schloss mich daher abwechselnd einem der Paare in der Gruppe an; in wechselnder Formation unternahmen wir mindestens vier, manchmal sogar fünf Tauchgänge am Tag. Allerdings passte die Gruppe nicht besonders gut zusammen, und das Paar aus Spanien bescherte uns ein kleines Drama, als die Frau eine leichte Form der Dekompressionskrankheit erlitt. Nach drei verhältnismäßig tiefen Tauchgängen klagte sie über einen juckenden Ausschlag auf ihren Oberschenkeln, der nach einer Weile das Aussehen von Blutergüssen annahm. Der nächste Hafen, von dem aus sie sich nach Port Moresby fliegen lassen konnte, war 15 Segelstunden entfernt, und diese Aktion würde Unsummen kosten. Deshalb nahmen wir mit Hilfe eines internationalen Versicherungsservice für Taucher über die Satellitentelefonanlage der *Star Dancer* Kontakt zu Tauchmedizinern in Europa und Australien auf. Die Ärzte gaben uns den Rat, der Taucherin mit Unterbrechungen über einige Stunden hinweg reinen Sauerstoff zu verabreichen und dabei die Symptome genau zu beobachten. Nach zwei Stunden ließ das Jucken nach, und die Blutergüsse begannen, sich zurückzubilden.

Da die Frau nicht mehr tauchen durfte, verschlechterte sich ihre Laune im Lauf der Reise zusehends. Um sie nicht noch deprimierter zu machen, hielten wir anderen uns mit unseren Erzählungen über das, was wir unter Wasser gesehen hatten, zurück. Fortan war ihr Ehemann mein Tauchpartner. Die Amerikaner blieben für sich, was auch daran lag, dass die Frau, schon bevor sie an Bord des Tauchboots ging, einen Schneidezahn verloren hatte und nicht aus der Nähe gesehen werden wollte. Das Paar aus Großbritannien schließlich litt zwar unter keinen körperlichen Beschwerden, die ihnen den Spaß an den Tauchferien verleidet hätten, aber die beiden stritten ununterbrochen über die Berge von Gepäck in ihrer Kabine. Jeden Abend kamen wir in den Genuss des Anblicks eines neuen Outfits aus dem Kleiderschrank der Frau, nicht zu vergessen der dreimalige Wechsel des Badeanzugs im Laufe eines Tages.

Unter Wasser war es mir egal, ob wir uns oben verstanden oder nicht. Dort gab es genug zu sehen. Meerbarben, Demoiselles, Engelhaie, Kaiserfische, Straßenkehrer, Schnapper – zu viele Fische jedenfalls, um sie zählen zu können, und zu viele neue Arten, um sie sich nach jedem einzelnen Tauchgang merken zu können. Die Fische versammelten sich am Rand eines Plateaus in großen, farbig schimmernden Wolken und richteten sich mit dem Kopf nach vorne in der Strömung aus, um die herantreibenden Planktonteilchen aus dem Wasser zu filtern. Mühelos schwebten die Fische der verschiedensten Arten Seite an Seite im Meer und holten sich die Nährstoffe heraus, die von der Strömung herangetragen wurden. Einmal schwamm ein anderthalb Meter langer Barrakuda neben mir und beobachtete aus einiger Entfernung die Schwärme kleinerer Fische – er schien nur auf die Gelegenheit zu warten, bis er einen der kleinen Burschen zu fassen bekam, vielleicht wollte er aber auch nur sein Territorium im Auge behalten. Sobald ich ein Stück zu ihm hinschwamm, bewegte er sich, aber nur so langsam, dass ich immer noch den Eindruck hatte, näher zu kommen. Und gerade als ich in der Strömung meine letzte Kraft zusammensammelte, verschwand er aus meinem Blickfeld. Möglicherweise hatte er ja geglaubt, ich wollte ihn jagen. Auf einem unserer anderen Tauchgänge kam eine Schule von kleineren Barrakudas um das Riff geschwommen, als ich mich an einem Felsüberhang festhielt, um mich in der Strömung auszutarieren. Ich versuchte, die Barrakudas zu zählen, was sich allerdings bei der Masse von Fischen als unmögliches Unterfangen erwies, da sie wie ein Ballen Drahtwolle ineinander verwoben waren. Es waren schlanke, elegante Fische mit feinen Zickzackmustern auf ihren silbernen Leibern. Ihre Schönheit wurde nur durch die Furcht einflößenden Mäuler und vorstehenden Unterkiefer etwas beeinträchtigt. Wohl mindestens 1000 dieser einen Meter langen, dolchförmigen Tiere bildeten einen engen Zylinder, der sich wie auf ein geheimes Kommando bewegte. Das Ganze sah aus wie eine Windhose aus Fischen, deren konisch geformte Körper einen lebenden, sich ständig um sich selbst drehenden Strudel bildeten. Dieser Schwarm war eine Einheit, der wie ein einziges Tier reagierte und sich unabhängig von den einzelnen Fischen bewegte. Vorsichtig schwamm ich langsam unter den Schwarm und blickte nach oben. Und dort, in der Mitte des Zylinders, war ein kleines Loch, durch das ich bis zur 25 Meter entfernten Wasseroberfläche hinaufsehen konnte. Die Barrakudas bildeten gegen das dunkelblaue Wasser eine Aureole aus metallischem Fleisch, und oben, an der Spitze der Säule, saß die leuchtende Scheibe aus Sonnenlicht, das sich in ihren Schuppen verfing.

Wenn ich mich an die Bismarcksee erinnere, sehe ich tiefes Wasser und einen leeren Horizont vor mir, eine Weite, in der man einen bevorstehenden Wetterwechsel am pazifischen Himmel sehen und fast riechen konnte. Himmel und Meer waren rein und klar, und beide waren in Blau gehüllt, während fedrig weiße Wolken und Wellenkämme darüber hinwegtrieben. In solchen Gewässern leben die Korallen noch weitgehend ungestört von Menschen, und die Zahl der Taucher, die hierher kommen, ist klein, bedenkt man die Vielfalt an Leben, die hier zu sehen ist. Die untermeerischen Berge verbreiten dieselbe heilige Aura wie ein Pilgerhügel an Land, und sie sind einem verlorenen Paradies so ähnlich, wie man es zu finden nur erhoffen kann. Über mir und unter mir, in der Luft und im Wasser – überall empfand ich diese Ursprünglichkeit und Schönheit.

Auf der Rückreise nach Rabaul begegneten wir einer großen Schule von Delphinen, mehr als 100 Tieren, die mehrere Kilometer von der Einfahrt zu Simpson Harbour entfernt über das ruhige Meer sprangen. Wir unterschieden zwei Arten: Große Tümmler (*Tursiops truncatus*), denen man auch sonst am häufigsten begegnet, und Spinner-Delphine (*Stenella longirostris*), die zurückhaltender und scheuer sind. Das Boot verlangsamte die Fahrt, und nach ein paar Minuten kamen die stets neugierigen Großen Tümmler näher, um das Boot zu untersuchen und auf seiner Bugwelle zu reiten. Die Spinner-Delphine blieben zwar auf Distanz, aber auch sie wussten sich zu vergnügen und schossen durchs Wasser, um dann durch die Luft zu springen und sich dabei um die eigene Achse zu drehen. Dieses faszinierende Verhalten ist ihnen angeboren. Eine halbe Stunde lang wechselten sich die Großen Tümmler beim Reiten auf unserer Bugwelle ab. Hin und wieder schwammen auf jeder Seite der Bugwelle jeweils zwei Delphine mit einem Abstand von nur wenigen Zentimetern nebeneinander. Die vier Tiere ließen sich gerade unterhalb des Wellenkamms über das Wasser tragen, sodass es aussah, als würden sie fliegen und nicht schwimmen. Das helle Sonnenlicht erzeugte blitzende weiße Muster auf ihren Rücken und brachte die Grenze zwischen Wasser und Luft zum Verschwinden. Die grauen Umrisse mit den wie Krummsäbel geschwungenen Schwanzflossen zeichneten sich deutlich gegen den blau leuchtenden Ozean ab. Gebannt lehnte ich mich über die Reling am Bug, bis ich auf einmal merkte, dass ich ganz vergessen hatte zu atmen.

# 8 Chariots of War

*Offiziell (und höchst einfallslos) wurden sie als Landing Craft Obstruction Clearance Units bezeichnet, aber der volkstümliche Name »Froschmänner«, den man ihnen nach Bekanntwerden ihrer ruhmreichen Taten verlieh, ist, wie so oft, weniger schwerfällig, sehr viel anschaulicher und wird wahrscheinlich länger bestehen.*

Sir Ronald Storrs, *Dunlop in War and Peace*

Am 19. September 1941 lagen bei Tagesanbruch mehrere britische Schiffe friedlich im Hafen von Gibraltar vor Anker. Für den Schutz der Schiffe am Fuß des Felsens war durch Küstenbatterien, ständige Hafenpatrouillen und stählerne U-Boot-Abwehrnetze gesorgt. Die Geschützstände hoch oben im Fels sicherten die schmale Straße von Gibraltar und sorgten dafür, dass kein Schiff einlief oder ins Mittelmeer hinaus außer Reichweite gelangte.

Kurz nach sechs Uhr zerriss eine laute Detonation die morgendliche Stille. Die *Denbydale*, ein 10 000-Tonnen-Tanker, bekam Schlagseite und begann zu sinken, als Wasser in den Rumpf strömte. Wenige Minuten später gab es zwei weitere Detonationen, zwei weitere Versorgungsschiffe waren getroffen, ihr stählerner Bauch war von unterhalb der Wasserlinie angebrachten Sprengsätzen aufgerissen worden. Innerhalb kürzester Zeit waren mehr als 20 000 Tonnen Schiffsbestand zerstört.

Der Angriff auf den Hafen von Gibraltar war nicht nur ein militärischer Schlag, mit ihm war auch die Kampfmoral getroffen und eine Wunde ins Herz der Werften gerissen worden, in denen die *Victory*, Nelsons Flaggschiff, nach der Schlacht von Trafalgar repariert worden war. In beiden Weltkriegen spielte Gibraltar bei den Operationen der alliierten Flotte eine entscheidende Rolle, und in diese Festung war nun eine Bresche geschlagen worden. Doch diesmal gab es keinen sichtbaren Feind, an dem man Vergeltung üben konnte.

Der Feind hatte sich lautlos unter Wasser genähert. Er war drei Kilometer vor dem Hafen von Gibraltar abgesetzt worden, als das italienische Unterseeboot *Scire* kurz vor Sonnenaufgang an die Wasseroberfläche gekommen war. Die *Scire* war kein gewöhnliches Unterseeboot, auf ihrem Deck befanden sich mehrere große Torpedos, ganz neuartige Waffen, die von der Oberfläche aus abgefeuert werden mussten. Diese Torpedos wurden durch Elektromotoren angetrieben, und die italienischen Taucher, die rittlings auf ihnen saßen, steuerten und tauchten sie wie Miniatur-Unterseeboote. Die Taucher hatten ein Schutzschild aus Metall vor sich, das sie gerade eben mit dem Kopf überragten, und die Steuerung erfolgte mittels eines Steuerknüppels, der über Seilzüge mit dem Tiefen- und Seitenruder hinter der Heckschraube verbunden war. Zum Navigieren unter Wasser musste sich der Steuermann auf seinen Kompass verlassen. Die Torpedos wären von einfacher Bauart, sie bestanden aus einer etwa sieben Meter langen Metallröhre mit einem abtrennbaren Bug, der 500 Pfund Sprengstoff enthielt. Die Besatzungen der in dieser Septembernacht zu Wasser gelassenen drei Torpedos waren von Kopf bis Fuß in Gummianzüge gekleidet und hatten sich ihre Sauerstoffflaschen vor die Brust geschnallt. Die Atemgeräte waren nach dem Prinzip eines geschlossenen Kreislaufs konstruiert, das heißt, das ausgeatmete Kohlendioxid wurde im Behälter auf chemischem Wege absorbiert, sodass es nicht entweichen und verräterische Blasen erzeugen konnte – für die Unterwassersabotage war das von entscheidendem Vorteil.

Die Italiener waren in ihren Anzügen, die sich kaum von den dunklen Wellen abhoben, gut getarnt, als sie sich dem Hafen bis auf Sichtweite näherten. Dort fluteten sie die Lufttanks der Torpedos und tauchten unter. Sie wussten, dass sie unter Wasser auf die stählernen Abwehrnetze stoßen würden, denen nur mit pneumatischen Schneidzangen beizukommen war. Mit etwas Glück und Geduld würde es ihnen vielleicht gelingen, die Netze zu zerschneiden. Das Risiko, entdeckt zu werden, war allerdings groß. Zwei der Torpedobesatzungen gaben infolge technischer Probleme mit ihren Atemgeräten auf und wandten sich der spanischen Küste zu, aber Leutnant Lioria Visintini, dem Lenker des dritten Torpedos, gelang es, durch die Absperrung zu schlüpfen, als sie gesenkt wurde, um ein britisches Schiff in den Hafen einlaufen zu lassen. Langsam fuhr Visintini im Kielwasser des Schiffes auf sein Ziel zu. Dann tauchte er so weit auf, dass er den Kopf aus dem Wasser strecken und es ins Visier nehmen konnte. Vorsichtig ging er wieder auf Tauchfahrt und begann, seine tödliche Fracht zu entladen. Eine halbe Stunde später, nachdem sie an drei britischen Schiffen Sprengsätze mit Zeitzündern angebracht hatten, verschwanden Visintini und sein Helfer unter Wasser auf demselben Weg, den sie gekommen waren.

Vor dem Angriff auf Gibraltar hatten die Italiener schon mindestens ein halbes Dutzend Mal versucht, die bemannten Torpedos einzusetzen, unter anderem auch bei Gibraltar. Bislang hatten sie jedoch keinen Erfolg gehabt, da die Maschinen entweder versagten oder entdeckt und von Luftpatrouillen der U-Boot-Abwehr zerstört wurden. Infolgedessen sah die Royal Navy in den Torpedos, die sie als »chariots«, Kutschen, bezeichnete, keine ernsthafte militärische Bedrohung.

Die italienischen Torpedos gehörten zu einer Marine-Spezialeinheit, der Decima Flottiglia Mas, die eines der Lieblingsprojekte von Mussolini war und ihren Stützpunkt in La Spezia am Ligurischen Meer hatte. Im Dezember, nur wenige Wochen nach dem Überfall auf Gibraltar, fand ein weiterer Chariot-Angriff statt, dieses Mal waren britische Schiffe im Hafen von Alexandria das Ziel. Wieder diente die *Scire* als Träger. Außer mehreren Tankern wurden bei dieser verwegenen Attacke auch zwei Schlachtschiffe getroffen, die *Valiant* und die *Queen Elizabeth*. Sie waren die letzten beiden britischen Schlachtschiffe, die noch im Mittelmeer stationiert waren, und ihre Anwesenheit hatte genügt, den größten Teil der italienischen Kriegsflotte am Auslaufen zu hindern. Um die Italiener von einem Angriff auf Nordafrika abzuhalten, war es für die Alliierten von entscheidender Bedeutung, dass der Verlust der beiden Schiffe nicht bekannt wurde. Glücklicherweise wurden alle italienischen »charioteers«, die Torpedoreiter, die den Angriff geführt hatten, gefangen genommen, sodass einige Monate lang nichts von ihrem Erfolg durchsickern konnte. Obwohl die beiden Schlachtschiffe schwer beschädigt worden waren, konnte man sie reparieren und schließlich wieder in Dienst stellen. Während der Reparaturarbeiten lagen sie im flachen Wasser, und man hatte angeordnet, dass die Mannschaften an Bord herumlaufen sollten, als seien die Schiffe unbeschädigt, sodass es für jedes feindliche Aufklärungsflugzeug so aussehen musste, als seien sie nach wie vor kampfbereit.

Die italienischen Taucher setzten ihre Angriffe auf Gibraltar fort und ließen ihre Chariots ein paar Monate lang von einem geschickt gewählten Stützpunkt im Hafen des neutralen spanischen Algeciras zu Wasser. Visintini, der Mann, der die *Denbydale* versenkt hatte, war der Kopf, der hinter dem Ganzen steckte. Auf ihn ging auch die Einrichtung einer Geheimkammer im Bug eines italienischen Öltankers zurück, der für die Dauer des Kriegs stillgelegt worden war. Durch eine Klappe unter der Wasseroberfläche konnten die italienischen Torpedoreiter ihre Torpedos unbemerkt ins Wasser lassen und die wenigen Kilometer über die Bucht bis nach Gibraltar zurücklegen. Es war ein ebenso kluger wie verwegener Plan, der als Vorlage für einen James-Bond-Film dienen könnte. Die Torpedoreiter waren einem möglichen Angriff schutzlos ausgeliefert; ihre Gefährte waren langsam, und mit den Sauerstoffgeräten konnten sie nicht sehr tief tauchen. Leutnant Visintini war jedoch fest entschlossen, Erfolge vorzuweisen. In seinem Tagebuch schrieb er: »Diese Einsätze werden der Welt ein für alle Mal zeigen, aus welchem Holz wir Italiener geschnitzt sind.« Etwas mehr als ein Jahr nach seinem ersten erfolgreichen Einsatz kam Visintini durch Wasserminen um, als er erneut versuchte, in Gibraltar Sprengsätze an Schiffen der Royal Navy anzubringen.

Um der neuen Gefahr aus dem Wasser begegnen zu können, benötigte die Royal Navy eine entsprechend ausgebildete Einheit. Winston Churchill, entsetzt über die Erfolge der Italiener, sandte im Januar 1942 eine barsche Mitteilung an den Ständigen Ausschuss der Stabschefs, in der es hieß: »Gibt es irgendeinen Grund, weshalb wir nicht zu gleichen, wohl durchdachten Angriffshandlungen fähig sein sollten, wie sie die Italiener durchgeführt haben? Man hätte sogar annehmen sollen, wir wären ihnen vorangegangen.«

Kurze Zeit später wurde die Admiralty Experimental Diving Unit gebildet. Erneut erhielt die Konstruktionsfirma Siebe (mittlerweile Siebe-Gorman) den Auftrag, für die Navy zu arbeiten, und die EDU richtete sich in der Versuchs- und Entwicklungsabteilung des Unternehmens in Surrey ein. Die Marine wollte ihre eigenen bemannten Torpedos, nachdem man gesehen hatte, welche Erfolge die Italiener damit erzielten. In der Zwischenzeit wurden in Gibraltar zwei junge Leutnants damit beauftragt, zur Überbrückung eine Taucheinheit aufzubauen. Diese Männer waren Lionel »Buster« Crabb und »Bill« Bailey, und keiner von beiden war ein ausgebildeter Taucher oder auch nur ein besonders guter Schwimmer. Sie gehörten Minenräumkommandos an und mussten zunächst einmal mit Hilfe von Atemgeräten, die eigentlich zur Rettung von U-Boot-Mannschaften gedacht waren, so viel wie möglich über das Tauchen lernen. Da sie keine Gummianzüge hatten, schwammen sie in den von der Marine zur Verfügung gestellten Shorts und Turnschuhen, und gelegentlich benutzten sie auch die Ausrüstung, die man gefangen genommenen oder getöteten italienischen Tauchern abgenommen hatte.

Buster Crabb sollte der berühmteste Taucher dieses Krieges werden, für den Mut, den er bei der Beseitigung von Sprengsätzen unter Wasser zeigte, wurde er zum Officer of the British Empire ernannt und mit der Georgsmedaille ausgezeichnet. In der Dunkelheit des Wassers tasteten er und seine Männer die im Hafen liegenden Schiffe nach Haftminen ab, die feindliche Taucher am Rumpf angebracht hatten. Als Italien 1943 kapitulierte, schlossen sich die italienischen Taucher den Alliierten an, und Crabb und sein Team konnten mehr über die Tauchmethoden ihrer einstigen Gegner in Erfahrung bringen. Sie führten gemeinsame Angriffe gegen deutsche Ziele durch, und Crabb benutzte bei seinen Unterwasser-Einsätzen nur noch die Ausrüstung der Italiener, da er sie für besser hielt als das, was der britischen Marine zur Verfügung stand. 1956 sorgte Crabb, der den Dienst in der Marine im Rang eines Commanders angeblich quittiert hatte, noch einmal für Schlagzeilen, als er in einer geheimen Unterwasser-Mission die *Ordshonikidze* ausspionierte, einen russischen Kreuzer, mit dem der sowjetische Premierminister Chruschtschow zu einem Staatsbesuch nach England gekommen war. Crabb verschwand von der Bildfläche, und obwohl die britische Regierung behauptete, er sei ertrunken, und zum Beweis eine verstümmelte Leiche präsentierte, blieb die Affäre letztlich so dunkel wie das Wasser im Hafen von Portsmouth, wo er verschwunden war. Laut Aussage des damaligen britischen Premierministers Sir Anthony Eden lag es »nicht im öffentlichen Interesse, die Umstände aufzudecken, unter denen Commander Crabb vermutlich den Tod fand«. Bis heute sind keine Einzelheiten über seinen Tod bekannt geworden, und man weiß nicht, ob es sich um einen Unfall unter Wasser handelte oder ob die Russen ihre Hand im Spiel hatten. In jüngerer Vergangenheit hörte man Gerüchte, Crabb sei gefangen genommen und in die damalige Sowjetunion gebracht worden, wo man ihn gezwungen habe, eine Eliteeinheit sowjetischer Taucher in den gleichen Undercovermethoden zu unterweisen, die man im Westen anwandte. Wie Lawrence von Arabien war Crabb ein Außenseiter, ein Mann, der aufgrund seiner militärischen Leistungen als Held gefeiert wurde, den aber nur wenige Menschen wirklich kannten. Crabbs Taten unter Wasser bildeten Stoff für Legenden, und wie der Tod von Lawrence war auch sein Tod geheimnisumwittert, wie es sich für einen Nationalhelden gehört – vor allem, wenn die Öffentlichkeit glaubt, dass er der »nationalen Sicherheit« geopfert wurde.

Es entbehrt nicht einer gewissen Ironie, dass die Sauerstoff-Atemgeräte, die die italienischen Torpedoreiter in diesem Krieg einsetzten, in England erfunden worden waren und eine italienische Firma einige Jahre vor Ausbruch des Krieges die Lizenz zu ihrer Herstellung erworben hatte.

Die ursprüngliche Idee zu einer so genannten »Sauerstofflunge« stammte von einem Ingenieur namens Henry Fleuss, der in den 1870er Jahren ein System entwickelte, das es erlaubte, in einen Beutel zu atmen, in dem das ausgeatmete Kohlendioxid mittels Ätznatron absorbiert und neutralisiert wurde. An dem Beutel befand sich außerdem ein Sauerstoffbehälter, der den nötigen Nachschub an frischer Atemluft lieferte.

1880 wurde die Erfindung einer Bewährungsprobe unterzogen, als der bekannte Helmtaucher Alexander Lambert die »Fleuss-Lunge« während der Bauarbeiten am Severn-Tunnel beim Abstieg in einen überfluteten Schacht verwendete. Lambert sollte mehr als 300 Meter vom Hauptpumpenschacht des neuen Tunnels entfernt eine Schleuse schließen, und diese Strecke war mit einem der herkömmlichen, mit einem Luftschlauch versehenen Tauchhelme nicht zu bewältigen. Wider Erwarten gelang es Lambert, der in völliger Dunkelheit arbeiten musste, sein Vorhaben auszuführen und eine Katastrophe bei dem Tunnelbau zu verhindern.

Fleuss' Gerät ging bei Siebe in Produktion und wurde zur Grundlage der Atemgeräte, die man für Rettungsmannschaften im Bergbau entwickelte. Der Apparat von Fleuss bestand aus vier Atemschläuchen und einer Stoffmaske mit zwei kleinen runden Sichtfenstern für die Augen und umschloss das Gesicht wie eine Gasmaske. Sein Träger sah aus wie ein Außerirdischer – kein besonders hübscher Anblick.

30 Jahre später übernahm man das Prinzip mit leichten Veränderungen bei der Herstellung einer Notausrüstung, mit der sich

Seeleute aus einem gesunkenen Unterseeboot retten können sollten. Die Männer an Bord eines U-Bootes legten bei Eintreten eines Notfalls das Gerät an, dann fluteten sie den Teil des Bootes, in dem sie unter Wasser eingeschlossen waren, und konnten sich, ausreichend mit Atemluft versorgt, auf den Weg zurück an die Oberfläche machen. Die erste Ausführung dieses Gerätes erhielt schließlich die Bezeichnung Davis Submarine Escape Apparatus oder DSEA, und in abgewandelter Form sollte es später Teil der Ausrüstung der Unterwasser-Saboteure werden. Noch heute nutzen die meisten Marinen Geräte des gleichen Prinzips bei Geheimeinsätzen ihrer Taucher. Einer der Vorteile dieses Sauerstoffsystems besteht darin, dass der Taucher keinen Stickstoff einatmet und somit nicht die Gefahr eines Dekompressionsunfalls besteht.

Als die britische Marine die Experimental Diving Unit ins Leben rief, war ihre vordringlichste Aufgabe, einen einsatzfähigen Tauchanzug für ihre Taucher und Torpedoreiter zu entwickeln. Außerdem benötigte man genaue Daten, wie tief die Männer mit den reinen Sauerstoffsystemen der DSEA tauchen konnten, ohne sich in Gefahr zu bringen. Paul Bert, der in einer bahnbrechenden Studie über Atmung und das Stickstoffverhalten die Ursache der Dekompressionskrankheit bestimmt hatte, hatte auch den Nachweis erbracht, dass das Einatmen von reinem Sauerstoff unter Druck eine tödliche Gefahr darstellte. Professor J. S. Haldane, der sich bei der Erstellung der Dekompressionstabellen für Helmtaucher auf Berts Untersuchung gestützt hatte, war mittlerweile verstorben, doch sein Sohn, J. B. S. Haldane, war bereit, die Arbeit des Vaters in der Tauchforschung fortzusetzen. Während die Chariots entwickelt und gebaut wurden, startete man umfangreiche Versuchsreihen mit den Sauerstoff-Atemgeräten, für die man Freiwillige gesucht hatte und die von Haldane jun. als medizinischem Sachverständigen begleitet wurden. Es wurden mehr als 1000 Tauchgänge in Druckkammern durchgeführt, bei denen die Freiwilligen unter den Druckverhältnissen unterschiedlicher Tiefen so lange Sauerstoff einatmeten, bis sich an den Zuckungen des Mundes und der Taubheit in den Gliedmaßen die typischen Symptome einer Vergiftung zeigten. Die Tauchneulinge waren in den engen Kammern eingeschlossen und wussten, dass sie dort ausharren mussten, bis sie das Bewusstsein verloren. Einer der ersten Taucher, die an diesen Experimenten teilnahmen, beschrieb, wie sein bewusstloser Kollege aus der Kammer oder dem »Kübel«, wie man sie auch nannte, gezogen wurde. »Der Kopf fällt ihm auf die Brust. Aus dem Mundstück dringt ein schreckliches Gurgeln, seine Hände hängen leblos am Körper und sind grässlich grauviolett verfärbt. Das Gesicht ist aschfahl, die Augen sind geschlossen, aus den verzerrten, blau verfärbten Lippen rinnt Speichel.«

Unter erhöhtem Druck wird Sauerstoff zu einem tödlichen Gas, das die neurologischen Funktionen des Gehirns beeinträchtigt und zu sich rasch verschlimmernden Symptomen wie Gesichtszuckungen, plötzlicher Bewusstlosigkeit und schließlich Krämpfen führt. Wenn der Druck sieben Atmosphären übersteigt (in ungefähr 70 Meter Wassertiefe), kann sogar schon ein Anteil von 20 Prozent Sauerstoff in normalen Druckluftbehältern zu Vergiftungen führen. Verwendet man reinen (100 Prozent) Sauerstoff, ist das Risiko wesentlich höher, und die Wirkung setzt noch früher ein. Die ersten Unterwasser-Saboteure wussten, dass sie mit einem Atemsystem mit reinem Sauerstoff gefahrlos bis in eine Tiefe von etwa zehn Metern tauchen konnten, aber mit jedem weiteren Meter stieg die Gefahr. Nicht alle Taucher zeigen die gleiche Anfälligkeit für diese Erkrankung, wie es auch bei der Stickstoffnarkose und bei der Dekompressionskrankheit der Fall ist, und viele der frühen Torpedoreiter tauchten tiefer, als man es für möglich gehalten hatte. Der Grund liegt wahrscheinlich darin, dass sich ein Taucher, der einen Torpedo lenkt, kaum bewegt, im Gegensatz zu einem Taucher, der seine Arme und Beine benutzen muss, um gegen die Strömung anzuschwimmen. Allerdings zeigt eine Vergiftung schnell ihre Wirkung, und wenn man einmal die ersten Symptome spürt, bleibt nur wenig oder gar keine Zeit für eine Rettung.

Aus Gründen der Geheimhaltung und weil während des Krieges nichts über den von Cousteau und Gagnan entwickelten Lungenautomaten an die Öffentlichkeit drang, gab es keine Alternative zu den Sauerstoffgeräten. Hans Hass verwendete 1942 auf seiner Tauchexpedition in der Ägäis ebenfalls ein Gerät, das auf dem DSEA basierte und von der deutschen Firma Draeger hergestellt worden war, die ähnliche Geräte für U-Boot-Besatzungen produzierte. Auch Hass wusste, dass er ab einer bestimmten Tiefe mit diesem Gerät sterben konnte, und berichtete später von zwei Unfällen auf dieser Expedition, die bei ihm zu Sehstörungen und Bewusstlosigkeit geführt hatten. Nur der Umstand, dass seine Tauchbegleiter diese Vorfälle beobachteten, rettete ihm das Leben, trotzdem benutzte er das Gerät weiterhin – zum einen gab es keine Alternative, und zum anderen verursachte es unter Wasser keine Geräusche und machte es ihm möglich, Fische aus nächster Nähe zu filmen. Jacques Cousteau hatte vor dem Krieg mit der gleichen Art von Gerät experimentiert, verwarf es dann jedoch, weil er es für zu gefährlich hielt, um unter Wasser damit zu filmen. Wie Hass berichtete auch er von zwei Unfällen, bei denen er ohnmächtig wurde und von anderen Tauchern gerettet werden musste. In *Die schweigende Welt* merkt er lakonisch an: »Damit erlosch mein Interesse für die Oxygenmethode.« Hass gewann dem Thema eine philosophischere Seite ab: »Ich hielt das immer für eine sehr angenehme Art zu sterben«, erinnert er sich. »Man merkt nur für einen kurzen Augenblick, wie sich das Sichtfeld verengt. Und dann nichts mehr. Absolut nichts.« Wie Hass stand den Tauchern der Royal Navy keine andere Alternative zur Verfügung, wenn sie sich frei unter Wasser bewegen wollten, um ihre gefährliche Aufgabe zu erfüllen. Und wenn die britische Marine eigene Chariots haben wollte, dann ging es eben nur mit diesen Sauerstoffgeräten.

In der ersten Samstagnacht des Jahres 1943 tobte ein Sturm der Windstärke sechs über das Meer vor der Nordküste Siziliens. Von den Wellen hin und her geworfen, tauchte ein paar Kilometer von der Küste entfernt das britische U-Boot *Thunderbolt* auf. Sein Kommandant, Kapitän Crouch, brachte es so nahe an die Hafeneinfahrt, wie er es nur wagte. *Operation Principle,* die Entsendung fünf bemannter Torpedos nach Palermo, hatte begonnen.

Einer der Torpedos, die man in dieser stürmischen Nacht zu Wasser ließ, wurde von Leutnant Richard Greenland gelenkt, der heute, mit 86 Jahren, einer der wenigen noch lebenden Veteranen dieser frühen Tauchmissionen ist. An einem sonnigen Herbsttag fuhr ich mit dem Zug nach Suffolk, wo ich mich auf einem kleinen Bahnhof in der Nähe seines Wohnortes mit ihm verabredet hatte. Als ich den Bahnhof verließ, wartete er bereits auf mich, ein kleiner Mann in einem dicken marineblauen Pullover, der sich über seinen beachtlichen Bauch spannte. Er hatte sein weißes Haar locker mit den Fingern aus der Stirn gekämmt, und wie er da in der Sonne an die Tür seines Autos gelehnt stand, machte er einen entspannten und zufriedenen Eindruck. Seine gepflegte Aussprache wurde nur von seinem rasselnden Atem beeinträchtigt. Als wir über gewundene kleine Straßen zu seinem hübschen Landhaus in Stutton fuhren, hatte ich das Gefühl, das moderne England in dem schmutzigen Zug hinter mir zurückgelassen zu haben.

Bei ihm zu Hause angekommen, bot er mir Sherry an, und wir begannen, über seine Kriegserlebnisse zu sprechen. »Dickie« Greenland hatte den Dienst bei der Marine sofort nach Kriegsende quittiert, aber noch heute, 60 Jahre später, erinnerte er sich ganz genau an die Vorbereitungen für den Angriff auf Palermo.

Während unserer Unterhaltung fiel Dickie Greenland in die Umgangssprache zurück, die während des Krieges unter den Marineleuten üblich war. Die Feinde waren die »Itaker« und die »Hunnen«, die Einsätze bezeichnete er als »Ops« und »Shows«, seine Kameraden waren »die Jungs«. Er spielte damit in typisch englischer Weise die eigene heldenhafte Rolle herunter, und gleichzeitig glich diese Sprache exakt der Ausdrucksweise der Figuren in den Kriegsfilmen, in denen Kampfgeist an vorderster Stelle stand.

Nach seiner Beförderung zum Leutnant wurde Greenland in den Norden Schottlands abkommandiert, wo er Seepatrouillen vor den Orkneyinseln durchführte. Bei unserem Gespräch wurde deutlich, dass Greenland seinen Dienst als Torpedoreiter lediglich als Ausführung einer Aufgabe sah, und er wollte nichts von Tapferkeit oder Heldentum hören, auch wenn er dafür den Kriegsverdienstorden erhalten hatte. »Ich glaube, die Chariots waren für mich auch nichts anderes als kleine Boote«, sagte er. »Es hat mir immer sehr viel Spaß gemacht, mit kleinen Booten herumzufahren und irgendwelchen Unsinn anzustellen. Eines Tages hing ein Zettel am schwarzen Brett, dass Freiwillige für eine neue Mission gesucht wurden. Es stand nur drauf, man müsste ledig sein und schwimmen können. Wir fanden erst später heraus, dass es um bemannte Torpedos ging, und als ich das hörte, dachte ich sofort an diese japanischen Jungs, Sie wissen schon – Kamikazeflieger –, und ich glaube, keiner von uns war von dieser Vorstellung sonderlich angetan, bis man uns dann erklärte, dass es dabei um ein klein bisschen mehr ging. Mir hat die Bezeichnung bemannter Torpedo nie gefallen, aber der Presse!«

Ohne genau zu wissen, worauf er sich da eigentlich einließ, hatte sich Greenland freiwillig gemeldet und wurde zur Ausbildung bei der Experimental Diving Unit nach Süden geschickt. Auf dem Stützpunkt in Portsmouth machten er und die anderen Freiwilligen in einer ruhigen, seichten Bucht ihre ersten Taucherfahrungen. »Während der Grundausbildung mussten wir alle auch Helmtauchen trainieren – es war furchtbar«, erinnerte sich Greenland mit Schaudern. »Die Ausrüstung war so schrecklich unhandlich. Als wir dann zur weiteren Ausbildung nach Schottland verlegt wurden, bekamen wir hin und wieder einen Fisch zu sehen oder einen Algenwald, der sich in der Strömung hin und her wiegte, das war wirklich schön. Manchmal stießen wir auch auf eine Muschelbank, und dann schickten wir nach einem Eimer, um ein paar Muscheln fürs Abendessen zu sammeln. Es war schon aufregend, der Natur so nahe zu sein. Trotzdem muss ich sagen, dass ich nie den Wunsch verspürte, zum reinen Vergnügen zu tauchen, und als der Krieg vorbei war, kehrte ich zu meinen Schiffen zurück. Ich hielt mich einfach lieber an der Oberfläche auf.«

Greenland und die anderen Männer, die für die geheimen Einsätze ausgewählt worden waren, hatten noch nie eine der »Kutschen« zu Gesicht bekommen, jene Torpedos, die sie hinter die feindlichen Linien bringen sollten. Während Spezialisten im Auftrag der Admiralität Prototypen dieser Maschinen konstruierten, die im Wesentlichen Kopien erbeuteter italienischer Geräte waren, trainierten Greenland und ein Dutzend anderer Männer für ihre Aufgabe, indem sie sich auf Baumstämmen hinter Schnellbooten herziehen ließen. Die Stämme wurden mit Bleigewichten beschwert, um sie auf die erforderliche Tiefe zu bringen, und es gab keine Möglichkeit, sie zu lenken. In Vorbereitung auf die tatsächlichen Einsatzbedingungen auf See erfolgte die Ausbildung überwiegend bei Dunkelheit.

Obwohl die Chariots noch nicht zur Verfügung standen, wurden den Männern bereits neue, eigens für diesen Zweck entwickelte Tauchanzüge aus Gummi gegeben. Sie wurden nach ihrem Erfinder Kapitän Geoffrey Sladen, dem Befehlshaber der Torpedo-Einheiten, als Sladen-Anzüge bezeichnet und waren nach dem Modell der schweren gummierten Stoffanzüge für Helmtaucher konstruiert, durch die Verwendung von Seide und Gummi jedoch wesentlich leichter. Anstelle des herkömmlichen Brustschilds und Helms aus Kupfer besaßen sie eine Gummihaube mit einem aufklappbaren Sichtfenster aus Glas. Sobald man dieses Sichtfenster festgeschraubt hatte, war der Anzug wasserdicht, allerdings konnte man dann auch nichts mehr hören. Mittels eines Auslassventils oben auf der Haube konnte der Torpedoreiter Luft aus seinem Anzug lassen und so einen negativen Auftrieb bewirken. »Man musste durch eine Öffnung auf der Vorderseite in diese Anzüge klettern. Das war richtig harte Arbeit; man brauchte einen ›Ankleider‹, der einem half«, erinnerte sich Greenland. »Wir trugen das Atemgerät vor der Brust und schlossen die Öffnung mit einer Schnalle. Es war gar nicht so einfach, die ganze Luft aus dem Anzug zu kriegen, fast unmöglich, und eigentlich ließen wir auch ganz gern ein bisschen Luft drin, damit uns der Gummi nicht an der falschen Stelle kniff, wenn der Wasserdruck anfing zu steigen!«

Ich fragte, ob die Anzüge überhaupt warm hielten.

»Wir hatten eine ganze Menge Sachen darunter an. Die Admiralität versorgte uns mit Unterwäsche aus Seide, ich habe sogar noch eine Garnitur. Dann hatten wir noch wollene Unterwäsche, Hosen und zwei oder drei Pullover. Es blieb jedem selbst überlassen, was er anzog, aber wir trainierten in Loch Cairnbawn in der Nähe der Äußeren Hebriden, und dort war es, na ja, recht kühl. Jeder musste seinen Auftrieb selbst herausfinden. Man hatte uns gesagt, wir sollten erst mal versuchen, ins hydrostatische Gleichgewicht zu kommen, aber ich glaube, die meisten von uns machten sich immer ganz leicht, weil sie Angst hatten, zu schnell zu sinken. Jedenfalls habe ich das gemacht.«

Nach wochenlanger Ausbildung kam schließlich die Meldung, dass endlich ein echter Torpedo auf dem Weg nach Schottland sei. Wie für fast jedes Kriegsgerät gab es inzwischen auch für die Torpedos einen Spitznamen. »Wir nannten sie ›Jeeps‹. Damals war ein Jeep keines dieser amerikanischen Autos, sondern ein dummer kleiner Kerl in einer Witzzeichnung, der ständig mit irgendjemandem aneinander geriet oder etwas in der Art. Ich glaube, die Chariots waren in gewisser Weise so was wie Heath Robinson für uns. Wir haben in Loch Cairnbawn jede Menge Unfug damit angestellt, es hat wirklich sehr viel Spaß gemacht.«

Der »Unfug« fand schließlich ein Ende, nachdem im Oktober 1942 der Versuch fehlgeschlagen war, mit einem Torpedo das deutsche Schlachtschiff *Tirpitz* anzugreifen. »Wir wussten, dass die Jungs unterwegs zu einem Einsatz waren, aber etwas Genaueres hat man uns damals ja nicht gesagt. Den einen Tag waren sie noch da, und am nächsten waren sie schon weg, und man stellte besser nicht zu viele Fragen.«

Im Dezember 1942 war dann Greenland an der Reihe. Zusammen mit einigen anderen Torpedoreitern wurde er nach London gebracht, wo im Keller eines großen Hotels die Einsatzbesprechung stattfand. »Wir erhielten unsere Anweisungen durch einen der Jungs von der Armee«, erzählte Greenland. »Er hatte allerdings nicht besonders viel Ahnung. Ich fragte ihn, ob ich meinen Bart behalten könnte, und er meinte, das sei schon in Ordnung, weil die Itaker alle Bärte tragen würden. Aber das war völliger Blödsinn, bei der italienischen Marine hatten sie alle kleine Spitzbärte, und ich fiel auf wie ein bunter Hund.«

Kurz darauf war Greenland in einem Unterseeboot auf dem Weg ins Mittelmeer zu seinem ersten Einsatz gegen den Feind. An Bord der *Thunderbolt* fand eine weitere Lagebesprechung statt. Ziel des Angriffs war Palermo. Seine Darstellung der dramatischen Ereignisse in jener Nacht war knapp und nüchtern: »Es war die Hölle. Nachdem wir das U-Boot verlassen hatten, sollten wir einmal darum herumschwimmen, um zu prüfen, ob alles in Ordnung war, und dem Kapitän zum Abschied zuwinken, aber wir konnten nicht das Geringste sehen«, erzählte er. »Ich vermute, dass die ›Ops‹ letztlich immer reine Glückssache waren, aber bei uns lief wirklich gar nichts so, wie es sollte. Wir hätten eine Karte von unserem Ziel haben sollen, aber bei der Einsatzbesprechung wurde uns gesagt, wir sollten die Italiener in Cagliari auf Sardinien angreifen, und dann wurden wir im letzten Augenblick nach Sizilien geschickt – andererseits sind solche Dinge dauernd passiert.« Er lachte.

Greenland sprach sehr sachlich über den Angriff auf Palermo, der zu tragischen Verlusten an Menschenleben und Material führen sollte. Ursprünglich hatten drei U-Boote Kurs auf den Golf von Palermo genommen, aber eines der Boote, die *P.313*, verschwand unterwegs einfach, und mit ihr die gesamte Besatzung, darunter drei Torpedo-Mannschaften. Ohne etwas vom Schicksal ihrer Kameraden zu wissen, setzte die *Thunderbolt* Dickie Greenland und ein weiteres Torpedoteam ab, und von der *Trooper* wurden drei Chariots zu Wasser gelassen.

»Das war damals wirklich nicht sehr lustig, mein Junge«, sagte Greenland mit heiserer Stimme, während er die Sherrygläser von neuem füllte, »wenigstens waren die Italiener so freundlich gewesen, einen Leuchtturm für uns anzulassen, den wir ansteuerten. Es tobte ein furchtbarer Sturm, und die See war so rau, dass wir gerade noch auf die Torpedos klettern konnten, bevor uns eine riesige Welle von der *Thunderbolt* wegtrieb. Ich weiß nicht, wie wir das überhaupt hingekriegt haben. Jedenfalls war mir klar, dass wir den Hafen viel zu spät erreichen würden, um rechtzeitig wieder beim U-Boot zu sein, falls wir denn lebend aus dem Hafen herauskommen sollten.«

In der Dunkelheit konnte Greenland weder die anderen Männer noch ihre Torpedos sehen. Er steuerte auf das Licht am Ufer zu, in die Richtung, in der er die Hafeneinfahrt vermutete. Die Besatzung eines der anderen Torpedos der *Trooper* hatte bereits aufgegeben, nachdem Probleme mit ihren Atemgeräten aufgetreten waren, aber davon wussten Greenland und sein zweiter Mann, Signalgefreiter Alec Ferrier, nichts. Zur gleichen Zeit fiel in der Nähe des Hafens der Motor des zweiten von der *Thunderbolt* abgesetzten Torpedos aus, er begann, voll Wasser zu laufen, und ging schließlich in der aufgewühlten See unter. Dabei kam eines der Besatzungsmitglieder um, während es dem überlebenden Torpedoreiter unter größter Anstrengung gelang, an Land zu schwimmen. Damit blieben nur noch Greenland und die beiden anderen Torpedos von der *Trooper*, die den Angriff fortsetzen konnten. Als sie sich den in der Bucht vor Anker liegenden italienischen Kriegsschiffen näherten, wurde der Steuermann eines dieser beiden Torpedos durch einen heftigen Anfall von Seekrankheit außer Gefecht gesetzt. Sein zweiter Mann steuerte den Torpedo ans Ufer und half dem Offizier, auf die Felsen zu klettern, dieser entfernte das Sichtfenster von seinem einteiligen Tauchanzug, um frische Luft zu schnappen, glitt dabei dann aber auf den Felsen aus und ertrank, als sich sein Anzug mit Wasser füllte. In seinem geschwächten Zustand und mit den Bleigewichten an den Füßen hatte er keine Chance. Dem zweiten Taucher blieb nichts anderes übrig, als es im Alleingang zu versuchen. Aber auch er scheiterte – der Torpedo ließ sich in der aufgewühlten See nicht steuern, und er versenkte ihn im tiefen Wasser und kämpfte sich ans Ufer zurück. Jetzt waren nur noch zwei Chariots übrig, deren Besatzungen die feindlichen Schiffe bis dahin noch nicht einmal gesichtet hatten: Greenland und Ferrier auf dem einen, Leutnant Dove und Gefreiter Freel auf dem anderen.

Greenland und Ferrier kämpften sich in völliger Dunkelheit durch die Wellen und verständigten sich durch Morsezeichen miteinander, was sie während ihrer Ausbildung mehrere Monate lang geübt hatten. Greenland, der vorne auf dem Torpedo saß und ihn lenkte, streckte einen Arm nach hinten, und Ferrier packte seine Hand an Daumen und Zeigefinger. So konnten sie sich mit Hilfe ihrer Finger Botschaften übermitteln, sprechen konnten sie ja nicht miteinander, da sie die eigens für diese Einsätze entwickelten Sladen-Anzüge trugen.

Dickie Greenland erinnerte sich deutlich an die Ereignisse in dieser stürmischen Nacht vor 60 Jahren. »Im Hafen war es dunkel wie in einer Kuh, aber zu guter Letzt konnten wir doch unser Ziel ausmachen, den Kreuzer *Ulpio Traiano*, und ich tauchte mit dem Torpedo ungefähr drei Meter runter. Wir sahen einen Matrosen an Deck, er schien Wache zu halten, aber glücklicherweise entdeckte er uns nicht und ging weiter. Alec hatte Magnete dabei, und nachdem wir unter das Schiff getaucht waren, hielt er sich damit am Rumpf fest und brachte uns bis zum Kiel. Dann stiegen wir jeder auf einer Seite des Torpedos ab und entfernten das Vorderteil, den Sprengkopf. Wir stellten die Zündung auf zwei Stunden ein. Jetzt war es Zeit, sich schleunigst aus dem Staub zu machen. Wir haben übrigens immer zuerst den Sprengkopf angebracht und dann die Zündung eingestellt, für den Fall, das wir ihn nicht vom Torpedo losbekamen.

Auf dem Rückweg kamen wir an ein paar Zerstörern vorbei, also machten wir einen kleinen Umweg, und Alec stieg ab und brachte an jedem einen Zwölfpfünder an. Dem kleinen Handelsschiff, das wir dann noch entdeckten, verpassten wir die letzte übrige Sprengladung. Jetzt war es aber wirklich genug, und ich fand, wir sollten besser verschwinden. Ich fuhr in die Richtung, in der ich das Abwehrnetz vermutete, um aus dem Hafen herauszukommen, aber es war immer noch stockdunkel, und unser Kompass hatte den Geist aufgegeben – lag wohl an den ganzen Magneten, mit denen wir herumhantiert hatten. Wie dem auch sei, ich fuhr einfach weiter, und dann gab es auf einmal ein fürchterliches Dröhnen, es klang wie ein gewaltiger Glockenschlag. Ich hatte irgendetwas frontal gerammt – keine Ahnung, ob es ein Schiff war oder eine Boje, jedenfalls hat es uns mitten in der Fahrt gestoppt. Wir fuhren ein kleines Stück weiter und fanden uns plötzlich im flachen Wasser wieder, direkt neben einem kleinen Kai. Kurzerhand beschlossen wir, den Torpedo loszuwerden, wir schickten in ihn Richtung Hafenmitte und wateten ans Ufer.«

Greenland machte eine Pause und holte tief Luft, bevor er sein Sherryglas mit einem Zug leerte. Er starrte eine Weile vor sich hin, vielleicht durchlebte er diese Nacht in Palermo noch einmal im Geiste. Dann räusperte er sich. »Noch einen Schluck, mein Junge?«, fragte er und beugte sich über den Tisch, um einen Blick in mein Glas zu werfen. »Das ganze Gerede über den Krieg macht durstig!«

Ich wollte wissen, was geschah, nachdem er und Ferrier an Land gegangen waren. »Mein Gott, das ist so lange her«, sagte Dickie. »Fast 60 Jahre. Heute kommt mir das alles wie ein Traum vor.«

»Waren Sie und Ferrier Freunde?«, fragte ich.

Zum ersten Mal während unseres Gesprächs hatte Greenland nicht sofort eine Antwort parat. Nach einer Weile zuckte er schließlich die Achseln. »Wissen Sie, diese Frage habe ich mir selbst noch nie gestellt«, sagte er schließlich leise. »Ist das nicht komisch? Ich habe nicht einmal darüber nachgedacht. Ich glaube, an Land sind wir öfter mal ein Bier trinken gegangen. Manchmal gab er eine Runde aus und manchmal ich. Aber nein, ich denke nicht, dass wir Freunde waren. ›Kameraden‹ vielleicht. Ja, wir waren Kameraden, aber ich glaube, sonst hatten wir nicht sehr viel gemeinsam.«

Was war geschehen, nachdem sie ihren Torpedo zurückgelassen hatten?

»Wir zogen die Sladen-Anzüge aus, und Alec zauberte eine Tafel Nussschokolade hervor, die haben wir erst einmal verdrückt. Es begann, langsam hell zu werden, und wir machten uns auf den Weg in die Stadt. Plötzlich war ein lauter Knall zu hören, und wir freuten uns – die Mühe hatte sich offenbar gelohnt. Natürlich eröffnete irgendein Idiot von Matrose daraufhin das Flakfeuer, aber wir liefen einfach weiter und machten, dass wir aus den Docks herauskamen. Nach ein paar Kilometern lasen uns die Carabinieri auf, und wir zeigten ihnen unsere gefälschten deutschen Pässe. Sie nahmen sie uns ab, aber das war egal, wir sahen sie nie wieder. Die anderen Jungs hatten sie auch erwischt, und wir wurden erst mal alle auf der Polizeiwache eingesperrt. Nach zehn oder elf Tagen brachten sie uns nach Rom, an einen Ort für ›böse Jungs‹ und steckten uns einen Monat in Einzelhaft. Es gab dort einen Offizier, wir nannten ihn Capitano Marino, der vor dem Krieg Kohlen aus Cardiff importiert hatte. Er sprach sehr gut Englisch und weckte uns ständig mitten in der Nacht auf – dieser Mistkerl –, um uns irgendwelche scheinbar harmlosen Fragen zu stellen. Ich denke, dass er sich die ganze Geschichte letztlich zusammenreimen konnte. Aber ich glaube nicht, dass einer unserer Jungs mehr gesagt hat, als er sollte. Die Italiener wussten alles über die Chariots, schließlich waren sie es ja, die das Ganze mit den Angriffen auf Gibraltar und Alexandria angefangen hatten, nicht wahr?

Ich kann mich eigentlich nicht über die Italiener beschweren, an sich waren es ganz anständige Jungs, und sie haben uns wie Seeleute behandelt, nicht wie Spione, das machte die Sache etwas leichter. Sie brachten uns schließlich in ein ehemaliges Kloster in Padula, das sie als Gefangenenlager benutzten, und dort ging es uns ganz gut. Als dann später die Hunnen die Macht übernommen hatten, verfrachtete man uns mit dem Zug ins Große Reich, und das war nicht mehr so lustig, aber ich trage es ihnen nicht nach.«

Am Sonntagmorgen waren von den zehn Männern, die von der *Thunderbolt* und der *Trooper* abgesetzt worden waren, bis auf zwei alle tot oder in Kriegsgefangenschaft. Greenland und Ferrier hatten trotz der schlechten Wetterverhältnisse und der dürftigen Informationen, die sie vor ihrem Einsatz erhielten, ihre Aufgabe erfüllt. Ihr größter Erfolg war die Versenkung der *Ulpio Traiano*, aber sie hatten noch drei weitere Schiffe schwer beschädigt. Auch dem Torpedo, der von Leutnant Dove und dem Gefreiten Freel gesteuert wurde, hatte das Wetter schwer zugesetzt, und als sie endlich den Hafen von Palermo erreichten, waren ihre Sauerstoffbehälter leer. Da sie nicht mehr tauchen konnten, brachten sie ihre Sprengladungen am Achtersteven eines Handelsschiffes an, dem Achttausendtonner *Viminale*, und »pusteten ihm den Hintern weg«, wie Dickie Greenland es ausdrückte.

Die Offiziere, die bei dem Angriff auf Palermo das Kommando geführt hatten, wurden mit dem Kriegsverdienstorden ausgezeichnet und die beiden Matrosen mit dem Orden für hervorragende Tapferkeit. Das waren vier der insgesamt 68 Auszeichnungen, die an Torpedoreiter und später an die Besatzungen der technisch weiterentwickelten Mini-U-Boote, der so genannten X-Craft, verliehen wurden. An Bord befanden sich Taucher, die das Boot durch die Luke des Ballasttanks im Bug verlassen konnten, um Sprengladungen an feindlichen Zielen anzubringen oder die Abwehrnetze zu durchschneiden, sodass dem Boot die Einfahrt in den Hafen ermöglicht wurde. Mit diesen Mini-U-Booten wurden riskante Unterwasserangriffe auf so weit voneinander entfernte Ziele wie Norwegen und Saigon, Singapur und die Normandie geführt. Sowohl die Besatzungen der Chariots als auch die der U-Boote setzten sich großen Gefahren aus, und insgesamt 39 Männer kamen bei den Einsätzen ums Leben.

Die Torpedoreiter mit ihren batteriebetriebenen Torpedos machten nur einen Teil der Experimental Diving Unit aus, und mit Fortschreiten des Krieges gewannen frei schwimmende Taucher, die sich feindlichen Zielen unbemerkt nähern konnten, immer mehr an Bedeutung. Die dazu notwendige Ausrüstung wurde Schritt für Schritt verbessert, und die Firma Dunlop erhielt den Auftrag, für die Unterwasser-Saboteure geeignete Anzüge herzustellen. Die besonderen Einsatzbedingungen und die mit dem Tragen des Sladen-Anzugs verbundene Gefahr des Ertrinkens (»einen Atemzug vom Tod entfernt«, wie die Torpedoreiter witzelten), machten eine Maske erforderlich, die man unter Wasser leicht aufsetzen und abnehmen konnte. Auftragsgemäß entwickelte Dunlop eine Gesichtsmaske mit Gummirand und einen Anzug aus gummibeschichtetem Gewebe. Der mit der Firmengeschichte Dunlops beauftragte Historiker hob nach dem Krieg hervor, welchen Wert diese Erfindung über ihren bloßen Nutzen hinaus hatte: »Wenige Kapitel der Kriegsgeschichte haben die Vorstellungskraft der britischen Bevölkerung, ja der ganzen Weltöffentlichkeit mehr eingenommen als die Leistungen der ›Froschmänner‹. Der Krieg und das Heldentum haben damit eine neue Bedeutung gewonnen, und Großbritannien hat einen herausragenden Beitrag zum Sieg geleistet. Das Unternehmen Dunlop ist stolz, diese Ausrüstung, mit der der Tod vieler Menschen verhindert werden konnte, entwickelt und in Alleinfertigung hergestellt zu haben.«

Die Verwendung von gummibeschichtetem Gewebe hatte den Vorteil, dass die Anzüge weich waren, ohne dass man allzu viel Naturgummi benötigte, der während des Krieges in Großbritannien knapp war. Der Anzug hatte leichte Latexmanschetten für Hand- und Fußgelenke, einen Halsausschnitt aus etwas dickerem Gummi, der sich so weit dehnen ließ, dass man in den Anzug steigen konnte, und schließlich eine separate Latexhaube, die über den Kopf gezogen wurde und den Anzug wasserdicht verschloss. Ursprünglich waren die Dunlop-Anzüge aus einem dunklen, meergrünen Material, von dem man sich im Wasser die beste Tarnung versprach, auch wenn die Taucher darin, wie es wenig schmeichelhaft hieß, wie Gartenzwerge aussahen. Um sich im Reitersitz auf ihren Torpedos halten zu können, schleppten die Torpedoreiter schwere Gewichte mit sich, die frei schwimmenden

Taucher mussten sich dagegen ungehindert bewegen können. Alles, was die Taucher jetzt noch zur Vervollständigung ihrer Ausrüstung benötigten, waren Schwimmflossen aus Gummi, aber diese waren während des Krieges in Großbritannien nicht zu bekommen.

In Frankreich war Louis de Corlieu, trotz seiner Zusammenarbeit mit Yves Le Prieur, mit seinen Schwimmpropellern aus Gummi kein durchschlagender kommerzieller Erfolg beschieden gewesen. Allerdings hatte Owen Churchill, ein amerikanischer Geschäftsmann, die Lizenz zur Herstellung der Gummiflossen erworben und vor dem Krieg ein paar hundert von ihnen hergestellt. Vor der Landung der Alliierten in der Normandie erhielt Owen Churchill aus England einen Eilauftrag zur Lieferung von Flossen, aber bis sie eintrafen, musste sich Dunlop selbst etwas einfallen lassen. Die einzige Vorlage, auf die man sich stützen konnte, war die Fotografie einer Schauspielerin, die an einem Swimmingpool in Hollywood mit Gummiflossen für ein Werbefoto posiert hatte. Offiziellen Berichten von Dunlop zufolge waren die auf dieser Grundlage produzierten Flossen genauso gut wie diejenigen, die schließlich aus Amerika eintrafen, und der Anzug aus Gummi, Trikot und Latex verhalf dem britischen »Froschmann« zur besten Ausrüstung, die weltweit zu haben war.

Nicht nur die Briten und die Italiener setzten frei schwimmende Taucher ein, sondern auch die Deutschen und noch mehr die Marine der Vereinigten Staaten. Bei der amerikanischen Gegenoffensive im Südpazifik spielten Unterwasser-Einsatztrupps und Marineschwimmer, die man mit Gummiflossen und -masken ausgestattet hatte, eine wichtige Rolle. Man setzte sie zur Beseitigung von Hindernissen ein, die im flachen Wasser zum Schutz der von den Japanern gehaltenen Küstenstellungen errichtet worden waren. Für Owen Churchill war die Bildung dieser Kampfschwimmergruppen, der so genannten Underwater Demolition Teams, eine gute Nachricht, und bis Kriegsende sollten Bestellungen für Zehntausende seiner verbesserten Version der ursprünglich von Louis de Corlieu entwickelten Schwimmflossen bei ihm eingehen.

In Großbritannien hielt man bis Kriegsende geheim, dass so etwas wie Unterwassersaboteure überhaupt existierten. Als 1944 erste Berichte über die Vorgehensweise der Alliierten bei der Landung in der Normandie an die Öffentlichkeit gelangten, erfuhr man auch von den merkwürdigen, in Gummi gekleideten »Froschmännern«. Diese Männer hatten für die Landungsfahrzeuge der alliierten Truppen den Weg frei gemacht, indem sie die Betonbarrikaden zerstörten, die von den Deutschen vor der Küste errichtet worden waren. Froschmänner waren bald unentbehrlicher Teil der Marineeinsätze, und nachdem die Geheimhaltung aufgegeben worden war, waren sie in der Öffentlichkeit rasch von der Aura des Heldentums umgeben. Zwar erfüllte weiterhin überall auf der Welt der Helmtaucher wichtige Aufgaben, aber in zunehmendem Maß setzte man frei schwimmende Taucher ein, die viele dieser Arbeiten genauso gut erledigen konnten, insbesondere in flachen Gewässern, und die keine große Mannschaft zu ihrer Unterstützung erforderlich machten. Noch mehrere Jahre nach Kriegsende mussten in den Häfen Schutt und zurückgelassene Sprengsätze beseitigt werden. Außerdem überprüften die Arbeitstrupps Unterwasser-Einrichtungen. In einem Bericht der Admiralität hieß es, sie »tragen lediglich Schwimmanzüge, Atemgeräte und Schwimmbrillen. Matrosen können sich freiwillig für diesen Dienst im Kalten melden, für den es eine Zusatzvergütung gibt. Nach jedem zweiten Taucheinsatz erhält der Taucher eine Extraration Rum.«

Wieder kamen Bilder von diesen neuen, merkwürdigen Geschöpfen aus dem Meer an die breite Öffentlichkeit, und viele Leute dachten wohl zum ersten Mal darüber nach, wie es sein mochte, unter Wasser zu schwimmen. Gleich nach dem Krieg gelangten überschüssige Tauchausrüstungen der Marine in die Hände von Privatleuten, und es gründeten sich die ersten Tauchvereine, die ihre Mitglieder in den Techniken unterwiesen, die im Krieg Teil der Ausbildung der Froschmänner gewesen waren. Damals stieß man in Tauchzeitschriften häufig auf die Anzeigen von Tauchlehrern, die eine »dem Marinestandard entsprechende

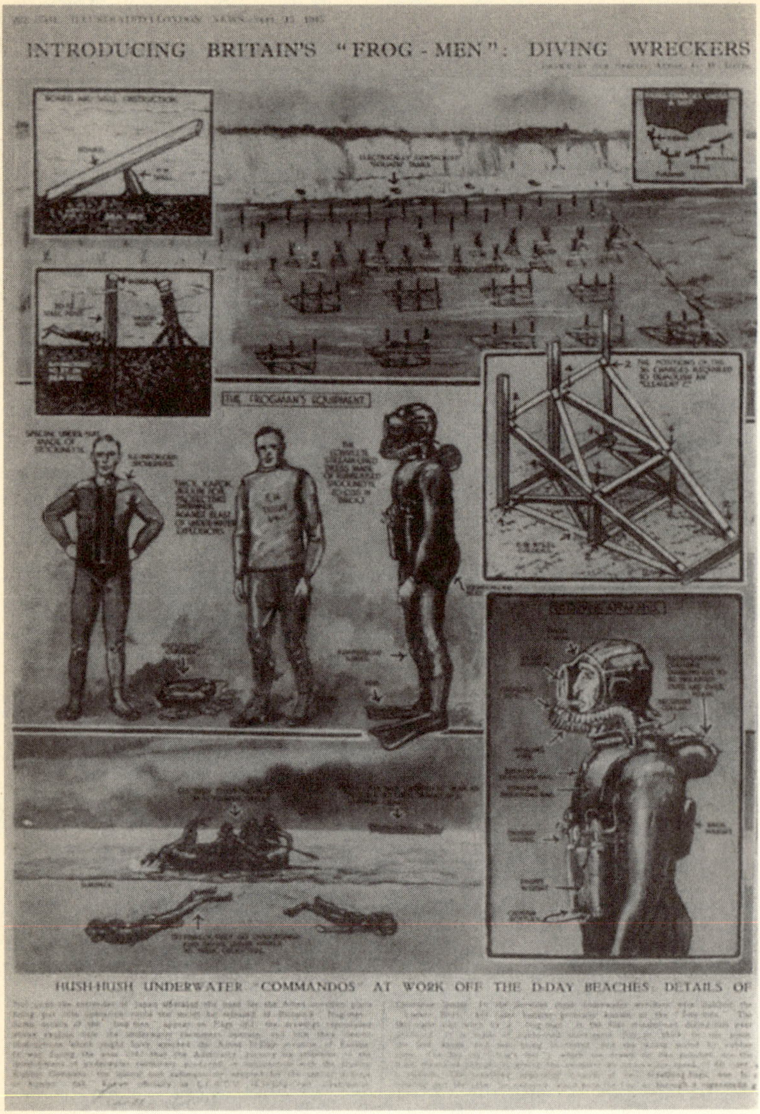
INTRODUCING BRITAIN'S "FROG-MEN": DIVING WRECKERS

HUSH-HUSH UNDERWATER "COMMANDOS" AT WORK OFF THE D-DAY BEACHES: DETAILS OF

*L. Die Taten der Froschmänner der Royal Navy wurden bis zum Ende des Krieges geheim gehalten.*

WHO BLASTED OPEN A PATH TO THE NORMANDY BEACHES.
"ELEMENT C" DEMOLISHED
TWO OF THE MAGNETIC EXPLOSIVE CHARGES IN POSITION
A MAGNIFICENT FEAT WHICH OPENED THE DOOR FOR THE ALLIED INVASION OF EUROPE

Tauchausbildung« anboten, ein Versprechen, was für viele Neulinge beinhaltete, dass zum Tauchen auch eine gewisse Portion Draufgängertum und Kampfgeist gehörte. Ich kenne einige ältere Taucher, die der Ansicht sind, mit den modernen Ausbildungsmethoden werde es Sporttauchern zu leicht gemacht, und niemand sollte tauchen, wenn er nicht wirklich in der Lage ist, mit den extremen physischen Belastungen unter Wasser fertig zu werden. Damit meinten sie auch die Art Schindereien, denen Militärtaucher während ihrer Grundausbildung ausgesetzt werden, wenn man ihnen ohne Vorwarnung die Maske vom Gesicht zieht oder das Mundstück wegreißt. Solchen Belastungen kann man nur standhalten, wenn man auch körperlich in guter Form ist, was viele Taucher für überflüssig halten. Diese Trainingsmethoden würden vermutlich viele Leute abschrecken, aber ich habe auch das andere Extrem erlebt, übergewichtige Taucher von schlechter Konstitution, die erwarten, dass man ihnen am Ende eines Tauchgangs aus dem Wasser hilft, und es für die Aufgabe ihres Tauchlehrers halten, ihnen praktisch jede körperliche Anstrengung zu ersparen.

Als man sich nach dem Krieg wieder dem Spaß des Lebens zu widmen begann, gewann das Tauchen als eine neue Sportart zunehmend an Beliebtheit. In den von Dunlop entwickelten Gummianzügen waren die Taucher vor der Kälte britischer Gewässer geschützt, und so fanden Speerfischen und Wracktauchen rasch Anhänger. Es waren hart gesottene Individualisten, die bald auch über die neuen Druckluftgeräte verfügen konnten, die unter Lizenz von Jacques Cousteau hergestellt und vertrieben wurden. In Europa und Amerika wandte man sich wieder dem Speerfischen zu, das in den 30er Jahren seine Anfänge genommen hatte, nur diesmal in kommerzialisierter Form. Tauchen wurde zu einer Industrie, und die serienmäßige Produktion der Ausrüstung trug dazu bei, einen Freizeitsport mit einer riesigen Anhängerschaft entstehen zu lassen, der sich vor allem in Kalifornien etablieren konnte.

## *Long Beach, Kalifornien*

Dottie Frazier-May ist in Kalifornien geboren und aufgewachsen und lernte mit sechs Jahren, frei zu tauchen. Heute ist sie 80 Jahre alt und lebt in Long Beach nicht weit vom Strand entfernt in einem kleinen Haus voller Erinnerungsstücke an ein Leben, das dem Tauchen gewidmet war. Sie war die erste staatlich geprüfte Tauchlehrerin in ganz Amerika. Als ich sie in ihrem Haus aufsuchte, um mit ihr über das Tauchen zu reden und darüber, wie alles begonnen hatte, war sie gerade im Garten und jätete eifrig Unkraut in einem Gemüsebeet. Wir hatten uns noch nie zuvor gesehen, aber sie führte mich herum, als sei ich ein Verwandter auf Besuch, und zeigte mir, was sich im Garten alles getan hatte. »Schauen Sie sich meine Tomaten an«, sagte sie. »Und sehen Sie mal hier, Artischocken, Ananas, Mais. Wissen Sie, was das hier ist? Passionsfrüchte. Ich nehme an, die wachsen in England nicht.«

Dottie ist kaum mehr als einen Meter fünfzig groß und wiegt ungefähr 50 Kilogramm, aber sie ist ein wahres Energiebündel, rennt unermüdlich in Haus und Garten umher, geht jeden Morgen schwimmen und Racket spielen und hält zwischendurch ihren dritten Ehemann Cyril auf Trab. Cyril war ebenfalls anwesend und bastelte an einer roten Harley Davidson herum, während ich Dottie an den Kürbissen und Erbsen vorbei in eine hübsche kleine Küche mit Blick über den Garten folgte. »Cyril, komm und begrüß Tim«, rief Dottie ihm zu. »Er ist den ganzen weiten Weg aus England hierher gekommen.« Cyril nickte kurz und schraubte dann weiter an seinem auf Hochglanz polierten Motorrad, das Handgriffe aus Kalbsleder hatte, von denen Lederfransen hingen wie an der Jacke eines Cowboys. »Das ist unsere Harley«, erklärte Dottie. »Wir fahren damit zu Motorradschauen, und Cyril gewinnt Preise damit, aber ich habe auch noch ein Motorrad für alle Tage, mit dem ich hier in der Gegend herumfahre.«

Dottie bewirtete mich mit Tee und Schinkensandwiches, und

wir begannen, uns zu unterhalten. Ihre Erzählungen waren gespickt mit kleinen Seitenhieben gegen Cyril und ihre ersten beiden Ehemänner. Ihr erster Mann hatte sich nie mehr von den schweren Verletzungen erholt, die er im Krieg beim Angriff auf Iwo-Jima davongetragen hatte, und ließ Dottie mit zwei kleinen Söhnen zurück, als er starb. Von ihrem zweiten Mann, mit dem sie ebenfalls zwei Söhne hatte, ließ sie sich scheiden. Mir wurde klar, dass für Dottie das Tauchen nicht nur eine Freizeitbeschäftigung gewesen war, sondern dass sie damit den Lebensunterhalt für ihre Familie gesichert hatte. Sie vertraute mir an, dass sie und Cyril auch geschieden seien und ihre Beziehung seit der Scheidung viel besser funktioniere, da Cyril in der Nähe ein eigenes Haus hatte und sie ihn jederzeit heimschicken konnte, wenn sie seiner Gesellschaft überdrüssig wurde. »Wir kommen gut miteinander aus, aber manchmal sage ich zu ihm: ›Cyril, geh nach Hause‹, und eine Woche später ist er wieder da, und alles läuft prima. Er ist ein guter Mann, aber von Zeit zu Zeit brauche ich einfach meine Ruhe.«

Dottie lebt seit 25 Jahren in ihrem Haus. Es ist einfach eingerichtet und steckt voller mariner Souvenirs, zu denen auch Schiffsbullaugen und eine Lampe von der *Queen Mary* gehören. »Die Lampe habe ich nicht gestohlen«, versicherte sie mir. »Eine ältere Nachbarin hat sie mir in ihrem Testament vermacht. Ich glaube, sie hat einmal auf dem Schiff gearbeitet.«

Dottie besaß auch eine etwas merkwürdige Sammlung toter Tiere in Glasgefäßen. Während des Mittagessens zeigte sie mir einige der Stücke, darunter ein getrockneter kleiner Tintenfisch, einige neugeborene Ameisenfresser und eine Krabbe, genauer gesagt ein Palmendieb. Ganz besonders hing sie an einer deformierten Abalonemuschel, deren schillernde Perlmuttschale zahlreiche Vertiefungen und Erhebungen zeigte. Möglicherweise hatte sich, ähnlich wie bei einer Perlenauster, in ihrem Fleisch ein Fremdkörper eingenistet, als sie noch lebte. Nach dem Essen führte Dottie mich in ihre Werkstatt, eine große Garage mit jedem nur erdenklichen Werkzeug und ordentlich beschrifteten Schubladen mit Tausenden von Nägeln und Schrauben, Bohrern und Hämmern,

Kellen und Feilen, um die sie, wie Dottie sagte, alle ihre männlichen Freunde beneideten. Selbst mit ihren 80 Jahren war Dottie noch anzusehen, dass sie früher wie ein Magnet auf Männer gewirkt haben musste, so voller Energie, Humor und Willensstärke, wie sie steckte, und sie gab auch zu, dass sie keinem Flirt abgeneigt war. Auf mich machten die getrockneten Tiere und die Motorräder und dazu noch der Werkzeugschuppen eher den Eindruck, als seien sie die Besitztümer eines heranwachsenden Jungen als die einer älteren Dame. »Da haben Sie schon Recht«, sagte Dottie und lachte. »Ich glaube, an mir ist tatsächlich ein Junge verloren gegangen. Meine Eltern waren geschieden, und ich lebte mit meinem Vater auf einem Boot. Ich habe mir während meiner Schulzeit bei Prügeleien mit Jungs dreimal das Nasenbein gebrochen. Und wissen Sie, wie mir mein Vater das Tauchen beigebracht hat? Ich war sechs, als er unsere Kaffeekanne über Bord warf und mir sagte, ich solle sie holen!«

Als sie zehn Jahre alt war, landete im Schwimmbad ein Mann bei einem Sprung vom Brett mitten auf ihrem Rücken und brach ihr 13 Wirbel. 18 Monate musste sie im Gipsbett verbringen. Die Ärzte sagten, sie würde nie wieder laufen können. Jahre später hörte Dottie dieselbe Befürchtung, als sie sich an einem Bein so schwer verletzte, dass sie zwei weitere Jahre mit Gipsverband leben musste. Dottie war der Ansicht, sie habe ihre Heilung in beiden Fällen dem Schwimmen und Tauchen zu verdanken. Das erinnerte mich an Jacques Cousteau, der bei einem Autounfall vor dem Krieg Dutzende von Knochenbrüchen davongetragen hatte und dem man sagte, er werde wohl einen Arm verlieren. Auch ihn heilte das Schwimmen, und er wurde schließlich 87 Jahre alt. Ich erwähnte das Dottie gegenüber und erzählte ihr, dass Philippe Tailliez, der mit Cousteau zusammen getaucht war, mittlerweile die 90 weit überschritten habe und Hans Hass mit über 80 noch immer in erstaunlich guter körperlicher Verfassung sei. Sie fand das nicht weiter verwunderlich. »Viele der ersten Taucher sind sehr alt geworden«, meinte sie. »Tauchen hält den Geist fit.«

Wie die meisten Leute, die zu Beginn der 50er Jahre mit dem

Gerätetauchen begannen, war Dottie zu dieser Zeit schon eine geübte Freitaucherin. Sie erinnerte sich, dass sie anfangs Zweifel am Nutzen der Aqualunge gehabt hatte. »Ich fand, das war etwas für Schwächlinge«, sagte sie lachend. »Für Leute eben, die nicht lange genug den Atem anhalten konnten, um sich ihr Abendessen zu fangen.« Dottie erzählte, sie habe schon als Kind an Wettbewerben im Speerfischen teilgenommen. Sie verwendete damals eine einfache, von ihrem Vater zusammengebastelte Maske und ein Stück Gartenschlauch als Schnorchel. Tauchen bedeutete für sie, frei zu tauchen, ein paar Minuten lang den Atem anzuhalten, in denen sie vorsichtig an ihre Beute heranschwamm und sie mit der Harpune erlegte. Weniger geübte Taucher sahen in dem neuen Tauchgerät ein praktisches Hilfsmittel zum Sammeln von Schaltieren. Dottie brauchte so etwas einfach nicht. »Ich erinnere mich noch, wie ich das erste Mal ein Druckluftgerät zu Gesicht bekam. Da rief mich eines Tages ein Freund an, um mir von einem Kurs für Tauchlehrer zu berichten, den das Los Angeles County veranstaltete. Er wollte, dass ich mitging und die Prüfung ablegte. Ich erklärte ihn für verrückt, weil ich noch nie in meinem Leben mit einem Atemgerät getaucht war, aber er sagte nur: ›Komm schon, Dottie, du bist so eine gute Freitaucherin, für dich ist das doch ein Kinderspiel.‹«

Bevor allgemeine Tauchlehrgänge eingerichtet wurden, bekamen die meisten Gerätetaucher nur eine sehr dürftige Anleitung mit auf den Weg. Das Einzige, was man ihnen sagte, wenn sie das erste Mal Atemgerät, Maske und Flossen anlegten, war: »Taucht nicht zu schnell auf, und haltet nicht den Atem an, das wäre euer Tod.« Für diejenigen, die sich die Ausrüstung nicht leisten konnten, veröffentlichten Zeitschriften wie *Popular Science* Anleitungen, nach denen praktisch jeder eine funktionsfähige Tauchausrüstung zusammenbauen konnte. Zur Herstellung von Flossen schnitt man ein Stück Gummi aus einem Autoreifen heraus, befestigte es an der Sohle eines Gymnastikschuhs, und schon hatte man ein einfaches, aber wirkungsvolles Antriebsmittel. In Kalifornien wimmelten die Strände an den Wochenenden von Tauchern und

Taucherinnen, die Schaltiere sammelten und mit der Harpune Jagd auf Haie, Rochen und andere Fische machten, während sie die neuen Atemgeräte und Nasstauchanzüge ausprobierten.

Es ist kaum zu glauben, aber das erste Mal, dass Dottie das Mundstück eines Lungenautomaten in den Mund nahm, war während der Tauchlehrerprüfung im Jahr 1954, als sie und ihr Freund eine Bahn des Schwimmbeckens im öffentlichen Bad mit Wechselatmung zurücklegen mussten. Bei der Wechselatmung teilen sich zwei dicht nebeneinander schwimmende Taucher einen Atemregler und holen abwechselnd Luft, eine Notmaßnahme für den Fall, dass das System eines Tauchers unter Wasser ausfällt. Natürlich bestand Dottie Frazier die Prüfung und arbeitete anschließend als Lehrerin für das County, auch wenn sie als erste Frau in diesem Bereich auf sehr viel Widerstand stieß. Die Teilnehmer ihres ersten Kurses weigerten sich zunächst, sich von ihr unterrichten zu lassen. »Das waren alles Ärzte, und sie erklärten, man habe ihnen nicht gesagt, dass sie von einer Frau unterrichtet werden sollten. Ich bat sie, mir eine Chance zu geben, und wenn sie am Ende des Tages immer noch der Meinung wären, ich würde ihnen nichts Anständiges beibringen, könnten sie sich ja immer noch einen anderen Lehrer suchen. Mann, denen habe ich vielleicht Feuer unterm Hintern gemacht, die wussten gar nicht, wie ihnen geschah.« Dottie lachte, als sie die Geschichte erzählte. »Wenn ich mir bei irgendetwas von dem ganzen physiologischen Kram nicht ganz sicher war, habe ich sie einfach gebeten, zu erklären, was unter einem bestimmten medizinischen Begriff zu verstehen ist, und mir alles, was sie sagten, aufgeschrieben, um es in meinem nächsten Kurs zu verwenden.«

Nachdem Dottie sich einen guten Ruf als Tauchlehrerin erworben hatte, eröffnete sie ein eigenes Tauchgeschäft und begann mit der Herstellung maßgefertigter Nasstauchanzüge, die allmählich die Badeanzüge und wollenen Pullover ersetzten, in denen Dottie und ihre Freunde tauchen gelernt hatten. Ihr größter Auftrag war, die auf Hawaii stationierten Taucher der Underwater Demolition Teams mit Anzügen auszustatten. Als sie sich beim Skifahren das Bein brach, ging sie über ein Jahr lang nicht ins Wasser, bis sie zu dem Schluss kam, dass ihr Bein niemals heilen würde, wenn sie nicht endlich wieder zu tauchen anfing. Zu diesem Zweck entwarf sie einen speziellen Tauchanzug mit einem Reißverschluss, der vom Fußgelenk bis zur Brust reicht. Diesen Anzug konnte sie im Liegen anziehen und schließen. Ein Jahr lang zog sie das gebrochene Bein beim Schwimmen hinter sich her und überließ es dem Meer, es zu heilen.

Um ihr Einkommen aufzubessern, tauchte Dottie am Wochenende nach Hummern und Abalonemuscheln und ging mit der Harpune auf Fischfang, während am Strand jemand auf ihre Kinder aufpasste. »Ich habe einfach weitergemacht«, sagte sie. »Eine Freundin von mir hatte eine Fahne dabei, und mit der gab sie mir ein Zeichen, wenn ich zurückkommen sollte, um meinen jüngsten Sohn zu stillen. Wenn es sein musste, verbrachte ich den ganzen Tag im Wasser.«

Eines Tages wurde Dottie mit voller Wucht von einem Seelöwen gerammt, der ihr die gefangenen Fische stehlen wollte, die sie an ihrem Gürtel befestigt hatte. Der Angriff brachte ihr vier gebrochene Rippen ein, und ein paar Taucher, die den Vorfall beobachtet hatten und sie untergehen sahen, mussten sie aus dem Wasser ziehen. Dottie hatte viele solcher Geschichten auf Lager, und ihre Augen funkelten, als sie sich an all ihre Abenteuer erinnerte. »Das schlimmste Erlebnis hatte ich in Mexiko. Ich war mit vier oder fünf Männern rausgefahren und schwamm gerade mit einem Sack voller Hummer zum Boot zurück, als ich sie ›Vorsicht, Hai!‹ rufen hörte. Ich weiß bis heute nicht, welch ein Hai es war, vielleicht einer von den großen weißen – nun, jedenfalls war er riesig, größer als alles, was ich in all den Jahren jemals zu Gesicht bekommen hatte. Er umkreiste mich ungefähr 20 Minuten lang, und ich tauchte immer wieder runter, damit ich ihm gegenüber war und er mich nicht angriff, aber irgendwann war ich erschöpft. Die Jungs konnten den Anker nicht heben und deshalb das Boot nicht von der Stelle bewegen, und der Hai war so groß, dass sie sich auch nicht ins Wasser trauten, um mir zu helfen. Schließlich reichte es mir, und ich schwamm direkt auf ihn zu. Wenn das schon das Ende war, dann sollte es wenigstens schnell gehen, dachte ich mir. Und wissen Sie was? Der Hai drehte ab. Er kam zwar noch einmal zurück, aber ich hatte genug Zeit, um zum Boot zu kommen. Mann, an dem Tag habe ich wirklich geglaubt, jetzt ist es aus.«

Am Nachmittag, als es langsam etwas abkühlte, setzten wir uns ins Wohnzimmer, tranken Tee und schauten Dotties Fotosammlung an, Schwarzweißfotos mit Wellenrand, auf denen sie in alten Bel-Aqua-Anzügen zu sehen war, Einteilern aus Gummi, die sie in den 50er Jahren entworfen hatte und die den Sladen-Anzügen glichen. Es gab Aufnahmen von Dottie mit Hummern, Stachelrochen und Abalonemuscheln, auf Fischerbooten und an Felsenstränden. Sie sah aus wie eine Frau, die am glücklichsten war, wenn sie draußen sein konnte. Die anderen Taucher waren fast immer Männer, große, gut aussehende Kerle mit kurz geschnittenen Haaren und den athletischen Körpern von Schwimmern, die preisgekrönte Fische in die kalifornische Sonne hielten. Rückblickend meinte sie, dass sie es geschafft hatte, sich in einer männlichen Domäne durchzusetzen, in der man ihr anfangs mit Ablehnung begegnete, und dadurch für viele Frauen zu einer Art Vorbild geworden war. Dottie hatte überall entlang der kalifornischen Küste und bis hinauf nach Alaska Tauchgänge unternommen, sie war zum Tauchen in Australien und Neuseeland, in der Karibik und in Italien gewesen. »In Japan bin ich sogar mit den Muscheltaucherinnen, den *ama*, tauchen gegangen, weil ich wissen wollte, wie sie das machen, aber wenn Sie mich fragen, geht doch nichts über die guten alten Zeiten in Kalifornien. Jetzt ist das alles anders«, fügte sie wehmütig hinzu, »alles ist leer gefischt, und ich schätze, ich habe mit meinen Hummern und Abalonen meinen Teil dazu beigetragen. Wahrscheinlich hätte ich das nicht gemacht, wenn damals bekannt gewesen wäre, was wir der Natur damit antun. Es heißt ja, das Meer würde sich langsam erholen, und vielleicht werden meine Enkel ja die Zeiten erleben, in denen es wieder große Hummer gibt. Ich hoffe es zumindest.«

Ich verabschiedete mich von Dottie in ihrem Gemüsegarten und versprach, mit ihr in Kontakt zu bleiben. Oft stelle ich sie mir vor, wie sie schwimmt und Racket spielt und gelegentlich ihre Kabbeleien mit Cyril austrägt. »Was sollten wir sonst auch tun?«, meinte Dottie lachend. »Dasitzen und den ganzen Tag fernsehen wie die ganzen anderen alten Leute? Nein danke, darauf kann ich verzichten!«

☆ ☆ ☆

*Will man Fische erforschen, wird man am besten selbst zum Fisch. Und will man ein Fisch werden – oder zumindest eine annehmbare Nachbildung –, nimmt man am besten ein Aqualunge genanntes Unterwasser-Atemgerät.*
Jacques-Yves Cousteau

Langsam, aber sicher fanden die alteingesessenen Speerfisch- und Schnorchelvereine Gefallen an der neuen aufregenden Technik des Gerätetauchens. 1948 war in Amerika Cousteaus Aqualunge auf den Markt gekommen. Der Absatz lief schleppend an und wurde erst durch einen Artikel in *Science Illustrated*, der die Aufmerksamkeit der US Navy auf sich zog, angekurbelt. Von größerer Bedeutung war jedoch ein Bericht, der Ende 1950 in *Life* erschien und sich ausführlich mit Cousteau und seinem neuartigen Unterwasser-Atemsystem beschäftigte. Die Zahl der Leute, die sich für die Unterwasserjagd interessierten, nahm beträchtlich zu und gab dem Geschäft mit Tauchgeräten den entscheidenden Anstoß. Das einflussreiche *National Geographic Magazine* führte die Arbeit von Guy Gilpatric weiter, als es 1949 einen groß aufgemachten Bericht über die San Diego Bottom Scratchers brachte, einen alt eingesessenen, in den frühen 30er Jahren gegründeten Speerfischverein. Zwei Jahre später erschien in Kalifornien die erste Ausgabe von *Skin Diver*, einer Zeitschrift, die ausschließlich dem Freitauchen gewidmet war. Aus der kleinen Gruppe von Hobbytauchern wurde eine riesige Schar, zu der sich eine ganze Generation junger Männer gesellte, die nur wenige Jahre zuvor eine Tauchausbildung bei der Marine absolviert hatten. Von den etwa 30 000 Druckluftgeräten, die Mitte der 50er Jahre weltweit verkauft wurden, gingen ungefähr 25 000 an die Westküste der USA. In Europa war eine ähnliche Entwicklung zu beobachten, und die neuartige Druckluftausrüstung für Taucher fand auch hier rasch eine kleine, aber begeisterte Anhängerschaft.

Wo immer es einen Zugang zur Küste gab, gingen die Leute mit der Aqualunge oder einer der konkurrierenden Versionen des von Jacques Cousteau und Emile Gagnan entworfenen Modells auf Entdeckungsreise unter Wasser. Im Mittelmeer vor der französischen und italienischen Küste erfreute sich die Unterwasserjagd wieder großer Beliebtheit, und sogar in Großbritannien gab es eine aktive Gruppe von Speerfischern und eine wachsende Zahl von Tauchern, die sich auf die Suche nach gesunkenen Schiffen und den mit ihnen untergegangenen Schätzen machten. Der British Sub Aqua Club (BSAC) konnte die Zahl seiner Mitglieder von knapp 100 bei der Gründung im Jahr 1953 innerhalb eines Jahres verzehnfachen und gab schon bald eine eigene Zeitschrift heraus. Hier boten Firmen alles an, was der moderne Taucher brauchte, darunter »Die erste Badehose, die speziell für diese aufregende neue Sportart entwickelt wurde – feste Baumwolle, die schnell trocknet und nicht kneift«.

Zu jener Zeit, als Dottie Frazier und andere ihre Qualifikation als Tauchlehrer erwarben, setzte eine wahre Flut von Zeitungsartikeln und Fernsehberichten über die neue Sportart ein. 1951 erschien unter dem Titel *Diving to Adventure* die englische Übersetzung von Hans Hass' *Drei Jäger auf dem Meeresgrund*, nachdem er bereits mehrere Bücher auf Deutsch veröffentlicht hatte. Das Buch *The Frogman*, in dem Waldron und Gleeson Einzelheiten über die ersten Unterwasser-Sabotageaktionen während des

Krieges enthüllten, wurde zum Bestseller, und der Begriff »Froschmann« hielt Einzug in die Alltagssprache. 1952 kam *Free Diving* des französischen Pioniers Dimitri Rebikoff heraus, im selben Jahr untersuchte Rachel Carson in *The Sea Around Us* (dt. *Geheimnisse des Meeres*, 1960) die Anfänge der modernen Meeresbiologie, und Hans Hass berichtete in *Manta* über seine Abenteuer im Roten Meer. Noch stärker wurde Tauchen als Abenteuersport ins öffentliche Bewusstsein gerückt, als im Oktober 1952 das *National Geographic Magazine* unter dem Titel »Fischmenschen stoßen in eine neue Welt unter dem Meeresspiegel vor« einen zweiundvierzigseitigen Artikel von Kapitän Jacques-Yves Cousteau veröffentlichte. Der Bericht enthielt dramatische Farbfotos von den Tauchgängen der Unterseeischen Forschungsgruppe Cousteaus im Roten Meer und im Atlantik. Es gab noch nie da gewesene Aufnahmen von Schwämmen, Unterwasserhöhlen, Haien und Stachelrochen. Darüber hinaus war der Artikel die beste Werbung für die gerade auf den Markt gekommene Ausrüstung von Cousteau und für sein Buch *Die schweigende Welt*, das bald darauf veröffentlicht werden sollte.

Zeitgleich mit *Die Schweigende Welt*, das zuerst in englischer und dann in französischer Sprache erschien, kamen *Lady with a Spear* (dt. *Lebensrätsel des Meeres*, 1955) der amerikanischen Zoologin und Speerfischerin Eugenie Clark und *The Underwater Adventure* von Philippe Diolés heraus. 1954 folgten Cousteaus Kollege Philippe Tailliez mit *To Hidden Depths*, Jane und Barnet Crile mit *Treasure Diving Holidays* (dt. *Ferien unter Wasser*, 1955) und der italienische Autor Folco Quilici mit *Blue Continent*. In all diesen und einer ganzen Reihe anderer Werke nahm die Unterwasserjagd breiten Raum ein. Pierre de Latil steuerte *Underwater Naturalist* bei, und bereits einige Jahre zuvor hatte Hans Hass mit *Menschen und Haie* eine Vorschau auf seine bald darauf startende Fernsehserie geliefert.

Neben Büchern gab es auch eine wachsende Zahl von Spielfilmen und Dokumentationen über die Welt unter Wasser. Hass und Cousteau konnten einen gewissen Erfolg mit kurzen, für das

Kino produzierten Unterwasserfilmen verbuchen, aber noch ließ sich das Massenpublikum nicht für diese neue Kunst gewinnen. 1954 wurde in Amerika *Kingdom of the Sea* produziert, die erste Fernsehserie, in der es um das Tauchen ging und die der berühmten Schwimmerin Zale Parry Gelegenheit bot, ihr Talent zu zeigen. Zale Parry hatte wie Dottie Frazier das Tauchprogramm des Los Angeles County absolviert und tat sich drei Jahre später mit dem Schauspieler Lloyd Bridges zusammen. Gemeinsam drehten sie über 150 Folgen der Serie *Abenteuer unter Wasser*. Bridges spielte Mike Nelson, einen ehemaligen Marinetaucher, und Parry doubelte seine Schauspielerkolleginnen in allen Unterwasserszenen und übernahm gelegentlich auch eine Rolle an Land. 1956 flimmerte die BBC-Serie *Diving to Adventure* von Hans und Lotte Hass in Europa über die Bildschirme und wenig später auf der ganzen Welt.

Das Gerätetauchen hatte sich als moderner, anspruchsvoller Freizeitsport etabliert, und nun ging man dazu über, feste Lehrpläne für den Tauchunterricht zu entwickeln. Der BSAC richtete eigene Kurse ein, in denen Tauchern, die für einen sicheren Tauchgang erforderlichen Techniken und Fähigkeiten vermittelt wurden, und andere europäische Länder folgten mit ähnlichen Programmen. In Amerika wurden regionale Unterrichtsprogramme durch landesweit gültige Lehrpläne wie die des TMCA abgelöst. Die National Association of Underwater Instructors (NAUI) und die Professional Association of Diving Instructors (PADI) richteten 1960 beziehungsweise 1966 stärker kommerziell orientierte Programme ein und sind heute führend im Bereich des Sporttauchens. Dutzende von Herstellern verlegten sich auf die Produktion von Anzügen, Flossen, Masken, Schnorcheln und Atemgeräten. Sowohl Hans Hass als auch Jacques Cousteau brachten jeweils eine Reihe neuer Produkte auf den Markt, und immer mehr Leute begannen, nach Möglichkeiten Ausschau zu halten, wie sie sich im Sporttauchen einen Namen machen konnten. Gerätetaucher versuchten sich an Tiefen- und Streckenrekorden, verbrachten eine Nacht auf Korallenriffen und wagten sich in Unterwasserhöhlen und zu bislang unerforschten untermeerischen Quellen und Flüssen vor. In Großbritannien erfand man das Unterwasserhockey, damit die Taucher sich auch während des Winters fit halten konnten, wenn das Wetter das Tauchen in offenen Gewässern nicht erlaubte. Rasch gewöhnten sich die Sporttaucher an die Ausrüstung, die wenige Jahre zuvor noch als radikale und gewagte Neuerung erschienen war, und einige versuchten, durch spektakuläre Leistungen auf sich aufmerksam zu machen. Jane Baldesare, eine amerikanische Taucherin, deren Ehemann mit Neal Watson in Florida trainiert hatte, kam 1960 nach England, um als erster Mensch den Ärmelkanal unter Wasser zu durchqueren. Der Versuch scheiterte, aber das konnte eine Zeitschrift nicht davon abhalten, ihren Bericht über den fehlgeschlagenen Tauchmarathon mit der Frage »Warum auf den Tunnel durch den Ärmelkanal warten?« zu beginnen. Einen erneuten Versuch im Jahr 1961 musste Baldesare wegen schlechten Wetters abbrechen. Im darauf folgenden Jahr wagte sich dann ihr Ehemann Fred an die Kanaldurchquerung und erreichte nach 18 Stunden die französische Küste. Fred Baldesares Ehrgeiz als Langstreckentaucher war damit jedoch noch lange nicht befriedigt, und in den folgenden Jahren durchquerte er noch die Straße von Messina und die Straße von Gibraltar.

Heute hat sich Tauchen zum regelrechten Unterwassertourismus entwickelt. Die PADI ist die größte kommerziell ausgerichtete Organisation, die Kurse für Sporttaucher anbietet, und ihrer Schätzung nach gibt es allein in den Vereinigten Staaten etwa zehn Millionen Taucher mit Tauchschein. Und das ist nur die Hälfte aller Sporttaucher weltweit. Tauchkurse und der Verkauf von Tauchausrüstungen sind ein lukratives Geschäft. Von ähnlich großer Bedeutung ist die Tatsache, dass die Sporttaucher eine Lobby bilden, die erheblichen Druck ausüben kann, was den Schutz der Meere angeht. Viele Entwicklungsländer haben inzwischen erkannt, dass sie ihre Korallenriffe vor Schäden bewahren müssen, wenn sie weiterhin Taucher anlocken wollen. In einigen Teilen der Welt, wie am Roten Meer, führte die rasche Ausbreitung des

Sporttauchens dazu, dass der Tauchtourismus zerstörerische Formen angenommen hat – vor allem durch Veranstalter, die an den Massen von Urlaubern, die lediglich zum Tauchen in ein bestimmtes Gebiet fahren, nur allzu gut verdienen. Aber allmählich setzt sich die Erkenntnis durch, dass die Riffe ein kompliziertes und äußerst empfindliches Ökosystem darstellen, zu deren Erhalt auch Taucher ihren Beitrag leisten müssen, wenn sie weiterhin ihre Schönheit und ihre Wunder bestaunen wollen.

Manche Taucher sehen von einem Land praktisch nur das Tauchzentrum, wo sie ein Boot besteigen, um sich zu den Tauchplätzen bringen zu lassen. Oberflächlich betrachtet, verkörpern die Tauchleiter, die Besucher mit auf Unterwassertouren nehmen, sehr häufig die örtliche Kultur: Sie sind flink und geschäftstüchtig oder ruhig und bedächtig, humorvoll oder ernst. Auch bei den Tauchern kommen solche nationalen Eigenarten zum Vorschein, sobald sie in Gruppen auftreten. Während meiner Zeit als Tauchlehrer konnten meine Kollegen und ich beobachten, dass die Deutschen Ausrüstungsfetischisten waren, die ihren Tauchcomputer für unfehlbar hielten. Die Italiener waren laut und freundlich, sie wollten immer in der Gruppe tauchen, umarmten und küssten sich vor und nach jedem Tauchgang und fassten alles an, was ihnen unter Wasser vor die Augen kam. Die Franzosen waren versessen darauf, alles einzusammeln, was möglicherweise essbar war, und die Japaner wollten in ordentlichen Zweierreihen geführt werden und trugen dünne weiße Handschuhe für den Fall, dass sie unter Wasser versehentlich irgendetwas berührten. Die Briten waren entweder richtige Ausrüstungsmuffel oder hart gesottene Tiefseetaucher, die grundsätzlich einen durchgehenden Nasstauchanzug trugen, ganz gleich, welche Temperatur das Wasser hatte. Sie wollten fast immer auf eigene Faust losziehen und sich ohne Führer unter Wasser umsehen. Dann gab es noch die russischen Mafiosi, die mit Plastiktüten voller Dollarscheine aus dem kalten Moskauer Winter kamen. Viele hatten überhaupt keine Ahnung vom Tauchen und wollten einfach nur zeigen, dass sie jeden gewünschten Preis für eine Tauchtour zahlen konnten. Tauchen und Urlaub an einem tropischen Strand waren für sie Statussymbole, und nun, da sie Zugang zu harter Währung hatten, in greifbare Nähe gerückt. Mehr als einmal hörte ich, dass einer von ihnen beim Tauchen ums Leben gekommen war, entweder durch einen Herzanfall, verursacht durch die Anstrengung unter Wasser, oder infolge einer Lungenverletzung, die er sich aus Unkenntnis der Tauchregeln zugezogen hatte. Im Gegensatz dazu konnten die Amerikaner im Allgemeinen jede Menge Tauchabzeichen vorweisen und waren immer überrascht darüber, dass es an Bord unseres zwölfsitzigen Bootes weder eine Toilette noch eine Cafeteria gab.

Große Gruppen von Tauchern sind eine Plage, aber die geschäftigsten Tauchzentren bringen eben auch die größten Gewinne. Die Tauchlehrer weisen immer wieder auf die erste Sicherheitsregel hin: Wenn Sie allein tauchen, sterben Sie auch allein. Ihr Tauchpartner kann Ihnen im Notfall zu Hilfe kommen, und es ist beruhigend zu wissen, dass in einer möglicherweise bedrohlichen Umgebung jemand in der Nähe ist. Andererseits kann es ziemlich frustrierend sein, wenn man einen »Kameraden« hat, der eher ein Einzelgänger ist und lieber eigene Wege geht, sodass er nicht eingreifen kann, wenn irgendetwas schief geht. Aus diesem Grund achten erfahrene Taucher im Allgemeinen darauf, unter Wasser so unabhängig wie möglich zu sein, sich das erforderliche Wissen anzueignen und die richtige Ausrüstung für jede denkbare Situation dabeizuhaben. Sie bezeichnen das als Selbstrettung. Ich persönlich halte es manchmal für die bessere Alternative, allein zu tauchen, als mit einem Partner, der mir unsympathisch ist, einem ungeschickten Taucher, der sich zudem nicht für das Meeresleben interessiert und mich nur unnötig ablenkt. Sinn und Zweck des Tauchens ist es ja gerade, dem Stress des Alltagslebens zu entfliehen, und ein unachtsamer Begleiter wird in einem Notfall sowieso nicht von Nutzen sein. Mit einem anderen Menschen zu tauchen bringt große Intimität mit sich. Mit jemandem zu tauchen, auf den man sich als Taucher verlassen kann, ist eine tolle Sache.

Und wenn man mit einem Menschen taucht, den man liebt, teilt man eine wunderbare Erfahrung, man beweist gegenseitiges Vertrauen, und das Gefühl der Nähe, das man an Land füreinander empfindet, wird noch verstärkt. Unter Wasser kann man sich nicht mit Worten verständigen, und einen leichten Druck mit der Hand oder eine Berührung an der Schulter empfindet man in dieser fremden Welt um einiges intensiver.

Tauchschulen ziehen Mitarbeiter aus aller Welt an, junge Männer und Frauen, für die das Ausbilderdiplom der Freifahrtschein zu einigen der begehrtesten Urlaubsziele ist. Von den Malediven bis Mauritius, von Belize bis Bora Bora wechseln sie von Job zu Job, sie sind an allen Stellen ihres Körpers, die nicht von Tauchkleidung bedeckt werden, tief gebräunt, und ihre Haare sind von Meerwasser und Sonne ausgeblichen. Ihre Qualifikation verschafft ihnen den Zugang zu Orten, die ihnen sonst vielleicht verschlossen bleiben würden, und die Tauchunternehmen schlagen Kapital aus dem Wunsch nach einem exotischen Arbeitsplatz und lassen ihre Leute für wenig Geld viel arbeiten. Die Tauchlehrer sind meistens jung, schlank und durchtrainiert und verkörpern all das, was man sich unter einem Menschen, der ein sorgenfreies Leben führt, vorstellt. Wie Skilehrer oder Profisurfer tingeln sie durch die Welt, selbst ernannte Freigeister, die jeden Tag das genießen, was sich Normalsterbliche vielleicht einmal im Jahr leisten können.

Wie viele Anfänger verliebte auch ich mich in meine Tauchlehrerin. Nicht anders als ein erfahrener Skilehrer, der mit seinem Können auf der Piste die Schüler in Erstaunen versetzt und darüber hinaus oft noch mehrere Sprachen spricht, verfügt der Tauchlehrer über eine gewisse Macht. Er hat es in der Hand, welche Fortschritte seine Schüler machen, und kann den eifrigsten unter ihnen mit besonderer Aufmerksamkeit schmeicheln. In Anfängerkursen ist häufig zu beobachten, dass die Teilnehmer darum wetteifern, freundschaftliche Bande zu ihrem Lehrer zu knüpfen. Tauchen lernen heißt, dem Lehrer, der buchstäblich für das Leben seiner Schutzbefohlenen verantwortlich ist, größtes

Vertrauen entgegenzubringen, und manche Lehrer nutzen ihre Machtposition dazu aus, eine Eroberung nach der anderen zu machen. Professionelle Tauchorganisationen warnen ihre Mitarbeiter vor einem solchen Verhalten, vor allem in Amerika, da man Angst vor Prozessen wegen sexueller Belästigung hat. Ich fand es damals zweifellos toll, nach dem Kurs noch mit den Leuten vom Tauchzentrum herumzusitzen, außerdem brachte meine Beziehung den Vorteil mit sich, dass ich kostenlos tauchen konnte. Rückblickend betrachtet, machte ich dabei allerdings kein besonders gutes Geschäft, da ich Tausende von Pfund für Flüge auf die Insel ausgab, auf der meine geliebte Wassernixe arbeitete. Und die Beziehung ging trotzdem in die Brüche. Ich hatte meine Leidenschaft für alles, was mit dem Meer zu tun hatte, mit den Gefühlen für diese Frau verwechselt, und im Laufe der Zeit stellte sich heraus, dass wir außerhalb des Wassers wenig gemeinsam hatten. Am glücklichsten waren wir, wenn wir tauchten und nicht miteinander reden mussten.

## *Peveril Ledges, Dorset*

> *Die größte Gefahr für den Taucher liegt in ihm selbst: die plötzliche Angst.*
>
> Hans Hass, *Manta, Teufel im Roten Meer*

Als ich nach einem längeren Auslandsaufenthalt nach London zurückkehrte, beschloss ich, mich für einen Tauchgang an der englischen Küste anzumelden. Nach den wunderbar klaren, stillen Gewässern unter der Äquatorsonne war ich neugierig auf die Unterwasserwelt meiner Heimat. Wenn man den Tauchzeitschriften, die ich gelesen hatte, glauben wollte, wimmelte es im Meer vor der Südküste Englands von Leben, und es gab unzählige Schiffswracks, die allesamt darauf warteten, erkundet zu werden.

Ich fand einen Tauchverein, der an den Wochenenden regelmäßig Ausflüge an die Küste unternahm, und schrieb mich für einen Fortgeschrittenenkurs ein, da es mir in Anbetracht der mir fremden Tauchbedingungen sinnvoll erschien, in Begleitung eines Lehrers zu tauchen.

An einem Sonnabend im Frühling stand ich schließlich im Hafen von Poole am Kai und wartete mit einem Dutzend anderer, schwer mit Tauchausrüstung bepackter Leute, auf das Fischerboot, das uns aufs Meer hinausbringen sollte. An Bord wurde mir Susan vorgestellt, eine zierliche Frau mittleren Alters, die sich ebenfalls für einen Fortgeschrittenenkurs angemeldet hatte. Wir beide sollten zusammen mit der Lehrerin tauchen, bei der sie vor kurzem ihren Tauchschein gemacht hatte, eine winzige Frau Anfang zwanzig. Als ich mich mit Susan unterhielt, stellte ich fest, dass sie dem Tauchgang mit gemischten Gefühlen entgegensah. Auf der halbstündigen Fahrt bis zu unserem ersten Tauchplatz rauchte sie vier Zigaretten und erzählte mir, sie sei noch nie im offenen Meer getaucht. Wie viele britische Taucher hatte auch sie ihren Tauchschein nach ein paar Tauchgängen in irgendwelchen Baggerseen erhalten, in denen man im Gegensatz zu den Küstengewässern nicht mit Strömungen und jähen Tiefen rechnen muss. Darüber hinaus kann der Lehrer dort seine Schüler leicht im Auge behalten und ihnen schnell zur Seite springen. Susan erzählte mir, ihre größte Angst sei die Vorstellung, aus der Tiefe wieder an die Oberfläche zu kommen und sich allein mitten im Ärmelkanal wieder zu finden, ohne ein Boot, das sie aus dem Wasser holt. Beim Tauchen im Baggersee hatte sie sich sicher gefühlt, dieses künstliche Gewässer war ein begrenzter und überschaubarer Bereich und schien nicht gefährlicher zu sein als ein großes Schwimmbecken. Die Weite des offenen Meeres jagte ihr dagegen Angst ein, und wie viele andere Taucher kam sie sich angesichts dieser Größe hilflos vor. Ich versuchte, sie zu beruhigen, und versicherte ihr, meines Wissens sei es noch nie vorgekommen, dass ein Boot jemanden vergessen hatte.

Ein Stück westlich von der Hafeneinfahrt bereiteten wir uns

auf unseren ersten Tauchgang vor. Die Tauchlehrerin hatte eine flache Stelle mit einer Tiefe von höchstens elf Metern ausgesucht, wo wir einen Strömungstauchgang durchführen konnten. Dabei taucht man unter die Wasseroberfläche und lässt sich von der Strömung treiben, bis man nach einer vorher vereinbarten Zeit wieder vom Boot aufgenommen wird. Um dem Boot unsere Position anzuzeigen, sollte einer aus der Gruppe während des gesamten Tauchgangs ein Plastikseil mit einer Schwimmboje am anderen Ende in der Hand behalten.

Beim Anlegen der Ausrüstung bereitete mir der dicke Nasstauchanzug, der meinen Körper vor der Kälte schützen sollte, einige Schwierigkeiten. Arme und Beine ließen sich nur noch schwer bewegen, und er war mir über der Brust zu eng. Als ich die Gummihaube übergestreift hatte, stellte ich außerdem fest, dass ich nur noch mit Mühe den Kopf drehen oder nach vorne neigen konnte, wenn ich einen Blick auf die Geräte vor meiner Brust werfen wollte. Die Vorstellung, in meiner Bewegungsfreiheit derart eingeschränkt aus dem Fischerboot in die grauen Fluten zu springen, bereitete mir Unbehagen. Und dann noch die Handschuhe – konnte ich damit überhaupt noch die Geräte handhaben? Ein Spaß würde das jedenfalls nicht werden.

Im Wasser merkte ich allerdings, dass Tauchanzug und Zubehör die versprochenen Dienste taten. Die Kälte war kaum zu spüren, und im Wasser verflog auch die Unbeholfenheit, die mich an Deck gestört hatte. Und ich konnte etwas sehen, wenn auch nur ungefähr sieben Meter in jede Richtung. Wie erwartet waren die Farben unter Wasser gedämpft, aber es gab jede Menge Algen, Fische und interessante, mit Anemonen bewachsene Felsgebilde zu entdecken. Das Problem war Susan. Sie schien keine Kontrolle über ihre Lage im Wasser zu haben. Im einen Augenblick zeigten, ihr Kopf nach unten und ihre Füße nach oben, und im nächsten trieb sie mit dem Kopf voran Richtung Oberfläche. Immer wieder packten die Lehrerin und ich sie an den Flossen oder an der Tarierweste und zogen sie nach unten, mit dem Erfolg, dass sie dann hilflos auf dem Rücken lag wie eine an Land gespülte Schildkröte. Wir verbrachten die gesamten 45 Minuten unter Wasser damit, Susan wie einen außer Kontrolle geratenen Torpedo durchs Wasser zu bugsieren. Mit dem Unterschied, dass ein Torpedo wenigstens den Gesetzen der Hydrodynamik gehorcht hätte, während Susan sich verhielt wie ein ungezogener Hund an der Leine.

Nach dem Strömungstauchgang fragte ich die Lehrerin, ob ich mich nicht lieber einer der anderen Tauchgruppen an Bord anschließen sollte, damit sie sich ganz auf Susan konzentrieren könnte. Meiner Meinung nach war Susan zu nervös, um etwas von unseren Tauchgängen zu haben, und es war besser, wenn sie allein mit der Lehrerin tauchte und das Tempo selbst bestimmte. Die Lehrerin erklärte mir, dass Susans Schwierigkeiten auf dem morgendlichen Tauchgang nichts weiter als »eine Kinderkrankheit« gewesen seien, und sie sei überzeugt, dass Susan auf dem Tauchgang am Nachmittag besser zurechtkäme, schließlich kenne sie sie ja vom Tauchkurs. Nach dem Mittagessen würden wir uns an den nächsten Schritt in diesem Kurs wagen, einen so genannten Tiefentauchgang, auf dem wir die 20-Meter-Grenze hinter uns lassen sollten. Ich war in wärmeren Gewässern schon einige Male noch tiefer getaucht und fragte mich, wie wohl in diesem Teil der Welt dann die Sicht unter Wasser sein würde, aber zumindest machte ich mir keine Sorgen mehr, dass ich frieren könnte.

Als wir uns dem Tauchplatz näherten, teilte man Susan und mir mit, dass der Kapitän unseres Fischerboots schlechte Wetterverhältnisse für dieses Gebiet angekündigt hatte. Es herrsche eine starke Strömung von bis zu vier Knoten, und wir müssten von Anfang an darauf achten zusammenzubleiben. Die Tauchlehrerin wies darauf hin, dass die Strömung an der Wasseroberfläche wahrscheinlich noch stärker war. Damit wir nicht voneinander getrennt würden, sollten wir deshalb alle gleichzeitig ins Wasser springen und sofort tauchen, ohne uns lange an der Oberfläche aufzuhalten.

Kurz darauf erreichte unser Boot eine Fischerboje, ein großes Ölfass, das mit einer schweren Eisenkette auf dem Meeresgrund verankert war. Während ich beobachtete, wie das Fass immer wieder in den Wellen verschwand, hörte ich den Kapitän unseren Tauchleiter fragen, ob er seine Leute unter diesen Bedingungen wirklich tauchen lassen wollte. Der Leiter war offensichtlich der Meinung, die Strömung sei nur an der Wasseroberfläche ein Problem, und nachdem die beiden noch ein paar Worte miteinander gewechselt hatten, wurden wir aufgefordert, uns für den Tauchgang bereitzumachen. Wir drei, Susan, die Tauchlehrerin und ich, stellten uns Schulter an Schulter an der Bordkante auf, und die anderen Taucher hielten uns von hinten an den Luftflaschen fest, damit wir auf dem heftig schlingernden Deck nicht aus dem Gleichgewicht gerieten. Ich kam mir vor wie ein Fallschirmspringer, der an der offenen Tür des Flugzeugs auf das Signal zum Absprung wartet. Schließlich gab die Lehrerin das Startzeichen, und ich machte einen großen Schritt nach vorne auf das dunkle Wasser zu. Überraschenderweise trafen wir alle gleichzeitig auf dem Wasser auf, und wir gaben uns rasch Zeichen, dass wir bereit zum Abstieg waren. Die aufgewühlten Wellen schlugen über uns zusammen, und dann waren wir in der Dämmerung allein, ein Trio in Gummi gekleideter, schemenhafter Gestalten, die sich nur mit den Augen und durch Handbewegungen miteinander verständigen konnten. Wir merkten sofort, dass die Strömung viel zu stark war, um etwas anderes zu tun, als uns einfach treiben zu lassen. Also ließen wir uns durch die dämmrige Schattenwelt langsam weiter sinken und blickten angestrengt nach unten, um herauszufinden, wie weit es noch bis zum Meeresgrund war.

Eine Minute später fanden wir uns in etwa 23 Meter Tiefe in einer Landschaft aus Granit wieder. Ringsumher war der Meeresboden mit riesigen flachen Felsplatten bedeckt. Das Wasser hatte eine grünliche Färbung, kalt und deprimierend. Die Sicht war sehr schlecht, und wir knieten uns eng zusammengekauert hinter einen der Felsen, um uns vor der Strömung zu schützen und kurz auszuruhen. Als ich dicht neben der Lehrerin Halt an einer Felskante suchte, sah ich, dass mit Susan irgendetwas nicht stimmte. Sie wurde wie wir von der Strömung gegen einen großen Felsen gepresst und kauerte dort völlig reglos, aber da war etwas in ihrer Haltung, das mir Sorgen machte. Sie reagierte nicht auf die Handzeichen der Tauchlehrerin, sondern starrte durch ihre Maske vor sich hin, als sei sie in Trance. Sie war erstarrt vor Angst, wohl wissend, dass sie der Strömung hilflos ausgeliefert sein würde, sobald sie den Felsen losließ. Auf dem Tauchgang am Vormittag hatte sich deutlich gezeigt, dass sie Schwierigkeiten hatte, sich in der starken Strömung zurechtzufinden. Ich hatte das Bild vor Augen, wie sie vom Wasser wie ein Spielzeug an den Felskanten entlanggetrieben wurde, unfähig, ihre Lage zu korrigieren und in der Dunkelheit zu uns zu schwimmen. Angesichts des tiefen, dunklen Wassers und der starken Strömung konnte sie keinen klaren Gedanken mehr fassen. Sie klammerte sich an den Felsen, als hinge sie am Rand eines Abgrunds, und befand sich ganz offensichtlich in einem Zustand, den man als passive Panik bezeichnet.

Um uns herum herrschte nur schwaches Dämmerlicht. Verzweifelt versuchten wir, uns Zentimeter für Zentimeter über die Felsplatte zu ziehen, um Susan zu Hilfe zu kommen. Die Tauchlehrerin hatte schon bald keine Kraft mehr. Ich presste meinen Körper eng an den Felsen, um der Strömung möglichst wenig Widerstand zu bieten, und kämpfte mich gegen den wirbelnden Sog weiter vorwärts. Als ich noch eine Armlänge von Susan entfernt war und mich gerade anschickte, sie mit Gewalt von der Felskante wegzuziehen, spürte ich, wie sich etwas um meinen Hals legte. Während wir über den Felsen gekrochen waren, hatte die Lehrerin offensichtlich nicht mehr auf die Lotleine der Markierungsboje Acht gegeben, und diese hatte sich um meinen Hals geschlungen.

Die Leine zog an meinem Atemregler und drohte mir das Mundstück aus dem Mund zu reißen. Ich wandte mich zur Tauchlehrerin um und sah, dass sie sich kaum noch auf dem Felsen halten konnte. Sie blickte zu mir herüber, und als sie meine missliche Lage erkannte, gab sie mir das Zeichen loszulassen. Aneinander gebunden durch das Seil, dessen anderes Ende an ihrer Schwimmweste befestigt war, wurden wir von der starken Strömung sofort davongetragen. Ein letzter Blick zurück zeigte mir, dass sich Susan immer noch bewegungslos an den Felsen klammerte und nichts von dem, was um sie herum vorging, wahrzunehmen schien. Dann wurde auch dieses gespenstische Bild vom graugrünen Wasser verschluckt, und ich war mit unserer Tauchlehrerin allein, nach wie vor an sie gefesselt durch das außer Kontrolle geratene Seil.

Das Nylon schnitt mir in die Finger, als ich versuchte, die Schlinge um meinen Hals zu lockern und vom Schlauch meines Atemreglers zu lösen. Ich kann mich noch genau daran erinnern, dass ich dachte, »Das ist nicht gut«, und mich wunderte, warum ich wie eine Comic-Figur in Sprechblasen dachte. Dann wieder wunderte ich mich darüber, dass ich so ruhig war, und mir kam der Gedanke, dass ich ertrinken könnte. Aber andererseits schien die ganze Situation gar nichts mit mir zu tun zu haben. Ich war in dieser grünlich schimmernden Traumlandschaft unter Wasser gefangen und machte mir mehr Sorgen um Susan als um mein eigenes Schicksal. Eine ihrer schlimmsten Ängste war Wirklichkeit geworden: im Wasser allein zurückgelassen zu werden. Sie war zu einem unbedeutenden kleinen Fleck auf dem Meeresgrund in der unendlichen Weite des Ozeans geworden.

Nach einer Weile merkte ich, dass die Schlinge um meinen Hals nachgab. Später erfuhr ich, dass ich mit dem Gewicht meines Körpers so viel Zug auf das Seil ausgeübt hatte, dass es von der Markierungsboje abgerissen war. Ich hielt mich an der Tauchlehrerin fest, als wir, von der Strömung herumgewirbelt wie auf einem Karussell, mit langsamen Flossenschlägen an die Oberfläche stiegen. Durch ihre Maske hindurch starrte sie mich mit weit aufgerissenen Augen an, während wir uns allmählich wieder Licht und Luft näherten. Bei dem Gedanken, dass ich die grüne Traumwelt hinter mir ließ, durchströmte mich ein Gefühl der Wärme.

Wir hielten uns immer noch aneinander fest, als wir endlich an die Oberfläche kamen – und mussten erkennen, dass wir in der Strömung trieben, ohne unsere Position anzeigen zu können. Die Markierungsboje war längst davongetragen worden. Immer wieder schlugen uns Wellen ins Gesicht. Wir benutzten so lange wie möglich unsere Druckluftflaschen zum Atmen, und als sie leer waren, nahmen wir unsere Schnorchel und versuchten, uns so zu drehen, dass die Atemrohre nicht genau im Wind standen. Außerdem warfen wir die Bleigürtel ab, um unsere Tarierwesten leichter zu machen. Bis auf ein paar kurze Anweisungen, die wir uns gegenseitig zuriefen, waren wir beide nicht imstande zu sprechen, aber uns ging zweifellos der gleiche Gedanke durch den Kopf. Was war aus Susan geworden? Ich sah immer wieder dieses letzte Bild vor mir, wie Susan mit angstverzerrtem Gesicht langsam aus meinem Blickfeld verschwindet, als wir von den Felsen weggetrieben werden.

In unseren dunklen Tauchanzügen waren wir kaum auszumachende Punkte im Wasser des Ärmelkanals. Die Wellen hoben uns so hoch, dass wir in der Ferne die Küstenlinie sehen konnten, und wir entdeckten auch einige Tauch- und Fischerboote, aber sie waren alle zu weit weg, um unsere Hilferufe zu hören. Ein paar Mal versuchten wir, eines der Boote auf uns aufmerksam zu machen, aber vergeblich. Und die ganze Zeit über ließ uns der Gedanke an Susan nicht los. Wir sprachen nicht miteinander und atmeten durch unsere Schnorchel, um uns vor den Wellen zu schützen und kein Salzwasser schlucken zu müssen. Ich erinnerte mich daran, Geschichten von Tauchern gehört zu haben, die stundenlang im kalten Wasser getrieben waren. Bei uns dauerte es ungefähr 40 Minuten, bis uns endlich ein Fischerboot entdeckte. An Bord des Bootes befanden sich der Kapitän und sechs Taucher, die wegen der schlechten Wetter- und Strömungsverhältnisse ihre Tauchpläne für diesen Nachmittag aufgegeben hatten, und einer von ihnen hatte uns winken sehen. Nachdem sie uns aus dem Wasser geholt hatten, riefen wir über Funk unser Boot, auf dem man bis zu diesem Zeitpunkt nicht wusste, was mit uns passiert war.

Ein Notruf wurde durchgegeben, und alle Boote in diesem Gebiet machten sich auf die Suche nach Susan. Die Tauchlehrerin und ich standen an der Reling, tranken den heißen Tee, mit dem uns unsere Retter versorgt hatten, und hielten Ausschau nach einem Lebenszeichen von Susan. Wir sprachen nicht miteinander, es war klar und bedurfte keiner weiteren Worte, dass sie die Verantwortung für diesen Vorfall trug. 45 Minuten später kam von einem Tauchboot über Funk die Meldung, dass man Susan gefunden hatte. Man zog sie wie tot aus dem Wasser, und sie konnte vor Angst und Erleichterung überhaupt nicht mehr aufhören zu weinen.

Ein paar Stunden später sprach ich mit Susan über das, was geschehen war. Wenn sie daran dachte, fing sie sofort wieder zu zittern an, und als sie mir alles erzählte, brach sie von neuem in Tränen aus. Sie glaubte kaum, dass sie jemals wieder in England tauchen wollte. Als sie merkte, dass wir getrennt worden waren und sie unter Wasser allein war, hatte sie zuerst darauf gewartet, dass wir zurückkämen, weil sie dachte, wir würden sie schon irgendwie finden. Sie hatte keine Ahnung, was sie tun sollte, und Angst davor, die schützende Nische zwischen den Felsen zu verlassen. Wie Susan sagte, war ihr erst nach ein paar Minuten allein in der Dunkelheit richtig klar geworden, in welch ernster Lage sie sich befand. Auf ihrem zweiten Tauchgang im offenen Meer hatte man sie bei starker Strömung in verhältnismäßig großer Tiefe auf dem Meeresgrund zurückgelassen. Sie hatte die Wahl: Entweder schaffte sie allein den Aufstieg an die Oberfläche, oder sie würde dort unten sterben. Sie kämpfte die Panik so weit nieder, dass sie den Felsen loslassen konnte, und zwang sich dann mit aller Macht dazu, langsam aufzutauchen, um einen Dekompressionsunfall zu vermeiden. An der Oberfläche angekommen, war der Albtraum jedoch noch lange nicht vorbei. Zwar war sie der Tiefe entronnen, dafür trieb sie jetzt allein auf dem offenen Meer, ein winziges Stück Treibgut in der stürmischen See.

Die Tauchlehrerin verließ den Verein in der darauf folgenden Woche in »gegenseitigem Einvernehmen«, wie es offiziell hieß. Was Tauchunfälle anbelangt, war unser Erlebnis ein eher unbedeutender Vorfall, aber auf dem Meer und insbesondere unter Wasser ist die Grenze zwischen einem Missgeschick und einer Katastrophe schnell überschritten. Jedes Jahr kommen Menschen beim

Tauchen in britischen Gewässern ums Leben, und jetzt war mir auch klar, warum. Ich blieb bei dem Verein und fand schon bald einen Tauchpartner, auf den ich mich verlassen konnte, aber meine erste Bekanntschaft mit dem Ärmelkanal war eine Lektion, die ich nicht so schnell vergaß.

Susan ist nie wieder getaucht.

# 9 Habitate

*Ich maße mir nicht an, zu behaupten, ich hätte den Grund des Meeres besucht … und es ist auch in jenen kalten Teilen Europas eine große Seltenheit, überhaupt einen Mann zu treffen, der zugleich die Kühnheit, die Möglichkeit, die Gelegenheit und die Fähigkeit gehabt hat, in jenes verborgene und gefährliche Reich der Natur einzudringen, geschweige denn, sich dort aufzuhalten …«*
Robert Boyle, *Relations About the Bottom of the Sea, 1671*

An einem sonnigen Junitag im Jahr 1774 brach aus dem Hafen von Plymouth kurz nach der Mittagszeit in einem kleinen Kahn eine Gruppe von Männern auf, um einem Experiment des Zimmermanns John Day beizuwohnen. Dieser wollte beweisen, dass er mit Hilfe einer von ihm selbst entworfenen und gebauten hölzernen »Tauchkammer« 24 Stunden unter Wasser verbringen und dann zur Oberfläche zurückkehren konnte. Christopher Blake, ein Gentleman aus London, finanzierte diese Expedition und hatte drei Monate zuvor für 340 Pfund eine alte Schaluppe namens *Maria* erworben. Sie war bereits ins Meer hinausgeschleppt worden, an eine Stelle, die nördlich von Drake's Island mitten im Plymouth Sound lag, wo die Wassertiefe bekanntermaßen 22 Faden betrug.

Mr. Blake und ein paar Seeleute hatten neben der *Maria* Anker geworfen und sahen zu, wie Day sich anschickte, in seine »Kammer« – eine Holzkiste – zu klettern, die mit einer komplizierten Konstruktion aus Streben und Tauen an Deck der Schaluppe festgemacht war. Das alte Boot diente nur als Plattform für

Days Tauchmaschine; man würde es versenken, und nach einem Tag und einer Nacht auf dem Meeresboden, so der Plan, würde Day die Taue, die ihn und seine Kammer an Deck hielten, lösen. Day und seine Leute hatten drei Monate mit dem Bau der Apparatur zugebracht, und er hatte seinem Förderer zugesichert, dass er damit mindestens 24 Stunden unter Wasser bleiben könne. Die Zimmermanns- und Schreinerarbeiten, die Day und seine Männer dabei ausgeführt hatten, entsprachen der höchsten Handwerkskunst. Seinem Vorhaben nach würde er an die Wasseroberfläche treiben, sobald er die Taue gekappt hatte, und dann wäre er dank seiner Erfindung ein gemachter Mann. Day ging es mit seiner Überlebenskapsel für Unterwasserforschungen allein darum, zu zeigen, dass man einige Zeit unter Wasser überleben könne; es gibt keine Hinweise darauf, dass die Kiste auf dem Meeresboden bewegt werden sollte.

Weder erklangen Fanfarenstöße, noch wurden Abschiedsreden gehalten, als Day seinen Mantel und seine Jacke ablegte, da es, wie er dem Kapitän auf dem Kahn zurief, in der Kiste wahrscheinlich sehr warm werden würde. »Mit großer Gelassenheit und voller Zutrauen in sein Unternehmen«, wie ein Beobachter später erklärte, zog er die Luke seiner Holzkiste hinter sich zu, und der Kahn entfernte sich. Die Mannschaft hatte sich mittlerweile darangemacht, die Holzpflöcke zu entfernen, die die *Maria* über Wasser hielten. Beschwert mit Ballaststeinen, begann sie, langsam zu sinken. Da Day seinem Ruhm ungeduldig entgegenfieberte, ließ er noch zusätzliche Steine herbeischaffen, die an Deck aufgehäuft werden sollten, um den Vorgang zu beschleunigen. Ein letztes Zittern lief durch das alte Schiff, und dann versank es im Kanal, nördlich von Drake's Island, das in der Mitte des Sunds Wache hielt.

Selbst Mitte Juni ist das Wasser im Plymouth Sound selten klar. Eine ständige Brise vor der Küste kräuselt das Wasser, und die kreuz und quer fließenden Unterwasserströmungen und die starken Gezeiten stellen das Können eines jeden Seemanns, der sich mit seinem Schiff dem Hafen nähert, auf eine harte Probe.

In eine Tiefe von 22 Faden beziehungsweise 40 Metern dringt

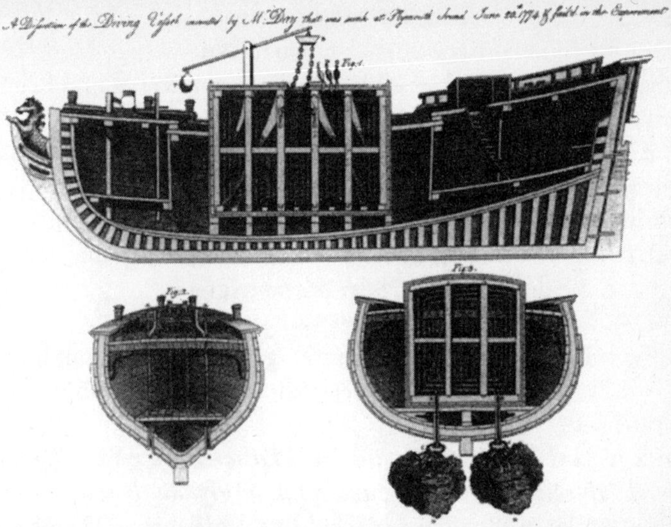

*M. Mr. Days »Tauchkammer« – eine hölzerne Kiste, die in den Rumpf der Schaluppe »Maria« eingepasst wurde und in der er im Jahr 1774 im Plymouth Sound 24 Stunden unter Wasser verbringen wollte.*

nicht mehr viel Licht vor. Die Farben reduzieren sich für das menschliche Auge auf ein mattes Grau, und Tafeln aus dunklem Granit liegen wie riesige Grabsteine auf dem Meeresboden verstreut. John Day konnte an diesem 20. Juni des Jahres 1774 nicht aus seiner Holzkiste schauen. Hätte er dies vermocht, und hätte er eine Unterwasserlampe besessen, wären als einzige noch erkennbare Farben die rosa- und orangefarbenen Tentakel der kleinen Edelsteinrosen zu sehen gewesen, die sich über den flachen Granit ausbreiteten. Wie leuchtende haarige Pilze wachsen die Anemonen in der dumpfen kalten Unterwelt. Hier warten keine von Leben wimmelnden Korallen, kein sonnenbeschienener Garten zartester Gewächse darauf, erkundet zu werden. Es ist ein finsterer und einsamer Ort zum Sterben. Als John Day in seine Kiste kletterte, war es das letzte Mal, dass man ihn sah.

Unwillkürlich erschauert man, wenn man einen Blick auf Days Pläne für seine Unterwasserkiste wirft. Nur wenige Menschen haben so besessen und so sehr von erwartetem Ruhm und Reichtum überzeugt am Bau ihres eigenen Sargs gearbeitet.

Ein Jahr nach jenem Tag im Juni veröffentlichte N. D. Falck, selbst Fachmann für Bergungsarbeiten unter Wasser, einen ausführlichen Bericht über Days Versuch, in dem er die Ereignisse zu erklären versuchte. Er gibt darin eine lebhafte Darstellung der Ereignisse, die der Versenkung der *Maria* folgten:

> Sie wurde um zwei Uhr nachmittags versenkt, und mit ihr tauchte Mr. Day in die immer während Nacht hinab!

Falck machte in seiner *Philosophical Dissertation on the Diving Vessel Projected by Mr Day, and Sunk in Plymouth Sound* deutlich, dass der größte Teil der Schuld an dem schrecklichen Fortgang der Ereignisse den unglücklichen Erfinder selbst trifft und nicht etwa Mr. Blake. In der Beschreibung von Days Persönlichkeit kommen die Charaktertugenden jener Tage deutlich zum Ausdruck:

> Day war von düsterer, zurückhaltender und mürrischer Gemütsart und knauserig veranlagt; und er war außerordentlich starrsinnig in seinen Ansichten und sehr auf seinen Ruhm bedacht. Aber bei alledem war ihm eine scharfe Beobachtungsgabe zuteil geworden, er war seinem Förderer treu ergeben und in seinen Überzeugungen unerschütterlich. Hätten seine Talente eine angemessene Bildung erfahren, so hätten sie in ihm zweifellos ein nützliches Mitglied der Gesellschaft hervorgebracht.

Day traf kaum Vorkehrungen für den Fall, dass seine Kammer versagen würde, aber er hatte sich mit drei verschiedenfarbigen Bojen ausgerüstet, mit deren Hilfe er den Seeleuten an der Wasseroberfläche eine Nachricht über seinen Gesundheitszustand zukommen lassen konnte. Eine weiße Boje bedeutete, es gehe ihm »sehr gut«, eine rote zeigte an, dass sein Zustand »leidlich« sei. Aber selbst die dritte, eine schwarze Boje, mit der er einen »sehr schlechten Zustand« signalisieren konnte, tauchte nicht an der Wasseroberfläche auf.

Falcks Schlussfolgerung am Ende seiner *Philosophical Dissertation* ist erwartungsgemäß wenig hilfreich. Er schrieb, dass Day »am Ende seines raschen Abstiegs vor Kälte in eine völlige Erstarrung gefallen sein musste; so als sei alle Wärme in der Maschine auf einmal entwichen«.

Falcks Erklärung, Day müsse »vor Kälte in eine völlige Erstarrung gefallen sein«, hat zumindest eine gewisse reale Grundlage. Heute weiß man, dass Wasser dem menschlichen Körper Wärme mindestens 25 Mal schneller als Luft entzieht. In seiner leichten Bekleidung muss Day also sehr schnell gefroren haben, selbst wenn man davon ausgeht, dass er sanft auf den Meeresboden auftraf und sich in seiner Tauchmaschine genug Luft befand, dass er eine Weile überleben konnte. Obwohl es ein Sommertag war, hat die Wassertemperatur in 22 Faden Tiefe vermutlich nicht mehr als zwölf Grad Celsins betragen. Angetan mit einem sieben Millimeter dicken Nasstauchanzug und Füßlingen, Handschuhen und einer Haube aus Neopren, fängt auch ein moderner Taucher bei solchen Temperaturen nach ungefähr 30 Minuten stark zu frieren an.

Ein Versagen der Tauchmaschine, das unter dem Druck des Wassers zu einer Implosion der Holzkiste geführt hätte, hätte zumindest einen raschen Tod zur Folge gehabt. Wenn Day dagegen das Abtauchen in seinem selbst gebauten Gefängnis zum Meeresgrund überlebt hat und ihm genug Luft zur Verfügung stand, dann muss er die verschiedenen Stadien der Hypothermie durchlitten haben. Das heißt, zuerst hat ihn ein heftiges Zittern überfallen, als sein Körper durch die Kontraktion von Muskeln Wärme zu erzeugen versuchte. Als er weiter auskühlte, haben sich die Muskeln verkrampft und sind steif geworden, was jede Bewegung erschwerte. Das hat ihn letztlich daran gehindert, die komplizierten Ringbolzen zu lösen, die die Kiste auf dem Deck der

*Maria* festhielten. Dann, als die Kälte sein Hirn erreichte, ist er in einen Zustand der Passivität verfallen, das Blut in seinen Adern wurde dicker, und seine Gedanken verwirrten sich zusehends. Nachdem Day schließlich das Bewusstsein verloren hatte, zeigte ein letztes Erschauern das Ende an, hervorgerufen durch tiefe Furchen auf der Oberfläche seines Herzmuskels, die verhinderten, dass er den Körper mit Sauerstoff versorgen konnte. Über das, was wirklich im Plymouth Sound in 40 Meter Tiefe geschehen ist, kann man nur Mutmaßungen anstellen. Man hat nie auch nur eine Spur von Day oder seiner Tauchmaschine gefunden. Die wahrscheinlichste Erklärung ist wohl, dass John Days Apparat einfach nicht wasserdicht war. In dieser Tiefe ist der atmosphärische Druck fünf Mal so hoch wie an der Wasseroberfläche, und jeder Fehler, jede undichte Holzfuge hätten dazu geführt, dass die Kiste geflutet wurde. Selbst wenn es Day gelungen sein sollte, seine Lungen mit Luft voll zu pumpen und der Kiste zu entkommen, wird es für ihn als ungeübten Taucher, dem weder Maske noch Flossen zur Verbesserung der Sicht und des Antriebs zu Verfügung standen, fast ein Ding der Unmöglichkeit gewesen sein, aus einer solchen Tiefe an die Wasseroberfläche zu schwimmen.

Plymouth Sound sieht heute unter Wasser vermutlich ein wenig anders aus als 1774. Für die Seeleute jedenfalls hat sich die Einfahrt in den Hafen erheblich geändert, als man einen massiven Wellenbrecher baute, der sich wie eine riesige Narbe über den Bauch des Sunds zieht. Atom-U-Boote liegen auf der Leeseite des Wellenbrechers, und nicht weit von der Küste steht Fort Bovisand, ein finsteres Bollwerk, das von napoleonischen Kriegsgefangenen im frühen 19. Jahrhundert erbaut wurde und heute ein Ausbildungszentrum für Taucher beherbergt. Wenn es das Wetter erlaubt, segeln im Juni Yachtbesitzer den Sund entlang und wenden an den Bojen jenseits des Wellenbrechers – Freizeitkapitäne, die nichts von John Day und seinem Schiff wissen, das in der Tiefe zu seinem Sarg wurde.

Zu John Days Zeiten widmeten sich die klügsten Köpfe der

Entdeckung grundlegender wissenschaftlicher Prinzipien. Schon seit mehr als 100 Jahren war die Royal Society in England die wichtigste Ideenbörse für alle Vertreter der Wissenschaft. Männer wie Roger Bacon, Edmund Halley, Christopher Wren und Isaac Newton hatten ihre Entdeckungen in dem Periodikum der Society, den *Philosophical Transactions*, veröffentlicht. Robert Boyle, dessen Arbeiten über die Gesetze des Gases eine der Grundlagen für die Wissenschaft des Tauchens wurden, hatte »pneumatische« Experimente zur Erforschung der Vorgänge bei der Atmung von Tieren gemacht und stets darüber geklagt, dass er den Meeresgrund nicht persönlich in Augenschein nehmen könne. Die Fundamente der modernen Physik, Chemie und Biologie waren zwar schon gelegt, aber die wissenschaftliche Methodik steckte noch in den Kinderschuhen.

200 Jahre nach dem gescheiterten Versuch Days, 24 Stunden unter Wasser zu verbringen, sind solche Träume Wirklichkeit geworden. Nachdem man die Technik des freien Tauchens mit tragbaren Atemgeräten in nicht zu großen Tiefen perfektioniert hatte, beschloss der Mensch, nun sei es an der Zeit, unter Wasser zu leben, zu arbeiten und zu schlafen. Die autonomen Atemgeräte ermöglichten es ihm, frei zu schwimmen, und dank wissenschaftlicher Experimente standen auch zuverlässige mathematische Tabellen zur Verfügung, mit denen er die nötigen Berechnungen zur Vermeidung der Dekompressionskrankheit durchführen konnte. Man wusste jetzt über Druckverhältnisse Bescheid, über die Folgen des Atmens von Gas unter Wasser und darüber, wie viel Zeit man für einen gefahrlosen Aufstieg aus der Tiefe einberechnen musste. Der nächste logische Schritt war, die Verweildauer unter Wasser auszudehnen.

Irgendwo im Sund, unweit des Wellenbrechers, liegen die Überreste eines anderen Unterwasserexperiments, das allerdings einen weniger katastrophalen Ausgang nahm als das von Mr. Day mit seiner Tauchmaschine. Es handelt sich um eine Metallkuppel auf Beinen, ungefähr zwei Meter im Durchmesser und vier Meter lang. Diese Kuppel wurde Glaúkos genannt nach einem Fischer aus Anthedon, den der Genuss eines Zauberkrauts in einen Meeresgott verwandelte; und sie ist ein Beispiel von vielen Entwürfen für Unterwasser-Habitate. Glaúkos, ein britisches Projekt, wurde 1965 in eine Tiefe von zehn Metern versenkt, jedoch bereits nach kurzer Zeit wegen schlechter Wetterbedingungen wieder aufgegeben. Nun liegt es auf dem Meeresgrund – ein nutzlos gewordenes Wrackteil, aber eine Attraktion für die Taucher, die in Fort Bovisand ausgebildet werden, und ein vor sich hin rostendes Andenken an eine Zeit, als das Leben unter Wasser erneut zur Obsession von Wissenschaftlern und Abenteurern in mehr als einem Dutzend Ländern auf der ganzen Welt wurde.

1954 beschloss Ed Fisher, mit einem Atemgerät über einen Zeitraum von 24 Stunden auf einem Korallenriff in Florida »zu leben«. Zu seiner Unterstützung stand an der Wasseroberfläche ein Boot mit einem Team von Sicherheitstauchern bereit, und er rüstete sich mit einigen Dingen aus, von denen er glaubte, sie würden ihm auf seinem ausgedehnten Unterwasserausflug von Nutzen sein. Statt sich eine Behausung zu errichten, nahm er einen Gummireifen mit, den er auf einem Korallenstock verankerte, sodass er sich hineinlegen konnte, ohne abzudriften. Außerdem hatte er einen Wachsstift und ein wasserfestes Notizheft dabei, in dem er seine Beobachtungen niederschreiben konnte. Er konnte unter Wasser trinken, indem er eine große Spritze aus einer Flasche befüllte und dann den Inhalt in seinen Mund spritzte. Wenn er den Atemregler aus seinem Mund nahm, konnte er auch Suppe zu sich nehmen. Er aß sogar einen kleinen rohen Rifffisch, den er mit seinem Tauchmesser erlegt hatte, um seine Behauptung zu belegen, dass man unter Wasser überleben könne. Fishers Nacht unter Wasser verlief ereignislos, sein größtes Problem war die Kälte. Wann immer sich seine Vorräte dem Ende zuneigten, brachten ihm die Sicherheitstaucher neue Frischluft-Flaschen. In maximal elf Meter Tiefe blieb er genau 24 Stunden auf dem Riff. Langeweile und Kälte brachten ihn bei Anbruch des Morgens fast dazu, das Experiment vorzeitig zu beenden; aber schließlich gelang es ihm, nicht zuletzt durch die Ermunterung der anderen Taucher, seinen Traum zu verwirklichen.

Wir müssen keine Luft atmen, um leben zu können, zumindest müssen wir keine Luft atmen, die aus genau den Bestandteilen in genau dem Verhältnis zusammengesetzt ist, wie wir sie auf der Erdoberfläche vorfinden. Die Luft, die wir zu atmen gewohnt sind, besteht zu ungefähr 79 Prozent aus Stickstoff und zu 20 Prozent aus Sauerstoff, das verbleibende eine Prozent der Gesamtmischung entfällt auf eine Reihe anderer Gase. Der Sauerstoff heizt unseren Stoffwechsel an, und das dabei entstehende Abfallprodukt Kohlendioxid scheiden wir über die Atmung wieder aus unserem Körper aus. An sich spielt Stickstoff beim Gasaustausch in der Lunge keine Rolle, aber er kann zu einem Problem werden, wenn er sich unter erhöhtem Druck in unserem Gewebe ansammelt. Unser Körper überlebt zumindest theoretisch auch dann, wenn wir eine Mischung aus Sauerstoff und anderen Gasen als Stickstoff atmen, zum Beispiel Krypton, Argon, Neon, Helium, Wasserstoff und Xenon. Einige davon zählen zu den so genannten »Edelgasen«, von denen man ursprünglich annahm, sie kämen nur selten vor und seien chemisch reaktionsträge. Ihren ehrenvollen Namen haben sie der ursprünglich herrschenden Überzeugung zu verdanken, dass sie keine Verbindungen mit anderen Elementen eingingen.

Anfang des 20. Jahrhunderts entdeckte ein amerikanischer Wissenschaftler namens Elihu Thompson, dass man den Stickstoff in der Atemluft ohne Probleme durch Helium ersetzen konnte. Diese Entdeckung führte schließlich zur Lösung des Problems der Stickstoffnarkose, die in der Tiefe auftreten kann. Im Wesentlichen unterscheidet sich Helium von Stickstoff dadurch, dass es im Blut nicht im gleichen Maße löslich ist. Allerdings dringt auch Helium ins menschliche Gewebe, sogar ziemlich schnell, und ein Taucher, der Helium als Bestandteil der Gasmischung atmet, ist deshalb ebenfalls zu einem langsamen Aufstieg gezwungen. Helium dringt zwar nicht in so großen Mengen wie Stickstoff in das Fettgewebe ein, aber genau wie dieser reagiert es auf Druckveränderungen und bildet bei Druckabfall Bläschen im Blut, wenn es sich löst. Und schließlich kann Helium genau wie Stickstoff eine Narkose verursachen, die mit einem angenehmen Gefühl von Trunkenheit beginnt, allerdings geschieht das normalerweise erst in sehr großen Tiefen. Ein wesentlicher Nachteil von Helium, das eine geringere Dichte aufweist, besteht darin, dass es sehr viel schneller als Stickstoff Wärme aus dem menschlichen Körper ableitet. Das bedeutet, dass Taucher rasch auskühlen, wenn sie Helium atmen, und geschieht dies über eine längere Zeit, besteht die nicht zu unterschätzende Gefahr einer Hypothermie. Helium leitet Schallwellen übrigens sehr viel schneller als Luft, wodurch die menschliche Stimme dann so klingt, als ob man ein Tonband zu schnell ablaufen lässt.

Das wesentliche Hindernis für das Tauchen über die zeitlichen Begrenzungen der Dekompressionstabellen hinaus ist nun nicht darin zu sehen, dass träge Gase wie Helium sich lösen und vom Körper aufgenommen werden, sondern in der Zeit, die es braucht, bis diese Gase das Körpergewebe wieder verlassen haben. Jede in der Tiefe verbrachte Minute rächt sich insofern, dass man zur Dekompression eine entsprechend längere Zeit entweder in geringeren Tiefen unter Wasser oder in einer Kompressionskammer über dem Wasser verbringen muss. Die Zeit, die ein Taucher zur Dekompression aufwenden muss, kann mehr kosten als die eigentliche Ausführung der Arbeit, für die man ihn angeheuert hat.

In der 1940er Jahren wurde die Hypothese aufgestellt, dass ein unter erhöhtem Druck stehender Körper irgendwann einen Zustand der »Sättigung« an eingeatmeten Gasen erreicht und dass sich nach Erreichen dieses Zustandes die Dekompressionsdauer nicht mehr verlängert. Solange der Taucher eine maximale Tiefe nicht überschreitet, bleibt die Dekompressionszeit demnach konstant. Wie ein Schwamm nicht mehr »nasser« werden kann, wenn er sich erst einmal voll Wasser gesaugt hat, kann auch der menschliche Körper nur eine bestimmte Menge Stickstoff aufnehmen. Der Körper erreicht diesen Zustand der Sättigung schließlich irgendwann, wobei die Geschwindigkeit, in der dies geschieht, von verschiedenen Faktoren abhängt (beispielsweise dem Umgebungsdruck). Ein Körper, der sich in einem solchen Sättigungszustand befindet, braucht nur eine einzige Dekompressionsphase, um die trägen Gase, die sich in seinem Gewebe angesammelt haben, wieder abzugeben. Es ist doch um einiges einfacher, in die Tiefe zu tauchen und dort zu bleiben, bis man seine Aufgabe erledigt hat, als immer wieder zur Dekompression an die Oberfläche steigen zu müssen. Das ist »Sättigungstauchen«.

Es liegt auf der Hand, welche militärische Bedeutung es hat, wenn man einen Menschen für unbegrenzte Zeit unter Wasser schicken oder ihn dort im Geheimen arbeiten lassen kann, ohne sichtbare Unterstützung von der Wasseroberfläche. Nicht zu vergessen der kommerzielle Nutzen und die wissenschaftlichen Interessen, denen man damit dient. Was die kommerzielle Seite angeht, so wurde der Traum, dass Menschen sich unter Wasser aufhalten und Mineralien abbauen oder den Meeresboden bestellen könnten, schon gehegt, seit Kapitän Nemo Professor Arronax erklärt hatte:

> Meine Herden grasen wie die von Neptuns alten Hirten ohne Furcht auf den riesigen Weidegründen des Ozeans. Ich habe dort große Besitztümer, die von mir bestellt werden, auf denen aber der Schöpfer aller Dinge selbst die Saat ausbringt.

Es drängen sich tatsächlich Gedanken an einen Schöpfer auf, wenn es um das Meer und seine Ressourcen geht. Und bei jenen, die damit zu tun haben, scheint es auch einen gewissen Bekehrungseifer hervorzurufen. Dr. George Bond gehörte jedenfalls zu den glühendsten Verfechtern des Glaubens an die Tauchwissenschaften.

George Foote Bond war Dorfarzt in der kleinen Gemeinde Bat Cave in North Carolina und besessen von dem Gedanken, dass der Welt irgendwann einmal die Nahrung ausgehen könnte, insbesondere tierisches Eiweiß. Er war ein ungewöhnlicher Mann – er vereinte in einer Person den mitfühlenden Arzt, den einzelgängerischen Wissenschaftler und den zwanghaften Tagebuchschreiber. Das Meer schien ihm die Lösung für alle Ernährungsprobleme der Menschheit zu bieten, und als er in die US Navy eintrat, tat er damit einen Schritt, der die Wissenschaft des Tauchens revolutionieren und ihn selber für immer aus der Welt der Kleinstadtmedizin holen sollte. Im Rahmen seiner Tätigkeit für das Naval Medical Research Laboratory erhielt er 1957 die Erlaubnis zur Durchführung eines Projekts, das er »Project Genesis« nannte. Wie die meisten Vertreter seiner Generation war wohl auch Bond mit der biblischen Schöpfungsgeschichte vertraut, der zufolge Gott verfügte, dass Menschen gemacht werden nach seinem eigenen Bild und

> herrschen über die Fische im Meer und die Vögel unter dem Himmel und über das Vieh und über die ganze Erde und über alles Gewürm, das auf Erden kreucht.

Bonds erster Schritt bestand darin, Parameter für das Sättigungstauchen festzulegen; er wollte herausfinden, wie lange Tiere und schließlich auch Menschen in einer künstlichen Atmosphäre leben konnten, wenn sie Gasgemische wie Helium und Sauerstoff atmeten, um damit das Risiko einer Sauerstoffnarkose in der Tiefe so gering wie möglich zu halten. Verfügte der Mensch über das richtige Atemgasgemisch, könnte er so lange auf dem Meeresboden bleiben, wie seine Luftvorräte reichen, und erst dann wäre eine »Herrschaft über das Meer« tatsächlich möglich. Innerhalb von fünf Jahren führte Genesis zu dem größten untermeerischen Habitatexperiment, das jemals unternommen wurde – dem Sealab-Programm der US Navy. Ging man davon aus, dass Druckluft nur bis zu einer Tiefe von 76 Metern verwendet werden konnte, um das Risiko einer Stickstoffnarkose auszuschließen, dann war es nur logisch, den Stickstoff aus der Gasmischung herauszunehmen. Die Gefahren wiederum, die mit dem Einsatz reinen Sauerstoffs unter Druck verbunden waren, hatten während des Zweiten Weltkrieges Haldane in England und Stelzner in Deutschland nachgewiesen, aber Bond unternahm weitere Versuche, um herauszufinden, welche Höchstmenge an Sauerstoff man für die Atmung verwenden konnte. Es gab genügend Berichte aus erster Hand über die Gefahren, die mit dem ausschließlichen Atmen von Sauerstoff verbunden waren, und sowohl Jacques Cousteau und Hans Hass wie auch eine Menge britischer Kampftaucher mussten am eigenen Leib erfahren, welch giftiges Potenzial darin steckte. Man wusste zwar, dass sich dieses Problem mit Helium vermutlich lösen ließ, aber entsprechend große Vorräte dieses Gases gab es nur in den USA. Bis man größere Vorkommen des Gases unter der Erde entdeckte und ausbeuten konnte, war es ein außerordentlich teures Gut, und die USA wachten während des Krieges eifersüchtig über ihr Heliummonopol.

Nahezu sechs Jahre lang experimentierte George Bond mit Ratten, Ziegen und Affen, von denen die meisten seine Experimente überlebten, bis er es 1962 wagte, drei Männer auf Sättigungstauchgänge zu schicken, auf denen sie über einen Zeitraum von sechs Tagen in einer simulierten Tiefe von 30 Metern eine Mischung aus Sauerstoff, Helium und einer kleinen Menge Stickstoff atmen sollten. Mit Helium hatte bereits auch die Experimental Diving Unit der US Navy in simulierten Tiefen von mehr als 150 Metern Tauchversuche unternommen.

Nach einem Jahr blieben die Versuchspersonen schon zwölf Tage unter einem Druck, der einer Meerestiefe von 60 Metern entsprach; dazu begaben sie sich in eine Druckkammer mit einem angeschlossenen »Nassraum«, in dem sie schwimmen und harte körperliche Arbeit unter Wasser simulieren konnten. Da Bond und sein Team mit ihren Forschungen finanziell von der US Navy abhängig waren, mussten sie sich deren strengen bürokratischen Richtlinien beugen. Sämtliche Daten mussten doppelt und dreifach geprüft werden, um den offiziellen Sicherheitsvorschriften zu genügen, bevor man ihnen gestattete, ihre Theorie im offenen Wasser zu prüfen. So kam es, dass sich auf dem Marinestützpunkt zwar der umfassendste Bestand an wissenschaftlichen Daten über das Sättigungstauchen ansammelte, es aber andere sein sollten, die als erste Bewohner des Meeres Berühmtheit erlangten.

Während Bond und seine Mitarbeiter gewissenhaft die Ergebnisse ihrer mehrere Jahre dauernden Laborarbeit zusammenfassten, eroberten andere mit einer Reihe ambitionierter Habitatversuche die Schlagzeilen. Damit war das Rennen um den Bau eines Unterwasserhauses, eines bewohnbaren Habitats, das einen längeren Aufenthalt des Tauchers unter Wasser ermöglichte, eingeläutet.

Edwin Link, ein 58 Jahre alter amerikanischer Erfinder, unternahm im August 1962 an der französischen Riviera in einer kleinen, von ihm selbst entworfenen Kammer einen achtstündigen Tauchgang bis in eine Tiefe von 18 Metern und war damit der weltweit erste Sättigungstaucher. Der ehemalige Pilot Ed Link war Weggefährte des Fliegers Charles Lindbergh gewesen und hatte sich mit der Erfindung eines höchst erfolgreichen Flugsimulators für das US-Militär einen Namen gemacht. Er hatte bereits seit geraumer Zeit an der Entwicklung einer Tauchkammer gearbeitet, die einen längeren Aufenthalt in der Tiefe ermöglichen sollte. Das Ergebnis war der »Link-Zylinder«, eine kleine, enge Röhre, die nicht einmal einen Meter breit und 3,40 Meter lang war – im Grunde eine moderne Tauchglocke. Sie wurde von einem Schiff aus ins Wasser gelassen, und der Taucher benutzte sie zum Abtauchen und zur Dekompression. Das Neuartige an Links Erfindung war, dass der Taucher die Kapsel unter Wasser verlassen konnte, um über mehrere Stunden in der Tiefe zu arbeiten, und dann zur Dekompression in sie zurückkehren konnte. War die Kapsel erst einmal geschlossen, wurde sie an Bord des Schiffes gehoben und konnte überallhin transportiert werden, während ihr Insasse in seiner eigenen Druckumgebung sicher aufgehoben war. Dabei wurde er die ganze Zeit über eine Art Nabelschnur mit einer Atemmischung aus Behältern an Bord des Schiffes versorgt.

Link glaubte wie Bond an jene wissenschaftlichen Theorien, denen zufolge ein Mensch in der Tiefe über einen längeren Zeitraum ein Helium-Sauerstoff-Gemisch atmen und dann ohne Probleme wieder auftauchen kann. Allerdings hatte noch nie jemand diese Theorie einer Überprüfung im Meer unterzogen, und Link beschloss, selbst menschliches Versuchskaninchen zu spielen. Wiederholt hatte er Bond in dessen Büro auf dem amerikanischen U-Boot-Stützpunkt in Connecticut aufgesucht, um sich mit Daten über das Genesis-Projekt zu versorgen, und anhand dieser Daten hatte er eigene Berechnungen durchgeführt. Links Forschungsprogramm, für das er von bedeutenden Politikern Unterstützung erhielt, wurde »Man in the Sea« getauft.

Am 28. August ließ man Ed Link in seiner Kapsel in der Bucht von Villefranche in die Tiefe, und er blieb acht Stunden lang dort unten. Um der Enge in der Metallröhre zu entfliehen, unternahm er mehrere Tauchgänge nach draußen, die insgesamt länger als eine Stunde dauerten. Der Tauchgang erforderte eine sechsstündige Dekompression, und damit Link in dieser Zeit zumindest eine Zeit lang liegen konnte, wurde die Röhre auf Deck gehievt und waagerecht hingelegt. Kurz vor Mitternacht und 14 Stunden nachdem er in den Zylinder geklettert war, krabbelte Ed Link wieder auf das Deck des Schiffs, zwar erschöpft, aber ohne irgendeinen Schaden davongetragen zu haben. Eine Woche später schickte man den Link-Zylinder erneut hinunter, diesmal in eine Tiefe von 60 Metern und für einen ganzen Tag und eine ganze Nacht – damit steuerte man die magische 24-Stunden-Grenze an, die eine wichtige Etappe im Wettlauf um die Besiedlung des Meeres war. Für diesen zweiten Tauchgang ließ Ed Link einem jüngeren Mann den Vortritt, dem Schweizer Taucher Robert Stenuit.

Stenuit gilt als der erste »Aquanaut« der Welt, ein Begriff, mit dem man gelegentlich Menschen bezeichnet, die mehr als 24 Stunden unter Wasser verbracht haben. Auch wenn in den nächsten zehn Jahren immer wieder grandiose Pläne und Konstruktionen, die auf die Errichtung der verschiedensten Arten von Unterwasserhäusern zielten, große Aufmerksamkeit auf sich zogen, kündigte sich in Links mobiler Kompressionskammer doch schon das

Ende solcher Experimente an. Man kam schließlich zu dem Schluss, dass es für das kommerzielle Tauchen nur von begrenztem Nutzen war, wenn man Menschen für eine längere Dauer in eine feste Einrichtung auf dem Meeresboden brachte. Um wie vieles kosteneffektiver wäre es dagegen, sie in einer beweglichen Einrichtung hinunterzulassen und wieder heraufzuholen und zu neuen Einsätzen zu transportieren? Unter militärischen Gesichtspunkten betrachtet, ist ein fester Unterwasserbau schwer zu verteidigen und leicht zu entdecken. Im Jahr 1962 hatten sich solche Überlegungen jedoch noch nicht durchgesetzt, und eine ganze Weile konkurrierten Regierungen mit hohem finanziellen und wissenschaftlichen Aufwand um die Errichtung einer Embryostadt im Meer. Zumindest was die breite Öffentlichkeit anbelangte, fiel der Ruhm, das erste funktionstüchtige Meereshabitat erbaut zu haben, Jacques Cousteau zu. Er startete nur wenige Wochen nach Link sein bis dahin ehrgeizigstes Tauchprojekt: das Conshelf-Experiment.

Conshelf ist eine Abkürzung für Continental Shelf oder Kontinentalschelf, der Randbereich der Kontinente also, der eine maximale Tiefe von ungefähr 200 Metern unter dem Meeresspiegel erreicht. Bis in diese Tiefe, die ziemlich genau 100 Faden ausmacht, dringt auch noch Sonnenlicht vor. Damit haben wir eine feste Bezugsgröße, an der wir die Grenze zwischen dem an Leben reichen Meer und dem dunklen Abgrund der Tiefsee festmachen können. Das Kontinentalschelf besteht im Wesentlichen aus Sedimenten, die durch Regenwasser vom Festland abgetragen wurden, und steckt daher voller Mineralien. 90 Prozent der Meerespflanzen und -tiere leben auf oder über den Kontinentalschelfen, deren Fläche insgesamt 26 Millionen Quadratkilometer ausmacht und damit einem Gebiet in der Größe Afrikas entspricht, das es zu erkunden gilt. Bereits 1945 hat die US-Regierung Gebietsansprüche auf die 200 Meter tiefe »Drop-Off Line« in den Meeren um ihr Territorium erhoben, was bei den anderen Nationen schnell Schule machte.

Cousteau kannte Bond und verließ sich wie Link auf die Erkenntnisse, die dieser aus seinen Versuchen gewonnen hatte. Bond beschrieb Cousteau als »den einzigen Mann, dessen Charisma außer Frage steht«, und nach dem ersten Treffen mit dem Franzosen notierte er: »Wer bin ich, meine Kenntnisse mit dem legendären Cousteau teilen zu dürfen?« George Bond hielt bis an sein Lebensende den freundschaftlichen Kontakt mit Cousteau aufrecht und war in den 1960er Jahren Gast an Bord der *Calypso*.

Im Jahr 1962 baute Cousteau mit einem Team der Unterseeischen Forschungsgruppe ein Unterwasserhabitat, das sie »Diogenes« nannten, nach dem griechischen Philosophen, der laut Seneca in einem Holzfass lebte. Cousteaus Gerät war allerdings ein wenig stabiler: ein Zylinder aus Stahl, der vor Marseille in einer Tiefe von zehn Metern mit Zementblöcken und starken Ketten auf dem Meeresboden verankert wurde. Seine Bewohner sollten sich eine Woche lang darin aufhalten. »Diogenes« hatte keine Luke zur umgebenden Wasserwelt, sondern wurde mit Pressluft versorgt, die unter einem etwas höheren Druck stand als das Wasser, sodass an der Unterseite des Zylinders ein Loch offen gelassen werden konnte, ohne dass Wasser in das Innere drang. Damit war eine Art flüssige Tür geschaffen worden, durch die die Taucher einfach hinein- und hinausschwimmen konnten. Zur Ausführung des Versuchs hatte man Albert Falco und Claude Wesley ausgewählt – Männer, denen Cousteau vertraute und denen man die Anstrengung zutraute, die mit diesem Unternehmen verbunden war.

Mit dem Conshelf-Experiment sollte der Beweis erbracht werden, dass Menschen sieben Tage in der Tiefe zubringen konnten, wobei sie mindestens fünf Stunden pro Tag im offenen Wasser des Meeres arbeiten sollten. Cousteau beschrieb den Versuch als die erste »Okkupation des Kontinentalschelfs« und erklärte, er beneide Falco und Wesley darum, seinen Traum verwirklichen zu können – das Erlebnis nämlich, im Meer zu leben. Sieben Tage lang aßen, arbeiteten und schliefen die beiden Ozeanauten (wie man sie nannte) in der »Diogenes« und atmeten dabei Druckluft, die über Röhren von der Wasseroberfläche eingespeist wurde – im

Grunde war das Behältnis, in dem sie lebten, eine gigantische Aqualunge. Von der Wasseroberfläche wurde ihnen auch heißes Wasser zugeleitet, sodass sie nach einem Tauchgang außerhalb des riesigen horizontal liegenden Fasses eine warme Dusche nehmen konnten. Man zeichnete über Monitore ihre Aktivitäten auf, und andere Taucher (unter anderen Cousteau) statteten dem Habitat Besuche ab. Ständige Untersuchungen zeigten, dass die Männer unter keinen bemerkenswerten körperlichen Beeinträchtigungen litten. Anders als Ed Link in seinem beengten Zylinder lebten Falco und Wesley im eigentlichen Sinne auf dem Meeresboden; sie konnten sich ihre Freizeit sogar mit dem Abspielen von Platten mit klassischer Musik versüßen. Als man Falco fragte, wie er sich am Ende der Woche unter Wasser fühlte, antwortete er mit dem berühmten und geheimnisvollen Satz: »Im Meer ist alles Moral.«

Cousteau sagte später, die Meeresbewohner seien eine neue Art Menschen, und fügte bedauernd hinzu, dass er selbst nicht dazugehöre. Sie hielten in der Nähe des Habitats Lebewesen verschiedenster Arten in Drahtkäfigen gefangen, und damit war schon einmal ein entscheidender Schritt in Richtung einer »Herrschaft über die Fische des Meeres« unternommen.

Bald nach Conshelf folgte ein zweites Experiment, dieses Mal im Roten Meer, nordsüdlich von Port Sudan. Cousteau erklärte, er habe diesen Ort ausgewählt, »weil es dort heiß ist und weil er weit entfernt liegt«. Wenn Conshelf II unter schwierigeren Feldbedingungen funktionierte, so seine Überlegung, wäre endgültig bewiesen, dass Meeres-Habitate eine realistische Möglichkeit für die Forschung darstellten. Dieses Habitat war größer und hatte den schönen Namen »Starfish House« (Seesternhaus) erhalten, wegen der vier ausfahrbaren »Beine«, die vom zentralen Steuerraum abgingen und Raum zum Schlafen, für Laborversuche und als Lager boten. »Starfish House« sollte für das Team, fünf Männer und ihre zwei Maskottchen, die Papageien Claude und Armand, nicht nur eine Behausung, sondern ein Heim sein.

Cousteau hatte den Stapellauf im Juni 1963 genauestens geplant. »Starfish House« bekam einen Anbau, einen vertikal montierten Zylinder, der »Deep Cabin« genannt wurde. Innerhalb des Haupthauses, das in zwölf Meter Tiefe ankerte, atmeten die Bewohner Druckluft, in dem Anbau in 30 Meter Tiefe atmeten sie dagegen ein Gemisch aus Sauerstoff und Helium zu gleichen Teilen. Die Aquanauten verfügten über ein kleines tauchfähiges Vehikel mit eigener Unterwassergarage, sodass sie sich in einem größeren Umkreis bewegen konnten. Und anders als in »Diogenes« und in Links Kapsel gab es im »Starfish House« sogar eine Kochmöglichkeit. »Deep Cabin« wurde eine Woche lang von zwei Männern bewohnt, und insgesamt besiedelte man mit Conshelf II den Meeresboden über eine Dauer von vier Wochen. Damit konnte Cousteaus Team den längsten und erfolgreichsten Sättigungstauchgang in offener See für sich verbuchen. Jahre später erzählte Cousteaus Sohn Jean-Michel, er habe Architektur studiert, weil er Städte im Meer bauen wollte.

Im Laufe der nächsten 25 Jahre experimentierten die meisten Länder der entwickelten Welt mit Unterwasserhabitaten, insgesamt wurden von der Antarktis bis nach Australien mehr als 60 bewohnbare Einheiten auf dem Meeresboden errichtet. Sie reichten von dem 500 Tonnen schweren sowjetischen »Bentos« mit einer Crew von 24 Mann bis zu einfachen Zelten aus Draht und Plastik wie dem Ein-Mann-»Robinsub« aus Italien. »Bentos« hatte die einzigartige Eigenschaft, sich wie ein gigantischer Schlitten auf riesigen Kufen in dem gemächlichen Tempo von einem Knoten pro Stunde durchs Wasser bewegen zu können, auch wenn seine tatsächlichen Fähigkeiten, wie die vieler sowjetischer Erfindungen, eine Menge Fragen offen ließen. Wie dem auch sei, die USA und ihr ständiger Sparringspartner, die Sowjetunion, führten jedenfalls in einer Art Probelauf zum Wettrennen um die Eroberung des Weltraums das Feld an und errichteten die Hälfte aller Habitate, die je gebaut wurden. Aber auch andere Länder des ehemaligen Ostblocks, wie die Tschechoslowakei, Polen und die DDR, hatten sich ins Rennen geworfen. Mit einer gewissen Neigung zur institutionellen Terminologie, die eines Drehbuchs zu *Solo für O. N. C. E. L.* würdig gewesen wäre, wurden die Habitate auf Namen wie »Sprut«, »Sadko«, »Spid« und »Geonur« getauft. Zu den Konkurrenten mit prosaischeren Namen gehörten die britische »Bubble« und das von den Tschechoslowaken gebaute »Klobouk«, was einfach Hut heißt.

Heute ist von diesen Habitaten nur noch eine Hand voll übrig, und die Kenntnisse über ihren Bau und ihre Wartung gehen allmählich verloren, da die erste Generation ausgebildeter Aquanauten alt wird und es keine Nachfolger gibt. Die Vereinigten Staaten haben enorme Mengen Geld, Know-how und Arbeit in die Ausbildung von Aquanauten gesteckt und waren auf dem Gebiet führend, aber inzwischen haben tiefseetauchfähige Kapseln die Planungen stationärer Bauten am Meeresboden verdrängt. Die Aquanauten und ihre Abenteuer laufen Gefahr, in Vergessenheit zu geraten. Sie fielen nicht zuletzt dem Umstand zum Opfer, dass Gelder und Arbeitskraft in die Weltraumtechnologie umgeleitet wurden. Es ging nicht nur darum, als Erster einen Menschen auf den Mond zu schicken, sondern auch um die Aussichten, die diese Technologie der Industrie und der Menschheit im Allgemeinen versprach. Wie es ein ehemaliger Aquanaut formulierte: »Die Leute hielten die Rückseite des Mondes für viel interessanter als den Grund des Meeres.«

Auf der Suche nach Aquanauten begab ich mich nach Amerika.

In Panama City an der Golfküste von Florida unterhalten die Vereinigten Staaten ihr Navy Diving and Salvage Training Center. Es ist ein hochmoderner Gebäudekomplex mit einer Lobby, die genauso gut zu einer exklusiven Privatklinik gehören könnte. Das NDSTC teilt sich den Stützpunkt mit der Experimental Diving Unit, der Nachfolgerin der alten »Gun Factory« in Washington, in der George Bond seine ersten Versuche für das Genesis-Projekt unternahm. Zielstrebig laufen Marineoffiziere und Matrosen in schnittigen Uniformen über das Gelände, an den Ziegelwänden hängen polierte Messingtafeln und Fotos, mit denen der Schiffe und Leute auf ihren Einsätzen rund um die Welt gedacht wird. In der Lobby findet sich eine kleine Ausstellung mit lebensgroßen

Puppen, die verschiedene Arten von Tauchanzügen tragen. Die meisten Militärtaucher werden heute hier ausgebildet, und ein Teil von ihnen wird in die SEALs, die Eliteteams für Einsätze auf See und an Land, aufgenommen werden, die auf verdeckte Operationen spezialisiert sind. Vorläufer der SEALs waren die Underwater Demolition Teams. Die Anfänge der UDTs gehen auf das Jahr 1942 zurück, als eine kleine Taucheinheit gebildet wurde, mit deren Hilfe Schiffe, die beim Angriff auf Pearl Harbour gesunken waren, geräumt und vom Meeresgrund gehoben werden sollten. Seit dieser Zeit sind sie mit ihren Trainingsmethoden und ihrem Können führend auf dem Gebiet des Tauchens.

In den Tagen des Helmtauchens wurden die Sicherheitsstufen für die Dekompression üblicherweise in Schritten von drei Metern oder zehn Fuß gemessen, und der letzte Stopp auf einem Tauchgang wurde immer drei Meter (also zehn Fuß) unterhalb der Wasseroberfläche eingelegt. Auf der gegenüberliegenden Seite der Hauptstraße, die am Eingang der Tauchschule vorbeiführt, befindet sich eine kleine Kneipe namens »Ten Foot Stop«. In diese Kneipe kommen die Tauchschüler an ihren freien Abenden, sie ist aber auch die Stammkneipe vieler ehemaliger Marineleute, die hier Geschichten aus ihrer Vergangenheit zum Besten geben. Die Wände sind wie die der Lobby auf der anderen Straßenseite geschmückt, allerdings mit weniger offiziellen Erinnerungsfotos von Tauchern, die mit Erfolg die harten Trainingskurse auf dem Stützpunkt absolviert haben.

Die Klänge von Country- und Westernmusik, die aus einer Musikbox kamen, erinnerten mich an eine Redensart in Florida: Je weiter man nach Norden geht, desto weiter gelangt man in den Süden. In gewisser Hinsicht trifft das auch zu. Panama City liegt auf dem schmalen Landstreifen am Golf von Mexiko, der einige Kilometer landeinwärts auf die Grenze zu Alabama stößt. Die Stadt ist Alabama und den beiden anderen Nachbarstaaten Louisiana und Mississippi sowohl geographisch als auch kulturell näher als den touristischen Anziehungspunkten und multikulturellen Schmelztiegeln Miami und Disneyland. Und wie zur Bestätigung dieses Umstands liegt dieser Landstreifen in einer anderen Zeitzone als das übrige Florida – hier gehen die Uhren gegenüber dem übrigen Florida eine Stunde nach.

Das »Ten Foot Stop« ist düster, nur durch die kleinen kupfereingefassten Bullaugen in den Schwingtüren am Eingang dringt natürliches Licht. Sämtliche Gäste haben Tätowierungen auf den Oberarmen, und abgesehen von der Musikbox besteht die einzige Unterhaltung in einem Shuffleboard, einem amerikanischen Brettspiel. Auf einem Schild am Rand des Spielbretts war zu lesen: »Streuen Sie kein Salz auf das Brett, die Geschäftsleitung gibt Ihnen gerne Wachs.« Die Worte waren unter der Salzschicht gerade noch zu lesen. Hier herrscht ein kumpelhafter, ein wenig rauer Umgangston, es ist die Art von Lokal, in der leicht eine Schlägerei ausbrechen kann, wenn den Gästen die Nase des neu Eingetretenen nicht passt. Nun, ich war glücklicherweise in Begleitung eines Freundes, der offensichtlich die richtige Nase und den richtigen Tonfall hatte; darüber hinaus war er früher bei der Marine gewesen. Mit seiner Hilfe kam das Gespräch bald aufs Tauchen. Einer der anwesenden Taucher erklärte mir, als er meiner Unkenntnis der besonderen Lebensumstände in Florida gewahr wurde, dass in diesem Teil Amerikas mehr unidentifizierte Flugobjekte gesichtet würden als irgendwo sonst. Da ich offenkundig in Sachen UFOs weniger bewandert war als die Einwohner von Panama City, fragte er mich, ob ich an »Aliens« glaubte. Diese Bar erschien mir nicht der richtige Ort zu sein, öffentlich Zweifel an den in diesem Landstrich herrschenden Grundüberzeugungen zu bekunden.

»Nun, ja«, stammelte ich. »Ich bin mir sicher, dass es Dinge da draußen gibt, die wir nicht ganz verstehen.«

Ich hoffte, dass das annähernd wie eine Zustimmung klang, aber mein Gesprächspartner ließ nicht locker. Er spürte wohl meine Skepsis.

»Sieht man in England viele UFOs?«

»Äh, also, da, wo ich wohne, ich meine, in London, da sieht man nicht so viele, die Lichter der Stadt sind zu hell.«

»Aha.« Nun schlug er einen verschwörerischen Ton an. »Waren Sie schon mal in Ägypten?«

»O ja, in Ägypten war ich schon.«

»Und? Was halten Sie von den Ägyptern?«

»Freundliche Leute.« Ich hoffte, meine Antwort war vage genug gehalten, dass sie dem, was immer auch folgen sollte, nicht widersprach.

»Stimmt. Aber erzählen Sie mir nicht, dass die Jungs dort genug Leute zusammentrommeln konnten, um die Pyramiden zu bauen. Na, sagen Sie schon, Sie sind doch ein bisschen rumgekommen – das können doch nur Aliens gewesen sein. Stimmt's, oder hab ich Recht?«

An einem Ort wie dem »Ten Foot Stop« sollte man sich wohl nicht zu ausführlich über die Verdienste alter Kulturen und ihre Entstehung auslassen, daher brachte ich das Gespräch schnell wieder aufs Tauchen. Das ist ein Thema, zu dem es in Panama City schließlich viele Experten gibt.

Der Mann, den ich hier treffen wollte, arbeitete ein paar hundert Meter vom Ten Foot Stop entfernt. Die Experimental Diving Unit liegt in einem kleinen Gebäude nahe der Marine-Trainingsschule und ist die wichtigste Versuchseinrichtung für Tauchausrüstungen; und dort führt man auch physiologische Untersuchungen an Militärtauchern durch. Ich traf Bob Barth in seinem kleinen Büro im Erdgeschoss. Mit seinen fast 70 Jahren war der ehemalige Marine-Quartiermeister noch immer ein Bulle von einem Mann mit einem Griff wie Stahl und einem schelmischen Blinzeln in den Augen. »Ich hab noch keine Lust, in den Ruhestand zu gehen«, erzählte er mir. »Das würde zu viele Leute hier glücklich machen.«

Bob Barth ist der erfahrenste Aquanaut der Welt, und jeder, der irgendwann einmal mit Habitatexperimenten zu tun hatte, kennt ihn. Umgeben von Akten und Fotos aus Sealab-Zeiten ist Barth heute für die Öffentlichkeitsarbeit der EDU zuständig und organisiert die Jahrestreffen der ehemaligen Habitat-Taucher. In seinen Zuständigkeitsbereich fällt auch die Untersuchung von

Tauchunfällen. In einer Ecke des Durcheinanders, das er sein Büro nannte, lag ein Haufen übereinander geworfener Teile von Tauchausrüstungen. An den einzelnen Teilen hingen weiße Zettel, wie Gepäckanhänger, auf denen verzeichnet war, wo die Stücke herkamen und wem sie gehörten. »Diese Geräte hier stammen von ein paar Höhlentauchern, die letzte Woche verunglückt sind«, erklärte Barth und fügte mit einigem Galgenhumor hinzu: »Doch, das muss man sagen, Höhlentaucher gehören zu unseren besten Kunden.«

Hinter Bob Barth' polterndem Auftreten verbirgt sich ein im Grunde zurückhaltender Mensch, und ich musste einige Überredungskunst aufbieten, um ihn dazu zu bringen, über seine Rolle im Genesis-Projekt zu sprechen. Er war von Anfang an an den Experimenten Bonds beteiligt gewesen. 1954, damals ein sportlicher junger Matrose, hatte er an der US Navy Swimmers' School in Key West seinen Abschluss gemacht und lernte Bond kennen, als dieser als befehlshabender Offizier an der Unterseeboot-Medizinschule und er selbst auf dem U-Boot-Stützpunkt in Connecticut stationiert war. Barth war Ausbilder und arbeitete im Rettungs-Trainingstank, einem Furcht einflößenden, mehr als 30 Meter hohen vertikalen Turm. Hier übten Unterseebootsleute, wie sie aus der Tiefe freitauchend an die Oberfläche kommen konnten. Bond war im und unter Wasser ganz in seinem Element, und er war mit allen Rettungstechniken vertraut. 1959, im Alter von 35 Jahren, stellte er einen Rekord auf, als er ohne Atemgerät aus einem Unterseeboot in einer Tiefe von 98 Metern aufstieg.

Barth erinnerte sich, wie Bond 1961 auf dem Stützpunkt mit einem »Haufen Ziegen ankam, die er in eine überzählige Druckkammer steckte«. Bond erzählte Barth, er wolle Versuche unternehmen, die es dem Menschen eines Tages ermöglichen würden, auf dem Meeresboden zu leben. Barth war von dieser Idee sofort gefesselt. Der Arzt ließ Barth an die Medizinschule versetzen, und von da an assistierte ihm dieser bei seinen Dekompressionsversuchen an Labortieren. Zu seinen Pflichten gehörte unter anderem, die Ziegen an der Leine über das Gelände des U-Boot-Stützpunktes zu führen, damit sie ihren Auslauf bekamen. »Sie können sich ja denken, welche Kommentare ich mir von den Männern hier am Stützpunkt anhören musste, von wegen, was ich mit den Tieren sonst noch so anstelle.« Barth grinste verlegen. Bei den Laborversuchen zeigte sich auch, dass Ziegen einfallsreicher sind, als man ihnen auf den ersten Blick zutrauen würde.

Bei vielen der Genesis-Versuche setzte man größere Tiere wie Ziegen und Hunde in einer Druckkammer langsam steigendem Druck aus und beobachtete ihre Reaktionen. Wenn ein Tier Zeichen des Unwohlseins zeigte, wurde der Druck wieder gesenkt. So wie vor ihm schon J. S. Haldane, der Urgroßvater der Dekompressionsforschung, stellte auch Bond fest, dass das Problem bei Ziegen darin besteht, dass sie im Grunde nicht besonders kommunikativ sind. Während eines Genesis-Versuchs wurde nun beobachtet, dass eine namenlos gebliebene Ziege immer einen ihrer Vorderläufe in die Luft streckte, wenn sie Schmerz verspürte. In diesem Fall wurde sofort der Druck in entsprechendem Maße verringert. Zumindest so lange, bis sich gewisse Widersprüche in die Ergebnisse einschlichen und der Verantwortliche für die Druckkammern beschloss, einen Test zu machen. Statt den Druck in der Kammer zu erhöhen, öffnete er an einem Tag nur die Ventile, was normalerweise anzeigte, dass der Luftstrom nun stärker wurde. Und dann wartete er. Tatsächlich, die Ziege ließ nach dem Klicken der Ventile eine schickliche Zeit verstreichen, und dann hob sie in Erwartung des Futters, das sie nach Beendigung der Sitzung in der Kammer immer erhielt, ihr Bein.

Große Teile der Arbeit auf dem U-Boot-Stützpunkt wurden im Stillen ausgeführt, und es darf wohl behauptet werden, dass die US Navy nicht in allen Einzelheiten wusste, womit sich Bond und sein Team beschäftigten. Das Genesis-Team hielt eine der ältesten Traditionen in der Geschichte des Militärs aufrecht, als es sich zur Gewohnheit machte, den größten Teil der Ausrüstung und der Vorräte, die es für seine Experimente brauchte, beiseite zu schaffen oder anders gesagt: zu klauen.

Bond und sein kleines Team waren zunächst der medizinischen

Abteilung der Tauchforschungsgruppe unterstellt. Diese kümmerte sich vornehmlich um Fragen der Sicherheit von U-Boot-Mannschaften, die möglicherweise unter erhöhtem atmosphärischen Druck arbeiten oder sich aus großen Tiefen aus einem U-Boot retten mussten. Im April 1963 erhielt das Interesse der offiziellen Stellen an einer wissenschaftlichen Untersuchung der Schwierigkeiten, die Arbeiten in extremen Tiefen entgegenstanden, unvermittelt einen entscheidenden Schub. 129 Männer starben, als die USS *Tresher*, das modernste U-Boot der US Navy, mit der gesamten Mannschaft an Boot sank. Obwohl die genaue Position des U-Bootes auf dem Meeresboden ausgemacht und es sogar von einer Bathysphäre aus fotografiert werden konnte, erwies es sich als unmöglich, das Wrack zu heben. Die *Tresher* war über 2 000 Meter tief gesunken, was vermutlich auf ein Zusammentreffen unglücklicher Umstände und ungewöhnlicher Wassertemperaturen zurückzuführen war, die einen erheblichen Verlust an Schwimmkraft verursacht hatten. Der Schiffskörper konnte dem Druck bis in eine Tiefe von 600 Metern widerstehen, wurde dann aber völlig zusammengequetscht, als das Boot noch tiefer sank. Zuletzt war das U-Boot nicht mehr als ein Haufen verbogenen Metalls. Plötzlich hatten die Technologien und Verfahren, die zur Bergung eines Wracks aus großen Tiefen nötig waren, für die Navy oberste Priorität.

Im Juli 1964 wählte man Hauptquartiermeister Bob Barth zusammen mit zwei anderen Männern dafür aus, das erste US-Navy-Habitat im offenen Meer zu bewohnen. Er hatte sich seine Meriten bei der Versorgung der Ziegen erworben und anschließend Trockentauchübungen in den Drucktanks auf dem U-Boot-Stützpunkt durchgeführt. Nun war die Zeit gekommen, ein Habitat auf dem Meeresgrund einzurichten. Das Zuhause der Aquanauten sollte das wie eine Weltraumrakete geformte Sealab werden. Barth und die beiden anderen Matrosen würden darin elf Tage in einer Tiefe von 59 Metern vor der Küste der Bermudas verbringen. Trotz einer Reihe technischer Kinderkrankheiten und der wegen einer Hurrikanwarnung verkürzten Dauer der Mission bewies Sealab, dass Menschen über einen längeren Zeitraum hinweg problemlos und ohne Schäden davonzutragen, in der Meerestiefe leben und arbeiten konnten. Anders als die Männer in der Hauptphase des französischen Conshelf-Experiments atmeten die Sealab-Taucher keine Druckluft, sondern ein Gasgemisch, und sie blieben länger und tiefer als irgendein Mensch zuvor im Wasser. Man wusste damals zwar schon, dass der Mensch Helium und Sauerstoff atmen kann, aber der letzte Beweis, dass eine Sättigung mit diesen Gasen in der Tiefe und unter erhöhtem Druck auf den ganzen Körper keine Schädigungen verursachte, wurde erst mit Sealab erbracht.

Nachdem man es von den Bermudas zurück nach Panama City geschafft hatte, entkernte man das Sealab und ließ es dann vor sich hin rosten, bis man es schließlich im Meer versenkte. Fast 20 Jahre nach seinem ersten historischen Tauchgang holte man es wieder an die Wasseroberfläche, scheuerte es blank und übergab es dem Museum of Man in the Sea, das sich ein paar Kilometer von Barth' Büro entfernt in Panama City befindet. Das mit roter Schiffsfarbe angestrichene Skelett des Sealab steht auf dem Parkplatz des Museums an der Straße, weitgehend unbeachtet von den vorbeifahrenden Autofahrern. Als ich hineingeklettert war, fand ich mich in einem Kaninchenstall wieder, der mit Drahtschläuchen, Metallhalterungen zur Befestigung der Ausrüstung und herunterklappbaren Kojen aus Stahl ausgestattet war. Es ist inzwischen 40 Jahre her, dass das Sealab auf die Bermudas verschifft wurde, und heute ist es kaum mehr als eine leere Hülle, aber als ich es mir bemannt und mit sämtlichen Apparaturen vorstellte, konnte ich doch nachempfinden, wie es gewesen sein musste, in dieser Metallröhre im Meer versenkt zu werden. Bob Barth behauptet, das Erlebnis sei nicht klaustrophobisch gewesen. »Um Gottes willen, nein«, sagte er. »Man steckte da unten ja nicht in dieser kleinen Kiste fest, sondern konnte sie ohne weiteres verlassen. Wir haben einfach unseren Tauchanzug angezogen und sind durch das Loch im Boden raus. Die Leute, die nach Öl bohren, und die Jungs vom Militär gehen heutzutage ja einfach in einer Kapsel runter, machen ihre Arbeit, und dann kommen sie wieder hoch. Habitate sind was anderes, die sind eher wie ein Wohnwagen. Man bringt sie dorthin, wo man sie haben will, parkt sie, und dann lebt man drin.«

Ich fragte ihn, ob man es sich nicht leichter hätte machen können, statt ein großes, klobiges Metallhabitat auf den Meeresgrund zu schaffen und es dann von der Wasseroberfläche aus zu versorgen. »Ach, wissen Sie«, grinste Barth«, »wie oft hört man von Leuten, die den Grand Canyon erkunden wollen und auf dem Rücken eines Esels runterreiten. Warum sollte man das tun? Warum geht man nicht einfach runter, schlägt dort sein Zelt auf und bleibt so lange da, bis man alles gesehen hat, was man sehen will? Ich weiß jedenfalls, was ich lieber täte.«

Die Männer der ersten Aquanauten-Crews vertrauten den wissenschaftlichen Daten von Dr. Bond und erbrachten schließlich den Beweis für deren Gültigkeit. Wie die Astronauten betraten sie eine Welt, in der sie nicht überleben konnten, wenn sie nicht ihren eigenen abgeschotteten Lebensraum mit sich führten. Und wie die Astronauten gewannen auch sie eine neue Perspektive auf die Erde, und viele engagierten sich in der Folge für den Schutz und die Rettung der Umwelt. Scott Carpenter, ein Astronaut, der 1962 die Erde in der *Aurora 7* umkreist hatte, wurde zum Teamleiter von Sealab II ernannt. Er war der erste Mensch, der sowohl in der Tiefe des Weltalls als auch in der Tiefe des Meeres gelebt hatte. Er erklärte damals, dass er sich für das Meeresforschungsprogramm interessierte, weil es auf Dauer für die Menschheit wichtiger sei, den Meeresboden zu kolonisieren, als von einem Leben auf einem anderen Planeten zu träumen.

Doch die Idee des Aquanautentums übte auf die Vorstellungskraft des Menschen keine so große Anziehungskraft aus wie die, ein Astronaut zu sein. Ich fragte Bob Barth, ob er glaube, dass die Astronauten ihnen damals ihren Ruhm gestohlen hätten. »Wissen Sie, was die NASA mit ihrem Weltraumprogramm auf die Beine gestellt hat, war eine tolle Sache«, antwortete er. »Ich bin stolz auf das, was wir dort oben erreicht haben. Mir tut es nur Leid, dass man *uns* nicht mehr Geld zur Verfügung stellte. Wir sollten viel mehr als bisher über das Meer nachdenken.«

Vielleicht wirkt es weniger verführerisch, unter Wasser zu sein, als zu fliegen.

»Da ist ganz sicher was dran. Filme, Fernsehen, Bücher – damals ging es überall um das Weltraumprogramm und die Piloten, die sich an den Astronautenprogrammen beteiligten. Es war für uns alle etwas ganz Neues, und ich war wie jeder in diesem Land von den Astronauten fasziniert.«

Es ärgerte ihn, gibt er zu, dass Aquanauten so wenig Publicity bekommen haben, verstummt dann aber einen Moment, als sei ihm unwohl bei dem Gedanken, das System zu kritisieren. »Es fuchst mich immer noch, klar, besonders, wenn man selbst an einem Programm beteiligt war, das kaum Geld und Anerkennung bekommen hat. Komischerweise interessiert man sich heute mehr für Sealab als damals, als wir damit im Meer waren. Vielleicht liegt das daran, dass wir so viel Abfall ins Meer gekippt haben. Und jetzt fängt man an, sich deswegen Sorgen zu machen.«

Wie für viele Militärs dieser Generation hat auch für Barth das, was er und die anderen Aquanauten leisteten, wenig mit Mut zu tun.

»Waren wir mutig?«, Barth zuckte die Achseln. »Man muss kein Geistesriese sein, um die Prinzipien des Sättigungsprozesses zu verstehen ... dadurch ist es einem möglich, runterzugehen und auf dem Meeresgrund zu bleiben. Für einen Taucher war es dasselbe, wie wenn man einen Piloten fragt, ob er von einem Propellerflugzeug auf einen Jet umsteigen möchte und dann Astronaut werden will. Jeden Taucher wird die Vorstellung reizen, auf dem Meeresboden zu leben.«

Dem ersten Sealab-Experiment vor den Bermudas folgte ein Jahr später ein weiteres Experiment, dieses Mal näher am Zuhause der Aquanauten. Das Sealab sollte in knapp 70 Meter Wassertiefe auf dem Meeresboden vor La Jolla in Kalifornien stationiert werden. Dort herrschten ideale Bedingungen, um die Möglichkeiten zur Erforschung des Kontinentalschelfs der Vereinigten Staaten auszuloten. Das Sealab II war eine völlig neue Konstruktion und im Vergleich zu seinen Vorgängern größer und komfortabler. Bei diesem Versuch konzentrierte man sich stärker auf die körperlichen und seelischen Erschöpfungszustände, die ein längerer Sättigungstauchgang für den Taucher mit sich brachte. Die Tage der Aquanauten waren durch die harte körperliche Arbeit und die hohe Luftfeuchtigkeit in dem Metallhabitat sehr anstrengend. Bond notierte in seinem Tagebuch, die Aquanauten »bewegten sich wie Schatten und mussten sich nach jeder Mahlzeit hinlegen«.

Als eines der größten Probleme erwies es sich, die erforderliche Wärme in einem Habitat zu halten. Heizungen und warme Tauchanzüge waren lebenswichtig. Zur Reinigung der Luft wurde das Kohlendioxid aus dem Habitat »herausgewaschen«, was mit Hilfe des bewährten Natronkarbonats geschah, dessen alkaline Eigenschaften das saure Kohlendioxid neutralisieren – als Nebenprodukt dieses chemischen Vorgangs entsteht Wärme. Auf langen Sättigungstauchgängen war es für das Wohlbefinden der Aquanauten wichtig, dass Luft und Böden geheizt wurden. Die psychologischen Auswirkungen des Zusammenlebens mit anderen Menschen auf so beengtem Raum schufen ein weites Feld für Forschungen. Die Sealab-II-Mission war auf 30 Tage angelegt. Drei Teams mit jeweils zehn Aquanauten sollten sich daran beteiligen, von denen allerdings nur einer, der Missionsleiter Scott Carpenter, ohne Unterbrechung für die gesamte Dauer unten blieb. An Sealab II waren mehr Menschen beteiligt als an Sealab I, und es standen sehr viel mehr Mittel zur Verfügung. Die Aquanauten mussten täglich eine Reihe mehrstündiger Versuche durchführen. Später errechnete Bond, dass sich die unter Wasser ausgeführte Arbeit in Sealab II auf 450 Manntage belief und eine halbe Million Einzeldaten im Rahmen der Untersuchungen in den Bereichen Biologie, Kommunikation und Technik gewonnen wurden. Die Männer hatten, anders als die französischen Ozeanauten in der Conshelf, nicht zwei Papageien dabei; sie wurden von einem nützlicheren Tier begleitet – einem Delphin namens Tuffy. Der Delphin war darauf abgerichtet, den Tauchern Gegenstände aus den Händen zu nehmen oder welche zu bringen, und er konnte sie warnen, wenn Haie in der Nähe waren.

Als sich im September 1965 das zweite Habitat der US Navy vor der Küste Kaliforniens dem Ende seiner Mission näherte, ging 10 000 Kilometer entfernt im Mittelmeer Jacques Cousteaus drittes Habitat in Betrieb. Die Aquanauten beider Habitate nahmen sogar einmal Kontakt miteinander auf, auch wenn eine echte Kommunikation wegen der Wirkung des Heliums auf die Stimmbänder so gut wie unmöglich war. Sealab II konnte aber noch eine andere »Erstverbindung« herstellen, als ein kurzer Austausch mit Astronauten stattfand, die sich an Bord der Raumkapsel *Gemini V* in der Erdumlaufbahn bewegten. Wieder war es Scott Carpenter, dem die Ehre zuteil wurde, den ersten Gesprächskontakt zwischen Meeresboden und Weltall aufzunehmen, als er mit dem Astronauten Gordon Cooper sprach.

Nach dem erfolgreichen Abschluss der zweiten Sealab-Mission mussten Bond und sein Team fast vier Jahre warten, bevor sie ihre bis dato ehrgeizigste und teuerste Mission in Angriff nehmen konnten. Sie hofften, ein Habitat am Rande des Kontinentalschelfs der Vereinigten Staaten einrichten zu können, das groß genug war, um ein Dutzend Leute in einer Tiefe von 180 Metern zu beherbergen. Bei den weltweit mehr als 30 Habitat-Versuchen, die seit Sealab II unternommen worden waren, hatte noch niemand gewagt, in eine solche Tiefe vorzudringen. Ed Link hatte sich zwar mit dem Projekt Man in the Sea weiter als die meisten anderen vorgewagt, dabei aber nur einen kleinen Schutzraum verwendet, das so genannte SPID *(submerged portable inflatable dwelling)*. Die SPID erreichte im Juni 1964 vor den Bahamas eine Tiefe von 130 Metern. Mit Selab III sollte ein Habitat in einer nochmals um die Hälfte größeren Tiefe errichtet werden.

Für diese Mission hatte man die Gewässer vor der kalifornischen Insel San Clemente ausgewählt. Mitte Februar und nach mehreren Verzögerungen war das Habitat Sealab II seinen neuen Aufgaben entsprechend umgebaut. Wie Bond in seinem Tagebuch anmerkt, führte man noch am Vormittag des 19. Februar die letzten Tests und Berechnungen durch. Die Aquanauten wurden durch Unterwasserkameras überwacht, die an strategischen Punkten des Habitats montiert worden waren. Dann brachte man die Aquanauten in einer Personentransferkapsel, einer Art tauchfähiger Druckkammer, auf dem Schelf in die erforderliche Tiefe. Die Mannschaft bestand aus vier Aquanauten, darunter Bob Barth, mittlerweile Stabsbootsmann, und Berry Cannon, ein ziviler Ingenieur, der schon an Sealab II mitgearbeitet hatte. In einer Tiefe von 200 Metern drangen sie in eine monochrome Welt vor, in der ein gleichmäßiges graues Dämmerlicht herrschte und ihre Körper dem unglaublichen Druck von 20 Atmosphären ausgesetzt waren, fast das Zwanzigfache dessen, dem wir an Land ausgesetzt sind. Die folgenden Ereignisse wurden mittels einer Unterwasserkamera auf Film festgehalten und von George Bond, der das Ganze vom Kontrollzentrum an Bord eines Schiffes aus beobachtete, in seinem Tagebuch beschrieben:

> *Etwa um fünf Uhr schwebte die Personentransferkapsel über dem Meeresboden, in der Nähe des Habitats. Bob Barth und Berry Cannon, die Trockentauchanzüge trugen, um sich warm zu halten, gingen ins Wasser und steckten ihre Verbindungskabel ein. Auf ein Signal hin verließ ich den Kontrollraum und ging zum Range Engineers Office, wo wir mit einer anderen Kamera die Leiter der Taucher im Blick hatten. Es vergingen fast fünf Minuten, und noch immer war nichts von den Tauchern zu sehen. Langsam bekam ich es mit der Angst zu tun, aber ich versuchte, sie zurückzudrängen. Schließlich hatten wir das Ganze oft in entsprechender Tiefe in der Experimental Diving Unit geübt, sagte ich mir. Nur war das hier keine Übung, es war der Ernstfall, und meine Taucher waren zu spät dran. Ich glaube, das war das erste Mal in meinem Leben, dass ich vor Angst wie erstarrt war. Dann kam Bob Barth, die Nr. 1, zu der Leiter geschwommen, und ich beruhigte mich wieder etwas. Er war allein und kletterte die Leiter hoch, um die*

*Luke aufzumachen, aber die Klappe gab nicht nach. Ohne weiter Zeit zu verschwenden, schwamm er aus dem Aufnahmebereich der Kamera und holte eine Brechstange. Von Berry war immer noch nichts zu sehen, und die Angst kam wieder, nur dieses Mal noch viel stärker. Ich bin mir nicht mehr sicher, aber ich glaube, ich habe ganz laut gesagt: »Verdammt noch mal! Wo ist denn Berry?«*

*Keiner sagte was. Nach wenigen Sekunden sahen wir auf dem Bildschirm eine riesige Schlickwolke, und unsere Befürchtungen wurden zu schrecklicher Gewissheit. Kein erfahrener Taucher bewegt sich so schnell, dass er so viel Sedimente aufwirbelt, es sei denn, er steckt in ernsthaften Schwierigkeiten. Hektisch schwamm Bob durch die Wolke und aus dem Bild der Kamera, und im nächsten Augenblick tauchte er mit Berry in den Armen wieder auf. Er versuchte, Berrys Kopf in die Gastasche des Saums zu halten, aber das funktionierte nicht. Dann versuchte er drei Mal, das Ersatzmundstück in Berrys Mund zu drücken, aber Berry hatte die Zähne in seinem Todeskrampf so fest zusammengepresst, dass er es einfach nicht schaffte. Jetzt drehte sich Bob schnell um und zog Berry in die Personeutransferkapsel.*

*14 Minuten später erreichte uns die Botschaft aus der Kapsel:*

*»Berry Cannon ist tot.«*

*Irgendwie verging die Zeit, und sie versuchten noch sehr lange, Berry wieder zu beleben. 90 Minuten später wurde die Verbindung zur DDC geschlossen, und drei meiner vier Aquanauten kehrten in die Wärme und ins Leben zurück. Der Tag brach an, vielleicht war die Sonne auch schon ganz aufgegangen, aber das interessierte niemanden mehr.*

Dieses Mal war das Sealab-Gebet, das George Bond verfasst und auf jeder Mission gesprochen hatte, nicht erhört worden.

> Beschütze und behüte die tapferen und entschlossenen Männer, die sich diesem Projekt mit Leib und Seele verschrieben haben, in all den vielen Stunden ihres Lebens im Meer. Erleuchte uns, die wir hier oben sind, mit Klugheit, um ihre Arbeit zu überwachen und für ihre Sicherheit zu sorgen, während sie dort unten ihre Pflicht erfüllen.

Untersuchungen ergaben, dass Berry Cannon an einer Kohlendioxidvergiftung gestorben war. Man hatte schlicht vergessen, seine Tauchausrüstung mit dem nötigen chemischen Absorbens zur Reinigung seines Atemgases aufzufüllen. In der Folge dieses tödlichen Unfalls wurde Sealab III aufgegeben, und das Interesse der US Navy an Habitaten erlosch. Trotz der offensichtlichen Vorteile, die Habitate bei bestimmten Operationen, insbesondere bei Bergungsarbeiten im Meer, boten, wurde das Sealab-Programm eingestellt.

Bob Barth erinnert sich an die Ereignisse im Februar 1969 noch so deutlich, als wären sie gestern geschehen. Der tödliche Unfall war eine Tragödie, sicher, aber deswegen das ganze Habitat-Programm aufzugeben war nicht in Ordnung, meinte er. Ich fragte, ob hinter der Beendigung der Versuche noch etwas anderes steckte, das sich nicht auf den ersten Blick erkennen ließ.

»Ich bin ein bisschen empfindlich, was dieses Thema angeht, schließlich war ich derjenige, der bei Cannon war, als er starb«, sagte Barth bedächtig. »Wir haben ihn runter in eine Tiefe von 200 Metern gebracht, und wir haben ihn verloren. Das ist eine traumatische Erfahrung. Die Navy gab das Programm auf und ging dazu über, Sättigungsapparate an Bord von Schiffen einzurichten. Meiner Meinung nach hätten wir die Habitate nicht aufgeben sollen – die NASA hat das Weltraumprogramm ja schließlich auch nicht gestoppt, als sie damals drei Astronauten verloren hat. Die NASA hatte genau wie wir ein Ziel, und wenn man erst einmal an einem bestimmten Punkt angelangt ist, muss man damit rechnen, dass jemand zu Schaden kommt.«

Noch heute treffen sich die Sealab-Aquanauten einmal im Jahr und reden über die alten Zeiten. Viele von ihnen glauben, dass das Interesse an Unterwasser-Habitaten eines Tages wieder erwachen wird, und sie hoffen, dass es dann noch nicht zu spät sein wird, sich die Erfahrungen jener zunutze zu machen, die vor 30 Jahren an der Erprobung dieser Technologie beteiligt waren. Auch nach der Sealab-Ära gab es noch Unterwasser-Habitate, und mit Unterstützung der amerikanischen Weltraumbehörde NASA wurden ambitionierte Experimente wie die Tektite-Programme durchgeführt. Amerikanische Wissenschaftler, die für das Weltraumprogramm arbeiteten, hatten erkannt, dass die Situation bei Untersuchungen in Unterwasser-Habitaten den Stresserfahrungen und der Anstrengung, denen Astronauten auf langen Weltraumflügen ausgesetzt waren, sehr ähnlich war. In der Folge ging die NASA dazu über, Astronauten zur Vorbereitung auf die Schwerelosigkeit im Weltraum in ihren Raumanzügen in einen Tank unter Wasser zu schicken. Auch in der Sowjetunion wurden Kosmonauten im Weltraum-Trainingscenter »Sternstadt« unter Wasser gebracht.

Nach der Aufgabe von Sealab III waren Unterwasser-Habitate nicht mehr das alleinige Reich der Militärtaucher, sondern wurden von Meeresbiologen in Besitz genommen, was zur Folge hatte, dass dafür noch weniger Geld zur Verfügung gestellt wurde. Nur manchmal noch geriet ein Habitat in das Blickfeld der Öffentlichkeit, wie das amerikanische Tektite II mit der ersten groß angelegten Unterwassermission eines Teams von weiblichen Aquanauten im Jahre 1970. Der eigentliche Traum George Bonds von einem Leben auf dem Meeresgrund ging jedoch nicht in Erfüllung. Er schrieb zwei Jahre nach Beendigung des Sealab-Programms in einem Brief: »Der In-situ-Gebrauch eines Habitats wird ganz gewiss einmal unmittelbare Anwendung auf den Gebieten Meeresbiologie, Meeresgeologie, Ozeanklimatologie, Unterwasserbergbau und Unterwasserbauarbeiten finden, um nur einige der Bereiche zu nennen, denen mit solchen Einrichtungen sehr gedient wäre.« Bond war fest davon überzeugt, dass der Rückzug der US Navy aus der Unterwasser-Habitatforschung kein kluger Schritt gewesen war, und er beschrieb diese Entscheidung als »unglücklich, da doch mindestens zehn wichtige Nationen ihre Habitatprogramme fortsetzen, und sie alle verwenden die von uns gewonnenen Basisdaten, die wir ihnen uneingeschränkt zur Verfügung gestellt haben«.

Auf der ganzen Welt hat die Technologie für bewegliche Tieftauchsysteme die militärische Habitatforschung ersetzt. Heute kann ein Mensch in einer Druckkammer in eine Meerestiefe von 600 Metern geschickt werden und sie verlassen, um seine Arbeiten auszuführen. In Trockenkammerversuchen sind Menschen sogar noch höherem Druck ausgesetzt worden, allerdings sind die logistischen und physiologischen Risiken solcher Tauchgänge äußerst hoch. In noch größeren Tiefen erleidet der Mensch schwere Anfälle, die als Hochdrucknervensyndrom bezeichnet werden. Diesem Problem durch eine Anpassung der Atemgasmischung entgegenzuwirken wird mit zunehmender Tiefe immer schwieriger, auch weil kein Taucher auf solche Feinabstimmungen genauso reagiert wie ein anderer. Ein weiteres Problem besteht darin, dass die genauen biologischen Ursachen der körperlichen Reaktionen infolge extrem hohen Drucks noch nicht klar sind. Man weiß nur, dass das Verhalten der Gasmoleküle unter entsprechend hohem Druck die zentralen chemischen Vorgänge beeinflusst, die im menschlichen Gehirn stattfinden. Dazu kommt, dass sich der auf das Gewebe ausgeübte physikalische Druck auch auf die Nervenfasern auswirkt und Symptome hervorruft, die von Zittern bis zu sensorischen Schäden reichen und sich nicht ohne weiteres wieder zurückbilden lassen.

In zunehmendem Maße lässt man solche gefährlichen Arbeiten in großen Tiefen von Robotern ausführen. Ein menschlicher Taucher muss sich nach einem Tauchgang in nur 300 Meter Tiefe immerhin für zehn Tage in die Dekompressionskammer begeben – wenn alles gut geht. Dennoch spielt das Training für Extrem-Tieftauchen in den Marineeinheiten auf der ganzen Welt weiterhin eine Rolle. Auch bei der EDU in Panama City läuft noch immer ein Programm, das Taucher auf die Arbeit von Tieftauchkammern aus vorbereitet, die von Bord eines Schiffes ins Meer gesenkt und wieder hochgeholt werden können. Die meisten Mittel, die zum Teil auch von der Öl- und Gasindustrie kommen, gehen allerdings in die Entwicklung der praktischeren Mini-U-Boote. Solche Vehikel können alle möglichen Arbeiten am Meeresboden ausführen, angefangen bei Bohrungen bis hin zur Hebung von Relikten aus der *Titanic*, und sie können in größere Tiefen gehen, als es ein frei schwimmender Mensch jemals schaffen wird. Infolge immer weiter verfeinerter Telemetrie- und Kontrollsysteme haben sie die Fähigkeiten des Menschen überflüssig gemacht, aber auch das Risiko, das für ihn mit dem Tiefseetauchen verbunden ist.

Unweit von Bob Barth' Büro zeigte man mir große wassergefüllte Tanks, die so genannten »pressure vessel assemblies« beziehungsweise PVAs, in denen sich eine Gruppe von Tauchanfängern bei ersten Tauchübungen abwechselte. Von außen betrachtet, gleichen die PVAs Metalliglus mit dicken Glasfenstern, durch die die Ausbilder das Verhalten der Taucher beobachten konnten. Mit ihren über Verbindungskabel an die Luftversorgung angeschlossenen ultramodernen MK21-Helmen sahen die jungen Männer, vorschriftsgemäß in marineblauen Shorts und T-Shirts, aus wie Marionetten an Schnüren, während sie sich durch die Kammer bewegten. Ich konnte hören, wie die Ausbilder außerhalb des Drucktanks den Tauchern über die Kommunikationssysteme in den Helmen Befehle erteilten. Im Laufe ihres Trainings würden sie die grundlegenden Gasgesetze und Dekompressionsverfahren kennen lernen und schließlich zu den Techniken der Unterwasserbergung kommen. Zum Tauchtraining gehörte aber auch Literatur über George Bonds Forschungen, und möglicherweise erfuhren sie auf diese Weise auch etwas über die Sealab-Experimente. Zu den Abzeichen, die sie nach ihrem erfolgreichen Abschluss der Tauchschule der Navy erhalten, gehören allerdings nicht die Insignien eines Aquanauten.

Ich finde die Vorstellung, unter Wasser zu schlafen, faszinierend. Manchmal überkommt mich beim Tauchen das Bedürfnis, einfach die Augen zu schließen und mich in die Welt der Träume driften zu lassen. Dann scheint es mir, als gäbe es keinen anheimelnderen Ort als das Meer; aber natürlich liegen die vielen praktischen Einwände gegen ein solches Verhalten auf der Hand. Könnte man unter Wasser in einer bestimmten Lage bleiben, und wäre man mit genügend Luft versorgt, dann müsste das so sein, wie unter freiem Himmel im afrikanischen Busch zu schlafen. Unbedeckt und ungeschützt, eingehüllt nur von der allumfassenden Natur, wäre ich allem ausgesetzt, was die Nacht bringen mag. Angesichts der Gefahren, die überall um mich herum lauerten, während ich schliefe, würden primitive Instinkte wachgerufen, ich würde eine Intensität der Erfahrung spüren, die uns in unseren Betten daheim verwehrt bleibt. Getragen von der Strömung, würde ich daliegen wie ein Kind, das sich ganz der Obhut seiner wachsamen Eltern überlässt.

In einer kleinen Lagune in den Florida Keys gibt es ein Unterwasserhotel. Es ist das einzige Hotel dieser Art auf der ganzen Welt, und ich wurde darauf durch eine Anzeige aufmerksam, die den zukünftigen Aquanauten zum »Tauchen, Tafeln und Träumen in fünf Faden Tiefe« einlud.

»Jules' Undersea Lodge« ist ein frei stehendes Bauwerk in acht Meter Tiefe, das über Schläuche, die in das Dach führen, mit Druckluft von der Wasseroberfläche versorgt wird. Der Druck der Luft ist etwas höher als der des umgebenden Wassers, sodass man im Boden eine Öffnung lassen konnte, die als Flüssigtür zum Grund der Lagune genutzt wird. Solange der Luftdruck aufrechterhalten wird, bleibt das Innere trocken. In dieses Hotel gelangt man nur, indem man hineintaucht.

Beim Hinunterschwimmen sah ich das Hotel langsam aus dem Dämmerlicht hervortreten, eine gespenstische weiße Kiste, die am ehesten mit einem umgedrehten Kahn zu vergleichen war. Als ich näher kam, konnte ich zwei große runde Fenster ausmachen, die von innen erhellt wurden und in dem trüben Wasser leuchteten wie die Augen eines riesigen Meeresinsekts.

Um in das Hotel zu kommen, musste man zwischen seinen Stelzen hindurch auf die Unterseite und dann zum »Moon Pool«, der Flüssigtür, schwimmen. Nach dem Auftauchen fand man sich auf einem Metallgitter wieder, das als Eingangstreppe in das Habitat diente. Das Innere war mit Luft gefüllt, und ich konnte ganz normal, ohne Atemgerät atmen – ich wusste, dass ich noch unter Wasser war, merkte es aber nicht. Nachdem ich aus dem Moon Pool geklettert war, befand ich mich im »Nassraum«, der in der Mitte des Hotels lag und in dem die Tauchausrüstungen aufbewahrt wurden. Von dort aus führten runde Luken in die »Schlafzimmer« und in einen Raum, der als Lounge und Speisesaal genutzt wurde.

Jules' Undersea Lodge ist ein umgewandeltes Forschungshabitat, das nach Florida transportiert wurde, nachdem es einige Jahre in den Gewässern vor Puerto Rico seine Dienste getan hatte. Damals, in den frühen 1970er Jahren, hieß es noch La Chalupa, das spanische Wort für ein kleines Kanu. Drei Jahre lang diente es Meeresbiologen als Habitat zur Beobachtung der der Insel vorgelagerten Korallenriffe. Dann entfernte man die wissenschaftlichen Geräte und stattete es mit Teppichen und allen möglichen anderen Annehmlichkeiten aus, die gelegentlich sogar frisch gebackene Ehepaare dazu verleiten, dort ihre Hochzeitsnacht zu verbringen, vor allem natürlich jene Paare, die sich schon das Jawort unter Wasser gegeben haben, auch wenn das Hotel selbst diesen Service nicht anbietet. Jedes Zimmer ist mit einer heißen Dusche, einem Mikrowellenherd, einer Stereoanlage und einem Fernseher ausgestattet und ähnelt eher einem luxuriösen Wohnmobil als einem Unterwasserhabitat. Das Abendessen wird von einem »Meereskoch« zubereitet, der mit einem wasserdicht verschlossenen Koffer, in dem sich die Zutaten für die Mahlzeiten befinden, durch den Moon Pool auftaucht. Ich bestellte Filet Mignon, da es mir aus Höflichkeit gegenüber den Fischen um mich herum geboten schien, keinen ihrer Artgenossen zu verspeisen.

Der Reiz eines Aufenthalts in der Undersea Lodge besteht nicht zuletzt darin, dass geübte Taucher zu jeder beliebigen Zeit in ihre Tauchanzüge schlüpfen können, wenn sie Lust haben, die Lagune zu erkunden. In dem Habitat gibt es keine Hotelangestellten, sie kommen nur, wenn sie gerufen werden. Die Privatsphäre bleibt gewahrt, allerdings ist am Moon Pool eine Überwachungskamera installiert, die sicherstellt, dass die Taucher das Habitat ohne Probleme betreten und verlassen. Entsprechend den in einem Habitat geltenden Verhaltensregeln und als Vorsichtsmaßnahme sind die Gäste angewiesen, das Habitat-Kontrollzentrum an der Küste anzufunken, wenn sie ins Wasser gehen. Der für die Zentrale zuständige Mitarbeiter hält dann den Beginn des Tauchgangs fest und kann eine Suchaktion veranlassen, falls die Taucher nicht rechtzeitig zurückkehren sollten.

Die meisten Taucher, die sich im Unterwasserhotel einmieten, reizt das Ungewöhnliche an dieser Erfahrung, und sie wollen in ihr Logbuch einmal einen anderen als die üblichen Tauchplätze eintragen. Für mich bot es die Möglichkeit, wie ein Aquanaut unter Wasser zu leben, die Gelegenheit, mich eine ganze Nacht lang von der Luftwelt zu verabschieden und jederzeit, wenn mir der Sinn danach stand, durch den Moon Pool in die Lagune zu tauchen.

Um Mitternacht legte ich meine Tauchausrüstung an und tauchte unter dem Habitat hervor. Es war dunkel, das Wasser war trüb und der Boden schlammig, und das Ganze erinnerte eher an eine englische Grube als an eine tropische Lagune. An dem einen Ende der Lagune hatte man eine Barriere errichtet, sodass die Taucher nicht in die Fahrrinne für Schiffe, die in die offene See führte, gerieten, aber diese Einschränkung der Bewegungsfreiheit wurde dadurch wettgemacht, dass man nachts allein tauchen konnte. Wann immer ich wollte, konnte ich ins Trockene und war dabei unabhängig von einem Tauchboot oder einer Tauchgruppe, die nur an den Rückweg dachte. Beim Herumschwimmen in der Lagune hörte ich auf einmal Musik, und ich entdeckte eine Unterwasser-Lautsprecheranlage, aus der Musik von einer Kassette aus dem Habitat-Kontrollzentrum kam. Dadurch verlor sich das Gefühl der Isolation, das mich sonst immer in der Dunkelheit unter Wasser überfällt; und hier war es wirklich dunkel. Das Leben in der Lagune ging seinen gewohnten Gang, wie ich mit Hilfe meiner Taschenlampe feststellen konnte. Ohne Eile machten mir Schnapper, Schafskopfbrassen und Papageienfische den Weg frei. Krabben tanzten in Zeitlupe über die Felsen hinter dem Habitat, und ich sah, wie sich ein Barrakuda einen kleinen Kugelfisch schnappte, den das Licht meiner Lampe verwirrt hatte. Die Überreste seines von den scharfen Raubfischzähnen zerfetzten Körpers trudelten langsam nach unten. Die Tiere hier waren ganz mit sich beschäftigt, und ich wandte mich wieder dem Habitat zu.

In 15 Meter Entfernung sah ich den eckigen Lichtkegel, den der Moon Pool unter das Hotel warf. Er sah aus wie eine Laterne im Fenster eines Bauernhauses, die durch die Winternacht leuchtet und ein herzliches Willkommen verheißt. Es zog mich in die Wärme und die Sicherheit meiner Unterwasserbehausung.

Spätnachts. Ich kann nicht schlafen. Das leise Brummen der Luftversorgungsanlage dringt durch die Metallhülle des Habitats. Vor meinem Schlafzimmer plätschert das Wasser im Moon Pool sanft gegen den Rand der Tauchplattform. Es sind beruhigende Geräusche. In meinem Raum ist es vollkommen dunkel, und ich presse mein Gesicht gegen das große Bullauge, das hinaus auf die Lagune geht. Ich kann nichts erkennen, aber dann, als ich meine Lampe gegen das Glas halte, überrasche ich einen Fisch, der an den Algen knabbert, die außen am Glas wachsen. Ich bin zu einem Goldfisch im Glas geworden, der in Luft statt im Wasser gehalten wird, während die Fische zu mir hereinstarren. Es ist warm und sehr feucht im Hotel. Aber nicht das hält mich wach. Ich bin einfach zu aufgeregt, um schlafen zu können. Ich habe ein Zuhause unter Wasser.

Nach dem Frühstück und einem weiteren Tauchgang war es an der Zeit, aus dem Unterwasserhotel auszuchecken. Als ich zur Küste schwamm, sah ich einen einarmigen Mann auf die Lagune zugehen. In seiner einen Hand trug er ein Stück Holz, und er setzte sich auf den Bootssteg, um sich ein Paar Flossen anzuziehen. Sie waren die modernsten ihrer Art, kurze Flügel mit gespaltenem Blatt, die im Wasser den größtmöglichen Schub geben. Er erkundigte sich, ob ich meine Nacht unter Wasser genossen hätte, und erklärte, dass er hinunter zum Habitat wollte, um dort ein paar Reparaturen im Waschraum vorzunehmen. Ich könne ihn begleiten und mit anschauen, wie Hausmeisterarbeiten unter Wasser aussähen. Sein Name war Lance Rennka, und sein Leben kreiste seit 25 Jahren um La Chalupa – zunächst beim Entwurf und dann bei der Instandhaltung. Ich habe nie einen leidenschaftlicheren Verfechter von Unterwasser-Habitaten kennen gelernt.

Gemeinsam schwammen wir zum Hotel hinunter, und ich sah zu, wie er Latten abmaß und Pläne für die Änderungen zeichnete, die er an dem Habitat-Badezimmer vornehmen wollte. Die Chemietoilette sollte durch einen Abfluss mit Pumpe ersetzt werden, durch die sich gewisse Probleme bei der Unterwasserhygiene vermeiden ließen. Alles, was Luft enthält und dem erhöhten Luftdruck im Habitat ausgesetzt ist, dehnt sich aus, wenn es an die Wasseroberfläche gebracht wird, und selbst ein Stück Sperrholz fängt an, wie Limonade zu sprudeln, wenn es die Oberfläche erreicht und die Luft in den Holzfasern entweicht. Die Chemietoilette war im Grunde nichts anderes als eine Plastikkiste und stellte eine Gefahrenquelle ganz eigener Art dar, wenn man sie an der Wasseroberfläche öffnete.

»Selbst wenn man alles, was über Druck und Gasgesetze bekannt ist, rauf- und runterbeten kann«, erklärte Rennka, »weiß man nie, was alles passieren kann, bevor man ein Habitat wirklich errichtet hat und Tag für Tag betreibt. Wir wissen beispielsweise, dass man einen normalen Fernseher hier herunterbringen kann, wenn die Röhre nicht mehr als 43 Zentimeter Durchmesser hat; alles, was größer ist, implodiert ganz einfach. Dasselbe gilt für Computerbildschirme. Und dabei arbeiten wir nur in einer Tiefe von sieben, acht Metern.«

Heißt das, sobald man tiefer geht, erwarten einen viel größere Probleme?

»Wir haben La Chalupa sogar in einer Wassertiefe von 45 Metern betrieben. Man kann alle Probleme lösen, man muss nur daran arbeiten. Ein in ein Hotel umgewandeltes Habitat ist keine besonders komplexe Einrichtung, sicher, aber jede Nacht, in der Leute hier sind, ist eine weitere erfolgreich durchgeführte Mission. Wir machen das jetzt schon seit fast 15 Jahren und erzielen ohne öffentliche Unterstützung Gewinn, dabei verwenden wir nur altmodische Technologien. Heutzutage kann man mit geringeren Mitteln ein Habitat bauen. Unterwasser-Habitate sind einfache Bauten, sie ähneln im Grunde einer umgedrehten Teetasse. Sie stellen eine warme, sichere und trockene Behausung dar, in der man schlafen, sich ausruhen und essen kann. Und man hat unbegrenzt Zeit zur Verfügung, sich die Umgebung anzusehen.«

Ich verbrachte den ganzen Tag mit Lance Rennka. Er hat sich ganz dem Leben und der Arbeit im Meer verschrieben. In seiner Funktion als Leiter der Marine Resources Development Foundation unterrichtet er zusammen mit ein paar anderen Leuten Schulkinder über die Möglichkeiten der Unterwasser-Forschung. Glaubt er, dass dieser Forschung genügend Aufmerksamkeit geschenkt wird?

»Nein, ganz sicher nicht. Die meisten Leute glauben, dass es ein technisch schwieriges Unterfangen ist, unter Wasser zu gehen. Es ist doch verrückt, wie viel Geld für die Weltraumforschung ausgegeben wurde, wenn man überlegt, wie wenig wir hier unten brauchen. Und wir sind so vermessen, die blaue Kugel, auf der wir leben, Erde zu nennen. Da stimmt doch was nicht, wenn man etwas, das zu 75 Prozent aus Wasser besteht, so nennt. Wie viel Geld und Energie in die Idee gesteckt wird, den Mond zu kolonisieren und zum Mars zu fliegen! Das mag ja eine Herausforderung sein, aber eines sollte man doch nicht vergessen – da oben gibt es kein Wasser!«

Lance Rennka lacht gerne. Er ist eine schier unerschöpfliche Quelle an Einfällen, und er liebt es zu provozieren. Er hat so viele Theorien über das Leben und das Universum wie ein Londoner Taxifahrer. Rennka verlor seinen Arm, als man La Chalupa für ihre zweite Mission vor der Küste von Puerto Rico zu Wasser ließ. Während das Habitat ins Meer abgesenkt wurde, wickelte sich ein Stahlkabel um sein linkes Handgelenk und hob ihn in die Luft. Der Arm war zwar schwer verletzt, hätte aber gerettet werden können, wenn nicht eine falsche Behandlung zu Gasbrand geführt hätte. Lance Rennka sagt heute, dass er sein Leben der Tauchtechnologie verdankt, da das virulente Absterben des Gewebes nur durch eine intensive Sauerstoff-Therapie in einer Druckkammer aufgehalten werden konnte. Die Mikroorganismen, die bei Wundverletzungen Gasbrand hervorrufen, gedeihen besonders gut bei niedrigem Sauerstoffgehalt, und umgekehrt kann durch das Einatmen reinen Sauerstoffs unter erhöhtem Druck die Krankheit gestoppt werden. Seit dem Unfall fühlt er sich, als sei ihm ein neues Leben geschenkt worden. »Ich war in einem dunklen Tunnel«, sagte er, »und habe von oben auf meinen Körper hinuntergeguckt, während sie mich operiert haben. Der Tod macht mir keine Angst. Wenn er kommt, werde ich einfach in das nächste Stadium des großen Kreislaufs des Lebens eintreten.«

Gegen Ende des Tages fiel es mir immer schwerer, auf eine von Lances Theorien zu reagieren, so schnell unterbreitete er mir schon wieder eine neue.

»Zellulares Gedächtnis. Das müssen wir in den Griff bekommen. Wissen Sie vielleicht, was Sie alles wissen, ohne es zu wissen?«

Ich spielte in meinem Kopf mit diesem Satz und wiederholte ihn für mich wie eine Rätselfrage, nur um sicherzugehen, dass ich ihn verstand. Aber alles, was mir dazu einfiel, war jener unsägliche Schlager: »Wenn du denkst, du denkst, dann denkst du nur, du denkst ...« Lance war inzwischen richtig in Fahrt gekommen.

»Unser Gewebe und unsere Zellen bestehen aus organischem Material, das einmal etwas oder jemand anderes war. Vielleicht können diese Zellen das, was wir Gedanken nennen, übermitteln und haben etwas in sich, was wir uns unter Gedächtnis vorstellen. Was ist der ›Instinkt‹? Kann das nicht ein Wissen sein, das von früheren Lebewesen weitergegeben wurde? Wir sind alle Teil des Kreislaufs des Lebens und recyceln immer und immer wieder dasselbe Material. Möglicherweise gehen in unseren Körperzellen Dinge vor, von denen wir einfach keine Ahnung haben.«

Und von denen wir möglicherweise auch gar keine Ahnung haben müssen. Vielleicht sind es immer nur Wissenschaftler, die mit einer solchen Vorstellung nichts anfangen können. So pedantisch, wie sie an die Darstellung, Entzifferung und Kategorisierung jeder einzelnen Faser des menschlichen Lebens herangehen, wären sie möglicherweise erstaunt, dass etwas jenseits des Zugriffs ihrer Instrumente bleibt. Viele Menschen dagegen, vielleicht die meisten Menschen, die jemals gelebt haben (und nichts von zellulärer Atomstruktur wussten), würde dagegen die Idee eines »Geistes«, der gleichzeitig innerhalb und außerhalb unserer körperlichen Erscheinungsformen existiert, nicht überraschen. Wie viele Stammeskulturen glauben schließlich daran, dass man die Kraft eines Feindes in sich aufnimmt, wenn man Teile seines Körpers isst, oder gehen davon aus, dass sie der Erde etwas von dem, was sie erjagt haben, zurückgeben müssen?

Wie so viele Taucher, denen ich begegnet bin, glaubt auch Lance Rennka, dass das Tauchen ein regelrechter Jungbrunnen ist. Ich erwähnte, dass viele der Pioniere des Tauchens bis ins hohe Alter aktiv gewesen sind; Männer wie Cousteau und Hass und Frauen wie Dottie Frazier. Für Rennka versteht sich das von selbst.

»Natürlich. Wenn unser Körper im Gleichgewicht ist, werden wir nicht krank. ›Im Gleichgewicht zu sein‹ bedeutet, dass unser Gewebe mit der richtigen Menge an Mineralien versorgt wird, und wo finden sich all diese Mineralien? Drei Mal dürfen Sie raten, im Meer! Ich denke, beim Tauchen im Meerwasser ist es dem Körper möglich, durch die Haut die Mineralien aufzunehmen, die ihn im Gleichgewicht halten.«

Als der Tag sich seinem Ende zuneigte, wechselten wir vom Unterwasser-Habitat in eine Bar. Unermüdlich sprach Lance Rennka weiter. Er machte sich Sorgen darüber, dass die Zahl neuer Taucher, die sich für eine ernsthafte Fortentwicklung der Technologie des Lebens unter Wasser interessierten, verschwindend klein war. »Tauchen ist zu einfach geworden«, erklärte er.

»Aber es tauchen doch weltweit immer mehr Leute, oder nicht?«

»Schon. Aber was sind das für Taucher? Die tauchen doch nur um des Vergnügens willen, in den Ferien. Die meisten interessieren sich gar nicht dafür, das Meer weiter zu erkunden. In den 50er und 60er Jahren war das Tauchen der Sport für Männer schlechthin. Wenn man tauchen lernte, war man ein Mann. Aber wenn man heute einem jungen Kerl sagt, dass ›jeder tauchen lernen kann‹, und dann sieht er, wie seine Großmutter tauchen geht, wo bleibt da die Herausforderung? Er wird sich einer Gang anschließen, sich piercen lassen oder weiß der Teufel, was ...«

Nachdem wir uns über Stunden angeregt unterhalten hatten, fuhr Lance in den rot glühenden Sonnenuntergang von Key Largo davon und ließ mich mit vielen Fragen im Kopf zurück. Ich konnte mir nicht vorstellen, dass sich das Tauchenlernen in der westlichen Gesellschaft als Initiationsritus verkaufen ließe, aber ich stimmte mit ihm darin überein, dass es mehr Kritik an der Zerstörung der Meeresumwelt geben würde, wenn mehr Leute tauchen könnten. Nach Rennka hätten sich sämtliche Projekte der Meereswissenschaften, die in den letzten zehn Jahren weltweit unternommen wurden, mit den Mitteln finanzieren lassen, die dafür ausgegeben werden, einen einzigen Satelliten in die Umlauf bahn zu schießen. Solche Zahlen bringen einen zum Nachdenken.

Seit den 60er Jahren hieß es, der nächste große Schritt für die Menschheit bestehe darin, auf dem Meeresboden zu leben. Alle großen Meeresforscher (und Schriftsteller, bei Jules Verne angefangen) haben dieser Hoffnung Ausdruck verliehen, aber bis heute konnte sie nicht verwirklicht werden. Habitate sind teuer in der Errichtung und im Unterhalt, und sie müssen von der Wasseroberfläche unterstützt werden. Unsere physische Affinität zum Meer mag noch so groß sein – schließlich entstammen wir alle der Ursuppe –, wir haben uns doch fortentwickelt und können nicht dorthin zurückkehren. Selbst unter der Annahme, dass wir auf dem Kontinentalschelf überhaupt leben könnten, müsste es um das Leben auf der Erde schon sehr schlimm bestellt sein, damit das eines Tages als attraktive Möglichkeit betrachtet wird. Und doch hören wir nicht auf, der Umwelt in großem Maßstab Gewalt anzutun, egal, wie oft man uns auch sagt, dass sie bedroht ist. Taucher können mit eigenen Augen die massiven Schäden an den Korallenriffen der tropischen Meere sehen, die durch den Menschen überwärmt, überfischt und vergiftet werden. Diese Riffe befinden sich in einem Zustand des Verfalls, aber die große Mehrheit der Weltbevölkerung weiß noch nicht einmal davon. Vermutlich wird erst eine weitere Verschlechterung des Zustands der Meere die Menschen dazu zwingen, etwas für den Bestand des Planeten zu tun. Das Meer zeigt erste Symptome, wenn es stirbt, dann sterben auch wir.

## *Conception Arena, Seychellen*

Meine Frau Jessica arbeitete eine Zeit lang für eine Behörde auf den Seychellen. Eines Tages, sie saß gerade in ihrem Büro, hörte sie jene Geräusche, bei denen einem das Herz stehen bleibt: das Kreischen von Bremsen und Quietschen von Reifen, gefolgt von einem dumpfen Schlag. Sie rannte aus ihrem Büro auf die Straße und sah gerade noch, wie ein Auto davonraste. Auf der Straße lag ein kleiner Hund, der am Kopf eine klaffende Wunde hatte und über und über mit Blut und Dreck beschmiert war. Als sich Jessica über das reglos daliegende Tier beugte, öffnete es seine Augen und hob den Kopf. Es konnte seine Hinterläufe nicht mehr bewegen. Ungerührt gingen die Leute auf dem Bürgersteig vorbei. Auf den meisten tropischen Inseln führen Hunde ein erbärmliches Dasein, und auch für dieses Tier interessierte sich kein Mensch. Jessica hob den Hund auf und brachte ihn zu dem einzigen Tierarzt am Ort, auch wenn sie kaum Hoffnung hatte, dass er überleben würde. Nun, er tat es doch, und da wir zu Hause keinen Platz hatten, verschaffte sie sich die Erlaubnis, ihn im Büro als Wachhund halten zu dürfen.

Nachdem sich der Hund erholt hatte und wieder laufen konnte, begrüßte er Jessica jeden Morgen überschwänglich, sobald sie ins Büro eintrat. Sie versorgte ihn auch an den Wochenenden, wenn die Behörde geschlossen war. Der Hund, von uns Fleuri genannt, gedieh prächtig. Er war ein glückliches Tier, bedacht darauf, jedem zu gefallen, und Jessica ganz und gar ergeben. Ein oder zwei der Sicherheitsleute, die das Gebäude bewachten, freundeten sich regelrecht mit ihm an, und diejenigen, die Nachtdienst hatten, lernten seine Gesellschaft schätzen, wenn sie nach Einbruch der Dunkelheit über das Gelände patrouillieren mussten. Manchmal nahmen wir den Hund mit zum Strand, damit er Auslauf bekam, und sobald wir in ein größeres Haus mit Garten ziehen würden, wollten wir ihn ganz zu uns nehmen.

Als ich mich eines Tages fertig machte, um tauchen zu gehen, klingelte das Telefon. Es war Jessica, die vom Büro aus anrief. Sie schluchzte und brachte fast kein Wort heraus. Ich wusste, dass sie schon öfter an Kündigung gedacht hatte, weil es ihr im Büro in letzter Zeit nicht gut ging und sie das Gefühl hatte, ihre Arbeit würde von einer engstirnigen Bürokratie und eifersüchtigen Kollegen behindert. Aber als sie jetzt sprach, klangen Schmerz und Wut aus ihrer Stimme. Sie erzählte mir, was geschehen war. Als Jessica ins Büro kam, war kein Fleuri da gewesen, um sie zu begrüßen. Sie hatte herumgefragt, und eine ihrer Kolleginnen sagte, sie wisse, wo der Hund sei. Jessica war ihr gefolgt, und die Kollegin hatte ihr die Hinterbeine des Hundes gezeigt, die aus einer Mülltonne hingen. Fleuri war tot. Jemand hatte ihn vergiftet.

Ich fragte Jessica, ob sie nicht zum Tauchzentrum kommen wollte. Wir würden auf sie warten. Sie musste raus aus diesem Büro. Schließlich kam sie, und ich lieh eine Tauchausrüstung für sie aus. Sie war schon lange nicht mehr getaucht und sich nicht ganz sicher, ob sie das ganze Procedere noch beherrschte. Wir wollten zu einem Tauchplatz, der von den Tauchzentren nicht oft aufgesucht wurde. Es ging dort weit hinunter, und zu dieser Jahreszeit gab es starke Strömungen und heftigen Wellengang. Ich hatte Jessica dazu überredet, tauchen zu gehen, weil ich glaubte, es sei besser für sie, als im Büro zu bleiben oder traurig allein zu Hause herumzusitzen, da ich ihr erst in ein paar Stunden Gesellschaft leisten konnte.

Auf der langen Bootsfahrt zum Tauchplatz war Jessica noch zu erregt, um über den Vorfall sprechen zu können. Sie saß neben mir im Boot, hielt meine Hand und weinte leise vor sich hin. Der Tod des Hundes war ein großer Verlust für sie, aber es ging noch um mehr, es war ein Zeichen dafür, dass sie an einem Ort arbeitete, an dem man es nicht gut mit ihr meinte. Die meisten Ausländer, die auf den Seychellen arbeiten, machen diese Erfahrung, sie sehen sich mit dem unüberwindlichen Misstrauen und den Vorbehalten der Insulaner konfrontiert, die das Alltagsleben äußerst schwer machen.

Die anderen Taucher waren mit ihrer Ausrüstung beschäftigt und genossen den Ausblick, während unser kleines Boot den schönen Küstenabschnitt nordwestlich von Mahé entlangfuhr. Auf der felsigen Spitze der Insel erhoben sich dichte Palmenwälder, und Wellen brandeten gegen die glatt gewaschenen goldbraunen Granitfelsen an der Küste. Wir ließen den weiten Bogen von Baie Ternay hinter uns und fuhren weiter nach Cap Matoopa, einem hingewürfelten Haufen von Felsen, die von der unbewohnten Landspitze ins Meer reichen. Die Zwillingsmotoren des Tauchboots brummten laut, als wir die Leeseite der Küste verließen. Die Wellen wurden höher, und Wasser spritzte über die Reling. Vor uns lag das offene Meer, aus dem sich anderthalb Kilometer vor der Küste das kleine Conception Island erhob. Wir fuhren zu einem in keiner Karte verzeichneten Fleckchen im Wasser auf der Luvseite von Conception, wo in ungefähr 35 Meter Tiefe unter der Wasseroberfläche eine Ansammlung riesiger Felsen liegt. Bedingt durch die exponierte Lage vor der Küste und die große Tiefe, konnte man hier nur bei gutem Wetter tauchen. Wegen der Tiefe würden wir auch nur verhältnismäßig kurz tauchen können, insgesamt vielleicht eine halbe Stunde, von der wir zehn Minuten an den tiefsten Stellen verbringen wollten.

Jessica und ich bildeten ein Team. Wir ließen uns ins Wasser gleiten und warteten an der Wasseroberfläche auf die anderen Taucher. Hinter dem Boot herrschte eine starke Dünung, und wir tauchten ein kurzes Stück unter ihr hinweg. Dann hielten wir uns an der Ankerleine des Bootes fest und guckten nach unten, wo wir schwach die dunklen Umrisse der Felsen sahen. Sie schienen ziemlich weit unten zu sein. Kurze Zeit später waren alle im Wasser, und wir paddelten an der Leine entlang nach unten, immer auf die Felsen zu. Unter uns schwamm eine Gruppe von etwa zehn Barrakudas, die einen großen Bogen um uns machten, als wir an ihnen vorbeiglitten. In 20 Meter Tiefe konnten wir die Felsen schon deutlicher sehen. Sie sahen wie eine nebelverhangene Stadt aus, auf die man aus der Luft durch einen Riss in der Wolkendecke einen Blick erhaschen konnte.

Dieser Tauchplatz wird Arena genannt. An einem Ende der Unterwasser-Felsformation gab es einen großen Rundbogen, umgeben von einem Felsplateau, das mit Rinnen und Spalten überzogen war, die aussahen wie das Straßennetz einer Stadt. Würdevoll ragte der Bogen über die anderen Felsen, eine Kathedrale zwischen Bürogebäuden und Durchgangsstraßen. Als wir uns dem gigantischen Bogen näherten, wurde die Sicht zwar besser, aber auch hier hatte alles das gleichmäßige Blaugrau der Meerestiefe. Das Wasser oberhalb der Felsen wimmelte von Fischen. In den Spalten zwischen den Steinen steckten riesige Langusten, die ihre zarten ausgestreckten Fühler langsam vor sich her bewegten wie ein Samurai, der eine rituelle Handlung mit seinem Schwert vollzieht. Unter den Steinen gab es kleine Höhlen und Überhänge, zu eng zum Durchschlüpfen für einen Menschen, aber genau der richtige Platz für einen Riffhai, der sich dort ausruhen und kleine Kreise ziehen wollte. In einem anderen Zwischenraum in den Granitfelsen entdeckten wir ein paar Grüne Muränen, die sich ständig umeinander drehten und wanden, sodass man unmöglich sagen konnte, welcher Kopf zu welchem Körper gehörte. Wir schwammen über ein flaches Bett, aus dem Felsen ragten, und weiter zu dem Kathedralenbogen. Aus der Tiefe, in die unsere Blicke nicht mehr reichten, kamen zuerst zwei, dann drei graue Riffhaie auf uns zugeschwommen; wir hatten sie offensichtlich aufgestört, als wir in ihre Jagdgründe eingedrungen waren. Sie waren scheu. Einer der Taucher versuchte, sie zu fotografieren, aber es reichte schon das Geräusch eines Blitzgeräts, und sie waren weg. Dabei zuckten ihre Schwanzflossen, als seien sie von dem Gerät unter Strom gesetzt worden. Ich sah zu Jessica. Sie gab mir ein Okay-Zeichen und signalisierte mir, dass sie bezaubert war von der Schönheit der Unterwasserlandschaft. Wir verließen die Gruppe und schwammen zu dem Bogen und unter dem Überhang durch in eine düstere Höhle, wo eine Versammlung gelber Blaustreifen-Schnapper (*Lutjanus kasmira*) mit dem Kopf nach unten im Wasser schwebte, als würden sie von irgendetwas auf dem Meeresboden magnetisch angezogen. Vorsichtig ließen wir uns an ihnen vorbeitreiben.

Als wir die Höhle wieder verließen, war es an der Zeit, sich auf den Weg nach oben zu machen. Die Spitze der Kathedrale diente uns als Orientierungspunkt, und von dort aus stiegen wir langsam in geringere Tiefen auf, um Pausen zur Dekompression zu vermeiden. Die Kuppe des Felsens wurde vom Licht der Sonne erhellt, aber alles darunter war in das stählerne Blau der Tiefe gehüllt. Von der Felswand neben uns huschte eine Wolke blauer Pfeile weg, einige Dutzend Blaugoldener Füsiliere, deren stahlblaue Körper in einer leuchtend gelben scherenförmigen Schwanzflosse ausliefen. Die Felswand reckte sich dem Licht entgegen, und das obere Ende war mit den plumpen Fingern der Steinkoralle *Pocillopora* bedeckt. In den helleren oberen Schichten stießen wir auf kleine, farbenprächtige Fische, Faden-Fahnenbarsche (*Nemanthias carberryi*), leuchtend orange Splitter mit aufgerichteten Rückenflossen, die mit weit geöffneten Mäulern in der Strömung standen und auf Futter warteten. Von Zeit zu Zeit schossen sie in den Schutz der Korallenfinger, wenn irgendetwas sie erschreckte.

Aus einem schmalen Spalt auf der Vorderseite des Felsens wuchs ein Seefächer, ein Gewirr roter Äste, die sich von der Wurzel weg in immer feineren Verzweigungen ausbreiteten und so zart wie ein Querschnitt der menschlichen Lunge aussahen. Wir erreichten die Spitze des Felsens und blickten nach oben. Noch zehn Meter bis zur Wasseroberfläche.

Wir schwammen horizontal auf die Ankerleine des Tauchbootes zu und legten dort als zusätzliche Sicherheitsmaßnahme eine dreiminütige Pause ein, da wir kurz unter die 30-Meter-Grenze geschwommen waren. Die Felsenstadt unter uns hatte erneut ihre geisterhafte Gestalt angenommen, die Formen und das Leben dort gehörten wieder einer anderen Welt an, geschäftig und pulsierend, unbeeindruckt durch unseren kurzen Besuch. Es würde Wochen, wenn nicht sogar Monate dauern, bis erneut Taucher hierher kamen.

Zurück an Bord des Bootes, sprachen wir über den Tauchgang. Jessica sagte, es sei der schönste Platz, den sie je unter Wasser gesehen habe. Als das Boot in den Wind drehte, um die Rückfahrt nach Mahé anzutreten, drückte sie meine Hand. Über ihre Wange lief eine Träne, und ich wusste, dass sie tief bewegt war. An diesem Abend erzählte mir Jessica, dass das Tauchen wie eine Offenbarung für sie gewesen war. »Dieser Ort hat die Dinge für mich in eine andere Perspektive gerückt«, sagte sie. »Ich geb meine Stelle auf.«

Das Abenteuer des Tauchens hatte seinen Zauber gewirkt, es hatte ihren Geist befreit.

# 10 Höllenschlund

## *Die Bahamas, Westatlantik*

Es sollte die Farbe Bahamablau geben. Sie hat etwas Reines und ist so beruhigend wie Musik und so verführerisch wie das Funkeln eines geschliffenen Edelsteins. Die weißen Sandbänke, über die die Wellen des Atlantiks branden, wirken in dem wogenden Blau wie Brandmale.

Die Inselgruppe der Bahamas erhebt sich nur flach über den Meeresspiegel, an manchen Stellen reicht das Kalksteinschelf jedoch bis zu 10 000 Meter weit in die Tiefe. Sie bildet eine durchbrochene Kette, die sich am westlichen Rand des Atlantiks von Florida bis Haiti erstreckt. Hier setzte Kolumbus seinen Fuß auf Land, und hier fand William Phips seinen Schatz. Es waren diese ruhigen, klaren Gewässer, in denen die Gebrüder Williamson mit ihrer Photospähre *20 000 Meilen unter den Meeren* drehten. Hier stellten Neal Watson und John Gruener ihre Tiefenrekorde auf, fochten Flipper und James Bond ihre Kämpfe mit Haien aus, und auch Cousteau kam hierher, um die Tiefe der Blauen Löcher zu erforschen – senkrecht abfallende Höhlen im Kalkstein, die bis ins Unergründliche dringen.

Ich besuchte die Bahamas gegen Ende des letzten Jahrhunderts und erreichte Nassau sechs Stunden, bevor der Hurrikan »Floyd« die Inseln heimsuchte, der erste Sturm, den die Hauptinsel New Providence seit 50 Jahren erlebte. Der Flughafen lag völlig verlassen da, und auch das Flugzeug, mit dem ich gekommen war, startete bereits kurz nach der Landung wieder, sichereren Küsten entgegen. Die Hotels und Wohnhäuser waren verbarrikadiert, und die Bewohner versuchten, sich vor dem Sturm, der immer mehr an Stärke zunahm, in Sicherheit zu bringen. »Floyd« bewegte sich langsam voran, er wechselte mehrmals die Richtung und gab Anlass zur Hoffnung, dass er in Richtung Norden auf den Atlantik abdrehen würde. Keiner wusste, was kommen würde, und alle Leute auf der Insel starrten wie gebannt auf die via Satellit übertragenen Wetterberichte amerikanischer Fernsehstationen, die den Sturm auf seinem Weg verfolgten. Um Mitternacht war in den meisten Vierteln der Hauptstadt die Strom- und Wasserversorgung abgestellt, und um drei Uhr morgens hatten sich alle in Gebäuden verschanzt, die ausreichend Schutz zu bieten schienen. Der örtliche Radiosender brachte weiter die neuesten Meldungen über die Position des Hurrikans, der sich über die Inselkette auf Nassau zubewegte. Bevor die Leitungen endgültig zusammenbrachen, riefen Einwohner, deren Telefone noch funktionierten, beim Sender an und berichteten, was sie sahen: entwurzelte Bäume, umgestürzte Strommasten, zerstörte Autos und überflutete Straßen. Die äußeren Inseln waren abgeschnitten, da sie direkt auf dem Weg der Sturmfront lagen, deren Breite man auf über 1200 Kilometer schätzte. Der Rest der Welt sah zu und wartete. Die eigentliche Frage war, ob »Floyd« Florida treffen würde. Dort waren Millionen von Häusern und andere Besitztümer in Gefahr. Bei diesem Sturm bekamen jedoch die Bahamas das meiste ab. Einige Menschen kamen ums Leben, und die Schäden in dem kleinen Land mit seinen beschränkten Mitteln beliefen sich auf viele Millionen Dollar.

Wenn ich heute an diese Nacht zurückdenke, erinnere ich mich vor allem an den Lärm, das Geräusch herunterfallender Dachschindeln und das Pfeifen des Windes, der sich in den abgerissenen Leitungen verfing. Ich hatte mich im Orange Hill Inn eingemietet, einem kleinen Hotel an der Nordküste von New Providence. Dieses Hotel stand auf einem kleinen Hügel, und der Besitzer, Danny Lowe, war der Meinung, es sei der sicherste Platz auf der ganzen Insel. Eine Gruppe amerikanischer Bauarbeiter, die für die Dauer ihrer Arbeit auf einer nahe gelegenen Baustelle hier wohnten, half dabei, die Türen und Fenster mit Latten und Brettern zu verbarrikadieren. Danny besaß Sturmlaternen, die jetzt zum ersten Mal als Beleuchtung während eines Hurrikans zum Einsatz kamen, und er hatte den Speisesaal des Hotels für den Fall des Falles vorausschauend als eine Art Blockhaus aus Beton gebaut. Hier hatten sich ein Grüppchen von Urlaubern und ein paar Ortsansässige, deren Häuser näher an der Küste standen, eingefunden, um abzuwarten, bis »Floyd« über die Insel hinweggefegt war. Eimer mit Wasser aus dem Swimmingpool standen bereit, um die einzige verfügbare Toilette zu spülen, und es gab ein paar Gaskocher. Die ganze Nacht über saßen wir da und lauschten auf den Sturm, der draußen um die Gebäude und Bäume tobte. Um halb sechs wich die Dunkelheit allmählich einem gedämpften grauen Licht, das sich auch im Lauf des Vormittags kaum aufhellte. Die Sonne konnte kaum durch die dicken Regenwolken dringen, und es war fast wie bei einer Sonnenfinsternis. Zumindest schien der Wind etwas nachgelassen zu haben, und ich beschloss, einen Blick auf das aufgewühlte Meer zu werfen. Zum Schutz vor den durch die Luft fliegenden Trümmern legte ich meine Arme über den Kopf und rannte zur Vorderseite des Hotels. Dort kauerte ich mich hinter eine Mauer und spähte vorsichtig zu dem in 30 Meter Entfernung liegenden Strand hinunter. Anderthalb Kilometer vor der Küste brachen sich die zehn Meter hohen Wellen an einem Riff. Von allen Seiten drang Wasser auf mich ein, und das Meer war nicht mehr blau, sondern braun.

Als die Kommunikationswege wieder funktionierten und der Flughafen den Betrieb wieder aufgenommen hatte, flog ich nach Süden, um mir abseits der am schlimmsten getroffenen Gebiete im Norden der Insel einen Tauchplatz zu suchen. Das Flugzeug landete in der brütenden Hitze von Long Island, einer schmalen, felsigen Insel, die gute Fischgründe bot und auf der sich eine merkwürdige Gemeinschaft von Exilanten, überwiegend Deutschen, angesammelt hatte. Für die Einwohner von Long Island war New Providence Festland, und sie sprachen sowohl mit einer gewissen Furcht als auch mit Missbilligung über die dort anzutreffende Mischung aus Armut und Geschäftemacherei. Nassau war für sie die große böse Stadt, in der es vor allem darum ging, die Bedürfnisse der Kurzurlauber zu befriedigen, die in einem ständigen Strom auf riesigen Kreuzfahrtschiffen aus Florida und der Karibik kamen.

Es gibt eine kleine Gruppe von Besuchern, die jedes Jahr nach Long Island kommen und in ihren kleinen Privatmaschinen den winzigen Flugplatz an dem einen Ende der Insel ansteuern. Sie kennen sich alle und bilden eine jahreszeitlich begrenzte Gemeinschaft, eine Art Privatclub. Obwohl in der übrigen Zeit nur etwa 3 000 Menschen auf der Insel leben, Fischer und Bauern mit ihren Familien, besitzt die Insel aufgrund ihrer geographischen Form zwei Flugplätze, einen am Ende und einen in der Mitte.

Long Island hat nicht viel zu bieten, aber immerhin liegt es auf dem Wendekreis des Krebses, und es gibt eine Siedlung namens Deadman's Cay, die reizvoll genug ist, um kurz zu verweilen und eine Ansichtskarte zu schreiben. Diejenigen, die die Insel lieben, sagen, sie sei eine Oase der Ruhe, weitgehend unberührt vom Tourismus, der sich auf den größeren Inseln weiter im Norden entwickelt hat.

Nach dem Hurrikan standen überall Regenpfützen, und die Insel litt unter einer Moskitoplage. Die Biester waren resistent gegen Insektensprays, Lotionen und Geruchskerzen. Sie stürzten sich gleichermaßen auf Touristen und Einheimische und ließen sich auch durch die Kälte von Klimaanlagen nicht vertreiben, es sei denn, man drehte die Geräte so hoch, dass die örtliche Elektrizitätsversorgung ihre Belastungsgrenze erreichte. Sämtliche Inselbewohner sahen aus, als litten sie an einer Mischung aus Windpocken und Veitstanz, sich kratzend und um sich schlagend, zuckten und hüpften alle herum, und keiner brachte einen Satz zu Ende, ohne sich zu unterbrechen, um nach einem Moskito zu schlagen. Alle hatten schlechte Laune. Man konnte dieser Plage nur entkommen, wenn man tauchen ging.

Die flachen Stellen vor der Küste waren von dem Hurrikan, der Windstärken von bis zu 240 Stundenkilometern erreicht hatte, durchgerührt worden wie ein Kuchenteig. Der schimmernde weiße Sand, der die Kalksteinfelsen der Buchten säumt, schwebte im Wasser und überzog die bunten Korallenbänke mit einer Puderschicht. Es gab allerdings noch einen anderen Platz zum Tauchen: ein Blaues Loch im Landesinnern, eine der berühmten Höhlen, von der die Einheimischen sagten, sie sei tiefer als alle anderen auf den Inseln und vielleicht eine der größten Unterwasserhöhlen auf der ganzen Welt.

Die beiden Enden von Long Island, das knapp 100 Kilometer lang ist und an seiner breitesten Stelle kaum mehr als sechs Kilometer misst, werden durch den Queen's Highway miteinander verbunden. Auf diesem Highway begegnen sich alle früher oder später einmal. Die Siedlungen, die an ihm liegen, haben so seltsame Namen – Burnt Ground, Simms und Clarence Town – wie die Ortschaften im alten Wilden Westen. Südlich von Clarence Town bogen wir auf eine Piste ab, die in das die Straße säumende Gebüsch führte. Wir folgten ihr bis ans Ende, wo das Gebüsch plötzlich zurückwich und den Blick auf einen der schönsten weißen Sandstrände freigab, die ich jemals gesehen hatte.

Der Strand endete an einer kleinen seichten Bucht, deren Wasser so warm war wie in einer Badewanne. Am einen Ende des geschwungenen Sandstrands ragte ein niedriger Kalksteinfelsen auf, der wie ein natürlicher Deich ein kreisförmiges Becken mit tiefblauem Wasser umschloss. An einer Stelle war dieses Becken mit der Lagune durch eine schmale Öffnung verbunden, die an den Abfluss in einem Waschbecken erinnerte, nur dass sie sich am Rand anstatt in der Mitte befand. Ich sah zu, wie die sanften Wellen makellos weißen Sand über den Rand spülten, der wie rieselndes Salz nach unten sank. Das war also das Blaue Loch, das angeblich über 200 Meter tief war. An der Oberfläche hatte es einen Durchmesser von kaum mehr als 50 Metern. Bevor ich meine Ausrüstung anlegte, setzte ich mich eine Weile an den Rand dieses blauen Auges, ließ meine Beine im Wasser baumeln und spähte in seine Iris. Sie zeigte alle Schattierungen von Kobaltblau bis Saphirblau, so sanft wie der tropische Abendhimmel, der über einer feuerroten Sonne in die Nacht übergeht. Auf der glatten Oberfläche spiegelte sich das gleißende Mittagslicht und verbarg die darunter liegende Tiefe.

Ich setzte meine Maske auf und ließ mich vorsichtig ins Wasser gleiten, um ein paar Meter weit in das Becken zu schwimmen. Es war, als blicke man in einen Grubenschacht, das Blau ging irgendwo ins Schwarze über, und die Wände verloren sich in der Tiefe. Ich hatte gelesen, dass das in einer natürlichen Senke angesammelte Regenwasser im Laufe der Zeit eine Säure bildet, die sich durch den Kalkstein frisst. Durch diese Erosion kann sich immer mehr Wasser ansammeln, der Vorgang wird beschleunigt, und das Gestein erodiert weiter, bis sich die Lösung schließlich zum Meerwasser darunter durchgefressen hat. Das Salz und die Säure der beiden Wasser vermischen sich und lösen die Ränder des Schachts noch schneller auf, bis er schließlich irgendwann ganz verschwindet. In dieser Höhle trafen Bahamablau und Schwarzes Loch aufeinander.

Ich befand mich in Begleitung einer Gruppe von Tauchern und eines einheimischen Führers, der uns davor warnte, in Panik zu geraten, wenn wir in das Loch hinabtauchten. Er erklärte uns, da unten gebe es Haie, die manchmal wie aus dem Nichts erschienen, außerdem große Tarpons, weiße Fische mit hellem Fleisch, die mehr als zwei Meter groß werden konnten. Dann schärfte er uns noch ein, unseren Tiefenmesser im Auge zu behalten, da unsere einzige Orientierungshilfe die verkrusteten Felswände wären, die unterhalb des gleichmäßig runden Lochs, das an der Oberfläche zu sehen war, zurückwichen und in die Tiefe stürzten.

Wir ließen uns mit unserer Tauchausrüstung ins Wasser sinken, und ich bemerkte, dass an einer Stelle des blauen Auges der von der Bucht hereinrieselnde Sand zu einem steten Strom angewachsen war. Die Wände des Schachtes waren uneben und mit Algen, Schwämmen und Verkrustungen überzogen. Der ganze Ort wirkte leblos auf mich. Das Wasser wurde kälter, je weiter wir uns an den Wänden entlang in die Tiefe gleiten ließen, und schon bald konnten wir das blaue Auge über unseren Köpfen nicht mehr erkennen. Wir gingen immer tiefer hinunter. Die Wände verloren im Schatten der Überhänge und mit zunehmender Tiefe mehr und mehr an Farbe, und ich hatte das Gefühl, unter einer verwitterten Steindecke dahinzugleiten. Sie wich immer weiter zurück, sodass man sich den Kopf anstoßen würde, wenn man versuchte, senkrecht nach oben zu schwimmen. Durch die Pupille des Auges waren wir in seine Höhle vorgedrungen. Eine Kaverne. Wenn man sich von der Wand entfernte, verlor man sich sofort zwischen den beiden gähnenden Schlünden, die sich nach oben und unten erstreckten. Ohne die Wand war ich völlig orientierungslos. Wir schwammen im Kreis herum und behielten dabei stets die Wand im Blick, während wir in alle Spalten und Vertiefungen spähten, die vom Lichtkegel unserer Lampen erfasst wurden.

Als wir tiefer tauchten, hielten wir uns noch dichter an den Wänden. Die Sicht verschlechterte sich, und die Taucher waren hinter dem Licht ihrer Lampen nur noch als Schemen auszumachen. Ich stieß mit jemandem zusammen und schwamm weiter hinunter, um etwas Abstand zwischen mich und die anderen zu bringen. Das Blaue Loch kam mir wie eine riesige Konservenbüchse vor, die der Fuß eines Riesen verformt hatte. Der Deckel war offen, und den oberen Büchsenrand bildete das runde Loch 35 Meter über unseren Köpfen. Der Boden war abgerissen worden und lag vielleicht noch einmal 150 Meter tiefer unter uns, und der untere Rand der Büchse stand wie ein geborstenes Rohr nach allen Seiten ab. Die Höhle hatte etwas Bedrückendes, und jetzt verstand ich auch, warum uns der Führer davor gewarnt hatte, in Panik zu geraten, wenn uns etwas erschreckte. Ich wusste zwar, dass ich nur den beim Ausatmen entstehenden Blasen folgen musste, um an die Oberfläche zu kommen, aber ich hielt mich doch lieber an die Wand, den einzigen festen Bezugspunkt in dem Dämmerlicht, als ich mich an den Aufstieg machte. Wir blieben dicht beieinander, da jeder Angst hatte, er könnte in dem dunklen Abgrund allein zurückgelassen werden.

Am darauf folgenden Nachmittag lud mich einer der deutschen Geschäftsmänner, die ein Haus auf der Insel besaßen, zu einem Ausflug mit seinem kleinen Flugzeug ein. Es entpuppte sich als winziger Viersitzer, eines von den Dingern, die mit schöner Regelmäßigkeit vom Himmel fallen. Heinz versicherte mir, er sei ein ausgezeichneter Pilot, und erst als wir bereits in der Luft waren, dachte ich darüber nach, ob es klug gewesen war, seinen Worten Glauben zu schenken. Wir flogen Richtung Süden nach Deadman's Cay, und er schlug vor, an der kleinen Bar auf dem Flugplatz einen Boxenstopp einzulegen. Die Bar diente gleichzeitig als Auskunftsschalter, und während wir noch an unseren gekühlten Drinks nippten, fragte uns der groß gewachsene einheimische Barkeeper, wo wir die Nacht verbringen würden. Der Flughafen werde nämlich bald geschlossen, erklärte er. Offensichtlich hatte sich Heinz in der Zeit verschätzt, was den Sonnenuntergang in dieser Gegend betraf. Hastig warf er ein paar Münzen auf den Tresen und drängte mich zurück zum Flugzeug. Seine Nervosität war unübersehbar, und als wir über die Startbahn donnerten, erklärte er mir, dass man auf der Insel keine Nachtflüge machen könnte, weil die Start- und Landebahnen nicht beleuchtet seien. Uns bliebe gerade noch die Zeit, einmal über das Blaue Loch zu fliegen, sagte er, aber er war wegen der einbrechenden Dämmerung zweifellos in Sorge. Über dem Blauen Loch drehte er steil ab und machte sich auf den Rückweg. Einige Sekunden lang starrte uns das Blaue Loch mit seinem runden Auge von unten herauf an, und ich stellte mir vor, wie dunkel es in seinem Inneren jetzt sein musste.

Heinz sagte auf dem Flug nach Norden kein Wort, und er schien das Letzte aus der kleinen Maschine herauszuholen. Von Zeit zu Zeit murmelte er etwas in das Funkgerät und gab an das Hotel durch, dass wir uns im Anflug auf die unbesetzte und unbeleuchtete Landebahn befanden. Zumindest würden sie also wissen, wo wir abgeblieben waren. Gerade noch rechtzeitig schafften wir es zum Flugplatz und setzten auf der Landebahn auf, kurz bevor es völlig dunkel war. Die Moskitos hatte ich in der Luft völlig vergessen. Aber kaum hatten wir die Türen geöffnet, stürzten sie sich auch schon auf uns, und ich beschloss, am nächsten Tag nach Nassau zurückzukehren.

An der Südküste von New Providence gibt es zahlreiche gute Tauchplätze. Eines Tages kehrte ich nach einem Rifftauchgang zum Boot zurück und kletterte auf die Brücke, um mich auf dem Rückweg zum Tauchzentrum mit dem Kapitän zu unterhalten. Mitten im Gespräch zeigte er plötzlich aufs Ufer. »Dort hat Arthur Hailey ein Haus«, erklärte er mit einem stolzen Lächeln. »Und Sean Connery wohnt dort drüben, neben dem Golfplatz.« Solche Leute sind auf kleinen Inseln eine Art nationaler Kapitalanlagen. Auf den Cayman-Inseln hatte mir ein Kapitän die Strandhäuser von Dick Francis und einem amerikanischen Pizza-Milliardär gezeigt. Die Seychellen hatten ihre Inselberühmtheit mit dem Schriftsteller Wilbur Smith, den man oft beim Tauchen treffen konnte. Marlon Brando hatte alles darangesetzt, ein Atoll bei Tahiti zu erwerben, nachdem er *Meuterei auf der Bounty* gedreht hatte. Irgendwie scheinen es Inseln Bestsellerautoren und Filmstars, den Superreichen, besonders angetan zu haben. Mein größter Traum war einmal, auf einer Insel zu leben, wo ich nach Herzenslust tauchen konnte. Mehrere Jahre lang bastelte ich an einem Plan herum, der es mir ermöglichen würde, auf den Seychellen zu arbeiten und so oft wie möglich unter Wasser zu sein. Schließlich ging er auf. Mein Traum wurde Wirklichkeit – und entpuppte sich als Albtraum. Das Tauchen war wunderbar, aber das Leben auf einer kleinen Insel, auf der Bücher, gute Gespräche und frisches Gemüse eher Mangelware sind, wurde zur Qual. Nur unter Wasser konnte ich dem Inselfieber entgehen, das alle Leute um mich herum verrückt werden ließ.

Ich kenne einige Leute, die das gleiche Ziel verfolgen, wobei Männer mehr Gefallen daran zu finden scheinen. Frauen haben selten den Wunsch, sich in der Abgeschiedenheit einer Insel zu vergraben. Vielleicht glauben Männer, sie könnten sich schützen, indem sie sich auf ein kleines, von Wasser umschlossenes Stück

Land zurückziehen, wo es nichts als Sonne, Sand und Meer gibt. Manche versuchen natürlich nur, dem Finanzamt zu entwischen, aber mir kam es immer so vor, als sei für die meisten Männer die Vorstellung vom Leben auf einer Insel der Traum von einem auf die wesentlichen Dinge konzentrierten Dasein.

> *Eine Wolke von Blut färbte das Wasser. Jetzt kam auch der andere Hai vom Grund herauf, und beide zerrten wütend an dem noch immer zuckenden Rumpf.*
>
> Ian Fleming, *»Feuerball«*

*Feuerball*, der weltweit erfolgreichste James-Bond-Film aller Zeiten, kam 1965 in die Kinos. In diesem Film spielen mehr als 25 Minuten der Handlung unter Wasser, und 007 hat ausreichend Gelegenheit, seine Fähigkeiten als Taucher unter Beweis zu stellen. Es geht um die Entführung eines NATO-Flugzeugs mit einer Ladung Atombomben an Bord durch SPECTRE, eine Verbrecherorganisation, die damit von der amerikanischen und der britischen Regierung ein Lösegeld von 100 Millionen Pfund erpressen will. Nach der Entführung wird das Flugzeug an einer nicht sehr tiefen Stelle vor den Bahamas versenkt, in bequemer Entfernung zur Luxusvilla des SPECTRE-Agenten Emilio Largo, mit dessen Yacht die Bomben transportiert werden sollen. Um sie in ihr Versteck in einer Unterwasserhöhle zu bringen, stehen eine Art Miniunterseeboote bereit, und auch für den Geleitschutz ist durch einen Trupp schwarz gewandeter und mit Harpunen bewaffneter Taucher gesorgt. Bond muss sein ganzes Können als Taucher aufbieten, um herauszufinden, wo die Bomben versteckt sind, die Yacht auszuspionieren und ein Bad in Largos Swimmingpool zu überleben, in dem sich die berüchtigten, wenn auch erfundenen Goldgrottenhaie tummeln, die normalerweise an dem Riff, an dem das NATO-Flugzeug versenkt wurde, ihr Unwesen treiben. Nebenbei rettet Bond auch noch die Heldin Domino Derval, die sich beim Tauchen – natürlich im knappen Bikini – im Korallenriff verfangen hat. Höhepunkt des Films ist ein hervorragend choreographierter Unterwasserkampf zwischen den Bösen in schwarzen Tauchanzügen und den Guten in roten Tauchanzügen. Diese Taucher richten unter Wasser ein wahres Blutbad an, als sie sich gegenseitig die Harpunen durch die Tauchermasken oder in die Brust jagen. Da breiten sich scharlachrote Wolken im Wasser aus, wenn Leiber von Messern durchbohrt werden, da werden Atemschläuche aufgeschlitzt, und führerlose Mini-U-Boote schießen außer Kontrolle geraten hin und her.

Für die 150 Millionen Zuschauer, die *Feuerball* im Kino sahen, war Nassau mit seinen Casinos, seinem Karneval und den anderen Vergnügungen fortan untrennbar mit von Haien wimmelnden Gewässern verbunden, in denen Taucher mit Speeren und Messern aufeinander losgingen und mit kleinen Unterseebooten herumfuhren.

Das klare Meer vor New Providence gab den idealen Schauplatz für die spektakulären Unterwasserszenen in *Feuerball* ab. Noch heute, fast 40 Jahre später, liegt das Wrack des Bombers, der für die Aufnahmen in *Feuerball* benutzt wurde, vor der Küste im Südwesten der Insel auf dem Meeresgrund. Wie die meisten Filmrequisiten ist er eine Nachbildung, eine Hülle, die einem Flugzeug nur in den Umrissen ähnelt, und allein die Räder und das Fahrgestell geben einen Hinweis darauf, was das Ganze darstellen soll. Das Stahlgerüst ist jedoch noch erstaunlich gut erhalten und inzwischen von einer dicken Schicht Seefächer, Gorgonien und Schwämmen überwuchert. Es ist zu einem künstlichen Riff geworden. Ganz in der Nähe ist auf dem weißen Sand ein weiteres Überbleibsel aus der Bond-Ära zu finden, ein kleines Boot, das 1983 in dem Film *Sag niemals nie* zum Einsatz kam, einem Remake von *Feuerball*, für das erneut Sean Connery in die Rolle von Bond schlüpfte, obwohl er in Roger Moore mittlerweile einen würdigen Nachfolger gefunden hatte. Auf den Bahamas haben Fiktion und Filmphantasie deutliche Spuren in der Unterwasserwelt hinterlassen. Es ist ein merkwürdiges Erlebnis, um diese Relikte herumzuschwimmen, und unweigerlich fallen einem die Filmszenen wieder ein, wenn man hier taucht.

Ian Fleming war Taucher, und seine Freundschaft mit Jacques Cousteau manifestierte sich in den Tauchszenen seiner Romane. Durch Flemings Geheimagent erlebte das Abenteuer Tauchen einen neuen Höhepunkt. Als in den 60er Jahren die ersten Verfilmungen seiner Bücher in die Kinos kamen, galt Tauchen bereits als unumgängliche Beschäftigung für jeden Mann, der, ohne lange zu zögern, zur Tat schritt. Spielzeugfiguren wie Action Man und GI Joe trugen Tauchanzüge. Es gab Schnorchelausrüstungen für Barbie und Ken, und selbst Elvis Presley ging 1967 in *Seemann, ahoi!* als Froschmann unter Wasser. James Bond verlieh dem Abenteuer jedoch eine neue Dimension, was die technische Raffinesse betraf. Und als Ursula Andress in *Dr. No* (dem ersten Bond-Abenteuer, das verfilmt wurde) im weißen Bikini mit zurückgeschobener Tauchermaske und einem an den Oberschenkel geschnallten Messer den Strand entlanglief, wurde Tauchen zu einer erotischen Angelegenheit. *Feuerball* brachte das Tauchen mit dem allerneuesten Jungenspielzeug zusammen: wendige Unterseeboote, Miniatur-Atemgeräte, Unterwasserwaffen und imposante Taucheruhren. In der Romanvorlage wird Bond nach der Unterwasser-Zeichensprache gefragt, als er den Tauchern der US Navy Instruktionen für den Angriff auf das SPECTRE-Team gibt: »Daumen abwärts für alle Arten Notzustand. Bei einem großen Fisch den Arm gestreckt halten. Daumen hinauf heißt: ›Verstanden!‹ oder: ›Ich komme dir zu Hilfe‹. Mehr brauchen wir nicht.« Bond lächelte. »Ja, und Füße nach oben heißt: ›Ich bin erledigt‹?«

Aber Bond hat auch sonst fast immer eine Druckluftflasche in Reichweite. In *Leben und sterben lassen* waren die Gewässer von Jamaika Schauplatz weiterer Unterwasserabenteuer:

> Der riesige Schwarm von Barrakudas schien verrückt geworden zu sein. Wie wild gewordene Hunde schossen sie aufgeregt durch das Wasser und schnappten. Drei Haie, die hinzugekommen waren, schienen nicht ganz so aufgeregt

> zu sein. Diese fürchterlichen Fische brachten das Wasser förmlich zum Kochen, und innerhalb weniger Meter bekam Bond einen Schlag gegen den Kopf sowie verschiedene Stöße. In jedem Augenblick konnte nicht nur der Gummianzug, sondern auch das darunter liegende Fleisch zerfetzt werden.

Taucher, die auf der Suche nach Haien nach Nassau kommen, wurden möglicherweise von Bond dazu angeregt. Südwestlich von New Providence windet sich eine tiefe Seespalte, die so genannte Tongue of the Ocean, um die Spitze der Insel. Dort trifft man jede Menge Haie an. Tigerhaie, Hammerhaie, Makohaie und Seidenhaie. Es gibt Zitronenhaie und Blauhaie, aber es sind die karibischen Riffhaie, *Carcharhinus perezi*, die von den Tauchzentren gefüttert und in die Lagunen des Riffs gelockt werden, wo sich manchmal Dutzende von ihnen versammeln, um sich eine Hand voll Fischköpfe abzuholen. Solche Haifischfütterungen, die auch als Hai-Rodeos bezeichnet werden, sind tägliches Schauspiel und dienen dazu, den Sporttauchern einen gewissen Nervenkitzel zu verschaffen. Man lässt die Taucher an einer ausgewählten Stelle des Riffs einen Halbkreis bilden, wobei sie sich paarweise auf den sandigen Meeresgrund knien. Dann setzt sich der Fütterer, ein Tauchlehrer, in die Mitte und holt mit einem langen Spieß kleine Leckerbissen aus der Futterkiste. Damit die Situation nicht außer Kontrolle gerät, bietet er immer nur einen Happen an. Wird einer der Haie aggressiv, hält er das Futter zurück und zwingt die Haie dazu, sich an der Köderbox abzuwechseln. Wenn die Haie nach einem Fisch schnappen, kann es passieren, dass sie seinen von einem Kettenhandschuh geschützten Arm erwischen, aber die Haie beißen nicht zu, sie wissen schließlich, wohinter sie her sind. Selbst wenn man schon Haien unter Wasser begegnet ist, ist es unmöglich, sich nicht vom Anblick der schlanken stromlinienförmigen Körper, die nur wenige Meter entfernt durchs Wasser gleiten und nach Ködern schnappen, fesseln zu lassen. Gelegentlich streifen sie einen am Kopf, während sie ihre Kreise ziehen, ohne dabei jedoch den Zeitpunkt zu verpassen, wenn ein neuer Fisch aus der Box geholt wird.

Die Riffhaie sind mächtige, Respekt einflößende Geschöpfe. Sie können bis zu drei Meter lang werden, und die größeren Exemplare haben kräftige, gedrungene Körper und hohe Rückenflossen. Wie man sich einen ernst zu nehmenden Hai eben vorstellt. Der Anblick eines Tauchers verheißt ihnen Futter, und an einigen Tauchplätzen versammeln sie sich regelmäßig in großer Zahl, drehen ihre Runden und warten auf das Zeichen zur Fütterung. Wenn man sich hinkniet, wie es die Zuschauer an den Fütterungsplätzen tun, schwimmen sie bis auf Reichweite heran, sie wirken teilnahmslos, aber natürlich hoffen sie, dass man einen toten Fisch für sie hervorzaubert.

Ein Tauchgang an einem der Haifütterungsplätze ist ein wunderbares Erlebnis. Von oben sieht man die Haie mit peitschenden Schwanzbewegungen als dunkle Schatten über dem weißen Sand dahingleiten. Manchmal kommen sie bis ans Heck des Bootes, und ihre Rückenflossen ragen aus dem Wasser, genau so, wie man es von unzähligen Cartoons kennt. Lässt man sich dann unter die Wasseroberfläche sinken, kommen sie lautlos aus allen Richtungen angeschwommen, und man wendet hektisch den Kopf, um sie zu zählen. Manchmal umkreist mehr als ein Dutzend von ihnen den Fütterungsplatz und wartet auf das Signal zum Fressen. Im Tauchgeschäft sind die Meinungen über diese Fütterungen geteilt. Bringen sie die Fische nicht dazu, Menschen mit Futter zu assoziieren? Ist es nicht lediglich eine Frage der Zeit, bis ein Unglück geschieht? Die Befürworter entgegnen, dass seit mehr als zehn Jahren Tauchgänge mit Haifischfütterungen durchgeführt und ständig weiter verbessert werden und dass in der ganzen Zeit niemand ernstlich verletzt wurde. Und, so sagen sie, die Haie zeigen kein Interesse an frei schwimmenden Tauchern, wenn man sie nicht füttert. Unbestritten jedenfalls haben Haie an vielen Orten die beste Überlebenschance, wenn Taucher bereit sind, für ihren Anblick zu zahlen.

Eines Tages, nachdem ich an einer Haifütterung teilgenommen

hatte, sah ich eine Fechterschnecke über den Sand wandern. In der Nähe umkreisten Haie das Riff, und die anderen Taucher waren bereits alle zum Boot zurückgekehrt. Ich kniete mich in den Sand und vergaß die Haie, die von Zeit zu Zeit ihre Schatten über mich warfen. Die Fechterschnecke ist eine große Meeresschnecke, *Strombus gigas*; sie ist ein wichtiger Eiweißlieferant für die Inselbewohner in der Karibik und mittlerweile auch auf den Speisekarten der Restaurants in dieser Gegend zu finden. In den 20er Jahren des 19. Jahrhunderts erfreute sie sich großer Beliebtheit bei italienischen und französischen Juwelieren, die aus ihrer schönen rosafarbenen Schale Kameen anfertigten. Als Nahrungsmittel schreibt man ihr eine aphrodisische Wirkung zu, insbesondere wenn man Suppe oder Eintopf aus ihr zubereitet. Die Schnecken sind so wohlschmeckend und leicht zu fangen, dass ihre Population immer mehr abnimmt. Ihr Fleisch ist fest und weiß und schmeckt ganz und gar nicht nach Schnecke, sondern eher wie Hühnchen mit einem Hauch Hummer. In jeder Touristenbroschüre findet sich mindestens ein Rezept, jeder Besucher der Bahamas muss sie wenigstens einmal probiert haben, so wie er einmal am Strand gewesen sein und ein Casino oder den Markt in Nassau besucht haben muss. Die Zubereitung ist ganz einfach. Man schneidet zwei Tomaten, eine Zwiebel und eine Paprika klein, vermengt sie miteinander und fügt eine Prise Salz hinzu. Dann schneidet man die Schnecke in mundgerechte Stücke, mischt sie unter das Gemüse und wickelt das Ganze in Alufolie. Dieses Päckchen legt man etwa 20 Minuten auf den heißen Grill, bis das Fleisch weich ist. Pro Person rechnet man eine Schnecke. Leider mundet sie nicht nur dem Menschen, auch Rochen, Schildkröten, Krabben und Hummer machen Jagd auf sie. Allerdings ist sie ausgewachsen schwerer zu erwischen und kann mit etwas Glück 20 Jahre alt werden.

Die Fechterschnecke hinterlässt eine auffällige Zickzackspur, wenn sie sich auf ihrem einen kräftigen Fuß über den Sand bewegt. Das Exemplar vor mir, ein großes, etwa 25 Zentimeter langes Männchen, wusste offensichtlich, wohin es wollte. Zielstrebig bewegte es sich weithin sichtbar über den weißen Meeresgrund, geschützt nur durch seine Schale. Ich kniete mich hin und beugte den Kopf bis zum Sand hinunter, um einen Blick in die vordere Öffnung zu werfen. Zwei Fühler streckten sich mir entgegen, jeder mit einer winzigen, gelben Iris an der Spitze, die sich kaum sichtbar gegen das schwarze Fleisch abhob. Kein Mensch weiß, was die Fechterschnecke mit ihren Augen eigentlich sieht, möglicherweise kann sie nur Hell und Dunkel unterscheiden. Solange ich mich still verhielt, setzte sie ihren Weg fort. Dabei ließ sie ihren Rüssel, der zwischen den Fühlern sitzt und so beweglich und kräftig wie ein Elefantenrüssel ist, über den Sand gleiten. Dort tastete oder schnupperte er vielleicht auch nach Plankton- oder Algenteilchen. Nach einer Weile sah ich mich um. Inzwischen waren auch die letzten Taucher wieder aufs Boot geklettert, aber die Haie waren immer noch da. Während ich die Schnecke bewunderte, hatte ich sie völlig vergessen. Und jetzt hatte ich sie noch ein paar Minuten ganz für mich allein.

# 11 Freitauchen

*Mein Herzschlag verringert sich auf acht Schläge pro Minute, und ich vergesse, dass ich einen Körper habe. In großer Tiefe bin ich mir nur meiner Seele bewusst.*

Umberto Pelizzari

## *Santa Teresa di Gallura, Sardinien*

Bei Capo Testa, an der nördlichsten Spitze Sardiniens, treiben fünf Männer mit dem Gesicht nach unten auf dem dunkler werdenden Meer. Die tief stehende Nachmittagssonne lässt die schroffen Klippen hinter dem Schlauchboot golden aufleuchten. Mit jeder Minute scheinen sich die Felsen des Festlands schärfer von den dunklen Wellen zu ihren Füßen abzuheben. Von hier aus sind von der kleinen Stadt Santa Teresa di Gallura auf den Klippen nur die Ziegeldächer der Häuser zu sehen, die das Nachmittagslicht in ein rosa- und orangefarbenes Terrakottamuster verwandelt.

Um diese Stunde ist es ruhig in dem beliebten Ferienort, es ist die Zeit zwischen dem Strandleben bei Tag und dem Nachtleben auf der Piazza. Einheimische und Urlauber haben sich in die Häuser zurückgezogen, um sich auszuruhen oder auf die bevorstehenden Vergnügungen vorzubereiten, die im Wesentlichen aus der *Passeggiata* bestehen, dem allabendlichen Flanieren. Stolz stellen die Sonnenanbeter neben ihrer eleganten Kleidung und ihrem Schmuck die gepflegte Sonnenbräune zur Schau, und es gehört zum Ritual, den Grad der Bräune gegenseitig zu vergleichen und zu bewundern.

Die schmalen Gassen von Santa Teresa, das auf dem Vorgebirge von Capo Testa thront, führen von dem kleinen Hafen hinauf zum Hauptplatz im Ortskern. Die Sommergäste drehen ihre Runden um den Platz, umkreisen und mustern einander, kaufen Unmengen von Eis und unterhalten sich per Handy mit den Verwandten und Freunden zu Hause in Rom oder Mailand über den Verlauf ihrer Ferien. Hier geht es darum, zu sehen und gesehen zu werden, und das Geplauder privilegierter Familien vom Festland macht aus dem Fischerdorf einen begehrten Ferienort.

Einen knappen Kilometer von der Küste entfernt, wo der Meeresboden steil von den zerklüfteten Felsen abfällt, die der Küste ein dramatisches Aussehen verleihen, hat das Tauchboot seine Fracht entladen. Über mehrere fast regenlose Monate hinweg hat die Sonne das Meer erwärmt, doch jetzt neigt sich der mediterrane Sommer seinem Ende zu. Der Septembermistral weht durch die Meerenge von Bonifacio, die Sardinien von Korsika trennt. Wenige Kilometer entfernt stellt die französische Nachbarinsel ihre strahlend weißen Klippen zur Schau, die sich wie ein blasses Dekolleté aus einem tiefblauen Kleid erheben. Der Mistral bringt eine leichte Dünung aus dem Osten, und obwohl das Meer warm ist, tragen die Männer im Wasser komplette Nasstauchanzüge. Anders als Gerätetaucher werden sie aber nicht von Tarierwesten, Druckluftflaschen und Atemschläuchen behindert. Sie nennen sich Freitaucher, Männer, die sich allein mit der Luft, die sie in ihren Lungen haben, in die Tiefe wagen, Taucher, die die alte Kunst des Nackttauchens auf eine neue Stufe heben. Das Apnoetauchen (von dem griechischen Wort apnoea = »ohne Atem«) steht nicht nur am Anfang der Geschichte des Sporttauchens, sondern es ist auch dessen äußerste Grenze.

Die gesamte Ausrüstung der Apnoetaucher hat denselben schwarzen Farbton und lässt sie in den Wellen im Gegenlicht der untergehenden Sonne nahezu verschwinden. Die eng anliegenden Neoprenanzüge sind maßgefertigt und reichen den Männern vom

Kopf bis zu den Füßen, und das Gesicht wird von einer Haube umschlossen. Vervollständigt wird das Ganze durch eine Maske. Sie ist kleiner als die Masken, die Taucher üblicherweise tragen, und hat keines der großen Sichtfenster, sondern gleicht mehr einer altmodischen Brille. Das hat einen einfachen Grund: Je tiefer man taucht, desto stärker wird das Luftpolster zwischen Gesicht und Maske durch den Wasserdruck zusammengepresst, und die Maske wird gegen die Haut gedrückt, was zuerst nur unangenehm ist, aber bald darauf äußerst schmerzhaft. Der Taucher verschafft sich Erleichterung, indem er durch die Nase ausatmet, auf diese Weise wirkt er dem äußeren Druck mit Druck von innen entgegen. Wenn der Freitaucher die Größe des Luftpolsters in der Maske verringert, benötigt er weniger Luft, um diese Wirkung zu erzielen. In den Tiefen, in die diese Männer vorstoßen, müssen sie mit jedem Quäntchen Luft in ihren Lungen geizen, und es darf nicht an die Maske verschwendet werden.

Um die Perspex-Gesichtsmaske läuft eine Gummimanschette, die nur einen schmalen Rand Haut auf der Stirn und den Wangen frei lässt, der mit dem Wasser in Berührung kommt. Der Bleigurt des Freitauchers besteht nicht aus steifem Gewebe, sondern aus weichem Gummi wie ein Fahrradschlauch, sodass er eng angezogen werden kann und sich trotzdem noch dehnt, wenn der Taucher seinen Bauch mit Luft füllt. Die Männer haben es sich antrainiert, wie Kleinkinder zu atmen, indem sie zum Einatmen auch den Bauch und die unteren Lungenspitzen benutzen und nicht nur den oberen Brustbereich. Und die Flossen, die sie verwenden, sind nicht aus Gummi, sondern aus Glasfaser. Sie sind außerdem viel länger als die eines Gerätetauchers und ragen wie die Riesenschuhe eines Zirkusclowns einen Meter weit über ihre Zehen hinaus.

Alles passt zusammen. Schwarze Haube, schwarze Maske, schwarzer Anzug, schwarze Flossen, schwarzer Schnorchel. Obwohl die Männer höchstens 50 Meter von mir entfernt sind, kann ich sie nicht voneinander unterscheiden, sie sind lediglich dunkle Schemen auf den Wellen.

Bevor die Taucher ins Wasser gingen, lachten sie miteinander und machten auf Italienisch Scherze, während sie auf dem Boden des Schlauchboots ihre Ausrüstung zurechtlegten. Sie wirken entspannt, vereint in dem gemeinsamen Ziel, dem Trubel von Santa Teresa zur Hauptsaison zu entgehen. Sie werden eine andere Welt entdecken, und mit ihrer Art des Tauchens, die in ihren Augen die reinste Form dieses Sports ist, die denkbar intensivste Beziehung zwischen sich und dem Meer herstellen.

In sicherer Entfernung vom Boot lassen sie sich im Wasser treiben, sie beugen die Taille und lassen wie leblos alle vier Gliedmaßen unterhalb der Wasseroberfläche schweben. Sie machen keine Anstalten, zu schwimmen oder sich auch nur zu bewegen. Einer neben dem anderen treiben sie einfach dahin. In der Nähe schaukelt eine kleine aufblasbare Markierungsboje auf den Wellen wie ein bunter Wasserball. An der Boje ist eine weiße Nylonschnur befestigt, die am anderen Ende mit Bleigewichten beschwert ist und senkrecht in der Tiefe verschwindet. Diese Leine dient den Tauchern unter Wasser zur Orientierung und zeigt ihnen außerdem die Strömungen an, die in der Tiefe herrschen. Einer der Männer im Wasser ruft dem Bootsführer zu, dass es heute Nacht keine Strömung gibt. Die Bedingungen stimmen also, und die Übungsstunde im Freitauchen kann fortgesetzt werden. Wir werden im Boot bleiben und warten, den Sonnenuntergang genießen und Ausschau nach den Tauchern halten, für den Fall, dass sie Hilfe brauchen.

Sieben oder acht Minuten lang verharren die Männer bewegungslos im Wasser, dann ertönt ein Pfeifen. Der Bootsführer nickt in Richtung der Taucher, und ich sehe, dass sie sich in Wale verwandeln, ihre schwarzen runden Rücken heben sich weit aus dem Wasser, als sie hyperventilieren und Brust und Bauch mit Luft füllen. Das Pfeifen kommt aus ihren Schnorcheln, verursacht durch die gewaltigen Atemzüge, mit denen sie so viel Luft wie möglich in ihre Lungen pumpen.

Vom Boot aus gesehen, ist es ein großartiger Anblick, die glatten Gummianzüge betonen die gerundeten Torsos, die sich durch die für den Tauchgang in die Tiefe aufgenommene Luft ausgedehnt haben. Dann nehmen die Männer den Schnorchel aus dem Mund und tauchen unter. Dabei strecken sie die Arme aus und halten mit beiden Händen das kleine Plastikrohr wie eine Waffe vor sich. Einer nach dem anderen verschwindet aus unserem Blickfeld, bis nur noch ein Mann, der Sicherheitstaucher, an der Wasseroberfläche zu sehen ist. Nach anderthalb Minuten tauchen die anderen wieder auf. Einen kurzen Augenblick lang strecken sie ihre Gesichter nach oben und atmen laut hörbar und mit weit aufgerissenen Mündern gierig die Luft ein. Keuchend und mit verzerrten Gesichtern kehren sie in die Luftwelt zurück – eine so leidenschaftliche Bestätigung des Lebens wie ein Orgasmus. Es hat etwas von einer Wiedergeburt – aufgetaucht aus einer stummen, flüssigen, abgeschiedenen Welt, ziehen sie mit der gleichen Kraft Luft in ihre Lungen wie ein Neugeborenes, das mit seinem ersten Schrei die Welt außerhalb des Mutterschoßes begrüßt.

Eine halbe Stunde lang sehe ich den Tauchern zu, wie sie immer wieder in die Tiefe gleiten, und jedes Mal bleiben sie ein bisschen länger unten, bis sie beim letzten Mal fast vier Minuten lang nicht zu sehen sind. Ich bin kein geübter Freitaucher, und ich habe auch nicht die notwendige Ausrüstung dabei, um mich der Gruppe anzuschließen, aber ich will sie unbedingt unter Wasser sehen. Ich nehme mir eine Maske und ein Paar Ersatzflossen, die im Boot liegen, lasse mich ins Wasser gleiten und nähere mich den Tauchern. Ich schwimme ruhig mit nach unten gewandtem Gesicht und halte mich außerhalb ihres Kreises, weil ich sie nicht in ihrer Konzentration stören will.

Wie jede Gemeinschaft von Meeressäugetieren hat auch diese Gruppe einen Führer. Sein Name ist Umberto Pelizzari, und er ist der Anlass für meine Reise nach Sardinien. Ich will ihn tauchen sehen. Er hat in Freitauch-Wettkämpfen mehrere Weltrekorde aufgestellt und ist unter Freitauchern auf der ganzen Welt eine Legende.

Hier unter Wasser kann ich ihn endlich in der Gruppe ausmachen. Trotz der identischen schwarzen Gummianzüge ist Umberto leicht zu erkennen – er ist größer als die anderen, vor allem aber zeigt unter Wasser keiner so viel Anmut oder Eleganz wie er. Mit lang ausgestreckten Armen und Beinen, die durch die speziell angefertigten Flossen noch länger werden, und langsamen, sanften Flossenschlägen scheint er mehr in die Tiefe zu fallen, als sich anzutreiben. Er macht keine einzige überflüssige Bewegung und vergeudet nicht die geringste Energie. Diese schwarze Gestalt ist nicht mehr einfach nur ein Mensch in einem Taucheranzug. Freitaucher werden häufig mit Delphinen verglichen, dieser Mann ist jedoch nicht so auffällig wie eines dieser fröhlichen Tiere, dazu ist seine Gestalt zu schlank und geschmeidig. Ich folge ihm ein kurzes Stück in die Tiefe und versuche, ihn nicht aus dem Blick zu verlieren, während er die Knoten passiert, die in der weißen Schnur im Abstand von fünf Metern angebracht sind. Als ich es bis zum zweiten Knoten geschafft habe, ist er schon am fünften, dann am sechsten, und er taucht immer noch weiter. In der zunehmenden Dunkelheit der Tiefe kann ich nicht weiter sehen und mache mich an den Aufstieg. Ich hatte Filme über Pelizzaris Weltrekordversuche im Apnoetauchen gesehen, und andere Freitaucher hatten mir erzählt, dass er der Beste sei, etwas Besonderes. Nachdem ich ihn jetzt aus allernächster Nähe erlebt hatte, verstand ich, warum er eine solche Hochachtung genoss. Es hatte mich gepackt, und ich war entschlossen, noch einmal mit ihm zu tauchen.

Umberto Pelizzari kann mehr als sieben Minuten den Atem anhalten. Dazu musste er lernen, sich so vollständig zu entspannen und an den Zustand des Nichtatmens zu gewöhnen, dass er die sichtbaren und hörbaren Reize, die aus seiner Umgebung zu ihm dringen, überhaupt nicht mehr wahrnimmt. Wenn er erst einmal aufgehört hat zu atmen, findet er zu einem inneren Frieden, der am ehesten mit dem Trancezustand eines Yogis zu vergleichen ist.

Im Jahr 1993 stellte Pelizzari vor Elba den ersten Rekord im so genannten No-Limit-Tauchen auf. Er stand auf einem eigens angefertigten Schlitten, einem keilförmigen Gewicht an einem Stahlseil, holte ein letztes Mal tief Atem und gab das Zeichen, den Stift, der den Schlitten am Seil hielt, zu entfernen. Eine Minute und 13 Sekunden später war er damit in eine neue Weltrekordtiefe von 123 Metern unter dem Meeresspiegel gesaust. Dort unten, in völliger Dunkelheit, war der Druck, den Wasser und Schwerkraft auf seinen Körper ausübten, 13 Mal so hoch wie der, den wir auf Meereshöhe spüren. Seine Lungen können siebeneinhalb Liter Luft aufnehmen, im Gegensatz zu den viereinhalb Litern, die ein Mensch durchschnittlich aufnimmt – jetzt waren sie auf die Größe von Äpfeln geschrumpft. Umberto beschreibt den Moment, in dem er Steffano May in die Augen blickte, dem Sicherheitstaucher, der am Ende des Seils auf ihn wartete:

> Ich fühlte mich erstaunlich gut, und in mir stieg ein überwältigendes Siegesgefühl auf. Mein Herz schlug schneller. Ich war der »tiefste Mensch der Welt«! Ich schüttelte Steffano die Hand und griff dann nach dem Ballon, der mich wieder nach oben ziehen würde. Als ich an den Sicherheitstauchern vorbei durch das Wasser schoss, hörte ich einen nach dem anderen Freudenrufe ausstoßen. Es war der glücklichste Moment meines Lebens, und ich wünschte, die Reise nach oben würde niemals enden. Als ich an die Oberfläche kam, kam ein Schrei aus meinem Innern, als ob all die gespeicherte Energie auf einmal aus mir herausbräche. Zehn Monate Training für insgesamt zwei Minuten und 27 Sekunden unter Wasser und so viele Opfer für ein paar Augenblicke der intensivsten Freude, die man sich nur vorstellen kann.

Seither haben Pelizzari und andere diesen Tiefenrekord ständig weiter überboten. Diese Tauchgänge sind ein spektakuläres Geschäft und sehr teuer. Vor jedem Rekordversuch muss ein Sponsor gefunden werden, der die nötigen Mittel bereitstellt. Bezahlt werden muss das Boot, die ärztliche Betreuung, eine Tauchglocke und ein Team gut ausgebildeter Sicherheitstaucher, die sich in bestimmten Abständen entlang dem Stahlseil bereithalten müssen, um dem Freitaucher helfen zu können, falls irgendetwas schief geht. Da sie Pressluft oder ein anderes Gasgemisch atmen, müssen diese Männer eine mehrstündige Dekompression über sich ergehen lassen, bevor sie wieder gefahrlos an die Oberfläche kommen können. Wenn alles gut geht, bekommen sie den Freitaucher ein paar Sekunden lang zu Gesicht, wenn er abtaucht, und dann noch einmal einen kurzen Augenblick, wenn er wieder aufsteigt.

Das Apnoetauchen in solche Tiefen spaltet die Gemüter. Von medizinischer Seite wird gewarnt, dass es nur eine Frage der Zeit sei, bis die absolute Grenze der Belastung von Lunge und Kreislauf erreicht ist.

Dass sich jemand willentlich den lebenswichtigen Sauerstoff vorenthält, ist weniger ungewöhnlich, als man zunächst meinen könnte. Kleine Kinder halten manchmal so lange den Atem an, bis sie ohnmächtig werden, und in seltenen Fällen erleiden sie einen »Anfall«, der durch den Sauerstoffmangel im Gehirn hervorgerufen wird. Für gewöhnlich geht es dabei um Selbstbehauptung, es ist ein Machtspiel mit den Eltern, wenn das Kind keine andere Möglichkeit hat, seine Gefühle auszudrücken. Bei einem größeren Kind oder einem Erwachsenen ist es dagegen so, dass die unangenehmen körperlichen und psychischen Zustände, in die sie nach kurzer Zeit geraten, sie dazu zwingen, wieder zu atmen. Freitaucher und andere Apnoeanhänger widerstehen durch Übung dem Drang, Atem zu holen, und auch ein Erwachsener kann sich bis zur Ohnmacht bringen, wenn er seinen Geist nur genügend an die Vorstellung des Nichtatmens gewöhnt hat. Die Wahrscheinlichkeit eines solchen Ohnmachtsanfalls erhöht sich, wenn der Betreffende zuvor hyperventiliert, das heißt, ein paar Mal rasch hintereinander tief Luft holt. Die raschen Atemzüge verringern den Kohlendioxidgehalt im Blut und zögern auf diese Weise den Drang zu atmen hinaus, aber bald ist der Sauerstoffgehalt im Blut so gering, dass eine Ohnmacht eintritt. Bei dem bewusstlosen Menschen setzt dann der automatische Atmungsmechanismus wieder ein, und er kommt zu sich.

Freitaucher sind sich der Gefahren, die eine so extrem hohe Konzentration mit sich bringt, bewusst und wissen über die Vorgänge Bescheid, die zur so genannten »Flachwasserbewusstlosigkeit« führen. Für den Apnoetaucher sind die letzten Sekunden des Tauchgangs am gefährlichsten. Wenn er schon fast wieder die Wasseroberfläche erreicht hat, ist der Sauerstoffgehalt im Blut am niedrigsten. Zugleich vergrößert sich infolge des Druckabfalls beim Aufstieg das Lungenvolumen. Laienhaft ausgedrückt heißt das, der verbleibende Sauerstoff verteilt sich in dünnerer Konzentration über einen größeren Raum und reicht möglicherweise nicht mehr aus, um den Taucher wach zu halten. In dieser Situation ist die Gefahr des Ertrinkens sehr groß, wie zahlreiche Fälle aus der Welt des Speerfischens belegen. Der Taucher folgt beispielsweise einem verletzten Fisch, oder er ist hinter einem besonders prächtigen Exemplar her, mutet sich dabei zu viel zu und verliert dann wenige Meter unter der Wasseroberfläche das Bewusstsein.

Bei Wettkämpfen sieht man die Taucher nach einem Tieftauchgang üblicherweise wieder unversehrt aus dem Wasser auftauchen. Doch in dem Moment, in dem sie ihr Siegesgeheul ausstoßen, scheinen sie plötzlich im Wasser zu schwanken, der Kopf rollt auf die Seite, und ihre Hände greifen ins Leere nach einem Seil oder einer Hand, um sich daran festzuhalten. Dieser Zustand wird als »Samba« bezeichnet. Ein Taucher, der einen Samba »tanzt«, wird automatisch disqualifiziert, und allzu oft will er nicht wahrhaben, dass er kurz vor einer Ohnmacht stand, und streitet hinterher mit den Schiedsrichtern darüber, ob er die ganze Zeit bei Bewusstsein war oder nicht.

Die Apnoetaucher behaupten, dass solche Ohnmachten bei ordentlicher Überwachung kaum eine Gefahr darstellen und dass kein geübter Taucher jemals auf die Idee kommen würde, im Wasser, und sei es auch nicht besonders tief, die Luft anzuhalten, ohne dass ein Sicherheitstaucher dabei ist. Sie vergleichen diese Ohnmachten und den Samba mit der Verletzungsgefahr bei anderen Sportarten wie etwa Skilaufen, wo es häufiger zu bleibenden körperlichen Schäden komme.

Nicht nur ein Tauchmediziner hat das körperliche Hochgefühl, von dem Freitaucher gelegentlich berichten, mit der gefährlichen sexuellen Neigung zu autoerotischer Asphyxie verglichen. Wie Untersuchungen belegen, wird dabei durch Strangulation eine Asphyxie zur Steigerung des sexuellen Lustgewinns herbeigeführt. Meistens, wenn auch nicht ausschließlich, sind es Männer, die ihre sexuelle Lust steigern, indem sie beim Masturbieren ihre Sauerstoffzufuhr drosseln. Zu diesem Zweck legen sie sich eine Art Verband um den Hals, oder sie stecken den Kopf in eine Plastiktüte. Das ruft erwartungsgemäß Schwindelgefühle hervor, wodurch Erregung und sexuelle Befriedigung gesteigert werden sollen. Jede Art von Selbststrangulation kann unbeabsichtigt zum Tod führen, möglicherweise weil die Fähigkeit zur Selbstkontrolle und das Urteilsvermögen stark vermindert sind. Wenn man sich stranguliert, wird eine zerebrale Hypoxie, ein Sauerstoffmangel im Gehirn erzeugt, derselbe Zustand, der vermutlich unter Wasser bei den Apnoetauchern eintritt. Das erklärt vielleicht, warum manche Freitaucher von einem überwältigenden Glücksgefühl berichten, das sie in großer Tiefe empfinden, von einer Freude, die so intensiv ist, dass sie am liebsten für immer da unten bleiben würden. Hypoxie bei Apnoetauchern ist allerdings noch nicht nachgewiesen, und es gibt auch noch keine Beweise dafür, dass das Anhalten des Atems Hirnschäden verursacht. Doch auch ohne Hypoxie geraten Taucher, die sich in große Tiefen begeben, durch eine Stickstoffnarkose zweifellos in einen euphorischen Zustand, der den Aufenthalt unter Wasser zum Glücksrausch werden lässt.

Einfach ausgedrückt, verbraucht der Körper eines Tauchers, der sich mit angehaltenem Atem unter Wasser bewegt, weiterhin Sauerstoff, und er produziert weiterhin Kohlendioxid, ohne dass neue Luft zugeführt wird. Schließlich ist der Sauerstoffspiegel im Blut so niedrig, dass es zu einer Ohnmacht kommt. Allerdings weiß man inzwischen, dass geübte Freitaucher eine physiologische

Anpassung an einen niedrigen Sauerstoffgehalt zeigen und, was noch wichtiger ist, auch an die Auswirkungen des erhöhten Drucks auf ihre Körper.

Die Mehrzahl der Menschen käme niemals auf die Idee, zum Vergnügen den Atem anzuhalten, weder aus sexuellen noch aus anderen Gründen, und kennt diese Empfindungen daher nicht. Wenn man seine Lungen mit frischer Luft füllt und dann den Atem anhält, verspürt man zuerst ein Engegefühl in der Brust und im Hals und dann ziemlich schnell ein wachsendes Gefühl des Unbehagens und den Drang auszuatmen. Macht man mehrere schnelle Atemzüge, bevor man die Luft anhält, kann man diesen Drang hinauszögern, weil man das Blut mit Sauerstoff versorgt und den Kohlendioxidanteil verringert – also den chemischen Auslöser für den Atemdrang. Bei den meisten Menschen, die nicht darauf trainiert sind, wird dieser Drang nach weniger als einer Minute so stark, dass sie ihm nicht mehr widerstehen können. Freitaucher haben eine Reihe von Verfahren und verschiedene Trainingsmethoden entwickelt, die es ihnen ermöglichen, diese offensichtlich elementaren physischen Grenzen zu überwinden.

Die physische Grenze beim Tiefentauchen wird durch den Druck gesetzt, den das Wasser auf den Körper des Tauchers ausübt. Alle zehn Meter nimmt der hydrostatische Druck um 1 $kp/cm^2$ zu. Auf die meisten Teile des Körpers hat er nur geringe Auswirkungen, da Gewebe und Knochen gleichmäßigem Druck von allen Seiten ausgesetzt sind. Die Teile des Körpers jedoch, die Luft enthalten, werden zusammengepresst, bis sie, wie beispielsweise die Lungen, auf einen Bruchteil ihrer Größe an der Wasseroberfläche geschrumpft sind. Jeder, der ein paar Meter in einen Swimmingpool hinabtaucht, spürt diesen Druck, meist zuerst in den Ohren, dann in der Nase und den Nebenhöhlen, und er wird ausgeglichen, indem man Mund und Nase geschlossen hält und langsam ausatmet, sodass Luft in die eustachischen Röhren geleitet wird, die von innen Gegendruck auf das Trommelfell ausübt.

Man weiß seit langem, dass sich bei einem Menschen, dessen Gesicht in kaltes Wasser getaucht wird, der Herzschlag verringert. Immer wieder hört oder liest man erstaunliche Geschichten über Kinder, seltener über Erwachsene, die man »ins Leben zurückholen« konnte, nachdem sie in einen zugefrorenen See gestürzt und vermeintlich ertrunken waren. Es ist ganz gewiss nicht die Regel, dass jemand einen solchen Unfall überlebt, aber wenn es geschieht, lässt sich das zum Teil auf eine Reaktion des Körpers zurückführen, die man heute als »Tauchreflex« bezeichnet und die jene Bereiche des Körpers außer Funktion setzt, die nicht lebenswichtig sind.

Beim Tauchreflex scheint es sich um eine evolutionäre Anpassung zu handeln, die wir mit anderen schwimmenden Säugetieren wie Walen und Seehunden teilen, aber auch, weniger schmeichelhaft wahrscheinlich, mit Enten. Bei all diesen Spezies stimuliert kaltes Wasser – beziehungsweise das Eintauchen in Wasser ganz allgemein – den Gesichtsnerv, der daraufhin eine Reihe physischer Reaktionen in anderen Teilen des Körpers auslöst. Dazu gehört die Verringerung der Pulsfrequenz und eine verminderte Blutzufuhr zu Muskeln, Haut und Darmtrakt. Die Blutzufuhr zum Gehirn und zum Herzen wird jedoch in derselben Stärke aufrechterhalten.

Freitauchen in extremen Tiefen setzt den Körper darüber hinaus noch weiteren Belastungen aus. Aus physiologischer Sicht läge es nahe, dass die Lungen des Tauchers während des Tauchgangs so weit zusammengepresst werden, wie es die Lungenbläschen erlauben. Ursprünglich nahm man an, dass die Lungen nur so lange Außendruck aushalten können, bis sie auf ihre Restgröße geschrumpft sind, die Größe also, die sie haben, wenn jede Luft entwichen ist.

Sobald die Druckgrenze erreicht ist, kommen jedoch andere Faktoren ins Spiel, die die Auswirkungen des verringerten Lungenvolumens mindern. Der ansteigende Druck wirkt auch auf Organe wie die Milz, das Herz und die großen Blutgefäße. Die Milz schrumpft um bis zu ein Fünftel, wodurch zusätzliche rote

Blutkörperchen, die Sauerstoff transportieren, in den Blutkreislauf gelangen. Wenn sich der Herzschlag verlangsamt, dehnen sich die Herzgefäße aus, um den vorhandenen Sauerstoff effizienter zu nutzen. Die Blutgefäße in der Haut ziehen sich zusammen und benötigen ebenfalls nur noch eine geringere Blutzufuhr, und auch Muskeln in entspanntem Zustand belasten den im Blut verbliebenen Sauerstoffgehalt weniger. Es dauert eine gewisse Zeit, bis einige dieser physiologischen Veränderungen eintreten, und das erklärt vielleicht, warum Apnoetaucher mit jedem Tauchgang die Luft länger anhalten können, als ob sich ihr Körper allmählich darauf einstellt, seine maximale Leistungsfähigkeit zu erreichen, so wie ein Leichtathlet seine volle Leistung auch erst nach ein paar Dehnungsübungen erreicht.

Unglücklicherweise ist der Tauchreflex beim Menschen eher unterentwickelt, das Eintauchen ins kalte Wasser ruft oft unerwünschte Nebeneffekte wie Herzrhythmusstörungen hervor, und der Druck wirkt sich letztlich schädigend auf die Organe im Brustraum aus. Viele Freitaucher erklären stolz, dass in ihrem Sport eine Anpassung des Blutspeichers im Brustraum zu beobachten sei, wodurch Herz und Lungen in der Tiefe funktionsfähig bleiben und der Belastung durch den hydrostatischen Druck entgegengewirkt wird. Dieser Effekt, der als »Blood Shift« bezeichnet wird, kann zweifellos eintreten, und er verleitet etliche Freitaucher dazu, zu glauben, dass sie ihre nächsten Verwandten im Meer, die Wale, nachahmen könnten. Dabei vergessen sie jedoch oder wollen es nicht wahrhaben, dass beim Menschen die Lungen im Verhältnis zur Gesamtkörpergröße wesentlich größer sind als die der Meeressäuger.

Die Medizin kann keine zuverlässigen Aussagen über die maximale Tiefe machen, in die ein frei schwimmender Mensch tauchen kann. Durch intensives Training und die richtige innerliche Einstellung wurden die Grenzen weit über das hinausgeschoben, was die Ärzte vor einer Generation noch für möglich hielten. Umberto Pelizzari ist dafür das beste Beispiel, er ist weiter gegangen als jeder andere.

Wettkämpfe im Apnoetauchen sind im modernen Tauchsport äußerst umstritten. Die Freitaucher behaupten, man könne das Apnoetauchen nur dann verstehen, wenn man es tue. Für die meisten von ihnen dienen das Training und die Verbesserung ihrer Fähigkeit, ohne Atem auszukommen, einfach nur dem Ziel, die Welt unter Wasser ohne hinderliches Atemgerät zu genießen. Anstatt in Ausbildung und Ausrüstung für das Gerätetauchen zu investieren, legen sie sich nur das absolut Notwendige zu – Maske, Flossen und Schnorchel – und schwimmen unter Wasser herum, ohne Angst vor Dekompressionskrankheit, Stickstoffnarkose oder einem Ausfall der Geräte haben zu müssen.

Für eine kleine, aber rasch wachsende Zahl von Männern und Frauen auf der ganzen Welt bedeutet dieser Sport jedoch mehr. Er hat etwas Poetisches für sie, es umgibt ihn das Geheimnis einer verborgenen Welt, das man als Zen des Tauchens bezeichnen könnte. Das hat schon lange nichts mehr mit der einfachen Kunst zu tun, tief Luft zu holen, ins Meer zu springen und einen Schwamm vom Meeresgrund zu holen oder eine Perlenauster von der Muschelbank zu pflücken. Das hat nicht einmal mehr etwas mit dem Wunsch zu tun, mit einer Harpunenbüchse auf Fischfang zu gehen. Das Freitauchen hat mit dem wettkampfmäßigen Apnoetauchen eine neue Dimension erreicht und nimmt für sich in Anspruch, die Wassersportart zu sein, die sich weltweit am schnellsten ausbreitet.

Freitaucher, die an diesen Wettkämpfen teilnehmen, haben eine Reihe von Unterwasserübungen entwickelt, mit denen sie ihre Apnoebelastbarkeit prüfen. In ihrer einfachsten Form, der »statischen Apnoe«, halten die Männer und Frauen einfach den Atem an und lassen sich unter strenger Aufsicht mit dem Gesicht nach unten in einem Schwimmbecken treiben. Ein Freitaucher erklärte mir einmal, natürlich sehe es auf den ersten Blick wie eine etwas merkwürdige Art abendlicher Freizeitgestaltung aus, wenn sich lauter Erwachsene in einem Schwimmbecken treiben lassen und dabei so lange wie möglich den Atem anhalten; Sinn und Zweck der statischen Apnoe sei es jedoch, im Gedächtnis eine Art

Erinnerung zu erzeugen. Diese Erinnerung bringt Gehirn und Körper dazu, dem Drang zu atmen länger zu widerstehen. Um noch einmal den Vergleich zu einem Leichtathleten zu ziehen: Der Freitaucher gewöhnt sich an den Schmerz, den das Nichtatmen verursacht, genauso wie ein Langstreckenläufer den Schmerz und die Müdigkeit in seinen Beinen überwinden muss, die durch die Bildung von Milchsäure in den Muskeln entstehen.

Bei der »dynamischen Apnoe« ist es das Ziel der Wettkämpfer, unter Wasser eine möglichst große Strecke in der Horizontalen zurückzulegen, so wie Kinder oft ausprobieren, wie weit sie durch das Schwimmbecken tauchen können, ohne aufzutauchen. Ein guter Apnoetaucher bringt es in einem 25 Meter langen Schwimmbecken auf sechs Längen, ohne nach oben zu kommen und Luft zu holen. Zum Training für diese Disziplin gehören Liegestütze unter Wasser, aber auch das Atemanhalten an der Luft, beispielsweise beim Einkaufen im Supermarkt – kurzum, man tut alles, was den Körper daran gewöhnt, nicht zu atmen.

Zu den meistbewunderten Leistungen im Apnoetauchen gehört das Tauchen im offenen Wasser, meist an einer warmen Stelle im Meer oder in einem See. Der Tauchgang mit konstantem Gewicht, bei dem der Taucher nur die eigene Kraft, eine Tauchmaske, Flossen und einen Bleigürtel benutzt, stellt die größte körperliche Herausforderung in diesem Sport dar. Der Taucher taucht an einer Markierungslinie, meistens einem Seil, entlang, nimmt an der tiefsten Stelle, die er erreichen kann, eine Markierung ab und schwimmt dann wieder an die Oberfläche, ohne unterwegs etwas zu berühren. Mit anderen Worten, das Gewicht des Tauchers beim Abtauchen ist dasselbe wie beim Aufstieg. Das Abtauchen ist dabei der leichtere Teil, 80 Prozent der insgesamt aufgewendeten Kraft werden beim Aufstieg unter Druck und gegen die Schwerkraft verbraucht.

Bei einer Abart dieser Disziplin, dem Tauchgang mit variablem Gewicht, ist es dem Taucher erlaubt, zum Abtauchen einen Schlitten mit einem Höchstgewicht von 30 Kilogramm zu benutzen. Dieses Gewicht lässt er dann in der Tiefe zurück und kehrt an die

Oberfläche zurück, indem er sich an der Markierungslinie hochzieht. Für die Teilnahme an solchen Wettkämpfen und Rekordversuchen bedarf es großer Ausdauer, Kraft und einer ungeheuren Konzentration, aber auch einer großen Toleranz gegenüber den Empfindungen, die das Atemanhalten hervorruft.

Bei den No-Limit-Wettbewerben werden noch wesentlich größere Tauchstrecken bezwungen. Dabei steht dem Taucher die Wahl des Schlittens frei. Pelizzari beispielsweise taucht mit mehr als 50 Kilogramm Ballast und benutzt einen gasgefüllten Ballon, der ihn an die Oberfläche zieht. Die Grenze wird hier nicht vom Gewicht des Schlittens bestimmt, sondern davon, wie schnell der Taucher beim Abtauchen den Druck auf sein Trommelfell ausgleichen kann. Wenn Pelizzari mit etwa 54 Kilogramm Ballast in die Tiefe saust, müssen seine Ohren mit einer Sinkgeschwindigkeit von mehr als vier Metern pro Sekunde fertig werden.

Solche Wettkämpfe, bei denen ein Mensch an einem Stahlseil entlang 150 Meter weit in die blaue Meerestiefe rauscht, lassen sich bei den Zuschauern und beim Fernsehpublikum, das nicht sehr viel über das Apnoetauchen weiß, gut vermarkten. Sie bieten ein Spektakel, ein Drama aus dem wirklichen Leben, das den Teilnehmer den höchstmöglichen Preis kosten kann – sein Leben. Die Hersteller von Tauchausrüstungen ziehen aus der Publicity solcher Veranstaltungen ihren Nutzen. Die Tauchgänge selbst haben genauso viel von einer Zirkusnummer an sich wie von einer sportlichen Leistung, aber für viele Leute gibt es nichts, das die Begegnung des Menschen mit der Tiefe deutlicher zum Ausdruck brächte.

In Frankreich und Italien, wo es die meisten Apnoetaucher gibt, hat sich die Wettkampfkunst des Freitauchens aus dem Speerfischen und der Unterwasserjagd entwickelt. Das Mittelmeer hat so viele Taucher hervorgebracht wie alle anderen Gewässer auf der Welt zusammen. Es wird berichtet, dass im Jahr 1913 ein griechischer Schwammtaucher, Stotti Georghios, mit angehaltenem Atem 70 Meter tief getaucht ist. Er war von der italienischen Marine angeheuert worden, ein Seil am verloren gegangenen Anker des Schlachtschiffes *Regina Margharita* anzubringen. Georghios bediente sich der althergebrachten Methode des Schwammtauchens und ließ sich von einem schweren Stein in die Tiefe ziehen; Marineberichten zufolge tauchte er dabei mit den Füßen nach unten, genauso wie moderne No-Limit-Taucher. Damals standen jedoch keine Sicherheitstaucher bereit, um ihn zu retten, und es gab auch keine Kameras, die seine Leistung für die Nachwelt aufgezeichnet hätten. Die Untersuchung durch einen italienischen Arzt ergab, dass beide Trommelfelle Georghios' perforiert waren. Er konnte nur noch auf einem Ohr ein wenig hören. Die Schäden waren allerdings chronisch und nicht das Ergebnis des Rekordtauchgangs – der griechische Taucher hatte sein Hörvermögen der Notwendigkeit geopfert, regelmäßig in die Tiefe vorzudringen.

1949 schloss Raimondo Bucher, ein Italiener ungarischer Herkunft, eine Wette über 50 000 Lire ab, dass er es schaffen würde, im recht schmutzigen Meer bei Neapel 30 Meter tief zu tauchen. Zum Beweis wollte er einem Gerätetaucher, der dort unten auf ihn warten sollte, ein versiegeltes Schriftstück mit den Unterschriften mehrerer Schiedsrichter übergeben. Das war die Geburtsstunde des Freitauchens als Wettkampfdisziplin.

Buchers Leistungen spornten andere an. Ennio Falco und Alberto Novelli stellten neue Rekorde auf, wobei sie wie ihr Vorbild lediglich eine Maske und Flossen benutzten. In den 60er Jahren machten sich neben anderen der Franzose Jacques Mayol und der Italiener Enzo Maiorca daran, die Grenzen für die Tiefe, die man ohne Atemgeräte erreichen konnte, noch weiter auszudehnen. Die Verfahren zur Herstellung von Flossen, Masken und Anzügen wurden verbessert und minderten einige der unangenehmen körperlichen Begleiterscheinungen beim Tauchen. Im Laufe der Zeit wurden vor Rio de Janeiro, den Bahamas, Capri und Florida die Rekordmarken über die 50-Meter-Grenze geschoben. Schon bald versuchten die Taucher, sich bei den Tauchgängen gegenseitig zu übertreffen, jeder tauchte immer noch ein paar Meter weiter hinunter, und die Männer stießen in Tiefen vor, die Mediziner in ihren Ansichten darüber, wie tief ein Mensch tauchen konnte, ohne seinem Herzen oder seinen Lungen infolge des Drucks einen bleibenden Schaden zuzufügen, eines Besseren belehrten.

Die Wissenschaftler waren geteilter Meinung, wie tief ein Mensch tauchen konnte, und es blieb der Marine der Vereinigten Staaten überlassen, eine eingehende physiologische Studie zum Freitauchen durchzuführen, deren Ergebnisse für die Entwicklung eines Überlebenstrainings für U-Boot-Besatzungen von Bedeutung waren. Der Mann, der all die Theorien überprüfen sollte, hieß Robert Croft und war Ausbilder an der Submarine Training School in Connecticut.

Bob Croft war 33 Jahre alt, als er sich freiwillig für Tauchexperimente unter Leitung des Marinearztes Dr. Karl Schaeffer meldete, der während des Krieges im U-Boot-Korps der Deutschen gegen die US Navy gekämpft hatte. Nach dem Krieg hatte Schaeffer, wie viele angesehene Wissenschaftler, das Angebot erhalten, für die amerikanische Regierung zu arbeiten, und er galt als Experte auf dem Gebiet der Unterwassermedizin. Schaeffer benutzte die Dekompressionskammern der Tauchschule der Navy, um eine Reihe wissenschaftlicher Experimente zu entwickeln, mit denen er untersuchen wollte, welche Auswirkungen das Tauchen in große Tiefen auf die Körperfunktionen eines Menschen hatte.

Bob Croft wurde zum offiziellen Versuchskaninchen erkoren, weil er als Einziger von allen Ausbildern an der Tauchschule ohne Probleme mit angehaltenem Atem bis auf den Grund des Übungsbeckens tauchen konnte, das heißt etwas tiefer als 30 Meter. 1967 erregte Croft weltweites Aufsehen, als er unter Dr. Schaeffers Aufsicht als erster Mensch nachweislich mehr als 60 Meter tief tauchte. Für diesen Versuch verwendete man ein einfaches, an einem Seil befestigtes Gewicht mit einer eingebauten Bremsvorrichtung, das ihn nach unten zog. Beim ersten Tauchgang kam Croft 65 Meter tief, und bei Versuchen im darauf folgenden Jahr erreichte er sogar eine Tiefe von 72 Metern. Das hatte vor ihm noch kein amerikanischer Freitaucher geschafft, und die Rekorde wurden zudem auf amerikanischem Gebiet vor der Küste Floridas in der Nähe von Fort Lauderdale aufgestellt. Das Interesse der Öffentlichkeit war geweckt, und der Filmstar und ehemalige Olympiasieger Johnny Weissmüller war im Auftrag der Swimming Hall of Fame in Florida als Zeuge bei den Tauchgängen anwesend. Croft wurde in Amerika zur Berühmtheit, wenn auch nur für kurze Zeit. Als er den Weltrekord brach, erschienen in *Life* und im *Wall Street Journal* ausführliche Berichte über ihn, und er wurde zu Talkshows mit David Frost und sogar in die äußerst populäre *Today Show* eingeladen.

Crofts Rekordtiefe ist seit jener Zeit mehr als verdoppelt worden, aber damals war man der Ansicht, dass der Druck auf die Brust jeden umbringen würde, der sich sehr viel tiefer als 30 Meter wagte. Noch erstaunlicher ist, dass Croft nur mit einer Badehose tauchte, ohne Flossen an den Füßen und mit einer Maske, die nach heutigen Maßstäben mehr als antiquiert aussieht. Er verzichtete auf Gummiflossen, weil sie beim Abtauchen nur den Widerstand erhöht hätten und er sich beim Aufstieg am Seil nach oben zog. Croft setzte neue Grenzen, und dafür stehen alle heutigen Freitaucher in seiner Schuld.

Bob Croft hat später im Staat New York in der freien Wirtschaft Karriere gemacht und befindet sich seit kurzem im Ruhestand, seine Karriere als Freitaucher endete aber schon mit seiner Entlassung aus der Marine. Er ist ein fröhlicher, energischer Mensch und ziemlich bescheiden, wenn es um die Beurteilung seiner damaligen Leistungen geht. Als ich ihn fragte, ob seine Tauchrekorde für ihn etwas mit Mut zu tun hatten, antwortete er sachlich: »In der Marine handelten wir nach der Devise ›Packen wir's an‹. Dadurch konnten wir etwas erreichen. Ich glaube nicht, dass es eine Frage des Muts war.«

Crofts Rekordtauchgänge waren in körperlicher Hinsicht ausgesprochen belastend. Er erzählte mir, er habe beim Tauchen jedes Mal Schwierigkeiten gehabt, den Druck auf seine Ohren auszugleichen. Dieses Problem, so erklärte man ihm damals, beruhe darauf, dass seine eustachischen Röhren sehr eng seien.

Bevor er seine Rekordversuche unternahm, suchte er einen Hals-Nasen-Ohren-Arzt auf, der ihm vorschlug, die Röhren auf chirurgischem Weg zu dehnen. Der Arzt wies ihn darauf hin, dass es sich dabei um ein Experiment handle, und führte mit Crofts Einverständnis ohne Narkose über den Rachen einen erhitzten Draht in die eustachischen Röhren ein. Croft erinnert sich, dass der Druckausgleich nach dieser unangenehmen Prozedur etwas einfacher war, obwohl man aus heutiger medizinischer Sicht vor einer solchen Operation warnen würde, da das Ausbrennen des empfindlichen Gewebes in den eustachischen Röhren mit großer Wahrscheinlichkeit zur Narbenbildung und damit zu einer weiteren Verengung der Röhre führt.

Bob Croft räumte zwar ein, dass bei seinem Training auch die Psychologie eine Rolle spielte, dass er das Ganze überlebt hat, führt er jedoch allein auf seine körperliche Fitness zurück und auf sein uneingeschränktes Vertrauen in Schaeffers Berechnung der Tiefen, in die er ohne Verletzungsgefahr tauchen konnte. Der Franzose Jacques Mayol, der in den folgenden zehn Jahren mit seinen Rekordversuchen zu Ruhm gelangen sollte, besuchte Croft damals in Florida und bestand darauf, den Rekordversuchen beizuwohnen, und zwar mit voller Atemausrüstung. »Mayol hat Yoga gemacht, Kopfstände und so«, erzählt Croft. »Um so was habe ich mich eigentlich nicht gekümmert. Ich bin regelmäßig gelaufen und ins Fitnessstudio gegangen.«

Ganz glaubwürdig ist Crofts Behauptung, er sei nur ein Amateur gewesen, wohl nicht. Mayol und andere haben seine Methoden und sein Training sehr genau studiert. Dass es Croft gelungen war, die bis dahin gültigen Gefahrengrenzen zu überschreiten, spornte sie an, es ihm gleichzutun und seine Rekorde schließlich zu überbieten. Auf Nachfrage erklärte Croft, die umfangreichen physiologischen Untersuchungen Schaeffers hätten ergeben, dass er über ein außergewöhnlich großes Lungenvolumen verfügte, obwohl er als Kind wenig Anlass zur Hoffnung auf irgendwelche Leistungen sportlicher Art gegeben hatte. »Es ist schon komisch, ich war nicht gerade ein besonders kräftiges Kind, um genau zu sein, wurde ich mit Rachitis geboren«, sagt Croft und lacht. »Und als Säugling hatte ich zweimal eine Lungenentzündung. Ich schätze, das hat sich irgendwie verwachsen.«

Bob Croft gab das Rekordtauchen auf, nachdem er sich einen Namen als derjenige Taucher gemacht hatte, der tiefer getaucht war als jemals ein anderer Mensch zuvor. »Ich kam zu dem Schluss, dass es keinen wissenschaftlichen Nutzen mehr hatte, noch tiefer zu tauchen«, sagt er heute. »Und ich habe wohl auch befürchtet, dass man das, was ich da tat, nur als Zirkusnummer betrachten würde.«

Fotografien, die Croft zeigen, wie er von seinen tiefsten Tauchgängen wieder an die Oberfläche steigt, lassen erkennen, welche Falten die Haut auf seinem Rücken und Bauch infolge des ungeheuren Drucks, dem er ausgesetzt war, schlug. Als einer der Ersten experimentierte er mit Unterwasser-Kontaktlinsen, damit er keine Maske tragen musste, die sich gegen sein Gesicht presste. Die Kontaktlinsen waren ursprünglich als Ersatz für Gesichtsmasken für die Kampfschwimmer bei ihren verdeckten Unterwasseroperationen entwickelt worden, da die Masken sich verschieben konnten, wenn die Schwimmer von einem Schnellboot aus ins Meer springen mussten. Croft bekam ein Paar Versuchslinsen mit einem Luftpolster, damit er unter Wasser sehen konnte. Er probierte die Linsen im Schwimmbecken auf dem Stützpunkt aus und bekam schreckliche Schmerzen, weil sich unter ihnen gechlortes Wasser ansammelte und gegen seine Augen drückte. Im Meer passierte das Gleiche mit Salzwasser. Daher entwickelte man eine Lösung, die das Salzwasser neutralisieren sollte, aber als Croft sie testete, reagierten seine Augen ausgesprochen empfindlich darauf – er sprang damals schließlich über Bord, weil er hoffte, dass das Meerwasser die Inhaltsstoffe der Lösung neutralisieren würde. Stattdessen wurden die Schmerzen noch schlimmer, und man musste ihn aus dem Meer ziehen und die Linsen aus seinen Augen entfernen. Croft überlegte, wie sich diese Schmerzen vermeiden ließen, und kam zu guter Letzt auf die Idee, eine Schüssel mit einer Salzlösung zu füllen, das Gesicht hineinzutauchen, die Linsen einzusetzen und dann eine Maske aufzusetzen, die Linsen und Salzlösung zusammenhielt. »Die Linsen waren eigentlich ganz angenehm zu tragen, nachdem ich erst einmal herausgefunden hatte, wie ich die Salzlösung verwenden musste, damit kein Meerwasser mehr eindrang und mir die Augen verbrannte«, erinnert sich Croft. »Sie waren ungefähr so groß wie ein 25-Cent-Stück und bestanden aus zwei miteinander verschweißten Plastikschichten, zwischen denen sich ein Luftpolster befand. Ich musste die Maske mit der Salzlösung füllen, um zu verhindern, dass beim Tauchen ein Luftraum entstand. Der Druck auf die Maske hätte meine Augen verletzt, wenn nicht aus den Höhlen gesaugt.«

Alle Versuche und die Analysenergebnisse des Gasaustauschs und der Blutproben, die man Croft vor und nach seinen Tauchgängen abnahm, wurden sorgfältig aufgezeichnet und trugen erheblich zur Erweiterung der bis dahin dürftigen wissenschaftlichen Kenntnisse über das Freitauchen bei. Bob Croft gab das Tauchen auf, bevor es finanzkräftige Sponsoren anzog; viele seiner frühen Rekordversuche hatte er sogar zu großen Teilen selbst finanziert.

Jacques Mayol begab sich unterdessen auf die Suche nach anderen Sparringspartnern und arbeitete an seinem Ruf als Begründer des wettkampfmäßigen Freitauchens. Als die tollkühnen Rekordversuche immer mehr Aufmerksamkeit auf sich zogen, fand er einen neuen Gegner, den Italiener Enzo Maiorca. Zwischen 1974 und 1988 kämpften die beiden Männer um den Platz an der Spitze und lösten sich fast jährlich als Halter des No-Limit-Titels ab. Im Jahr 1976 erreichte Mayol schließlich vor der Insel Elba die magische Grenze von 100 Metern. Nicht zuletzt führte das jahrelange Kopf-an-Kopf-Rennen der beiden Männer zu einem wachsenden Interesse am Apnoetauchen.

1988 brachte der französische Spielfilm *Big Blue* das Duell zwischen Jacques Mayol und Enzo Maiorca in die Kinos. Unter der Regie von Luc Besson, von dem auch die Vorlage stammte, sollte der Film den Zuschauern etwas vom Gefühl des Freitauchens vermitteln. Der Leinwand-Gegner von Mayol trug den Namen Enzo Molinari, aber es war klar, wer für diese Figur Pate gestanden hatte. *Big Blue* wurde zum Erfolg und ließ rund um die Welt einen wahren Kult entstehen, dessen Anhängerschaft ständig noch weiterwächst. Er wird bis heute in die Kinoprogramme aufgenommen, und mittlerweile gibt es auch mehrere Videoversionen unterschiedlicher Länge.

Für das Massenpublikum und für viele Kritiker begab sich der Film allerdings zu sehr in den Bereich des Mystischen. Freitaucher rund um die Welt sind sich jedoch einig, dass die Aufsehen erregenden Unterwasseraufnahmen ihre Leidenschaft für das »Blau« wie ein Gedicht in Bildern zum Ausdruck bringen. In einem Pressetext hieß es: »Keine Korallen, keine tropischen Fische, kein weißer Sandstrand, nur Blau, unendliches Blau.«

Im Film sind die beiden Figuren Enzo und Jacques lose miteinander befreundet, liegen jedoch in einem ständigen Wettstreit miteinander, wer im Freitauchen der Bessere sei. Während der Italiener Enzo ein Lebenskünstler ist, der sich auf den Zusammenhalt seiner Familie verlassen kann, ist Jacques ein Einzelgänger, der als Kind zusehen musste, wie sein Vater beim Schwammtauchen ertrank. Die Geschichte verfolgt den Lebensweg der beiden Männer von ihrer Kindheit am Mittelmeer bis zu einer letzten, verhängnisvollen Begegnung als Erwachsene. Der größte Teil der Handlung spielt in den klaren blauen Gewässern vor Taormina auf Sizilien, wo Enzo Molinari sich schließlich bei dem Versuch, seinen jüngeren Rivalen zu schlagen, zu viel zumutet. Neben der Geschichte des Konkurrenzkampfes zwischen den beiden Männern wird außerdem eine Liebesgeschichte erzählt. Jacques (dem der Schauspieler Jean-Marc Barr etwas Rätselhaftes verleiht) ist hin und her gerissen zwischen seiner Liebe zu einer Frau und seiner Leidenschaft für das Wasser. Die Anziehungskraft, die Jacques gleichermaßen auf den Zuschauer wie auf seine Geliebte ausübt, beruht zu einem nicht geringen Teil auf seiner Ruhe und Selbstbeherrschung. Jacques ist für materielle Dinge unempfänglich, seine Leidenschaft für das Meer lässt alle anderen

Gefühle, alle Wünsche und letztlich alle menschlichen Beziehungen in den Hintergrund treten. Es ist offensichtlich, dass die Verpflichtungen in der Welt der Luft nur eine lästige Ablenkung von seiner geistigen Heimat sind – dem Meer. Sein Mittelpunkt ist die Welt des Wassers.

In *Big Blue* kommt es zu mehreren Begegnungen zwischen Jacques und Delphinen. An einer Stelle befreit er Delphine aus der Gefangenschaft eines Aquariums. Ihr Leiden ist eindeutig als Metapher für die geistige Armut zu verstehen, die wir den uns in unserer Welt auferlegten Grenzen zu verdanken haben. Wild lebende Delphine stehen für alles, was gut, rein, liebenswert und frei ist, und bei Besson werden sie zum Totem, zur schamanistischen Verkörperung von Hoffnung und Glück. In *Homo Delfinus*, seinem Buch über Mensch und Meer, stellt Jacques Mayol eine weitere symbolische Verbindung her, eine Beziehung zwischen der menschlichen Spiritualität und unserer evolutionären Verbindung mit den Meeressäugern.

*Big Blue* gehört zum Pflichtprogramm für Apnoetaucher, die Handlung und Bilder des Films für die einzige Möglichkeit halten, diesen Sport einem Laien zu erklären. Der Höhepunkt des Films besteht darin, dass Jacques mit einem Delphin in die blaue Tiefe schwimmt, nachdem er beschlossen hat, niemals in die Luftwelt mit all ihren Problemen und Schwierigkeiten zurückzukehren. In Jacques' Fall bestehen diese Schwierigkeiten unter anderem in einer schwangeren Freundin, und in Anbetracht der Charakterisierung dieser Figur im Film erscheint es durchaus als bessere Wahl, dem Delphin zu folgen.

Umberto Pelizzari hat sich einen kleinen Delphin auf die rechte Schulter tätowieren lassen, und in der Welt der Freitaucher nimmt das Tier einen besonderen Platz ein, es gilt als Symbol für Stärke und Intelligenz in Kombination mit einem reinen Geist.

Vor Capo Testa sind an diesem Abend keine Delphine zu sehen, zumindest nicht von der Stelle aus, an der ich mich befinde. Die Sonne liegt wie ein Orangenschnitz über der Horizontlinie, und es ist Zeit, in den Hafen zurückzukehren, Zeit für Pelizzari, in den Club Mediterranée zurückzukehren, wo er während der Sommermonate in Santa Teresa sein Quartier aufschlägt. Pelizzari steht am Steuer des Schnellbootes und macht einen entspannten und glücklichen Eindruck, die Stunde im Wasser hat ihn erfrischt. Er ist eine beeindruckende Erscheinung, obwohl er über einen Meter achtzig groß ist, wiegt er kaum mehr als 80 Kilogramm. Er zieht mit seinem Aussehen, den von Wasser und Sonne hell gebleichten Haaren und der gesunden Bräune eines Bootsjungen, kommerzielle Sponsoren genauso an wie mit seinen Leistungen. Mit seinem schlanken, gebräunten Körper und dem Gesicht eines Models ist er das Idealbild eines Athleten und Idol seiner Anhänger. Ich frage ihn, was ihn dazu veranlasst, sein Leben zu riskieren, um eins mit dem Meer zu werden.

»Es ist mir egal, warum andere tauchen«, sagt er lächelnd. »Für mich ist das Meer das Leben an sich. Wenn ich hinuntertauche, versuche ich nicht, ein Delphin oder ein Fisch zu sein. Nein, ich versuche, zu Wasser zu werden.«

Wenn ich ihn nicht gesehen hätte, wie er taucht, hätte ich eine solche Aussage vielleicht als poetische Übertreibung abgetan, aber so verstand ich, was er meinte.

Umberto erzählte mir, der Sommer sei »verrückt« gewesen, in seinem Tauchzentrum habe Hochbetrieb geherrscht, und jetzt brauche er Urlaub, etwas Ruhe, bevor er sein nächstes Projekt in Angriff nehme, einen Dokumentarfilm über einen neuen Weltrekordversuch. Wir verabreden uns für den folgenden Tag in seiner Tauchschule zu einem Interview und, wenn es das Wetter erlaubt, einem anschließenden Tauchgang.

Wie Jacques Mayol vor ihm ist sich Pelizzari darüber im Klaren, dass man seine Rekorde irgendwann brechen wird und dass eines Tages eine neue Generation von Freitauchern mit einer noch weiter verbesserten Ausrüstung an seine Stelle tritt. Seine Weltrekorde haben es Pelizzari zwar ermöglicht, auf Sardinien ein Tauchzentrum zu eröffnen, aber er ist durch sie keineswegs reich geworden oder auch nur dauerhaft finanziell abgesichert.

Dafür ist er für die Einheimischen ein Held. Ich habe Pelizzari erlebt, wie er in seinem Geschäft arbeitet, tauchen geht, sich mit seiner Familie und Freunden zum Essen trifft und Anfragen seiner Sponsoren für Interviews, Fototermine und Werbeauftritte abwimmelt.

»Umbe!«, rufen die Einheimischen, wenn er im Hafen eintrifft, um zum Tauchen hinauszufahren, und das fröhliche Winken der Ladenbesitzer begleitet ihn, wenn er auf dem Moped durch den Ort fährt, um Besorgungen zu machen. Mit der nach hinten geschobenen verspiegelten Sonnenbrille und einer schier unerschöpflichen Auswahl an Badehosen verkörpert er den »beach boy« par excellence. Er stellt mich einigen seiner Freunde vor, manche davon Taucher, manche nicht. Giancarlo, Ludovico, Maximiliano, Pier Paolo. Alle sagen übereinstimmend, dass Umberto trotz seines Ruhms kein bisschen überheblich ist.

»Ich bin kein Fußballer oder Tennisspieler«, sagt er. »Na gut, in der Welt des Freitauchens kennt man meinen Namen inzwischen, aber das ist eine kleine Welt. Mein Ziel ist es, das mit den Rekordversuchen hinter mir zu lassen und mir einen Namen als Lehrer zu machen, den Leuten zu zeigen, wie wunderbar es ist, frei herumzuschwimmen, die Welt unter Wasser zu entdecken und die eigenen Fähigkeiten weiterzuentwickeln.«

Jeden Tag geschieht irgendetwas, das seinen Lehrplan durcheinander wirft. An einem Tag ist es ein Problem mit dem Boot, am nächsten ein logistisches Problem mit den Sporttauchern oder einem seiner Angestellten. Ich hatte nicht den Eindruck, als sei diese Umgebung innerer Einkehr oder Mystizismus gleich welcher Art förderlich.

Als wir in einem kleinen Café im Hafen saßen, gab Umberto zu, dass er derzeit nicht in der Verfassung sei, um über neue Rekorde im Freitauchen nachzudenken. Er sagte, er werde in einigen Wochen mit ein paar Freunden Urlaub in Griechenland machen und vielleicht speerfischen gehen, aber weiter könne er nicht vorausplanen. Ich fragte ihn, ob es ihm wirklich nichts ausmachen würde, noch einen Winter verstreichen zu lassen, ohne sich seinen

Titel zurückzuholen. Schließlich hatte nur wenige Tage zuvor ein italienischer Taucher einen neuen Rekord aufgestellt und Pelizzaris letzte Tiefe dabei um sechs Meter überboten.

»Ich tauche nicht wegen der Rekorde«, sagte er. »Klar finde ich es toll, die Nummer eins zu sein, aber mir geht es darum, dass ich Publicity bekomme, wenn ich einen Rekord aufstelle, und wenn die Leute wissen, dass ich der Beste bin, kommen sie her, um mit mir zu tauchen.«

Das Training für einen Weltrekordversuch im Tauchen mit konstantem Gewicht ist genauso anstrengend wie für einen Marathonlauf. »Ich muss mich zehn Monate lang darauf vorbereiten. Ich muss von all dem hier weg.« Umberto deutete mit dem Kinn auf die vielen Menschen und das geschäftige Treiben rings um die Tauchboote.

Wenige Wochen später fuhr Pelizzari in Urlaub und machte ein paar Tauchgänge zum Vergnügen, wie er es nannte. Er fühlte sich anschließend unerwarteterweise körperlich und geistig kräftig genug, einen neuen Rekord in Angriff zu nehmen. Möglicherweise waren die erzwungenen Aktivitäten während der Sommersaison in Santa Teresa doch eine Art von Entspannung und Training. Jedenfalls kehrte Pelizzari nach Italien zurück und stellte mit 80 Metern umgehend einen neuen Rekord mit konstantem Gewicht auf – vier Meter über der bisherigen Rekordmarke. Wieder einmal hatte er die Fachwelt mit einem neuen Rekord in Erstaunen versetzt, auch wenn er nach eigener Aussage nicht dafür trainiert hatte. Wenige Tage später erreichte er als erster Mensch eine Tiefe von 150 Metern beim No-Limit-Tauchen.

Als ich Pelizzari anrief, um ihm zu seinem neuen Rekord zu gratulieren, klang er erschöpft, aber zufrieden. »Als ich die 150-Meter-Marke erreichte, bekam ich eine Gänsehaut«, erzählte er mir. »Ich blieb eine halbe Minute unten und sagte mir, dass ich wirklich der Erste bin, der jemals bis zu dieser Tiefe gekommen ist. Welche Rekorde jetzt auch noch aufgestellt werden, in der Geschichte ist Enzo Maiorca der Erste, der 50 Meter erreicht hat,

Jacques Mayol der Erste, der 100 Meter erreicht hat, und ich bin derjenige, der die 150-Meter-Grenze durchbrochen hat.«

Die Reaktionen anderer Freitaucher auf Pelizzaris Leistung waren ganz unterschiedlich. Einige waren sogar der Meinung, er habe sich unsportlich verhalten, als er den Rekord so weit überbot. Bis zu diesem Zeitpunkt hatte es unter Freitauchern die stille Übereinkunft gegeben, immer nur jeweils einen Meter tiefer zu gehen, um einer größeren Zahl von Tauchern die Chance zu geben, während der Saison Sponsoren zu gewinnen und die Werbetrommel für sich zu rühren. Nur wenige könnten jetzt noch glaubwürdig einen neuen Rekordversuch anmelden. Pelizzaris Tauchgänge, sowohl mit konstantem Gewicht als auch im No-Limit-Tauchen, entfachten erneut wissenschaftliche Debatten, sein Ruf als der größte Freitaucher aller Zeiten wurde jedoch bestätigt.

Gelegentlich wird behauptet, das Freitauchen spreche den Geist der Zeit an: ein neuer Sport für ein neues Jahrhundert. Es ist eine individualistische Sportart, und es geht mehr um die innere Erfahrung als um die öffentliche Anerkennung. Der Freitaucher erfährt eine Freude, die sich in ein dauerhaftes inneres Gefühl der Gelassenheit verwandelt. Bei vielen stellt sich die Vorstellung einer Wiedergeburt ein, des Wiedereintritts in die Welt der Luft nach einem kurzen Aufenthalt im mütterlichen Element des Wassers. Im Tauchzentrum von Pelizzari lernte ich eine Frau kennen, die in diesem Sommer zwei Mal von Paris nach Sardinien gekommen war, um ihre Technik im Freitauchen zu verbessern. Sie erzählte mir, sie habe die Sportart bei einem Urlaub auf Martinique für sich entdeckt. Damals versuchte sie, über eine unglückliche Liebesgeschichte hinwegzukommen. »Ich war am Boden zerstört«, sagte sie. »Ich konnte nicht mehr schlafen und nicht mehr essen. Ich wollte mit niemandem reden. Ich war beim Psychologen, habe es mit Aromatherapie und Alkohol versucht – was Sie sich nur denken können. Und dann, nach drei Tagen Apnoetauchen, hatte ich vergessen, wovor ich davongelaufen war.«

An meinem letzten Tag auf Sardinien suchte ich Pelizzari in der Hoffnung, ihn auf einem letzten Tauchgang begleiten zu dürfen, im Tauchzentrum auf. Er sagte, er sei auf dem Weg nach Süden nach Marmorata, einer ausgedehnten Sandbucht, die von Granitfelsen umgeben ist und damit vor dem Wind geschützt. Das einzige Problem sei, dass er dem Fotografen und dem Werbeagenten eines seiner Sponsoren erlaubt habe, ihn zu begleiten. Sie wollten Bilder von ihm am Steuer seines Bootes machen, das sie mit Aufklebern für ihr Produkt verziert hatten. Pelizzari war nicht besonders glücklich darüber. Die Gruppe hatte sich zwei Stunden verspätet, und jetzt hatte auch noch eine Frau angerufen und ihm erklärt, sie sei eine Freundin des Geschäftsführers eines anderen Sponsors, und wollte, dass er ihre Tochter zum Tauchen mitnahm. Er hatte bereits auf seinen Tauchgang am Vormittag verzichtet, um sich um den Fotografen zu kümmern, und jetzt ging es auf Mittag zu. In zwei Stunden sollte er eine große Gruppe Apnoetaucher aus dem Club Mediterranée auf einem Tauchgang begleiten und durfte nicht zu spät kommen.

Schließlich kam der Fotograf mit einem Vertreter des Unternehmens, das ihn sponserte, und einer Stylistin im Schlepptau an. Wir kletterten in Pelizzaris Boot und waren gerade im Begriff abzulegen, als in der Nähe das Horn einer großen Motoryacht tutete. Eine sonnenverbrannte Matrone in einem nicht mehr ganz angemessenen Bikini winkte Pelizzari mit einem kräftigen Arm, an dem es golden blitzte und blinkte. Es war die Mutter der Taucherin in spe. Wir kehrten an die Anlegestelle zurück, um einen Tauchlehrer und Atemgeräte zu holen. Der Mann nebst Ausrüstung wurde auf die Yacht verfrachtet, und Pelizzari erklärte der Dame im Bikini, er sei leider zu beschäftigt, um selbst zu tauchen.

Auf dem Weg nach Marmorata entschied der Fotograf, dass das Licht für gute Aufnahmen viel zu grell war. Würde es Pelizzari etwas ausmachen, das Ganze auf den Nachmittag zu verlegen? Dieser erklärte sich bereit, allerdings ging es erst, nachdem er seine Verpflichtungen erfüllt und die für den Nachmittag gebuchte Gruppe begleitet hatte. Als wir den Tauchplatz erreichten, änderte der Fotograf seine Meinung erneut, da sich die Granitfelsen an der Küste wirklich ausgesprochen fotogen präsentierten. Ein paar Minuten lang war das Klicken der Kamera zu hören. Als Pelizzari sich anschickte, in seinen Taucheranzug zu steigen, erklärte die Stylistin, sie wolle ans Ufer zurück. »Ich dachte, Sie wollten Aufnahmen von mir im Wasser machen?«, sagte Pelizzari.

»Ja, aber wir verhungern gleich. Wir müssen erst mal zu Mittag essen.«

»Ich gehe jetzt tauchen.«

Ein weiteres Mal konnte ich mitverfolgen, wie sich Pelizzari in ein Wasserwesen verwandelte. Angetan mit Tauchanzug, Maske und Flossen, lässt er sich mit dem Gesicht nach unten im Wasser treiben, und das Atemritual beginnt.

Pelizzari scheint sich von allen Mühen des Erdenlebens zu befreien, sobald er im Wasser ist. Er füllt Brust- und Bauchraum mit tiefen reinigenden Atemzügen und bereitet sich mit einer Reihe gedanklicher Entspannungsübungen auf das Bevorstehende vor. Diese Übungen dienen nicht nur der Beruhigung und unterstützen die Verlangsamung des Herzschlags und des Stoffwechsels, sodass der Körper weniger Sauerstoff verbraucht, sie lassen darüber hinaus auch geistige Bilder entstehen. Stimmen die äußeren und inneren Bedingungen, dann reduzieren sich die unangenehmen Begleiterscheinungen des Atemanhaltens auf ein Minimum, wenn man sich auf diese positiven Bilder konzentriert.

Jeder Freitaucher verfügt über eine Reihe von Bildern, die er vor seinem inneren Auge wie einen Film auf der Leinwand ablaufen lassen kann. Dabei kommt es gar nicht so sehr darauf an, welcher Art diese Bilder sind, sie sind so individuell wie jede persönliche Erinnerung. Um meine Belastungsfähigkeit beim Apnoetauchen zu erhöhen, habe ich mir angewöhnt, Erinnerungsbilder an meine kleine Tochter aufzurufen, wie sie zu Hause spielt. Darin stehe ich zunächst allein im Flur und höre, wie Ilona im angrenzenden Raum lacht und tanzt. Dann wird ihr Lachen lauter, und schließlich höre ich die stampfenden Schritte ihrer kleinen Füße auf dem Teppich. Dann kommt sie um die Ecke. Ihr Rock fliegt, und auf ihrem Gesicht liegt ein Lächeln; so schnell sie kann, läuft sie auf mich zu und klammert sich an meine Knie. Diese einfache Bilderfolge kann ich in verschiedene Einzelbilder aufspalten, die jeweils von Geräuschen und Bewegungen begleitet werden. Es sind Bilder, die ich mit tiefem Glück und Zufriedenheit verbinde. Sie enthalten genug Einzelheiten, auf die ich jederzeit »zoomen« kann. Manchmal konzentriere ich mich auf das Muster des Kleides meiner Tochter, manchmal betrachte ich die vertrauten Szenen auf den Gemälden im Flur, die von meiner Frau stammen. Ich finde in meinen erinnerten Bildern genug Details, um eine Minute Atemanhalten auszufüllen.

Wenn ich etwa zwei Minuten meinen Atem anhalte und dann die Gedankensequenz in Gang setze, wird die dritte Minute leichter, die mir eigentlich immer am schwersten fällt. Im Idealfall kann ich durch diese Entspannungsübungen das Atmen vergessen, wichtiger noch: den Atemdrang vergessen. Die Konzentration erhöht sich, und die Empfindungen beim Eintauchen werden intensiver. Ich empfinde keine Angst und verschwende keinen Gedanken daran, was unter Wasser passieren könnte oder wie lange ich unten bleiben kann. Alles um mich herum, alle sensorischen Informationen haben nur für diesen Augenblick Bedeutung. Das Leben verdichtet sich auf das Jetzt.

In der Bucht von Marmorata begleitete ich Pelizzari ein letztes Mal ins Wasser und sah hinunter auf die blaue Unterwasserlandschaft. Die gleißende Sonne färbte das Meer hellblau, und der Meeresgrund reflektierte einzelne Strahlen wie das Licht von Scheinwerfern, das den nächtlichen Himmel durchschneidet. In einer Tiefe von etwa 20 Metern unter der Meeresoberfläche stießen wir auf einen Haufen grauer Stahlplatten, die die Gestalt eines Schiffes hatten. Wir hatten unser Boot über dem Wrack der *Angelica* festgemacht, einem Handelsschiff, das im Sturm zwischen den Granitfelsen auf Grund gelaufen war. 25 Jahre später ist ihre Form immer noch zu erkennen: ein spitzer Bug, mehrere Handläufe und die Brücke, die aus den verbogenen Stahlplatten ragt, hinter denen einstmals die Ladung verstaut war.

Die *Angelica* ist ein äußerst beliebter Tauchplatz, in dem

metallenen Labyrinth verstecken sich Tintenfische, Barsche und zahllose andere Meerestiere, die das Schiff im Laufe der Zeit in ein künstliches Riff verwandelt haben.

Nach fünf Minuten ist Pelizzari bereit zum Tauchen. Zunächst begnügt er sich damit, zum Deck des Schiffswracks hinunterzutauchen, dort einen Augenblick zu bleiben und langsam wieder an die Oberfläche zu steigen oder sich mit den Händen an der Ankerkette hochzuziehen.

Nach der Aufwärmphase mit mehreren Tauchgängen in nicht besonders große Tiefen folge ich ihm zum Deck der *Angelica*, wo ich mich an einem Handlauf festhalte und in 20 Meter Tiefe ausruhe. Pelizzari hat bereits das Zwischendeck erreicht und liegt bewegungslos mit dem Gesicht nach unten auf einer schiefen Metallplatte, ohne irgendetwas oder irgendjemandem im Meer Beachtung zu schenken. Er könnte schlafen.

Ich schaue auf die Uhr, nach einer Minute bewegt er sich, aber er sieht nicht auf. Mit den Füßen zuerst gleitet er von der Metallplatte, macht dann eine Drehung, und mit dem Kopf voran verschwindet er im Bauch des Wracks. Nach drei Minuten kehre ich an die Oberfläche zurück und lege in der Nähe des Markierungsseils eine Pause ein, um den Meeresgrund nach ihm abzusuchen. Ich atme durch meinen Schnorchel und blicke auf das Wrack hinunter. Eine weitere Minute vergeht, und dann taucht er aus einem anderen Teil der *Angelica* auf wie ein Kaninchen aus einer der vielen Öffnungen seines Baus. Meiner Berechnung nach ist Pelizzari schon seit fast vier Minuten unter Wasser. Gerade als ich denke, dass er jetzt wohl wieder aufsteigt, hält er inne. Er beugt sich in der Taille und beginnt, sich wie ein Korkenzieher zu drehen, wobei seine Arme wie Sicheln durch das Wasser schneiden. Pelizzari hat etwas von einem Kunstturner, aber seine Bewegungen werden nicht immer wieder von irgendeiner Gummimatte gebremst. Er wird vom Meer aufgefangen.

Umberto Pelizzari ist im Wasser so flüssig geworden wie das Wasser selbst. Er ist nur mehr eine schemenhafte Gestalt, sein Körper verborgen unter dem Neoprenanzug. Doch da ist die Bewegung eines Muskels zu erkennen, lange Beine mit Flossen, so biegsam wie ihr Träger. Unter dem Gummi sieht kein Stück Haut, keine Haarsträhne hervor, die den Blick von der puren Gestalt des Mannes ablenken würden. Endlich treibt es ihn doch an die Luft zurück, und mit gleichzeitigen Schlägen beider Beine gleitet er durch das Wasser nach oben, die Flossen zum Schwanz eines Delphins verschmolzen. Bei jedem Schlag treten die Muskeln an den Oberschenkeln hervor, und durch den ganzen Körper läuft eine Wellenbewegung, als sei er selbst aus Wasser.

Ohne jedes Geräusch taucht Pelizzaris Kopf aus dem Meer auf, und er atmet tief ein, um seine Lungen mit Luft zu füllen. Seine Atemzüge sind kräftig und nach Leben schöpfend, aber sie haben nichts Verzweifeltes an sich. Pelizzaris Gesicht strahlt, und er ist völlig in Einklang mit sich und seiner Welt. Ich schwimme zum Boot zurück, noch ganz unter dem Eindruck der Anmut und Schönheit dieses Mannes, dankbar, dass ich das Meer mit ihm teilen durfte.

## 12 Begegnung der Seelen

*Miteinander schwebend, doch auf ewig getrennt.*
*Jeder für sich allein mit den Wassern, gemeinsam von einer Welle getragen.*
*Zwischen ihnen nur ein magnetisches Band im Wasser.*

D. H. Lawrence, »Fish«

Das Lächeln eines Delphins hat etwas Besonderes. Die glatte Haut um seine großen, verschmitzten Augen herum legt sich in Falten wie die unsere, wenn wir lachen. Die Eleganz ihrer stromlinienförmigen, schlanken Körper ist ein ausgesprochen erfreulicher Anblick. Sie haben anders als Haie nichts Kantiges oder Bedrohliches an sich. Der Kopf eines Delphins hat eine runde Spitze, und seine Zähne sind klein und ebenmäßig. Mit ihren Nasenlöchern produzieren sie ein Geräusch, das dem Kichern ähnelt, das wir unter der Einwirkung von Lachgas von uns geben. Wir fühlen uns wohl mit ihnen.

Als ich ein Kind war, sah ich mir im Fernsehen jede Folge von *Flipper* an. Ich war hingerissen von dieser Serie über Sandy Ricks, den Jungen, der ein so unbeschwertes Leben in sonniger Gegend führte, ohne größere Einmischung vonseiten Erwachsener und mit einem Delphin als Gefährten. Flipper war im Wasser das Gegenstück zu Skippy, dem Känguru, wenn auch zweifellos viel intelligenter, und warnte den Jungen vor Gefahren. Flipper führte Sandy (und seinen Vater, den Parkranger) an Unglücksorte oder half ihm, Gaunern, die vor der Küste Floridas ihr Unwesen trieben, das Handwerk zu legen. Der Junge lebte in einem kleinen Holzhaus, das von Mangrovenwäldern und Gebüschen umgeben war, er hatte ein eigenes kleines Boot, und sein Freund, der Delphin, wartete nur wenige Meter von der Eingangstür entfernt am Ende des Bootssteges auf ihn. Sein Leben war bis ins kleinste Detail ganz einfach perfekt.

*Flipper* hatte einen echten Delphin zum Vorbild, Mitzy, der sich 1958 im Netz eines Fischers aus Florida verfangen hatte. Der Fischer hieß Milton Santini und war einer der Ersten, die sich mit der Haltung und Zucht von Delphinen beschäftigten. Er pflegte den Delphin Mitzy, bis dieser wieder gesund war, und richtete ein Heim für verletzte Delphine ein. Heute leben noch einige von Mitzys Nachkommen bei Grassy Key in Florida, wo die Fernsehserie gedreht wurde. Mitzy und seine beiden Doubles, Mr. Gipper und Little Bit, bildeten den Grundstock für ein Forschungsprogramm, das heute den Namen Dolphin Research Center (DRC) trägt. Nachdem ich mehr als 30 Jahre die Bilder von Flipper und seiner Welt mit ihren schlichten Moralvorstellungen mit mir herumgetragen hatte, konnte ich der Versuchung nicht widerstehen, den Ort aufzusuchen, an dem Santini mit dem Delphin gearbeitet hatte. Ich wusste, dass ich damit Gefahr lief, eine schöne Erinnerung zu zerstören.

Eine zweistündige Autofahrt auf dem Highway 1 von Miami entfernt liegt das DRC, eine von mehreren Einrichtungen, die Besucher mit dem Versprechen einer »Begegnung mit Delphinen« anzulocken versuchen. Der Highway ist nur eine schmale Straße, gesäumt von Fastfood-Restaurants und rund um die Uhr geöffneten Läden und Motels. Sie versorgen den endlosen Strom von Touristen, die auf der Suche nach Hemingway'schen Abenteuern in die Florida Keys reisen, mit allem, was sie brauchen. Wie die meisten anderen Einrichtungen auf dieser Strecke konnte auch das DRC es sich nicht verkneifen, eine große Skulptur vor der Tür aufzustellen. Der riesige Delphin aus Fiberglas ist vielleicht verzeihlicher als manch andere der ozeanischen Kitschfiguren, die die Landschaft verschandeln. Irgendjemand muss mit dem Verkauf von Briefkästen in Form aufrecht stehender Seekühe und riesigen

Plastikhummern, die zwischen ihren Zangen Hotelschilder halten, ein Vermögen gemacht haben.

Das DRC ist eine gemeinnützige Einrichtung, die sich für die Belange von Delphinen einsetzt und die Öffentlichkeit dazu bringen will, sich um das Wohlergehen von Meeressäugetieren zu kümmern. Auf Grassy Key führen die Trainer Touristengruppen und Schulklassen um eine Reihe abgeschlossener Lagunen herum, in denen etwa 20 Große Tümmler (*Tursiops truncatus*) Kunststückchen zur Unterhaltung und Belehrung der menschlichen Besucher aufführen. Die meisten Trainer sind junge Frauen, die ihre gesamte emotionale Energie auf die Delphine zu konzentrieren scheinen; ihre Führungen und Vorträge sind außer von schulmädchenhafter Begeisterung und Liebe für einzelne Delphine auch von religiösem Eifer für die Belange der gesamten Spezies geprägt. Das Ganze wird ergänzt von einem unübersehbaren Sinn für Kommerz. Junge Trainerinnen in Polohemden und Shorts bringen die Delphine mit einer Handbewegung oder einem Pfeifton dazu, bestimmte Übungen vorzuführen. Ausgesprochen surreal ist die Vorführung des Delphinmalens, bei der eines der Tiere den Kopf aus dem Wasser streckt und mit einem Pinsel im Maul ein T-Shirt bemalt. Wenn man zwischen kreischenden Schulkindern und staunenden Touristen um die Delphinbecken herumläuft, überkommt einen ein gewisses Unbehagen über diese Mischung aus »Forschung« und »Unterhaltung«, mit der man Delphine dazu bringt, Saltos zu schlagen, um einen Happen Fisch zu bekommen.

Ich meldete mich für die »Begegnung mit Delphinen« an und wurde nach der Führung um die Delphinbecken gebeten, mich für eine kurze Unterweisung in einen der Unterrichtsräume zu begeben und mich bei der Trainerin Peggy Sloan zu melden. Zunächst klärte man uns mit einem Videofilm über die Probleme der in Freiheit lebenden Delphine auf. Fischfang, Umweltverschmutzung, Fangleinen, Lärm und brandaktuell das florierende Geschäft mit Bootsrundfahrten vor der Küste Floridas zur Beobachtung von Delphinen. Diesen Touren sei zu verdanken, so erzählte man uns, dass in einigen Gebieten die Delphine von Fütterungen mit ungeeigneter Nahrung abhängig werden und die Fähigkeit verlieren, für sich selbst zu sorgen. Flipper ist süchtig nach Junkfood geworden.

Die Mitarbeiter des DRC weisen darauf hin, dass das Wohlergehen frei lebender Delphine ein Indikator für den Zustand unserer Meere ist. Wie der Mensch stehen auch Delphine und ihre Verwandten, die Wale und Mörderwale, an der Spitze der Nahrungskette. Untersuchungen des DRC zeigen, dass die wunderbaren Tiere neuerdings bösartige Tumore entwickeln und an Virusinfektionen leiden, die sich nicht behandeln lassen. Mit großer Wahrscheinlichkeit werden diese Krankheiten durch die Meeresverschmutzung verursacht, und sie zeigen, dass wir mehr tun müssen, als immer nur von unseren Sorgen über die Zukunft auf dem Blauen Planeten zu reden.

Im DRC ist es jeden Tag maximal zwölf Personen gestattet, mit ausgesuchten Delphinen zu schwimmen, wobei es heißt, dass die Delphine darüber entscheiden, ob sie mitmachen wollen oder nicht. Keiner der Delphine darf mehr als zwei Stunden wöchentlich mit den Menschen schwimmen, weil man verhindern möchte, dass sie dessen überdrüssig werden oder sich langweilen. Zu unserer kleinen Gruppe gehörten vier Kinder, und für mindestens die Hälfte der Teilnehmer war es nicht der erste Besuch im DRC.

Wie in einer Gruppentherapiesitzung bat Peggy jeden von uns, sich vorzustellen und zu erzählen, warum er sich für diese Begegnung angemeldet habe. Wir sollten auch jede Art früherer Begegnungen mit dieser Spezies erwähnen. Wenig überraschend stellt sich heraus, dass alle eine Schwäche für Meeressäuger haben, und das ist auch gut so, denn nun bekommt Peggys Einführung etwas von einem Geburtsvorbereitungskurs. Sie nimmt das Plastikmodell eines Delphins aus einer Wiege, und wir sollen ihr sagen, wo es unserer Meinung nach »angemessen ist, einen Delphin zu berühren«. Der Bauch und die Geschlechtsorgane sind selbstverständlich tabu. Peggy erklärt uns dann die bis ins Detail geplante Begegnung mit den Delphinen im Becken. Wir haben stets den Anweisungen des Trainers zu folgen, und der Besuch wird sofort abgebrochen, so warnt man uns, wenn die Delphine einen von uns nicht mögen. Man bekommt den Eindruck, dass es die Delphine spüren können, wenn jemand negative Signale aussendet, und dass man für alle Zeit gebrandmarkt sein wird, sollten die Delphine ihr Missfallen bekunden.

Der Moment der Wahrheit ist gekommen, als ich mich ins Wasser des Delphinbeckens gleiten lasse und eine Hand flach auf die Wasseroberfläche lege. Mit der anderen halte ich mich am Steg fest und warte wassertretend unter dem wachsamen Auge der Trainerin, die mit einer Pfeife und einem Eimer mit Fischen ausgerüstet ist, darauf, ob der Delphin mir erlauben wird, ihm zur Begrüßung den Rücken zu kraulen. Einen Augenblick lang geschieht überhaupt nichts, und ich beginne zu befürchten, dass ich der im Grunde seines Herzens schlechte Mensch bin, dessen negative Energien die Delphine fern halten. Das Wasser in dem Becken ist trüb, es erinnert eher an einen Goldfischteich, der ein neues Filtersystem braucht, als an eine tropische Lagune. Ich kann nicht einmal meine Knie erkennen. Dann taucht aus der dunklen Brühe ein grauer Schatten auf und gleitet sanft unter meiner Hand hinweg. Gleich darauf folgt ein zweiter Delphin, und Peggy gibt mir das O.-K.-Zeichen: ich darf in Interaktion mit den beiden – Mutter und Tochter namens Merina und Pandora – treten.

Die Delphine führen eine Reihe von Übungen aus. Ich werde angewiesen, in der Lagune herumzuschwimmen, als ob ich die Orientierung verloren hätte, und höre, wie die Trainerin den Delphinen zuruft, sie sollten mich zurückbringen. Wie zwei Schäferhunde tauchen sie an meinen Seiten auf und schwimmen so dicht an mich heran, dass ich mich an ihren Rückenflossen festhalten kann. Mühelos ziehen mich Merina und Pandora zum Steg. Als ich mich flach auf den Rücken lege und die Beine schließe, drücken sie ihre Schnauzen oder, genauer gesagt, Schnäbel gegen meine Fußsohlen und schieben mich wie ein Surfbrett durchs Wasser. Die Kraft eines Delphins, selbst eines noch nicht ausgewachsenen wie Pandora, ist beeindruckend. Für eine andere Übung werde ich aufgefordert, eine Bewegung zu machen, die die

Delphinmutter nachmachen wird. Ich wirble in Kreisen herum, und Merina tut es mir nach, danach richtet sie sich im Wasser hoch auf, damit ich ihr die »Hand schütteln« kann, also sanft ihre ausgestreckte Brustflosse reibe.

Die Begegnung mit den Delphinen ist zweifellos ein Privileg, aber ich empfand es als unangenehm, dass Zuschauer herumstanden und klatschten, während wir miteinander spielten. Die Kinder in unserer Gruppe waren nach ihrer Runde mit den Delphinen völlig aus dem Häuschen, und ich hatte Schuldgefühle, weil ich nicht die gleiche Begeisterung verspürte. War ich schon so abgebrüht? Oder war ich nur durch die unverhofften Begegnungen mit frei lebenden Delphinen verwöhnt?

Gelegentlich bin ich beim Tauchen unter Wasser Delphinen begegnet. Das kommt sehr selten vor, und jeder noch so kurze Kontakt mit diesen wunderbaren Tieren verzaubert mich. Normalerweise sind frei lebende Delphine Menschen gegenüber zurückhaltend; auch wenn sie schon mal auf der Bugwelle eines Schnellboots reiten, verschwinden sie, sobald ein Mensch ins Wasser steigt. Gelockt von ihrer Sprache aus leisen Pfeiftönen und Schreien, versuchte ich, ihnen nachzuschwimmen, was mir natürlich nicht gelang, und ich hatte das Gefühl, dass sie sich über mich lustig machten.

Wir vermenschlichen Delphine in unserer Vorstellung und in den Geschichten, die wir über sie erzählen. Bei Herodot rettet das Tier den Sänger Arion von Methyma, den diebische Matrosen über Bord werfen, als er von Tarent nach Korinth segelt. Es heißt, mehrere Delphine, die dem Schiff folgten, hätten ihn singen hören, als er vor dem Sturz am Bug des Schiffes stand, und sie hätten ihn geborgen und an Land gebracht.

In den vergangenen Jahren ist die Heilkraft dieser Tiere entdeckt worden, sie sollen in der Lage sein, über die Schranken zwischen den Arten hinweg zu kommunizieren. Die sensiblen, intelligenten Tiere ziehen ihre Jungen in Gemeinschaften auf, und sie können uns, verschiedenen Psychologen zufolge, zeigen, wie wir Hingabe und Vertrauen, Liebe und Aufrichtigkeit entwickeln können. Das DRC hütet einen eigenen Schatz an Wundergeschichten darüber, wie sich behinderte und emotional gestörte Kinder und Erwachsene aus ihrem persönlichen Gefängnis befreien konnten, indem sie mit den Delphinen schwammen. 1950 sagte John Lilly, ein amerikanischer Biophysiker, voraus, dass der Mensch lernen würde, mit anderen Spezies, genauer gesagt mit Delphinartigen zu sprechen. Er behauptete, Delphine geben ihre Kultur mittels ihrer komplexen Lautsprache von Generation zu Generation weiter, genau so wie bestimmte Völker ihr Erbe mündlich und nicht schriftlich überliefern. Jahre später, nachdem er sich nach Hawaii zurückgezogen hatte, trat Lilly für die Anerkennung der »Nation der Delphinartigen« und die Verleihung bestimmter Rechte an diese hoch entwickelten Säugetiere ein, die uns seiner Meinung nach an Intelligenz in nichts nachstehen. Andere Wissenschaftler griffen seine Arbeiten auf und untermauerten die Ansicht, diese Spezies sei etwas Besonderes. Es kursierten Berichte darüber, dass Russen und Amerikaner Delphine eingesetzt hätten, um Waffen zu transportieren, Minen aufzuspüren und sogar feindliche Froschmänner anzugreifen, und diese Berichte schienen zu bestätigen, dass irgendwo irgendjemand das Geheimnis entdeckt hatte, wie man mit diesen hochintelligenten und offenbar willigen Verbündeten des Menschen kommunizieren konnte.

Ricou Browning, der Erfinder von *Flipper*, hat weniger romantische Ansichten über die möglichen Talente von Delphinen. Er ist der Regisseur zahlreicher Unterwasser-Fernsehserien und -Filme und erzählte mir, seiner Meinung nach hätten wir gerade mal eben an der Oberfläche gekratzt, was mögliche Kontakte mit Delphinen anginge. Nachdem er jahrelang mit ihnen gearbeitet habe, sei er jedoch überzeugt, dass sie über keine größeren psychischen oder emotionalen Fähigkeiten verfügen würden als jedes Haustier auch. Er verglich sie eher mit Katzen als mit Hunden, hielt sie zweifellos für dressierbar und für freundlich, wenn sie es denn sein wollten, aber auch für völlig unabhängig. Browning zufolge arbeitet der Delphin nur dann mit dem Menschen zusammen, wenn er irgendeinen Nutzen für sich darin erkennt.

Dana Carnegie ist Trainerin im DRC und arbeitet seit mehr als zehn Jahren auf Grassy Key. »Ich empfinde es als Auszeichnung, in dieser Gemeinschaft zu leben«, erzählte sie mir, »und als Merina Pandora zur Welt brachte, war das genauso aufregend für mich wie die Geburt meiner Nichte.«

Alle Mitarbeiter des DRC teilen diese Hingabe. Dana räumte ein, es wäre nur ein haarfeiner Unterschied zwischen der Ausbeutung der gefangenen Delphine und dem Anliegen, das Wohlergehen der Meeressäuger ins öffentliche Bewusstsein zu bringen. Aber ein einfacher Vortrag und ein paar Delphine in einem Aquarium würden nicht dieselben Besucherzahlen bringen. Was hielt sie davon, dass das Publikum Kunststücke von den Delphinen erwartete? »Ich lebe jeden Tag mit diesen Delphinen, und ich glaube, dass sie glücklich sind«, antwortete Dana. »Was sie hier vorführen, ist Teil ihres natürlichen Verhaltens, und wir haben daraus eine Show gemacht – nicht etwa umgekehrt. Wenn sie keine Lust zum Spielen haben, lassen sie sich auch durch nichts dazu bringen. Diese Tiere sind humorvoll, sie sind gesellig, und sie zeigen sich und uns ihre Liebe. Und wissen Sie was? Ich bewundere sie dafür, wie sie ihr Leben leben.«

## *Brissare Rocks, Seychellen*

Einige Meilen vor der Nordost-Küste von Mahé ragen einige kleine Felsspitzen aus dem Wasser. Wenn der Ozean die Felsen mit seinen Wellen umspült, steigt weißer Sprühregen auf, und sie zeichnen sich deutlich gegen das Wasser ab. An windstillen Tagen sind sie vom Ufer aus nur ein kaum auszumachender brauner Fleck. Unter Wasser bilden die Nadeln eine versunkene Insel, eine Ansammlung von Felsbrocken, die so aussehen, als sei eine aus Bauklötzen erbaute Burg eingestürzt.

Die Strömung umspielt die Felsen, die unter Wasser mit weiteren versunkenen Felsbrocken verbunden sind. Diese haben schärfere Zacken und wirken düster, man nennt sie Dragon's Teeth. Die beiden Felsformationen sind durch eine natürliche Brücke aus Feuerkorallen miteinander verbunden, und zu beiden Seiten dieser Brücke fällt der Meeresgrund sanft in die dunkler werdende Tiefe ab. Eines Morgens beschloss ich, mit Jessica und einigen anderen Tauchern einen Ausflug zu den Felsen zu machen. In den letzten Wochen war es feucht und windig gewesen, und wir hatten uns auf Tauchplätze nahe der Küste beschränken müssen, aber jetzt, vor Einsetzen des Südost-Monsuns, lagen die Gewässer vor Mahé still da. Die vier Kilometer lange Bootsfahrt war vergnüglich und bot uns die Möglichkeit, aus einiger Entfernung einen Blick auf die Berghänge der großen Insel zu werfen. Der Himmel war leuchtend blau und hell, und über das Wasser glitten weiße Tropikvögel, die ihre langen Schwanzfedern wie flatternde Fähnchen hinter sich herzogen, während sie Jagd auf fliegende Fische oder Tintenfische machten, die sich zu dicht an die Wasseroberfläche wagten.

Das Meer bei Brissare lag glatt und kristallklar vor uns, aber sobald wir den Anker geworfen hatten, sahen wir, dass bei den Felserhebungen eine starke Strömung herrschte, zu stark, um zwischen den Felsen und Dragon's Teeth schwimmen zu können. Wir mussten uns für eine der beiden Stellen entscheiden. An diesem Morgen befand sich noch ein halbes Dutzend anderer Taucher an Bord und neben mir ein weiterer Tauchlehrer, der alle gemeinsam in einer großen Gruppe um die Felsen herumführen wollte. Normalerweise würden wir uns diese Aufgabe teilen, und jeder würde eine Hälfte der Gruppe übernehmen, aber sein Angebot, sie ganz zu übernehmen, machte es Jessica und mir möglich, in der Gegenrichtung um die Felsen herumzuschwimmen. Wir ließen uns rasch ins Wasser gleiten, bevor die anderen fertig waren, und genossen es, zu zweit und ohne die Verantwortung für eine Gruppe tauchen zu können. Das Meer war klar, eine unsichtbare Glaswand, die wir mühelos durchdrangen. Die Strömung hatte das Wasser von herumschwimmenden Partikeln gereinigt, und es war einer der Tage, an denen alles unter Wasser glitzert. Wir hatten ungehinderte Sicht in jede Richtung und konnten selbst Dinge in einer Entfernung von ungefähr 60 Metern noch erkennen.

Um einer Begegnung mit der großen Tauchergruppe aus dem Weg zu gehen, beschlossen wir, durch einen natürlichen Tunnel zu schwimmen, der sich in der Mitte der Erhebung verbarg. Hier ruhte sich oft ein großer Hai aus, aber an diesem Tag war der Tunnel leer, und als wir durch die Öffnung schwammen, merkten wir, dass die Strömung stärker wurde. Unter einem Überhang entdeckte ich eine Kaurimuschel, ein glänzendes, faustgroßes Exemplar mit Leopardenmuster, deren weicher innerer Mantel wie ein schwarzer Petticoat aus der offenen Schale wehte. Eine kleine Suppenschildkröte schwamm vor uns durch den Tunnel, ihre Augen wirkten in dem noch nicht ausgewachsenen Kopf viel zu groß, und ihr Panzer war glatt und ohne jeden Kratzer. Eine große, normalerweise zurückhaltende Muräne kam aus ihrem Versteck und glitt wie ein dunkelgrünes Band über die Felsen. Am anderen Ende des Tunnels hielten wir kurz und verschnauften im Schutz der Felsen. Von hier aus konnten wir weit in den blauen Raum vor uns blicken. Es war ein Moment vollkommener Stille im klaren Wasser, geschützt vor der reißenden Strömung. Zehn Meter über unseren Köpfen waren weiße Schaumblasen zu sehen, wo sich die Wellen an den scharfen Felsnadeln brachen, und unter den Blasen hingen Fischschwärme, deren Schuppen das Sonnenlicht reflektierten, wie Sterne am Himmel. Plötzlich tauchte aus der Tiefe unter uns ein großer Makrelenschwarm auf. Als die silbrige Wolke von Fischen schimmernd an uns vorbeischwamm, wurde klar, dass sie von einem Trieb beherrscht wurden, den nur verzweifelte Beutetiere kennen. In der Ahnung, dass gleich etwas geschehen würde, fassten Jessica und ich uns instinktiv an der Hand und knieten uns auf den sauberen weißen Sand. Wie gebannt starrten wir in das Blau, gespannt zu sehen, wovor die Fische flohen. Einen Augenblick später tauchten die mächtigen Jäger aus der glitzernden Tiefe auf, eine Horde stahlgrauer Schatten, entschlossen und darauf vertrauend, dass sie bald ein Festmahl aus unglückseligen Makrelen genießen würden. Wir zählten 15 Delphine, einer davon ein Muttertier mit einem Jungen, das dicht an seiner Seite schwamm, die Bewegungen aufeinander abgestimmt, als seien sie durch ein Magnetfeld miteinander verbunden.

Ehrfürchtig sahen Jessica und ich dem Spektakel zu, wir wagten nicht, uns zu bewegen, um die Delphine nicht zu erschrecken. Sie kamen auf etwa sieben Meter an uns heran und drehten sich dann zu uns hin, einen Augenblick durch unsere merkwürdigen lauten und Blasen produzierenden Tauchgeräte von ihrer Jagd abgelenkt. Sie blieben ganz gelassen. Einer nach dem anderen wandten sie den Kopf zu uns herum und schwammen weiter. Dann kehrte ein großes Männchen von der Spitze zurück ans Ende seiner Gruppe, um noch einen Blick auf uns zu werfen. Es hielt einen Augenblick bewegungslos im Wasser inne, taxierte uns und fragte sich wohl, ob wir Freund oder Feind waren. Es war klar, dass es noch niemals zuvor unter Wasser einem Menschen begegnet war. Endlich folgte es mit einem kräftigen Schlag seines Schwanzes den anderen, die den Makrelen in die Tiefe hinterherschwammen. Wir verharrten noch eine Zeit lang an derselben Stelle, als ob es mit seinem Blick einen Bannstrahl auf uns geworfen hätte.

# Danksagung

Ich schulde vielen Mitgliedern der Historical Diving Society in England Dank für ihre freundliche und tatkräftige Unterstützung bei den Recherchen für dieses Buch. Besonders erwähnen möchte ich Dr. John Bevan, den Vorsitzenden der Gesellschaft, sowie Reg Vallintine, Adrian Barak und Nigel Phillips, die mir großzügig ihre Zeit gewidmet und ihre umfangreiche Bibliothek geöffnet haben. Kevin Casey von Sub Aqua Prints stellte mir seine Sammlung von frühen Zeichnungen und Skizzen von Tauchgeräten zur Verfügung. Die Mitarbeiter der amerikanischen HDS waren gleichermaßen hilfsbereit, besonders ihr Präsident Leslie Leaney, der mich mit so vielen herausragenden Persönlichkeiten im Tauchsport auf diesem Kontinent in Kontakt brachte. In Paris erwies sich Kapitän Philippe Rousseau als Quelle vieler wertvoller Informationen über die frühen französischen Pioniere bei der Erkundung der Unterwasserwelt. Ich danke Professor Dr. Hans Hass und seiner Ehefrau Lotte für die freundliche Aufnahme in Wien und Jacques Cousteaus Sohn Jean-Michel von Ocean Futures in Kalifornien. Ich danke Clare Valentine vom Natural History Museum und Joanna Cordon, Archivarin bei der Royal Society in London.

Herzlichen Dank an Dickie Greenland in England, Dottie Frazier in Los Angeles, Neal Watson in Fort Lauderdale und George Billiris in Tarpon Springs, dafür, dass sie mir ihre Zeit schenkten und mich an ihren Erinnerungen teilhaben ließen. Besonderer Dank gebührt Nick Toth für seine Unterstützung in historischen Fragen und dafür, dass er mich mit der griechischen Gemeinde in Tarpon bekannt machte. Weiter nördlich an der Golfküste war Quartiermeister Bob Barth von der Experimental Diving Unit der US Navy in Panama City eine schier unerschöpfliche Quelle für Material über die Experimente von

Sealab, außerdem brachte er mich mit vielen Leuten in Kontakt, die an den Programmen für Unterwasserhabitate beteiligt waren, einschließlich Walt Mazzone und George Bond (Sohn des verstorbenen Dr. George Bond). In Key Largo danke ich Ian Koblick, Präsident der Marine Resources Development Foundation und Besitzer von La Chalupa, sowie Dr. Lance Rennka für ihre Zeit und dafür, dass sie mir ihr Fachwissen in einer fast vergessenen Wissenschaft zuteil werden ließen.

Mein Dank geht auch an Kapitän Keith Plaskett und seine Ehefrau Cindi für ihre Gastfreundschaft und die blauen Krabben in Pensacola und ihre Führung auf Tauchgängen bei den Cayman-Inseln. Ohne die Unterstützung von Peter Hughes und seiner Mannschaft von der *Dancer* wäre es mir nicht möglich gewesen, in Papua-Neuguinea zu tauchen. Ich danke Stuart und Michelle Cove auf den Bahamas und Curly Carswell, Lorne und Doug Cammick und Zak Qereqeretabua auf den Fidschiinseln. Meine Forschungen und die Experimente im Freitauchen wären ohne die freundliche Unterstützung von Stefania und Umberto Pelizzari in Sardinien ebenso wenig möglich gewesen wie ohne die medizinische Beratung von Dr. Claes Lundgren, Leiter des Centre for Research in Special Environments an der New York State University in Buffalo. Ebenfalls in New York ließ mich Bob Croft an seinen Erinnerungen aus den frühen Tagen des Apnoetauchens teilhaben.

Außerdem schulde ich Joanna Weinberg und Natasha Fairweather von A. P. Watt Dank dafür, dass sie mich ermutigt haben, dieses Buch zu schreiben, und Roland White von Michael Joseph für sein Lektorat.

Zuletzt möchte ich den Hunderten von Tauchfreunden danken, die meine Unterwasserabenteuer mit mir geteilt haben und insbesondere einige der Begebenheiten, die in diesem Buch beschrieben werden, darunter Gary Baptiste, Wayne Burke, Ja nine Driessel, Giles Ecott, David Imelman, Emry Oxford, Harald Pek, Carlos Ruiz, Adran Tyte und Geoff Weg.

# Bibliographie

Allen, Gerald, und Roger Steene: *Riff-Führer*. Wiesbaden 1995.

Anonym: *Angliae Tutamen*. London 1695.

Anonym: *Die Taucher Maschine*. Leipzig 1805.

Bacon, Francis: *Neues Organ der Wissenschaften*. Darmstadt 1981.

Beebe, William: *Beneath Tropic Seas: A Record of Diving among the Coral Reefs of Haiti*. New York 1928.

Bond, George F.: *Papa Topside: The Sealab Chronicles of Captain George F. Bond*. Maryland 1993.

Ders.: *Sealab III Chronicle*. Unveröffentlichtes Tagebuch, Juni 1968. US Experimental Diving Unit Library.

Borelli, Giovanni Alfonso: *De Motu Animalium*. Rom 1680/1681.

[*Bewegung der Tiere*. 1706, Repr. Hannover 1978.]

Boyle, Robert: »New Pneumatical Experiments about Respiration«, in: *Philosophical Transactions*. London, August 1670.

Ders.: »Tracts ... About the Cosmicall Qualities of Things«. Oxford 1671.

Brown, Joseph E.: *The Golden Sea. Man's Underwater Adventures*. London 1974.

Churchill, Winston: *Der Zweite Weltkrieg*. Bd. 4. Bern u. a. 1995.

Cousteau, Jacques-Yves: »Fish Men Explore a New World Undersea«, in: *National Geographic Magazine*, Bd. CII, Nr. 4. Washington 1952.

Cousteau, Jacques-Yves, und Frédéric Dumas: *Die schweigende Welt*. Köln 1977.

Cowan, Zélide: *Early Divers*. Great Yarmouth 1977.

Davis, Robert H.: *Deep Diving and Submarine Operations*. Cwmbran 1981.

Diolé, Philippe: *The Undersea Adventure*. London 1953.
Drieberg, Frédéric de: *Mémoire sur une Nouvelle Machine à Plonger*. Paris 1811.
Dugan, James: *Man Explores the Sea*. London 1956.
Ellis, Richard: *Deep Atlantic*. New York 1996.
Falck, N. D.: *A Philosophical Dissertation on the Diving Vessel Projected by Mr Day, and Sunk in Plymouth Sound*. London 1775.
Fleming, Ian: *Feuerball*. Bern u. a. 1979.
Ders.: *Leben und sterben lassen*. Bern u. a. 1993.
Flynn, Errol: *My Wicked, Wicked Ways*. London 1960.
Gent: *De l'Emploi Thérapeutic de l'Air Comprimé dans l'Astme et l'Emphysème*, in: Bulletin, Académie de Médécine, Bd. 34. Paris 1869.
Gilpatric, Guy: *The Compleat Goggler*. USA 1938.
Haldane, J. S., und J. G. Priestley: *Respiration*. New Haven 1922.
Halley, Edmund: »The Art of Living Underwater: Or, a Discourse concerning the Means of furnishing Air at the Bottom of the Sea, in any ordinary Depths, in: *Philsosophical Transactions*. London, Juli–September 1716.
Harris, Gary L.: *Ironsuit*. Arizona 1994.
Hass, Hans: *Die Welt unter Wasser*. Wien u. a. 1973.
Ders.: *Expedition ins Unbekannte*. Berlin 1961.
Ders.: *Drei Jäger auf dem Meeresgrund.* München 1962.
Ders.: *Manta. Teufel im Roten Meer*. Berlin u. a. 1962.
Ders.: *Abenteuer unter Wasser. Meine Erlebnisse und Forschungen unter Wasser.* München 1991.
Ders.: *Vorstoß in unbekannte Meere*. Wien 1991.
Heinke, John W.: *A History of Diving*. London 1876.
Hill, Leonard: *Caisson Sickness*. London 1912.
Hussain, Farooq: *Living Underwater*. London 1970.
Hutton, J. Bernard: *Frogman Extraordinary*. London 1960.
Kelly-Bourges, M.: *A Fool's Guide to Sponge Taxonomy*. London 1994.
Kenyon, Ley: *Pocket Guide to the Undersea World*. London 1956.
Klingert, Karl. H.: *Beschreibung einer in allen Flüssen brauchbaren Tauchermaschine*. Breslau 1797.

Ders.: *Kurzer Nachtrag zu der Geschichte und Beschreibung einer Tauchermaschine.* Breslau 1822.

Kolar, Bohumil, und Oldrich Unger: *Explorers of the Deep.* London 1976.

Larson, Howard E.: *A History of Self-Contained Diving and Underwater Swimming*. Washington 1955.

Latil, Pierre de, und Jean Rivoire: *Man and the Underwater World.* London 1956.

Ders.: *Sunken Treasure*, London 1962.

Lévi, Claude: *Sponges of the New Caledonian Lagoon.* Paris 1998.

Lieske, Ewald: *Korallenfische. Indischer Ozean*. Hamburg 1994.

Lilly, John Cumningham: Delphin, *ein Geschöpf des 5. Tages*. München 1969.

Lorini, Buonaiuto: *Delle Fortificationi*. Venedig 1597.

Lundgren, Claes E. G., und John N. Miller: *The Lung at Depth*. New York 1999.

MacCurdy, Edward: *The Notebooks of Leonardo da Vinci*. London 1948.

Madsen, Axel: *Cousteau: An Unauthorised Biography*. London 1986.

Maraini, Fosco: *Die Insel der Fischermädchen*. Stuttgart 1963.

Martin, Lawrence: *Scuba Diving Explained*. Arizona 1997.

Marx, Robert F.: *The History of Underwater Exploration*. New York 1990.

Mather, Cotton: *The Life of Sir William Phips*. New York 1929.

Maugham, W. Somerset: *The World Over*, in: Collected Stories, Bd. 1. London 1951.

Mayol, Jacques: *Homo Delphinus.* Neapel 2000.

Miller, James W., und Ian G. Koblick: *Living and Working in the Sea*. Plymouth 1995.

Munson, Richard: *Cousteau – The Captain and his World*. London 1991.

Pelizzari, Umberto: *Profondamente*. Mailand 1997.

Pent, Robert F.: *History of Tarpon Springs*. St. Petersburg 1964.

Phillips, John L.: *The Bends.* New Haven 1998.

Le Prieur, Yves: *Premier de Plongée*. Paris 1956.

Pugh, Marshall: *Commander Crabb*. London 1956.
Siebe, Henry: *The Conquest of the Sea*. London 1874.
Sipperly, David, und Terry Maas: *Freedive*. Kalifornien 1998.
Smith, Hugh M.: *The Florida Commercial Sponges,* in: US Fish Commission Bulletin for 1897. Washington 1898.
Snell, E. Hugh: *Compressed Air Illness*. London 1896.
Snyderman, Marty und Clay Wiseman: *Guide to Marine Life, Caribbean, Bahamas, Florida*. New York 1996.
Storrs, Ronald: *Dunlop in War and Peace*. London 1946.
Tailliez, Philippe: *To Hidden Depths*. London 1954.
Tartaglia, Niccolo: *Regola generale da sulevare con regione e misura non solamente ogni affondata nave*. Venedig 1551.
Ufano, Diego: *Archeley. Bericht von Geschütz und aller Zugehör*. Amsterdam 1659
Vegetius: De re militarim. Erfurt um 1512.
Verne, Jules: *20 000 Meilen unter den Meeren*. Würzburg 1995.
Vernon, J. E. N.: *Corals of Australia and the Indo Pacific*. London 1986.
Waldron, T. J., und James Gleeson: *The Frogmen*. London 1954.
Warren, Charles Esme Thorntos, und James Benson: *Und über uns die Wogen. Geschichte der britischen Torpedoreiter und Kleinst-U-Boote 1942–45*. Jugenheim 1962.
Welham, Michael: *Kampfschwimmer. Geschichte, Ausrüstung, Einsätze*. Stuttgart 1996.
Williamson, J. E.: *Twenty Years Under the Sea*. Boston 1936.